澳门会展业与博彩业的互动发展研究

互动发展研究

梁文慧◎编著

中国社会科学出版社

图书在版编目（CIP）数据

澳门会展业与博彩业的互动发展研究／梁文慧编著.—北京：
中国社会科学出版社，2016.8
ISBN 978-7-5161-8630-5

Ⅰ.①澳…　Ⅱ.①梁…　Ⅲ.①展览会—产业发展—研究—澳门
②博彩业—产业发展—研究—澳门　Ⅳ.①G245②F832.765.9

中国版本图书馆 CIP 数据核字（2016）第 170130 号

出 版 人	赵剑英	
责任编辑	张　林	
特约编辑	张冬梅	
责任校对	周　昊	
责任印制	戴　宽	

出　　版	中国社会科学出版社	
社　　址	北京鼓楼西大街甲 158 号	
邮　　编	100720	
网　　址	http://www.csspw.cn	
发 行 部	010-84083685	
门 市 部	010-84029450	
经　　销	新华书店及其他书店	

印　　刷	北京明恒达印务有限公司	
装　　订	廊坊市广阳区广增装订厂	
版　　次	2016 年 8 月第 1 版	
印　　次	2016 年 8 月第 1 次印刷	

开　　本	710×1000　1/16	
印　　张	25.5	
插　　页	2	
字　　数	383 千字	
定　　价	92.00 元	

凡购买中国社会科学出版社图书，如有质量问题请与本社营销中心联系调换
电话：010-84083683

前　言

澳门自回归祖国以来，社会、经济以及文化等方面都有了长足的发展。特别是自 2002 年博彩业开放以后，在中央政府"自由行"政策的支持下，蓬勃发展的博彩业极大地提升了澳门的经济活力和国际化水平，推动澳门综合实力的不断增长。统计数据显示，2000—2013 年，澳门的人均 GDP 增长了接近 5 倍，2013 年以购买力平价计算澳门人均本地生产总值（GDP）达 14 万美元，排名世界第一。2014 年澳门博彩业税收更是达到 1367 亿澳门元，占当年政府公共账目收入的 84.46%。然而博彩业在推动澳门社会经济发展的同时，也带来了产业结构单一化，海外投资主导博彩市场，客源过度依赖中国内地，博彩业务与非博彩业务的不均衡发展，博彩业蚕食其他行业等问题。为此，中央政府向澳门提出了经济适度多元化的发展战略目标。如在"十一五"规划中就明确提出了"支持澳门发展旅游等服务业，促进澳门经济适度多元发展"的方针，为实践国家的相关期待，并积极落实"十二五"发展规划纲要，澳门提出建设世界旅游休闲中心和区域商贸服务平台的计划，积极推进旅游休闲和会展等新兴行业的发展。

澳门城市大学积极响应中央及特区政府的号召，在 2011 年成立国际旅游与管理学院，并着力于发展旅游、会展、博彩、休闲等专业领域和研究方向，不仅较好地配合了澳门城市大学的更名改制发展，也较好地实现了对澳门社会和经济适度多元化发展的智力和人才支持。

学院积极引入海内外优秀师资队伍和科研人才，整合海内外资源大力推进人才培养的产学结合网络之构建。经过四年的发展，学院已经初步打造了澳门以及区域旅游及会展人才培养高地。目前澳门城市大学国际旅游与管理学院已经发展成为拥有近 3000 名全日制学生、数十位海

内外知名教授的旅游高等教育机构，学院的国际款待与旅游业管理硕士
学位课程和博士学位课程更是获得联合国世界旅游组织优质教育质素
（TedQual）认证，已经成为澳门规模最大、国际化程度最高、培养人
才层次最为全面，且教学质量认证层次最高的学院。

学院不仅着眼于国际化的发展模式，同时也积极探讨服务本土的策
略及路径。如在人才培养方面，学院 80% 的学生是来自澳门本地。同
时，学院也积极与产业联合，学院还与本地大型旅游企业合作，为本地
优秀学生提供"喜达屋——助学暨人才发展计划"，以及"十六浦——
助学暨人才发展计划"等，入选上述计划的学生不仅可以获得全额学
费资助，还可以在上述企业中的不同岗位轮岗实习（如世界知名的喜
来登酒店和瑞吉酒店等）及获得可观的生活津贴，毕业之后更是直接
升任管理层职位。上述创新的人才培养和发展模式，为澳门本地居民的
职业生涯发展创造了良好的上升通道。

与此同时，为了更好地配合政府经济适度多元化的发展政策，学院
主持并参与了多项与会展和经济多元化发展相关的课题和研究项目，如
《会展经济的影响机制研究》《基于经济影响评估的澳门会展产业发展
战略研究》《博彩与会展业互动发展研究》，以及特区政府旅游局竞标
委托研究项目《访澳台湾旅客调查研究》，特区政府旅游发展委员会委
托研究项目《澳门职业导游现状调查及环境优化研究》等。上述研究
成果为特区政府政策的制定提供了有效的参考，受到澳门特区政府相关
部门以及社会的认同与好评。同时也大大提升了澳门城市大学国际旅游
与管理学院的社会影响力。

有鉴于目前产业关联与互动方面的研究成果，尤其是博彩业与会展
业间关联与互动的研究成果相对较少，笔者将从事澳门旅游教育二十余
年的经验，所见所感，以及相关研究之数据和成果进行整合，试图通过
相对科学客观的方式，将澳门在博彩业与会展业发展中的相互关系以及
互动发展之模式和绩效加以系统展示。

本书在结构上分为三篇，即理论篇、实证篇以及案例篇，共十二章
内容。第一章和第二章主要从产业研究的基本概念体系，以及产业互动
发展的理论基础出发，向读者介绍了作为研究跨产业关联研究的基本概
念和理论架构。第三章则系统介绍了澳门会展业的发展历程。第四章则

从会展经济的影响机制构建角度，对澳门的会展经济影响机制之研究方法进行了探讨。第五章则采取实证研究的方法，从会展参与者的角度探讨了会展业对澳门的经济影响，并构建了经济影响指数。第六章向读者介绍了博彩业在澳门的发展历程、发展现状以及博彩业发展对澳门社会经济的影响。第七章结合海内外专家学者的访谈意见，从会展与博彩业之间的互动机制、会展与博彩业互动发展所需条件、会展与博彩业之间的相互作用关系等角度进行了阐述。第八章和第九章则采取了实证的研究方法，对会展与博彩业之间的互动机制和互动绩效等进行了分析和评价。第十章在前两章的基础上，提出澳门未来进一步推动和加强会展业与博彩业产业互动的战略对策与建议。第十一章和第十二章分别以不同区域和不同产业为对象，将典型区域和典型产业间的互动发展模式进行了整理与总结，希望为澳门以及其他地区产业互动发展提供借鉴。

　　本书的出版既是对澳门城市大学国际旅游与管理学院近年来相关研究成果和经验的总结，同时，也参考借鉴了不少专家和学者的研究成果和真知灼见，在此一并表示感谢。由于时间和水平所限，书中疏漏或不足之处也恳请广大读者批评指正。

梁文慧　谨识

澳门城市大学

2015 年 12 月

目　　录

上篇　产业互动发展之理论篇

中篇　产业互动发展之实证篇

下篇　产业互动发展之案例篇

图表目录

上篇

产业互动发展之理论篇

第 一 章

产业与产业研究的基本概念体系

第一节 产业与产业链

一 产业的概念与分类

产业（industry）一词，在不同的场合和不同的语言环境下有不同的解释。如在历史学和政治经济学的理论中，产业主要指的是"工业"。例如，较为经常使用的词汇中，"产业革命""产业工人"等，其中的产业与工业的概念较为接近。从法学角度来看，产业则可以被理解为"不动产"，即所谓的"私有产业""私人产业"等，一般指个人所拥有的土地、房产、工厂等具有明确私人产权界定的财产。而从经济学理论来看，产业主要指经济社会的物质生产部门，一般而言，每个部门都专门生产和制造某种独立的产品，某种意义上每个部门也就成为一个相对独立的产业部门，如"农业""工业""交通运输业"等。由此可见，"产业"作为经济学概念其内涵与外延的复杂性。产业经济学的研究对象是产业。对于产业这个最为基础的概念，在探讨各产业间的关系和作用前，需要从产业的内涵与特征、外延与分类等方面来理解。

（一）产业的内涵与特征

产业是社会分工的产物，它随着社会分工的产生而产生，并随着社会分工的发展而发展。按照恩格斯的观点，人类发展的历程中，发生了三次重要的社会分工：第一次是新石器时代畜牧业和农业的分工；第二次是原始社会瓦解时期工业和农业的分工；第三次是奴隶社会商业活动和生产活动的分工以及体力劳动和脑力劳动的分工。三次社会大分工形成了农业、畜牧业、手工业、商业等产业部门。随着社会生产力的不断发展，产业内涵不断地充实，外延也得到不断的扩展。农业社会时期，手工业依附于农业，尚未形成独立的经济活动，产业主要指农业。工业革命以后，机器生产的大工业逐渐取代农业成为主导产业，产业主要指工业。随着社会生产力的飞速发展，服务业越来越引人瞩目。并且，服务业的部门的分工越来越细，出现了许多新兴服务部门，例如，商业、运输业、信息、金融、贸易、旅游、家政、咨询等。产业活动已经不再专指生产领域的活动，也包括流通领域的活动；产业活动不仅包括物质部门的生产、流通和服务的活动，也包括非物质资料部门（服务、信息、知识等）的生产、流通和服务活动；产业中不仅包括生产部门，也包括流通部门、服务部门，甚至文化教育等部门。

由于社会分工的复杂性，经济学中产业的概念也莫衷一是。在英文中，产业（industry）既可以指国民经济中的各个产业部门，如工业、农业、服务业，也可以指具体的行业部门，如钢铁业、纺织业、食品业、信息技术产业等，并且，"工业"的英文用词也称为"Industry"。《新帕尔格雷夫经济学大辞典》对产业的定义为："生产同类或有密切替代关系产品、服务的企业集合。"国内的学者对产业的定义可以从广义和狭义上区分，广义上的产业概念是指国民经济中的各行各业，包括农业、工业、服务业等领域，而每一个具体产业如农业、工业等又是由同类型企业的集合而成。狭义的产业概念指工业或称为制造业内部的各种工业部门或行业，如冶金、造船、汽车、电子、耐用消费品、机械、纺织等部门，这些工业部门或行业也是由一些具有相同生产技术特点或产品特点的企业组合而成。从以上概念可以看出，产业概念之核心为介于经济细胞（企业和家庭）与宏观经济单位（国民经济）之间的若干"集合"，至于产业内涵的具体认定，则取决于选择什么样的特征作为产业分类以及其集合标准。

（二）产业的外延与分类

产业的内涵莫衷一是，产业的外延更加难以统一。这是因为：第一，实际生产过程十分复杂，难以准确区分不同性质的生产经营活动；第二，随着生产力的发展和技术创新，不断产生新的产业类型，也可能淘汰旧的产业；第三，随着专业化分工的不断深化，不仅旧的产业会逐渐分化出新的产业，甚至在行业内形成分工，使得产业间的界限更加模糊。此处仅借助几种较为常见的方式，来对产业的类别进行划分。

1. 两大部类分类法

两大部类分类法是马克思在剖析资本主义再生产过程后提出来的。马克思对资本主义物质生产领域的社会总产品的形态进行了分析，根据不同产品在社会再生产中的作用不同，在实物形成上将社会总产品分为生产资料的生产和消费资料的生产两大部类。前者指从事物质资料生产并创造物质产品的部门，包括农业、工业、建筑业、运输邮电业、商业等；后者指不从事物质资料生产而只提供非物质性服务的部门，包括科学、文化、教育、卫生、金融、保险、咨询等部门。在价值形成上将社会总产品分为不变资本 C、可变资本 V 和剩余价值 m 三大部分。马克思利用这种分类方法深入地研究了怎样使社会总产品既实现价值补偿又实现实物补偿等问题，深入分析了社会资本简单再生产和扩大再生产的实现条件，深刻揭示了资本主义生产的本质和剩余价值产生的秘密。

随着社会经济生活的不断发展和社会分工的不断深入，两大部类分类法具有一定的局限性。

（1）两大部类分类法没能涵盖所有产业，不利于对产业经济的全面分析。这种分类方法只包括了物质生产部门，非物质生产部门如商业、服务业等都没有包括在内。

（2）很多产品难以归类，给产业经济的研究工作带来困难。在现实社会经济生活中，许多商品既可用于生产资料的生产，也可用于消费资料的生产，这样会出现重复划分的问题，给产业经济的分析研究带来不便。

（3）二部类法不够细化，不能深入地分析产业结构变化对经济增长的影响。影响经济增长的结构因素非常复杂，只研究两个部类的结构无法深层次地揭示经济发展的内在规律。

（4）这种分类法与其他分类法相去甚远，分析口径难以统一，分析结果很难进行比较。

2. 农轻重产业分类法

此种分类法也属于政治经济学中较为常见的分类形式，主要是在两大部类分类法的基础上提出了以物质生产中的劳动对象、劳动资料和生产方式等方面的不同特点为标准的分类方法，将产业分为农业、轻工业和重工业三大类。

具体而言，农业包括种植业、畜牧业、渔业、林业等；而轻工业包括食品、纺织、服装、鞋帽、皮革、玩具、家具等工业部门；重工业则是以冶金、机械、船舶、电力、煤炭、石油、化工等工业部门为主要代表。

农轻重分类法对两大部类的产业分类理论进行了改进和提高，20世纪80年代以前在社会主义国家具有广泛影响。尽管如此，这类分类方法依然存在以下局限性：

（1）上述分类法中的产业仍然没有涵盖非物质生产部门，不利于对产业经济问题进行全面系统的研究；

（2）随着科学技术和社会经济的发展，传统的农轻重界限越来越模糊，相当多的产业特别是新兴产业难以归类到哪个部门中；

（3）分类划分仍然不够细分，所以依然很难从深层次揭示农轻重结构变化对经济发展的影响，也很难对统计结果进行比较。

3. 三次产业分类法

三次产业分类法是新西兰经济学家费歇尔首先创立，他在1935年《安全与进步的冲突》著作中提出了对产业的划分方法。他指出，在世界经济发展史上，人类经济活动发展分为三个阶段：第一阶段即初级阶段，人类的主要活动是农业和畜牧业；第二阶段开始于英国工业革命，以机器大工业的迅速发展为标志，纺织、钢铁及机器等制造业迅速崛起和发展；第三阶段开始于20世纪初，大量的资本和劳动力流入非物质生产部门。

费歇尔将处于第一阶段的产业称为第一产业，处于第二阶段的产业称为第二产业，处于第三阶段的产业称为第三产业。即把产业门类划分为第一产业、第二产业和第三产业。这一产业分类方法提出后，得到广泛的认同，并一直沿用至今。可以认为，所有的传统产业经济理论都是建立在三次产业划分基础上的。因此，其理论贡献是不言而喻的。英国经济学家、统计学家克拉克在费歇尔分类法的基础上，采用三次产业分类方法对三次产业结构的变化与经济发展的关系进行了大量的实证分析和研究，总结出三次产业结构的变化规律及其对经济发展的作用。

这种划分法，是以工业时代的产业经济发展为现实背景的。当时，经济发达的美国、英国、法国、德国还处在以工业化为主导的阶段，其划分的依据是物质生产中加工对象的差异性。也就是说，第一产业中产品的属性是取自于自然界；第二产业的产品是加工取自于自然的生产物；其余的全部经济活动统归为第三产业。就像任何理论的提出都有其现实的背景，从而具有某种历史规定性一样，三次产业划分的提出也不例外。进入 20 世纪 80 年代，信息技术及以其为核心的现代高科技技术群迅速壮大，人类产业活动的规模和方式产生了巨大变化，三次产业分类理论的局限性日益突出。

上述三次产业分类的理论局限性主要体现在以下两个方面：

首先，有些产业的归类尚存在争议。采矿业是取自于自然的产业，理应划入第一产业，但矿业同农、林、牧、渔、狩猎等业归在一起，似乎又很不协调，因为它有更多的属性，接近制造业。再如供水、供电、煤气等类行业的产品可归为第二产业，但其产品效用又可归于第三产业。

其次，第三产业的内容过于繁杂，难以科学地总结它们的特点和发展规律来为政府制定政策服务。第三产业的不同行业差别巨大，包括最简单的修鞋、补衫，也包括复杂的航天、科研；既包括技术要求最为简单的劳动密集型产业，如理发业、餐馆业等，也包括技术要求最为繁杂的高知识密集型产业，如信息业、生物工程等；可以包括企业商贸部门，也可以包括公共行政事业单位和国防部门。

尽管如此，由于它的实用性，三次产业分类法仍然在世界银行等国际组织和许多国家的政府部门和产业研究部门广泛应用。

4. 标准产业分类法

标准产业分类法是指为统一国民经济统计口径由国家或国际组织等权威部门制定和颁布的一种产业分类方法。联合国为了统一国民经济统计口径和世界各国产业不同分类提出了《国际标准产业分类（ISIC）》，在三次产业分类基础上，国际标准进一步将其细化和标准化，将全部经济活动分为 10 个大项，并进一步分为若干中项、小项和细项，而且每一级都有规定的统计编码。

西方很多国家根据《联合国国家标准分类法》制定了各自官方的

标准分类法。例如，美国 1972 年编制和颁布了《国家标准分类法》，美国的分类法设有 7 位数字的编码，第一位数字代表产业部门，第二位、第三位数字代表产品类，共 99 种主类，然后再层层细分，一直细分到 7 位数字，共分为 7500 种不同的产品类型。英国编制的国家标准分类法有 27 个主要产业种类，181 个产业分类。

中国也制定了自己的国家标准《国民经济行业分类和代码（GB/T 4754—2011）》，它把中国全部的国民经济分为 20 个门类，98 个大类、980 多个中类和更多的小类。这 20 个门类依次是：

A 农、林、牧、渔业（含 5 个大类）

B 采矿业（含 6 个大类）

C 制造业（含 30 个大类）

D 电力、热力、燃气及水生产和供应业（含 3 个大类）

E 建筑业（含 4 个大类）

F 批发和零售业（含 9 个大类）

G 交通运输、仓储和邮政业（含 3 个大类）

H 住宿和餐饮业（含 2 个大类）

I 信息传输、软件和信息技术服务业（含 2 个大类）

J 金融业（含 4 个大类）

K 房地产业（含 1 个大类）

L 租赁和商务服务业（含 2 个大类）

M 科学研究和技术服务业（含 4 个大类）

N 水利、环境和公共设施管理业（含 3 个大类）

O 居民服务、修理和其他服务业（含 2 个大类）

P 教育（含 1 个大类）

Q 卫生和社会工作（含 3 个大类）

R 文化、体育和娱乐业（含 5 个大类）

S 公共管理、社会保障和社会组织（含 5 个大类）

T 国际组织（含 1 个大类）

5. 四次产业分类法

随着科学技术的进步和社会生产力的快速发展，第三产业的范围不断扩大，行业结构更加繁杂，并且，三次产业出现了互相融合的趋势，这种融合使得行业指标很难进行量化。三次产业分类法在应用上暴露出一定的缺陷。

1977年，美国斯坦福大学经济学博士波拉特（M. U. Porat）在研究信息产业时，在《信息经济：定义与测算》（*The Information Economy*）中首次提出四次产业分类法。四次产业即农业、工业、服务业、信息业。我国学者王树林主编的《21世纪的主导产业第四产业》中指出，第三产业属于物质产品再生产总过程的领域，而第四产业则属于精神产品再生产总过程的领域。他认为第四产业的内容应该包括：即科学研究行业、信息服务行业、咨询服务行业、新闻出版行业、广播电视行业、文化行业、民间公证行业、法律服务行业。

四次产业分类法对三次产业分类法进行了改进和完善。但是，四次产业究竟该如何划分、各产业的具体构成如何等核心问题，理论界至今没有统一的定论。

6. 其他产业分类法

根据不同的分类标准和研究目的，产业的分类方法也不一样。比如产业发展阶段分类法将产业分为幼小产业、新兴产业、朝阳产业、衰退产业、夕阳产业、淘汰产业等。生产流程分类法根据工艺技术生产流程将产业分为上游产业、中游产业和下游产业。要素集约分类法可以划分为劳动密集型产业、资本密集型产业和技术密集型产业或知识密集型产业等。关联分类法根据技术、原料、用途、方向、战略等关联因素，将产业按照不同的应用目的进行分类。

（三）产业的层次

无论采用哪种分类方法对产业进行分类，为适应产业经济学的各个领域在进行产业分析时不同目的的需要，可将产业划分成若干层次，这就是"产业集合"的阶段性。具体地说，产业在产业经济学中有三个层次：

1. 第一层次是以同一商品市场为单位划分的产业，即产业组织。现实中的企业关系结构在不同产业中是不相同的。产业内的企业关系结构对该产业的经济效益有极其重要的影响，要实现某一产业的最佳经济效益须使该产业符合两个条件：首先，某产业内的企业关系结构的性质使该产业内的企业有足够的改善经营、提高技术、降低成本的能力；其次，充分利用"规模经济"效应使该企业的单位成本最低。

2. 第二层是以技术和工艺的相似性为根据划分产业的，即产业联系。一个国家在一定时期内所进行的社会再生产过程中，各个产业部门通过一定的经济技术关系发生着投入和产出，即中间产品的运动，它真实地反映了社会再生产过程中的比例关系及变化规律。

3. 第三层次大致是以经济活动的阶段为根据，将国民经济划分为若干大部分，以此所形成的产业，即产业结构。

在此后有关产业互动经济理论的阐述部分中，将从上述三个产业层次进行详细说明。

二 产业链的概念与特征

(一) 产业链的形成及其概念

随着技术的发展，生产过程逐步细分为一系列有关联的生产环节。分工与交易的复杂化，使得在经济活动中应通过什么样的形式联结什么样的分工并产生什么样的交易活动成为日益突出的问题。企业难以应付越来越复杂的分工与交易活动，不得不依靠企业间的相互关联，这种搜寻最佳企业组织结构的动力与实践就成为产业链形成的条件。

实际上，产业链的概念和理解，经历了从内部到外部转化的过程。早期的观点认为产业链是制造企业的内部活动，它是指把外部采购的原材料和零部件，通过生产和销售等活动，传递给零售商和用户的过程。此种概念下的产业链更为注重企业自身资源的利用。1958 年赫希曼（Albert Hirschman）应用"关联效应"论述了产业的链条关系及相关概念，强调了前向联系（forward linkage）与后向联系（backward linkage）对于经济发展的重要意义，因此，产业链的范畴逐渐扩展到了企业外部，成为产业组织理论中的重要组成部分。

为此，从目前较为认同的产业组织角度来理解，所谓的产业链是一种或者几种资源通过若干产业层次不断向下游产业转移，直至消费者的路径。它是对产业部门间基于技术经济联系而表现出环环相扣的关联关系的描述。产业链的本质是用于描述一个存在某种内在联系的企业群结构，它是一个相对宏观的概念，具有两维属性：结构属性和价值属性。产业链中大量存在着上下游关系和相互价值的交换，上游环节向下游环节输送产品或服务，下游环节向上游环节反馈信息。产业链包含价值链、企业链、供需链和空间链四个维度的概念。这四个维度在相互对接的均衡过程中形成了产业链，它像一只"无形的手"调控着产业链。

（二）产业链的内涵

通过对国内外产业链相关研究成果进行回顾，可以归纳和总结出有关产业链内涵的资讯：

首先，产业链的基本属性表现为供需关系。正如上述产业链概念发展演变指出，无论是从企业内部角度，还是从企业间合作发展的角度来看，产业链的存在，就是由构成产业链的企业之间的供需关系构成了它的基础。企业与企业之间在生产和提供服务过程中的相互关联与合作，构成产业链的重要基本内涵。

其次，产业链从内涵上来看，是一个有机的整体，应该有全局观。尽管从概念上来看，产业链是由不同的相关企业构成，但在每个环节上都存在许多相同的企业所构成的竞争关系。与此同时，处于价值链中的各个环节不是单独存在的，而是相互关联、相互制约和依存的，产业链将上下游产业中的大量资金、资源和信息整合进入产业链的构成体系中，并使他们在每个生产环节中增加附加值。

第三，产业链从形态上来看是一个不断循环的体系，是一条连续不断增加价值的价值链，其延伸的过程就是一个价值不断增加的过程。从产业链的延伸长度来看，产业链是资源加工深度的表达。产业深度与产业链长度成正比，延长产业链代表产品深度开发，附加价值增加的程度也相应越高。

通过上述分析可知，产业链能够体现出产业层次、产业关联度、产业深度等深层次的内涵，对于研究产业经济问题具有十分重要的意义。

在目前较为热门的服务业领域中，产业链的延伸效应也是十分明显。如大家较为熟悉的会展产业就能够与相关的住宿业、餐饮业等相关行业产生关联效应，形成会展行业的产业链条。会展活动期间，大量的参展商和观众的涌入，对举办地的餐饮、住宿业形成巨大的需求。如每年两届的广交会开幕后，广州市主要宾馆平均出租率都要高达95%以上，其最高出租率可达100%左右，加上交易会期间房价上浮，主要宾馆在4月和10月的营业收入比平常月份普遍高出3倍。除了会展场馆外，酒店也是会展活动开展的重要场所，在美国，酒店33.8%的客人来自国际会议及奖励旅游。

再如目前受世界各国重视的文创产业，也有许多经典的产业链的分析案例。以影视行业的产业链为例，《哈利·波特》就是一个典型的例子。《哈利·波特》的系列作品不断地刷新文学出版史上的畅销纪录。第四部更是在首发当日创下了英国、美国印刷530万本的新纪录。成千上万的家长和小说迷们连夜排队、等候购买的疯狂情景，成为重要的媒体新闻。据不完全统计，所发行的系列图书累计超过3亿册，已被翻译成70多种文字，销往全球200多个国家和地区，成为世界上有史以来销售第三名的书籍，仅次于《圣经》和《毛泽东语录》。美国传媒巨头时代华纳公司于2000年斥资1.25亿美元将《哈利·波特与魔法石》拍成电影，电影放映后引起轰动，全球票房高达9亿美元，仅次于《泰坦尼克号》。同时，世界各国的精明商家们也将目光投向《哈利·波特》。于是，玩具、文具、服装、电子游戏、广告等创意衍生品不断推出，"哈利·波特"系列电子游戏已经开发并大卖，同时，以哈利·波特拍摄地为主题的影视旅游业也在持续发展。这就是一部文学作品产生的产业链不断延伸，不断深化，并创造更大产业附加价值的典型案例。

（三）产业链的特点

纵观产业链的概念及内涵，不难发现，其具有整体性、层次性以及空间指向性等特点。

1. 整体性

产业链是相关产业活动的集，其构成单元是若干具有相关关系的经济活动集合，即产业环或者具体的产业部门；而产业环（产业部门）又是若干从事相同经济活动的企业群体。从整个旅游过程来看，提供旅游产品的不同行业组成了一个链状结构，游客从旅游过程的始端到终端，需要众多的产业部门向其提供产品和服务来满足他的各种需求。其中，不仅包括旅行社、交通部门、餐饮、酒店、景区景点、旅游商店、旅游车船以及休闲娱乐设施等旅游核心企业，还关联到农业、园林、建筑、金融、保险、通信、广告媒体以及政府和协会组织等辅助产业和部门。前者构成了产业链的链上要素，后者为产业链的动态链接与正常运营提供必要的保障和支持。无论是核心企业，还是辅助产业和部门，以上产业的组合构成了完整的旅游产业链。

2. 层次性

产业链是产业环逐级累加的有机统一体，某一链环的累加是对上一环节追加劳动力投入、资金投入、技术投入以获取附加价值的过程，链环越是下移，其资金密集性、技术密集性越是明显；链环越是上行，其资源加工性、劳动密集性越是明显。产业链上的核心企业——大型旅游运营商，主要由处于客源地的组团社、大旅行社（如中青旅、广之旅）和大型网站（如携程）组成，旅行社是衔接旅游者和旅游目的地的中介，作为产品"分销商"，又是旅游产业链的"资源整合者"。旅游网站作为旅游运营平台，掌握了大量游客信息及市场话语权，也可成为核心企业。核心企业作为旅游环节的掌控者，在整合上下游资源时，实质是帮助旅游产业制定产品和渠道策略。产业链上的节点企业，主要是处于下游的旅游服务供应商，包括为旅游者直接提供食、宿、行、游、购、娱等旅游产品或者服务的节点企业。它们以横向关联方式直接面对旅游消费者。目前，我国旅游产业链上的节点企业往往各自为政，做出忽视甚至损害其他企业利益的决策。

旅游产业链常被分为纵向和横向维度的产业层级。纵向延伸和纵向整合是旅游产业链增加附加价值的方式。纵向一体化指企业向其上游产业或下游产业的扩张，包括前向一体化和后向一体化两种形式。以旅游产业为例，旅游交通运营商为了更好利用客源销售渠道，向上游兼并旅行社就是前向一体化；大型旅游运营商为了节约成本，直接收购景区就是后向一体化。

纵向约束是核心企业对节点企业施加的若干限制行为，包括权利限制和价格限制，而旅游产业链延伸中以价格限制为主；节点企业也可以根据自身特色，延伸出若干链条。例如，处于节点位置的餐饮企业，对餐饮部门上游企业（农产品、特色产品种植企业、农产品加工企业、包装企业）和下游企业（运输企业、销售企业）进行整合，使之向上游拓展，向下游延伸，在加强企业自身核心竞争力的同时，打造出一条食品产业链条。

产业链横向整合主要表现为横向"对接"，即实现旅游产业链中六部门（吃、住、行、游、购、娱）的链接以及旅游产业链中企业之间的联合和重组，还包括同一类旅游资源的对接。如旅游景区实现横向兼并、收购当地各类饭店、宾馆、旅游纪念品生产制造商、地接社、旅游车队等企业，以及旅游景区之间的横向合作等，从而实现链条横向整合。

3. 空间指向性

优区位指向引导产业环或集中或分散地布局在不同的经济区位，表现为产业环具有明显的空间指向性。这种空间指向性主要表现为如下方面：第一，资源禀赋指向性，产业环基于对优区位的追求，势必在某种程度上依赖区域的资源禀赋。旅游产业具有较强的资源指向性，从而形成了旅游目的地，旅游产业围绕着旅游资源发展。第二，劳动地域分工指向性，劳动地域分工使各区域具有了符合当地实情的专业化生产方向，产业链对专业化分工效益的追求便造成了产业环的空间分散性。第三，区域传统经济活动指向性，区域传统经济活动通常是区域特定资源禀赋和区域经济特色的体现，经济活动的路径依赖性和惯性使区域在产业链分工中落下了深深的烙印。

第二节　产业经济学及其研究内容

一　产业经济学的研究内容

产业经济学的研究对象是产业，从前面内容中我们可以总结出，产业是介于国民经济整体和单个经济主体的中观经济，它是具有某种同类属性，并形成一定竞争或者合作关系的企业群体组成的集合或系统。在分工的前提下，产业经济学的理论框架可以分为四个层面：产业内分工下的企业行为；产业内分工的演变和发展；产业间分工的相互关系；基于分工的产业管理。所以，产业经济学研究的是产业内部各企业之间相互作用关系的规律、产业本身的发展规律、产业与产业之间互动联系的规律以及产业在空间区域内的分布规律等。针对产业本身所具有的不同层次的具体行为规律，产业经济学有着具体研究对象，包括产业组织、产业结构、产业关联、产业布局、产业发展和产业政策等。产业经济学的研究与学习将有助于我们完整地理解现实生活中的经济现象及其发展规律，有助于我们利用经济规律正确地进行经济实践。

二　产业经济学的学科理论

产业经济学从产生到现在已经得到了巨大的发展，其学科体系已经比较完善。从国内外学者对产业经济的研究来看，产业经济学既是研究产业与产业之间的竞争和合作的关系，也研究产业内部企业与企业之间的竞合关系。产业经济学有其特定的研究对象和独特的研究方法。产业经济学的学科领域一般包括以下六个理论。

（一）产业组织理论

产业组织理论是微观经济学的一个重要分支，它的研究对象就是产业组织，即产业内企业的关系构成和构成方式。在现实的经济环境里，各个产业内企业关系是多种多样、千变万化的，归根到底这种关系可以归纳为垄断和竞争的关系。组织理论主要是为了解决所谓的"马歇尔冲突"的难题，即产业内企业的规模经济效应与企业之间的竞争活力的冲突。马歇尔冲突——19世纪英国经济学家马歇尔，这位剑桥学派的掌门人在对价格机制的诠释方面，才华横溢，但面对规模经济和竞争活力两者之间顾此失彼的矛盾，却显得一筹莫展。马歇尔认为，自由竞争会导致生产规模扩大，形成规模经济，提高产品的市场占有率，又不可避免地造成市场垄断，而垄断发展到一定程度又必然阻止竞争，扼杀企业活力，造成资源的不合理配置，比如通信业、银行业、汽车业等。

传统的产业组织理论体系主要由张伯伦、梅森、贝恩、谢勒等建立，即著名的市场结构、市场行为和市场绩效理论范式（又称SCP范式）。该理论认为市场行为取决于市场结构，而市场行为又决定了市场绩效；市场绩效受市场结构和市场行为共同的制约；市场行为和市场绩效又反作用于市场结构。SCP模型奠定了产业组织理论体系的基础，此后各派产业组织理论的发展都是建立在对SCP模式的继承和批判基础之上的。

（二）产业结构理论

产业结构理论主要研究产业结构的演变及其对经济发展的影响。产业结构的研究一般不涉及过于细致的产业分类及产业之间中间产品的交换、消费和占有问题，因此可被看作产业经济学的"宏观部门"。它主要从经济发展的角度研究产业间的资源占有关系、产业结构的层次演化，从而为制定产业结构规划与优化的政策提供理论依据。产业结构理论一般包括：影响和决定产业结构的因素；产业结构的演变规律；产业结构优化；产业战略的选择和产业结构政策等理论和应用型研究。

（三）产业关联理论

产业关联理论又称产业联系理论，较产业结构理论而言，它更广泛细致地用精确的量化方法来研究产业之间质的联系和量的关系，属于产业经济学的"中观"部分。产业关联理论能很好地反映各产业的中间投入和中间需求，侧重于研究产业之间的中间投入和中间产出之间的关系，这些主要由里昂惕夫的投入产出方法解决。产业关联理论还可以分析各相关产业的关联关系（包括前向关联和后向关联等），产业的波及效果（包括产业感应度和影响力、生产的最终依赖度以及就业和资本需求量）等。

（四）产业布局理论

产业布局是指产业在一国或一地区范围内的空间分布和组合的经济现象。产业布局从静态上看是指形成产业的各部门、各要素、各链环在空间上的分布态势和地域上的组合。从动态上看，产业布局则表现为各种资源、各生产要素甚至各产业和各企业为选择最佳区位而形成的在空间地域上的流动、转移或重新组合的配置与再配置过程。产业布局理论主要研究产业布局的影响因素、产业布局与经济发展的关系、产业布局的基本原则和原理、产业布局的一般规律、产业布局的指向性以及产业布局政策等。

（五）产业发展理论

产业发展理论就是研究产业发展过程中的发展规律、发展周期、影响因素、产业转移、资源配置、发展政策等问题。产业发展规律主要是指一个产业的诞生、成长、扩张、衰退、淘汰的各个发展阶段需要具备一些怎样的条件和环境，从而应该采取怎样的政策措施。

（六）产业政策理论

产业政策理论是制定产业政策的一种经济理论。通过对产业政策的研究，为产业政策的制定与选择提供原理、原则和方法。产业政策理论的核心部分是产业结构政策理论，以产业资源的分配政策作为研究对象。产业政策的研究领域从纵向来看包括产业政策调查（事前经济分析）、产业政策制定、产业政策实施方法、产业政策效果评估、产业政策效果反馈和产业政策修正等内容；从横向来看包括产业发展政策、产业组织政策、产业结构政策、产业布局政策和产业技术政策等几个方面的内容；从其作用特征来看包括秩序型（或称制度型）产业政策以及过程型（或称行为型）产业政策。

产业经济学的主要学科领域及其与基础理论的相互关系，如图 1 - 1 所示。

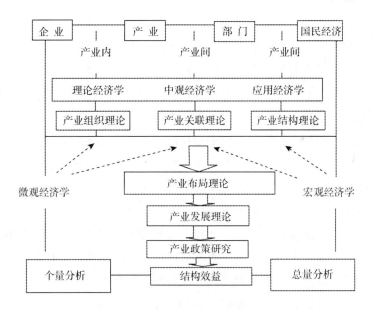

图 1 - 1 产业经济学研究领域示意图

在图 1 - 1 中，实线表明产业经济学各领域的主要研究对象，虚线则说明其他经济学科的理论为产业经济学的理论建立奠定基础并起指导作用。

第三节 产业经济研究中常用的研究方法

产业经济学的研究对象涉及产业组织、产业结构、产业关联等产业层次和维度，也涉及产业布局、产业发展和产业政策等时间和空间上的对象，所以在研究产业经济问题时，采取的研究方法也必须是不同层次、不同视角的研究方法的集合。

一　产业经济学研究的方法论

（一）系统分析方法论

系统分析方法是把要解决的问题作为一个系统，对系统要素进行综合分析，找出解决问题的可行方案的咨询方法。产业是具有相同特征的经济组织和活动所组成的集合和系统，它们之间彼此联系和相互作用。产业经济学既不同于微观经济学把单个的经济主体作为研究对象，也不同于宏观经济学将国民经济总量作为研究对象，它的研究对象是一个系统，所以，产业经济学的研究方法论必须着眼于系统分析的角度，将单个经济主体视为系统内的各个单元，这些单元之间相互关系的结构是怎样通过各个层次的整合最后达到总体的效果。有些学者将微观经济学和宏观经济学与产业经济学作过比较，认为微观经济学的分析方法是通过研究和约束经济个体的行为来实现利润最大化或者效用最大化，宏观经济学研究的是整个经济总量的变动规律，而产业经济学是通过研究分析经济个体之间的相互作用来研究产业整体特征的，并通过层次整合之后形成的经济总量，以及其相互联系的变化规律。所以系统论的观点是产业经济学研究方法论的基本观点之一。

系统论强调整体、平衡、动态、与环境和谐适应。所以，研究产业经济学要将产业作为一个整体追求最优导向，而不是以组成产业的某个部门、某个行业为最优导向；研究产业经济学强调产业之间以及组成产业的各个部门之间的平衡发展，不能是某个产业或某个部门特别突出，造成整个产业的不平衡。研究产业经济学要着眼于整个产业系统的动态过程，不能局限于某时某刻的产业结构最优；研究产业经济学不能局限于产业内部或某一个地区本身，应将产业放在整个国际经济大背景下分析和研究。澳门经济也应置身于国际经济背景下，促使澳门产业整体、平衡、动态的发展。

（二）唯物辩证方法论

唯物辩证法认为世界存在的基本特征有两个：一个是人类世界是普遍联系的，另一个是人类世界是永恒发展的。首先，各个产业之间，产业各部门之间是普遍联系的，产业经济学就是研究产业之间，产业各部门之间的关联情况。政府既不能盲目单独发展某个产业或部门，研究人员也不能只研究某一产业或者部门里的经济行为。其次，事物的运动和发展是由事物的内部矛盾所推动，事物的矛盾有主要矛盾和次要矛盾，矛盾本身有主要方面和次要方面。所以，产业作为一个系统，也是由内部各个组成部门的矛盾推动发展。产业经济学的研究应该客观承认各国的产业分工、产业结构在某个特定的时候存在差异，并以运动发展的观点看问题，努力实现产业结构优化，促进本国经济增长的方法。澳门的产业结构有其自身的特点，如何实现澳门产业优化升级是本书讨论的内容。

二　产业经济学的具体研究方法

（一）理论研究和经验研究相结合的方法

理论研究是通过考察实际经济运作状况，归纳出可能的经济运行规律。研究一般从一定的假设出发，通过缜密的逻辑推理，演绎证明某些经济规律或者推演出可能存在的规律。经验分析往往是采用理论分析得到的经济规律来考察经济运作中的实际例子，从而进一步验证分析得到的经济规律，并给予一定的经济管理建议。产业经济学中，理论研究通常使用比较多的数学工具，如博弈论、边际分析法、矩阵代数法等来研究产业组织、产业关联。经验研究通常是将实际调查得到的经济变量的数值与理论规律相比较，从而了解产业的实际运作规律。

现代产业经济学常采用博弈论作为理论分析方法，它是 20 世纪 70 年代后产业组织理论研究最为主要的理论研究方法。博弈论是研究相互依赖、相互影响的决策主题间的理性决策行为以及这些决策的均衡结果的理论。博弈一般由几个因素组成：参与人、行动、策略、信息、得益、均衡、结果等。博弈分析的目的就是使用博弈规则来决定均衡。在产业组织理论中，当研究寡头企业的决策行为及其相互作用的规律时，由于企业的行为是互为因果而强相关的关系，故常使用博弈论来研究。所以，博弈论经常用于研究寡头垄断、不完全竞争市场的定价、企业兼并和反垄断规制等问题。

案例分析方法是典型的经验研究方法。案例分析法采用个别经济现象，通过归纳总结提炼出一般规律的逻辑分析方法，特别适用于无法精确定量分析的复杂经济问题的研究。案例分析法可以揭示普遍的经济规律在不同的经济环境中所表现出来的不同特征，它能培养和体现出研究人员对实际经济事务所蕴藏的经济规律的敏感性。20世纪50年代以前，案例分析法是产业经济学中最常用的分析方法，常被用于烟草业和石油业的反垄断。在比较研究中，一般要用到大量的案例分析法，本书也将使用案例分析法，对不同国家的会展业发展进行比较研究。

（二）定性研究和定量研究相结合的方法

定性研究是对事物的内涵、性质、特征、内在联系、因果关系等进行质性研究，分析需要解决"是什么""为什么"等问题。定量研究是对事物的数量、比例及其变动的分析，要解决"是多少"的问题。定性研究和定量研究是相互补充、相辅相成、缺一不可的分析方法。产业是一个系统，通常涉及众多的因素、纷繁的联系、多个变量等各方面的问题。面对庞大而复杂的问题，要想从总体上获得最优化的结果，只有尽力将系统各方面的关系数学化，用抽象的数字关系表述真实的系统关系，然后建立模型，进行计算或试验，探讨系统的规律性。然而，产业经济学分析方法中，也离不开定性分析法。第一，定性分析是定量分析的前提；第二，许多定量分析是定性分析所得到的对于某个产业认识的数量化；第三，定性分析往往能减少定量分析的复杂性。产业经济学中广泛采用的案例分析法就是一种定性和定量相结合的方法。统计和计量方法是典型的定量分析方法，例如产业组织研究中的行业集中度的 CR_n 指数、赫希曼指数、基尼系数以及市场绩效的勒纳指数、贝恩指数等；产业结构研究中的霍夫曼比例系数、主导产业选择的收入弹性系数基准；产业关联研究中的投入产出方法等。

（三）静态分析和动态分析相结合的方法

静态分析就是分析经济现象的均衡状态以及有关经济变量处于均衡状态所必须具备的条件，但并不论及达到均衡状态的过程，即完全不考虑时间因素。静态分析是一种状态分析，有助于认识事物的现状。动态分析是对经济变动的实际过程所进行的分析，其中包括分析有关变量在一定时间内的变动，这些经济变量在变动过程中的相互影响和彼此制约的关系，以及它们在每一个时点上变动的速率，等等。动态分析法的一个重要特点是考虑时间因素的影响，并把经济现象的变化当作一个连续的过程来看待。动态分析因为要考虑各种经济变量随时间延伸而变化，就此对整个经济体系的影响，因而难度较大，在微观经济学中，迄今占有重要地位的仍是静态分析和比较静态分析方法。在宏观经济学中，特别是在经济周期和经济增长研究中，动态分析方法占有重要的地位。产业经济学是一门介于宏观经济学和微观经济学之间的中观经济学范畴，所以静态分析方法和动态分析方法兼用，例如：在产业发展研究中，产业竞争力是静态分析，产业生命周期是动态分析；在产业结构的研究中，产业结构的现状是静态分析，产业结构演变规律是动态分析；在产业空间的研究中，产业布局是静态分析，产业转移是动态分析。

（四）结构主义分析方法和系统动力学方法

结构主义分析方法认为系统的行为是由系统的结构所决定的，所以在产业经济学研究伊始，就十分注重研究产业与产业之间的关系结构以及产业内各企业相互作用的关系结构，并由此结构出发研究整个产业的整体行为。例如，在研究产业与产业之间的关系时，产业结构是产业经济学的重要研究对象；在产业组织的研究中，哈佛学派提出的市场结构决定市场行为、决定市场绩效的 SCP 模式在产业组织领域享有盛誉。系统动力学也是通过分析社会经济系统内部各变量之间的反馈结构关系来研究整个系统整体行为的理论。系统动力学认为系统的行为是由系统的结构决定的，这个观点与结构主义分析方法一致。但是，系统动力学更进一步指出系统的结构是动态的反馈结构，可以用控制论的方法来研究。系统动力学注重各经济变量之间的动态反馈结构，而对变量的数值精确度要求不高，所以特别适合产业经济这种许多方面难以定量的系统研究。现在国内外已有很多学者用系统动力学来研究产业结构、产业布局、产业组织等诸多产业经济对象，并取得了令人满意的结果。

第二章

产业互动发展的理论基础

第一节 产业关联与产业协同

一 产业关联

（一）产业关联的含义

产业与产业之间会由于各种原因而形成一定的联系，通常这种联系在产业经济学中被人们称为产业关联。因此，产业关联指在经济活动中，各产业之间存在着广泛的、复杂的和密切的技术经济联系，主要包括产业之间的投入产出、供给需求的数量关系。20 世纪 30 年代，美国经济学家里昂惕夫开创的投入产出经济学是产业关联理论的前身，它借助投入产出表对产业之间的生产、交换和分配中发生的联系进行分析和研究，从而得出产业之间数量比例上的规律性。在产业关联性方面，关联性的产生需要一定的变量和中介作为传递，较为常见的包括产品、劳务联系、生产技术联系、价格联系、劳动就业联系、投资联系等。产业关联理论可以分析各产业的关联关系（如前向关联和后向关联等），产业的波及效果（包括产业感应度和影响力，生产的最终依赖程度以及就业和资本需求量）等。

（二）产业关联的分类

产业关联可以从多个角度进行类型划分。按照产业间供给与需求联系，可以将产业关联分为前向关联和后向关联；按照可视程度可分为有形关联和无形关联；按照产业产品或服务生产的技术流程分为单向关联和多向关联；按产业间的依赖程度可分为直接关联和间接关联。

1. 前向关联和后向关联

所谓前向关联是指某一产业为另一产业提供生产要素，后向关联则是指某一产业为另一产业提供产品。对于旅游产业而言，前向关联是旅游产业与以旅游业产出为中间投入的产业部门的关联，如公共管理和社会组织、商业服务业、房屋和土木工程建筑业、仓储业、批发业、银行业、零售业、电信和其他信息传输服务业、教育行业等。后向关联是指旅游产业与向其提供产品或服务的产业部门的关联。与旅游产业直接消耗系数较高的产业有电力、热力的生产和供应业、住宿业、房地产开发经营业、环境管理业、石油及核燃料加工业、公共设施管理业、商务服务业、装卸搬运和其他运输服务业、农业、零售业、租赁业、屠宰及肉类加工业、其他服务业、渔业、餐饮业等。可以看出，旅游行业的前向关联性较弱，后向关联性较强。同样的方法，亦可以用于分析博彩业与会展业的产业关联性。

从博彩业的产业链来看，博彩企业需要较为丰富的能源、旅游服务设施、人力资源、赌场布置与装修、文艺表演等作为产业的基础。同时，在向后关联产业上，博彩活动过后需要对新老顾客进行开发和保留，信息的跟踪调查，等等。而旁侧关联产业上，宾馆、餐饮、零售、交通以及一些中介服务机构等也会成为博彩业产业链的有机组成部分。

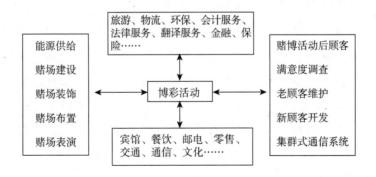

图 2-1 博彩业产业链示意图

从会展业的产业链条来看，会展业作为现代服务业，主要为某些行业以及消费者提供咨询和商品销售等平台服务。为此，在会展业的产业链中，为会展业提供资源及产品供应的部门要素主要包括：会展场馆，会展专业服务机构如展厅搭建、广告设计等。展后所涉及的活动一般由会展分析、会展跟踪、会展反馈等。旅游、物流、酒店等行业则构成会展业的旁侧关联产业。

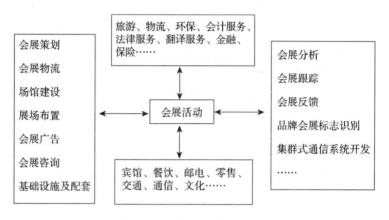

图 2-2　会展业产业链示意图

2. 有形关联和无形关联

Porter（1990）将业务单元之间的关联分为有形关联（价值链中的技术、客户资源的共享）、无形关联（不同价值链之间管理技巧和知识技能的共享）、竞争性关联。而有形关联可进一步分为市场关联、生产关联、技术关联、基础设施关联（如财务、法律、人力资本等）等类型。对于有形关联，相对较为容易理解，一般企业之间所形成的相互供求合作关系即属于此类。作为无形关联，较为典型的一个例子就是知识外溢，即技术知识可以透过企业员工之间彼此的交流沟通达到创新，这是经济成长动力之一。美国硅谷的创新发展，在很大程度上与创新公司人员之间的相互社会交际有很大的关系，此种交流和交际所形成的知识溢出，可以被归纳为无形关联的类别。

3. 单向关联和多向关联

按照产业产品或服务生产的技术流程分为单向关联和多向关联。其中单向关联指产业部门之间的联系只有单向的关联性，即 A 产业会与 B 产业有关联，而 B 产业对 A 产业则没有关联性。而多向关联则是产业之间相互有多重关联的类型。

4. 直接关联和间接关联

产业间关联还可以按产业间的依赖程度分为直接关联和间接关联。所谓直接关联是指两个产业部门之间存在着直接的提供产品或技术的联系。而间接关联，则是指两个产业部门本身不发生直接的生产技术联系，而是通过其他产业部门发生相互关联的类型。

二　产业协同

产业之间的关系除了关联性外，还有协同性的问题。所谓产业协同，是指集群内的企业在生产、营销、采购、管理、技术等方面相互配合、相互协作，形成高度的一致性或和谐性（胡大立，2006）。一般而言，产业间具有较好的协同性则能够保证产业间能够实现较好的合作与互动，从而创造出"1 + 1 > 2"的竞争优势。

可见，产业关联及产业协同对于产业互动发展而言，可以有效标定其互动的程度以及互动的发展方向，对于评判产业间的相互作用具有理论指导意义。

从澳门产业发展和协同来看，博彩业与会展业吸引大量的人群集聚澳门，刺激了商品和劳务的消费需求，推动了商业、服务业发展。博彩业与会展业的发展对其他产业的发展提出更高的要求，从而带动了相关产业如旅游业、酒店业、文化创意产业、物流业等产业的发展，并由于其对各关联产业的波及差异程度而相应地调整产业之间的比例，形成产业结构优化效应。但是刘长生（2009）调查发现澳门博彩业的产业集中度高、产业关联度低，对相关产业带动作用小；博彩业发展对经济增长的带动作用较大，但对就业、社会固定资产投资、海外资源的带动作用较小；博彩业发展与经济增长率、就业率、固定资产投资增长率之间存在双向因果关系；产业风险大等决定了澳门政府应该采取相应的产业政策促进产业结构多元化。陈章喜（2012）发现澳门会展业对博彩业、旅游业、住宿及餐饮业等相关行业具有较强的带动作用，其关联度大小依次表现为：批发与零售业 > 博彩业 > 保险业 > 住宿及餐饮业 > 旅游业 > 运输、仓储及通信业。相关研究得出的与澳门博彩业对相关产业的带动相比，澳门会展业的带动关联度更高，但是会展业对旅游业的带动能力还没有得到充分发挥。会展业的关联性能适当降低博彩业在第三产业内部以至于整个澳门经济的比重，从而有利于实现澳门产业适度多元化。

第二节　产业集聚与产业集群

一　产业集聚与集群的概念

产业集聚和产业集群都是学者们就贸易的地理集中性现象提出的概念。所谓产业集聚是属同一产业的市场主体在某个特定地理空间内高度集中的现象。而产业集群则是指在特定区域中，具有竞争与合作关系，有交互关联性的企业、专业化供应商、服务供应商、金融机构、相关产业的厂商及其他相关机构等组成的群体在空间上进行集中分布的现象。

在产业集聚与集群方面，海内外学者都有进行较为深入和细致的研究。从产业集群的类型来看，可以根据产业特征和系统复杂性将产业集群分为传统产业集群、高科技产业集群和基于大企业的产业集群。再如，可以按产业链的性质将其分为生产者驱动型产业集群和消费者驱动型产业集群。也有学者从集群的形成动力角度，分为诱致型产业集群、强制性培育型产业集群和引导培育型的产业集群等。

如中国湖南的浏阳，传统产业为花炮的生产和研发，该地已经逐步形成以花炮为主题的产业集群。浏阳现有花炮企业 921 家，引线厂 90 家，军工硝、黑火药厂 63 家，器材厂 11 家；市内花炮经营公司 58 家，在浏阳收购出口花炮的经营公司 174 家，市外驻浏阳办事处 22 家；年纳税额在 50 万元以上的企业 124 家。从 1997 年开始，浏阳花炮产业逐步施行了企业产权制度改革和现代化的工厂改造，并且从 2004 年开始实行集团化、规模化和国际化的运作，吸引了大量相关企业进驻浏阳。同时，浏阳的企业积极推进花炮"环保革命、工艺革命、材料革命"三大革命，产业链逐步形成，产业集群效益日益凸显，跻身湖南省重点扶持的 50 个优势产业集群行列。2008 年，浏阳花炮产业集群产销量达到 3000 万大箱，实现产值 100.7 亿元，创税 8.64 亿元，占浏阳市财政收入的 40% 左右。浏阳花炮经过长期的发展，现已拥有 14 大类 4000 多个花色品种，产品销售已遍及全球 150 多个国家和地区。同时，浏阳花炮的发展也带动了化工、造纸、印刷、包装、塑料以及机械等十多个相关产业发展，从业人员达 30 多万人。浏阳花炮产业集群助推了浏阳经济社会的发展，浏阳 2007 年、2008 年连续两年跻身全国百强县行列。

产业集群与产业集聚相比，较大的差异就在于产业集聚的主体为同一产业的企业，而产业集群的主体则来自多个不同的产业范畴，相互之间存在竞争以及合作等关系。如不少城市中形成的电脑市场，小商品一条街等形式的产业集中，都属于产业集聚，不能被称为产业集群，即相同产业和行业的企业集中在某一个特定的空间范围内。此外，集聚是指产业在空间地理上的集中过程。而产业集群是指依赖并服务于相似市场、具有主导产业的众多企业及相关产业企业和支撑服务机构间通过分工合作于特定区域结网而成的学习型组织。显然，特定产业的空间集聚是产业集群形成和发展的基础，但并非任何产业集聚都一定能发展成一个产业集群。地理集中（集聚经济）、灵活专业化（社会网络）、创新环境、合作竞争和路径依赖等，是产业集群形成并保持竞争优势的基础。产业集聚只是产业集群形成的一个必要条件，而非充分条件。

二　产业集聚和集群的形成和影响

（一）产业集聚和集群形成的条件

在产业集聚和集群的形成条件方面，不少学者都对其进行过研究和分析，并提出了各自的理解。

如在产业集聚方面，Hooverh 和 Vernon 发现曼哈顿办公活动的集聚现象，并认为集聚的形成是面对面接触的需要；Kellerman 认为，服务业在大都市区集聚的态势并没有削弱，信息技术的进步反而促使其在大都市的繁荣；Heskett 认为，造成服务业的集中发展的关键原因在于共生互补；Daniel 认为，服务企业为了追求交通、通信设施、住房、商业楼宇以及多元化的劳动力等多方面的需要集聚在城市内，而为了降低成本和规避不确定的需要，同类似的企业集聚在一起；O'Farrell 和 Wood 认为，商业服务企业能够在英国伦敦和东南部地区集聚而未能在苏格兰取得成功的原因在于两个社会存在不同的信用环境。美国、欧洲、中国等国家和地区的大量实证研究都证明服务产业集聚现象的确普遍存在，并与城市的经济发展息息相关。

在产业集群的形成条件方面,新古典经济学代表人物马歇尔讨论了特定产业区位的外部条件。虽然在 20 世纪中叶以前,区位和产业集群并未成为主流经济学研究的对象,但相当部分区域及城市经济学家,如韦伯、霍特林、勒施等对集聚经济作了进一步的阐述。韦伯将产业集群的形成原因归结为四个方面的因素:技术设备的发展、劳动力组织的发展、市场化因素以及经常性开支成本。其中,市场化因素是影响产业集群形成的最重要因素。

产业集群理论是在 20 世纪 90 年代由美国哈佛商学院的竞争战略和国际竞争领域研究权威学者麦克尔·波特（Michael E. Porter）创立的。波特的钻石理论和以克鲁格曼（Paul R. Krugman）为代表的新经济地理学理论的产生,标志着产业集群理论的初步形成。波特的《国家竞争优势》中,提出了著名的"钻石体系"。他从组织变革、价值链、经济效率和柔性方面所创造的竞争优势角度重新审视产业集群的形成机理和价值。波特认为,一个国家或区域经济的发展并非来自一项产业的成功,而是来自纵横交错的产业集群,一个国家或区域的经济是由各种产业集群所组成,这些产业集群的竞争优势或由此而造成的竞争劣势,反映了经济的发展。Porter 通过进一步研究指出将高科技型产业集群的发展形成的条件归纳为四类:高素质人力资源、技术基础建设、知识资源、资本资源。浙江大学许庆瑞教授提出了产业集群形成的三个核心条件:产品或服务必须具有较长的价值链,全球化的市场,知识导向的区域,以及两个辅助条件:完善的辅助性机构和良好的社会资本。

综合产业集聚和集群的概念,并参照前人学者的相关研究成果,可以将产业集群的形成条件分为两大类:必要条件与充分条件。

1. 必要条件

所谓必要条件是指形成产业集群的前提,一般可以归纳为两个方面,即生产过程的可分离性和产品的可运输性。

（1）生产过程的可分离性

产业集群的实质是在分工基础上进行的合作。也就是说,只有当生产过程有可能被分成几个不同的步骤时,才会允许专业化的出现,进而需要去考虑和选择进行合作的方式。

（2）产品的可运输性

最终产品的可运输性是产业集群形成的第二个必要条件。如果一个产品不能被移位时，产品提供者的区位就要由产品消费者的区位来决定。然而，当产品和服务是可以运输或移位时，服务者就可以带着装备去到消费者那里。

2. 充分条件

产业集群产生的充分条件，则包括较长的产业链、互补性差异性、创新的重要性和市场的易变性四个方面。

（1）较长的产业链

较长的产业链是产业集群形成的第一个充分条件，其意味着由产业链中的多部分进行合作而形成一个最终产品，一个组织越专业化，它就越依赖于互补的活动。而且由于接触的次数增多，这个组织所在的环境也就显得更为重要，这种情况是一个典型的分割创造价值的体系。

（2）互补性差异性

互补的存在或彼此知道的可能性较大，也就需要更加有效地合作。然而，差异性同样也重要，因为它实现了产品在质量和价格等方面的竞争，保持了集群发展的活力。

（3）创新的重要性

创新是集聚形成的动力。如果一个产业不以创新为荣，那么，创新合作的优势对于商业利益的贡献就得不到发挥，以创新为导向的产业集群也不可能会出现。

（4）多变的市场环境

由于市场多变，所以创新的速度就显得很重要，因此，需要具有互补性的企业联合起来，通过相互协作的方式，实现产业集群中新产品及服务的开发。

（二）产业集聚和集群的竞争优势

从产业集聚和集群产生的影响力而言，产业集聚往往会产生外部规模经济、不断推进创新以及产生企业间的竞争效应。而产业集群则能够有效提升整体的产业竞争力、有效推进产业集群内产业及企业间的合作，并能够促进产业创新和推动企业不断扩大发展。除此之外，产业集群的发展还有助于实现和提升区域品牌优势，如法国的香水、意大利的时装、瑞士的手表、中国"珠三角"地区的制造业等。正是由于产业集群具有较为显著的区域发展带动性，因此，国内外的不少学者都从各自的视角对产业集聚和集群进行了研究。一直以来，对于产业集群的研究和实证都集中在制造业和高新技术产业，服务业等非制造业的竞争力能否用产业集群理论进行研究一直存在争议。但在现实经济世界中，旅游业集群现象已经成为不可忽视的研究对象。如美国拉斯维加斯的赌场集群、德国会展旅游集群、阿尔卑斯山健身集群、澳洲昆士兰观光度假旅游集群、日本九州岛温泉旅游集群、澳门博彩以及会展集群等旅游博彩相关产业集群已经出现并发挥其集聚效应（相阵迎、徐红罡，2008）。随着产业集群的发展，产业集群的竞争优势及竞争力引起了人们的关注。Engelstoft 等（2006）通过对丹麦产业集群的理论与实证研究，认为集群内的企业在共同奋斗目标下能够实现风险共担、互相支持。这种竞争与合作使企业间的相互学习和创造力更为便利，有利于集群及其企业获得比较竞争优势和占据市场垄断地位。

总体而言，产业集群的竞争优势集中体现在以下几个方面：

1. 有效降低企业生产成本

企业的生产成本可以分为直接经济成本和非直接经济成本两个方面。从直接经济成本来看，产业集群能够帮助企业形成生产成本优势、基于质量基础的产品差异化优势、区域营销优势、市场竞争优势四个方面。而在非直接经济成本方面，产业集群的竞争优势，则体现在区域创新能力上，如企业与企业间形成网络，促进创新；政府部门对集群创新起引导作用；促使大学、研究所等学术机构与企业经常交流，形成产学研的密切合作网络；以及金融部门对企业发展与成长的支持等方面。

2. 推动学习型组织与创新的发展

在产业集群的发展过程中，集群会为企业营造一个良好的创新环境。例如在组织构建方面，产业集群作为一种新的组织形式，既避免了纯科层型组织中官僚化倾向，资源限制等劣势，又避免了纯市场型组织中过高的交易成本，获得了新的组织优势。熊彼特就认为创新不是孤立事件，它们趋于群集，产业集群有助于创新的同时，创新有赖于产业集群，企业家也是成群出现的。产业集群是一个创新体系，也是易于创新的环境。在该组织环境中，企业能够以更为有效的方式开展创新和学习型组织构建。

3. 以竞争合作持续提升企业活力

由于群内企业竞争激烈且彼此之间相互了解，便于建立同类产品价格、质量和产品差异化的评价标准。因此，相对单独游离的企业而言，群内企业更容易具备产品差异化优势，并以此为契机提升企业竞争力和市场活力。

4. 产业集群还能够创造区域竞争优势

同种企业在某一地区的集聚将大大增强企业对本地资源的整合能力，提高资源的利用效率。此外，群内企业可以利用集群整体的力量进行宣传，树立区位品牌，使群内每个企业都受益。如广东省汕头市的玩具产业集群就形成了"全国玩具看广东，广东玩具看澄海"的玩具产业集群品牌。作为目前国内唯一被授予"中国玩具礼品城"称号的地区，汕头市澄海区的玩具产品外销达 70% 以上，占全国玩具出口量的9%，畅销世界 100 多个国家和地区。在澄海区，人们能见到的广告牌大多与玩具相关，除了玩具生产企业，还有模具开发、注塑机、压铸机、油漆、包装等玩具上下游企业也在这里集聚。

三　产业集群的竞争力评价

产业集群的竞争力在不同主体和尺度上有不同的具体表现，如Stamer（2008）从空间维度的角度将产业集群的竞争力划分为微观、中观、宏观和兆观四个层面。其中，微观层面的集群竞争力主要指集群对于企业层面竞争力的影响，中观则是指集群层面竞争力的影响，宏观是指集群对区域或国家层面竞争力的影响，兆观是指集群应对全球层面竞争力的影响。

在产业集群竞争力评价方面，不少学者也进行了创新性的探讨。如Padmore 等（1998）在 Porter "钻石模型"的基础上构建了评价产业集群竞争力的 GEM 模型，该模型通过系统方法来评价产业集群的优势和劣势，认为影响产业集群竞争力的因素包括资源、设施、供应商和相关辅助产业、企业的结构、战略和竞争、本地市场以及外部市场。该模型强调产业集群的基础条件、企业联系和内外部市场，与波特的钻石模型相比更加注重集群企业的联系和内外部环境条件。Feser（2001）则认为应该从时间（集群所处的生命周期）、地理（资源、交通、竞争等）、关联（投入与产出、创新关系等）三个方面对集群竞争力进行评价。

可见，上述研究者对于集群发展规律以及竞争力的相关研究能够让我们更加有效地推进产业集群的形成并增强产业集群对于区域内的企业以及区域整体竞争力的提振作用。特别是对集群竞争力的层次划分以及竞争力评价的相关理论对于本研究更具有直接的指导意义。

四　产业集群间的相互作用影响机制

在产业集群的相关研究中，大多数的研究者都将目光集中于对产业集群的优势以及社会影响的分析。对于产业集群内部企业竞争力提升的影响机制，相关研究也大多数是从正面的影响角度强调，如集群对于企业的创新能力提升以及获取外部化优势等。而在集群对于内在企业的竞争力负面影响机制则关注相对较少。

胡大力（2006）以产业关联和产业协同等相关理论为基础，对于产业集群中的竞争优势进行了创新性分析。他认为产业集群的竞争优势不一定永远存在，具体而言，是否具有集群优势以及产业集群优势的大小则需要视企业之间的相互关系来决定。在他的研究中，提出了产业关联的概念，即产业集群内部的企业处于相同或相近的产业链上，具有前向、后向以及横向的产业联系。产业关联的影响因素则包括产业类型、企业规模、技术、地方政策、社会文化及心理因素等。按照波特的理论，产业关联也可以分为有形关联（客户、技术共享）、无形关联（管理模式及知识的共享）以及竞争性关联三类。产业之间具备了产业关联就为产业间的互动发展提供了前提，但是，互动的方向如何，还有赖于产业间具备产业协同性。所谓产业协同性是指企业之间在生产、销售、营销、采购、技术等方面相互配合与协作，形成高度一致性或和谐性。由此，只有产业之间具备产业关联，同时，产业间形成了正的产业协同性，此时，该产业间的组合才能够具备竞争优势。产业关联、产业协同为深入研究产业集群的相关问题提供了内在机制上的解释，对于分析产业之间的互动发展具有较好的指导作用。

透过上述分析可见，产业集群是在一定条件下，不同产业在同一空间内的集聚，其相互作用以及竞争优势的形成并非是必然，而是受到多种因素的影响。只有在产业协同以及产业关联上具有优势，才能为产业集群的竞争优势提供保障，并进一步在微观、中观、宏观和兆观四个层面上提升产业集群的竞争力。

从澳门旅游和博彩产业集群的发展来看，随着大量资本的进入，区域旅游合作的加强，澳门旅游产业集群对旅游者的吸引力将会增大，因此扩大了旅游需求，这将影响游客逗留时间以及旅游消费价值，从而为澳门产业多元化发展创造必要的条件。旅游产业集群能使群内企业通过合作实现资源整合，使群内企业整体拥有产品成本优势、咨询成本优势和外部经济优势，从而提高了群内企业整体竞争力。发展旅游产业集群有助于澳门旅游产业集群形成内部竞合优势，为澳门产业适度多元化奠定基础。产业集群强调创新能力。通过不断地比较，不断地产生激励和压力，迫使集群内的各企业不断进行产品创新、服务创新和组织管理创新，以适应迅速变化的市场需要，从而形成良好的创新优势和氛围。随着旅游产业集群的纵深发展及横向扩大，体现集群区域属性的旅游产品、服务和形象的差异化程度日益明显，并逐渐与集群区域名称等同起来，从而使品牌产品逐渐区域化，成为一个整体性的区域旅游品牌。它通过对各种重要资源的有效整合，形成集群区域行销优势。这可以使区域内的企业花较少的费用，享受到强势品牌效应给自己带来的好处，并可以借助区域旅游品牌效应加快区域整体经济发展速度。因此，发展旅游产业集群将有助于澳门旅游博彩业创立品牌和行销优势，并且可以利用这些优势使澳门经济适度多元化成为可能（张梦，2006）。

第三节 产业结构优化理论

一 产业结构优化的概念

产业结构的概念始于20世纪40年代，最初的含义比较广泛，既可以用来解释产业内部之间的关系和产业与产业之间的关系，也可以用来解释产业内部的企业关系结构和产业的地区分布结构。随着经济的不断发展，产业结构研究的进一步深化，如今，产业结构与分配结构、资源结构、需求结构等共同构成了国民经济结构系统。

产业结构优化是指以国民经济效益最优为目标，根据本国或者本地区的环境、资源、科技水平等特点，通过产业结构调整，达到与已有条件相适应，各产业优化发展的状态，产业结构随着经济的发展进行合理的调整，从而满足社会经济不断增长的需求的过程。产业结构优化包括产业结构的高度化和产业结构的合理化两方面内容。产业结构的高度化是指产业结构系统根据产业结构演进规律不断从低级向高级演进的过程，而产业结构的合理化则从本质上反映产业结构系统的聚合质量，具体表现为产业与市场需求的关系、各产业之间的协调、对资源的转换效率等方面。

二 产业结构合理化

（一）产业结构合理化定义

产业结构合理化最早体现在古典经济学思想中，认为各产业之间必须保持一定比例协调发展，随后马克思提出了两大部类理论，里昂·惕夫又应用投入产出方法对该思想做了更为深刻的阐述。目前我国学术界对产业结构合理化的内涵也存在不同的见解，并从不同角度对产业结构合理化进行定义，归纳起来可以分为以下四类：

1. 结构协调论

强调"协调"是产业结构合理化的中心内容，这里的协调并不是指产业之间的绝对均衡，而是产业之间具有较强的互补和转换能力，而这里所说的协调涉及产业间各种关系的协调，包括：产业素质协调，即产业间技术水平和劳动生产率的协调情况；产业地位协调，即各产业是否形成了有序的排列组合；产业之间联系方式的协调，即产业之间能否做到相互服务和相互促进；供给和需求在结构和数量上的协调等情况。

2. 资源配置论

强调产业结构是经济系统的资源转换器，其功能就是将输入的各种生产要素转换成不同的产出，研究者从各种资源在产业之间的配置结构和利用的角度来考察产业结构的合理化程度。合理化的产业结构能够体现在对已有资源的充分利用，不存在闲置和结构性浪费，并且各种资源的多种用途都被极大地开发和利用。

3. 结构功能论

强调产业结构的功能作用，并以功能的强弱来评判产业结构合理化程度，此类学者认为产业之间存在着较高的聚合质量，可使产业之间内在的相互作用而产生的效益高于各产业效益之和，产业之间的聚合质量越高，产业结构的整体能力越高，从而产业结构就越合理。

4. 结构动态均衡论

强调从动态的角度衡量产业素质和结构的均衡性，代表性观点认为，产业结构合理化是产业之间协调能力和关联水平不断提高的动态过程。

不论是哪种定义，都强调了产业之间关联水平的提高和协调能力的增强。推进产业结构合理化，要求根据已有的资源禀赋、技术条件、经济发展水平等，对初始不合理的产业结构进行调整，使各种资源在产业之间合理配置、有效利用，并转换出最大的经济效益。

（二）产业结构合理化评判标准

根据产业结构合理化的定义可知这是一个相对的概念，通常需要通过纵向和横向比较才能进行评价，因此确定产业结构合理化的评价指标首先要选取参照系，并要求具有可比性。其次，根据产业结构合理化的核心思想，评价指标还需要遵循以下原则：各种资源得到充分利用；各产业部门协调发展；最大限度满足最终需求；能充分吸收和转化先进的科技成果；等等。鉴于此，已有的教科书和文献，对产业结构合理化的定量评价主要从以下几个方面展开：

1. "标准结构"比较法

"标准结构"是在大量历史数据的基础上通过实证分析寻找的一般规律，比较经典的参照系有：钱纳里的"标准模式"、库兹涅茨的"标准结构""钱纳里·塞尔昆模型"等，其使用方法就是将某一国或者某一地区的产业结构与参照系中的产业结构进行比较，以检验其是否合理。值得一提的是，各个国家或地区的具体情况是不尽相同的，使得它们对产业结构的要求也不同。有些学者认为这些所谓的"标准结构"在条件大致相同、时间较为相近的情况下才具有一定的借鉴意义，但是至多只能为产业结构合理化研究提供一些粗略的线索，而不能成为产业结构合理化判断的唯一根据。

2. 反映各产业间关联和协调程度

正如结构协调论的研究者认为，这里协调包括产业素质、产业地位、产业关联方式等方面的协调，因此这方面的指标设计也主要围绕这些方面展开。诸如：比较劳动生产率，用某一产业产值占总产值的份额与该产业劳动力占社会总劳动力份额的比例来衡量；基础结构完善系数，用基础结构固定资产净值与固定资产净值的比例来表示；影响力系数和感应度系数，均用投入产出分析方法来比较各产业生产活动变化对其他产业生产活动产生的影响，或受其他产业生产活动影响的程度；等等。

3. 反映产业结构是否满足最终需求

这方面的指标应用比较多的是需求收入弹性和生产收入弹性。需求收入弹性用某一商品需求增加率与人均国民收入增加率之比来表示，而生产收入弹性用某一商品生产率增加率与人均国民收入增加率之比来表示，当需求收入弹性与供给收入弹性相等，则表示此时的产业结构能够满足此时的社会最终需求，但是这种情况一般很难出现，因此可以通过判断两者的差值大小、调节速度等来判断产业结构对最终需求的满足程度。

当然，现有的研究中关于产业结构合理化的指标，鉴于对产业结构合理化内涵理解的差异或研究者对数据资源的获得局限等原因，产业结构合理化评价并没有形成统一的指标体系，也没有实现对所设计的所有指标体系的定量分析，出于研究的便利，有些甚至精减为一个指标。而不同的指标选择往往造成不一致的评价结果，因此，确定一个客观合理的评价指标体系，无疑对准确评价产业结构合理化水平具有重要的意义。

三　产业结构高级化

（一）产业结构高级化的概念

产业结构高级化也时常被研究者称为产业结构高度化和产业结构高效化，是指产业结构在技术进步、需求拉动、竞争促发等动因的作用下向更高一级演进的过程。它与产业结构合理化一样，也是一个相对的、动态的概念，它是根据某区域一定的经济发展阶段和生产力水平而言的，是一个由量变到质变的过程，比如，以农业为主的产业结构转变为以工业为主的产业结构意味着产业结构高级化；以生产初级产品为主的产业结构转向以生产高级产品为主的产业结构意味着产业结构高级化。

产业结构高级化要求主导产业和支柱产业能尽快实现成长、更替，打破原有的低水平的产业结构相对均衡，实现个别高技术、高效率产业快速发展并依次带动其他相关产业的发展，进而提升产业结构整体水平。一般来说，产业结构高级化包括以下几个方面的基本内容：

1. 产业素质视角

各产业部门广泛引用新技术，产出能力和效率得到不断的提升，实现产业结构的升级换代，即不适应经济发展的旧产业被淘汰，引领产业结构升级的新兴产业兴起和壮大，发展成新的主导产业。

在提升产业质素方面，较为常见的做法就是推动产业转移。所谓产业转移是发生在不同经济发展水平的区域之间的一种重要的经济现象，是指在市场经济条件下，发达区域的部分企业顺应区域比较优势的变化，通过跨区域直接投资，把部分产业的生产转移到发展中区域进行，从而在产业的空间分布上表现出该产业由发达区域向发展中区域转移的现象。产业转移对于区域经济结构调整及区域间经济关系的优化具有重要意义，并进而影响部分企业的战略决策。如中国东部发达地区经过长期经济高速发展，造成资源紧张，直接带来土地、劳动力、水、电等要素成本大幅度上升，沿海发达地区纷纷把工业或工业产业转移的加工环节向内地扩散，其本身则由工业生产中心转向工业调控中心。

2. 结构演进视角

体现在产业结构从第一产业为主依次演变为以第二产业、第三产业为主的方向发展；由劳动密集型产业为主依次演变为以资本密集型和技术密集型产业为主的方向发展；以生产初级产品的产业为主向以生产高级复杂产品为主的产业过渡。如在过去的近30年时间里，我国的经济建设取得了举世瞩目的成果。中国制造的产品遍布全球各个角落。但是前一阶段中国制造的产品大多都是低端的日常生活消费品，产品技术含量不高，并伴随着严重的环境污染和劳动力贱卖的状况。因此，中国要想从经济大国转变为经济强国，唯一的出路就是提高劳动生产率，降低成本，提升产品的技术水平，创造自主的知识产权品牌和价值，完成从中国制造到中国创造的再次腾飞的创业过程，才能最终实现中华民族的伟大复兴。

3. 结构开放度视角

产业结构不再是故步自封地维持已有的均衡发展，而是不断提高产业结构的开放度，通过技术引进，国际投资和贸易等方式实现产业系统与其他区域的物质能量交换，提高产业系统对外部环境的适应性，提升整体竞争力。

（二）产业结构高级化的衡量指标

针对产业结构高级化内涵的要点，通常有以下几类可以进行定量计算的指标：

技术化指标：一般通过计算和比较高新技术产业产值、销售收入等在制造业或全部工业中所占的比重来衡量，还有学者用全要素生产率来衡量技术进步对国民经济总产值的总贡献率。

服务化指标：服务化指标也被称为产业结构"软化"，随着经济发展，第三产业（劳动力）占国民经济总产值（劳动力）比重的不断增加是一个重要趋势，体现经济服务化水平，不少研究者直接用该指标进行区域和国际比较，以体现各地区的产业结构先进水平。

加工度指标：加工度的不断深化体现了技术、知识密集程度，也降低了工业发展对资源、能源的依赖度，促进产业结构向减物质化方向发展，通常用加工工业产值占全部工业总产值的比重或加工工业产值与原材料工业产值比重来衡量。

开放度指标：通常用工业制成品进出口总额占总产值的比重、主要制成品进出口单价比值等指标来衡量。从已有的文献中可以发现，除上述指标外，对产业结构高级化衡量的指标还包括高信息化、高附加值化等方面，与产业结构合理化一样，由于各研究者对产业结构高级化的理解或研究的侧重点不尽相同，所选择的指标也有所不同。

四 高级化和合理化之间的关系

产业结构合理化与高级化是产业结构优化的两个关键点，两者通过协同演进共同实现产业结构优化的最终目标。一般认为，产业结构合理化是产业结构高级化的基础，任何脱离合理化而实现的产业结构高级化都是一种虚高现象，而产业结构高级化是将已有的产业结构推向更高层次的合理化，因此，产业结构的合理化与高级化是互相作用、互相渗透的。与产业结构高级化相比，产业结构合理化是要求一国或一个地区的产业结构能与该区域的经济发展水平相匹配，并在产业结构内部实现产业间数量、质量、地位等多方面的协调，更重视当地经济发展的短期利益，而产业结构高级化反映的是产业结构升级的要求，要求产业结构能够符合经济发展趋势，实现产业结构在技术化、服务化、加工优化方面的升级，因此它更关注产业结构未来的竞争力。

有学者提出产业结构高级化与产业结构合理化的协同演化过程可以较好地用大道定理来阐述。从图2-3中可以看到，产业结构优化水平是随着经济发展水平的提高而不断升级的。产业结构合理化阶段的经济增长一般是均衡，大道1代表经济发展水平较低阶段的产业结构合理化，而产业结构高级化阶段由于技术水平发生变化，使各产业发展的速度出现了差异化，产业地位出现了变更，因此出现经济的非均衡增长。由于产业之间的相互关联性，最终会使国民经济各产业的发展速度趋同，实现较高水平的产业结构合理化，如大道2。因此，就大道定理所描述的产业结构优化是产业结构从较低水平的相对均衡转向更高水平的相对均衡的过程，并且非均衡的时间和路径越短越好。

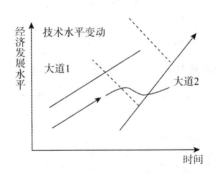

图2-3 经济增长与结构转变

从研究角度来看，传统的产业结构研究角度多限于产业结构与经济增长研究，而近年来产业结构的研究角度在不同的时代背景和经济发展水平上呈现出多样化的趋势，出现了产业结构与经济增长、产业结构与国际经济、产业结构与技术变革、环境影响、产业结构与集聚经济等多个角度的研究，研究角度不断地细化和深化。

　　研究方法上，首先，学者将传统的产业结构理论及分析方法运用于产业结构的分析，如 Franke & Kalmbach（2005）；Kippenberg（2005）都是运用里昂惕夫的投入产出分析法对产业结构进行分析。Peneder（2003）运用传统的偏离份额分析法进行分析；其次，计量经济分析方法越来越多地应用于产业结构分析，Chou & Lee（1996）的时间序列分析，Kippenberg（2005）的回归分析等；最后，很多新的分析方法也逐渐被应用到产业结构研究，如 Yamamura（2008）对东京 1960—2000 年的制造业分析采用数据包网络分析方法等。

　　我国学术界对产业结构的研究是从 20 世纪 80 年代开始，由杨治教授将产业结构理论引入。起初，我们对产业结构的研究仅仅停留在产业结构与经济增长关系上，大多从宏观的角度把握产业经济或者经济结构，产业结构研究不够细化。经过二十多年的理论和实践的发展，我国对产业结构的研究已经涉及产业结构与经济增长、产业结构趋同、产业结构与信息化等多个层面的研究。研究方法也逐渐采用计量经济等分析方法来研究产业结构问题。研究领域方面，对工业部门的研究偏多，对农业与服务业的研究偏少。

　　研究方法上，专家学者们分别采用主成分分析法、因子分析法、层次分析法、灰色系统分析法以及钻石理论等优化升级产业结构，使得产业结构的优化升级发展到了具有定量分析的客观分析层面，再结合定性分析，使得产业结构优化的评价方法更加科学合理。但大多数学者普遍利用霍夫曼定理来判定我国的工业化阶段、用投入产出分析法研究产业结构问题等，在理论研究上建树较少。

　　澳门经济是自由经济与保护主义的混合体，即在市场机制的框架内有不同的板块是垄断的模式。竞争与垄断并存，开放与保护同在。澳门的三次产业成长表现为第一产业在未有生长空间时已"名存实亡"。第二产业刚步入工业化的初始阶段已逐渐萎缩。第三产业尚未成熟就已跃升为经济的主体。产业发展不平衡、跳跃式、欠成熟是澳门产业结构演变的重要特征（李雁玲，2010）。毛艳华（2009）指出澳门在经济发展过程中，在产业结构优化方面，应适度控制博彩业的规模，大力发展批发零售业、会议展览业、文化创意等非博彩旅游业和适度发展其他新兴产业，如制药保健、环保、电子等。澳门面对经济转型的挑战以及产业结构单一的困扰，通过对澳门会展业与博彩业的互动研究，寻找一条澳门产业结构优化之路。

第四节　产业共生和融合理论

"共生"源于希腊语，最早是在 1879 年由德国真菌学家德贝里提出的，生态学中的"共生"指的是由于对生存的需要，两种或多种生物之间按照某种模式相互依存，形成共同生存、协同进化的共生关系。自然界的生物共生通常是基于"互利"的前提，通过物质、能量和其他信息的交换，建立起物质的共享以及空间的共栖。随着各学科的发展与相互渗透，共生现象不再只是生物学的专有名词，20 世纪中叶，共生理论与方法被开始应用于经济领域，如今共生理论在经济学中的适用边界被经济学者们不断拓展、深入。

一　产业共生的内涵

产业共生是将产业研究纳入共生理论的分析框架，是产业生态系统的重要特征和实现途径。早在 19 世纪的文献中，便有人发现了有关废物利用的记载，诸如烟囱废热等特定副产品再利用，但直到 1947 年的国际杂志《经济地理》上，George 第一次用"产业共生"这个词来描述不同产业之间的有机关系，并且在文中明确指出这种有机关系包括一个产业的废物如何作为另外一个产业的原材料来进行使用。1989 年位于密歇根的通用汽车研究实验室的 Robert Frosch 和 Nicholas Gallopoulos 发表了《制造业的战略》，文章指出，未来的产业应该全方位地对资源开展循环使用而非一次性使用。近 20 年，国内对产业共生和工业生态园的相关研究层出不穷。

通过查阅文献发现，已有的研究多是从企业视角研究定义产业共生，对于产业共生内涵的理解也大同小异，Engberg 在《丹麦产业共生》一书中定义：产业共生是指不同企业之间的合作，通过这种合作来共同提高企业的生存和获利能力，并同时实现对资源、能源节约和环境保护，它不仅包括共处企业之间的资源共享、废物流集中和物资、能量交换，甚至还包括技术创新、知识共享和学习机制等全面合作关系。

在国内最早提出产业共生概念的是袁纯清，他认为产业共生特指经济主体之间持续性的物质联系，这种物质联系在抽象意义上就表现为共生单元之间在一定共生环境中按某种共生模式形成的关系。

国内学者对产业共生的内涵界定主要分为两类：一是指同类产业与相似产业业务模块由于某种机制所构成的互动、协调的发展状态；另一种是不同类产业由于一定的经济联系在一定的组织内出现互动、融合的状态，一般把前者视为狭义的产业共生，把后者视为产业内共生。值得一提的是，目前对产业共生乃至产业生态学的研究常常局限在卡伦堡模式下，导致了产业共生过多地着眼于企业之间合作关系，并且有将产业共生狭隘地看作"废物和副产品交换"的危险，而事实上产业共生所涉及和涵盖的范围远不如此，卡伦堡提供的一个重要信息是，实现经济可行和环境友好的一个关键条件是要优化利用流经产业系统的所有资源。

二　产业共生的特征

1. 群落特征

共生源于生物学概念，强调物种之间的依存关系，产业共生也具有类似于生物群落的特征，共生产业时常表现在一特定区域范围集聚，工业生态园中各企业基本上呈群落分布，这种群落分布有利于产业内、不同产业间的信息交流以及废物和副产品的交换。任何一个群落都不是亘古不变的，随着环境的变化，新的群落形态会取代原有的群落形态，例如，从裸岩到森林就依次经历了地衣阶段、苔藓阶段、草本植物阶段、灌木阶段和森林阶段，产业共生模式也会随着外部硬环境与软环境的改变，从低级向高级进行演替，逐步趋于优化。

2. 产业关联性

产业共生模仿食物链中物种之间的物质和能量的循环，把传统的资源——产品——废物的单向流动的生产过程转变成资源——产品——再生资源——再生产品的闭环生产过程。这就要求产业系统内各产业之间必然存在较强的关联性，这种关联性既包含上下游产业之间基本的物质投入产出关系，也包含产业间废物及副产品的循环再利用，并且还需要考虑系统内各产业共生体的资源需求程度和废物量的接纳能力，任何一环节的不协调，都有可能造成共生体"食物链"的失控，正如生物学中的"最小法则"。

3. 系统内部复杂性

产业共生体内部结构复杂，各产业为了实现产业共生关系，一方面要寻找本产业的废弃物能否被利用、怎么被利用；另一方面要考虑将其他产业的副产品或者再生资源作为本产业原材料的可能性，并且这种共生关系并不是一成不变的，会随着技术进步等外部环境的变化而变化。

4. 系统的增值性

共生理论中强调任何的共生都能产生增值效益，产业共生体的目标是在减少环境污染、节约资源能源的基础上实现产业间的互利共赢，使经济效益和生态效益有机地结合起来。从发达国家一些成熟的产业共生系统的发育过程来看，大多是在市场不断发展的条件下自发形成的，系统内各产业都在互利共生中得到了好处，获得了总效益增值。

三　产业共生的系统要素

产业共生是由共生单元在一定共生环境下按照某种模式构成的共生关系的集合，主要包括三个要素：共生单元、共生模式和共生环境。

共生单元是指构成共生体或共生关系能量生产和交换的基本单位，它是形成共生体的基本物质条件。从经济领域角度看，共生单元是多样的，有企业层次的，也有产业层次的，还有区域和国家层次的。

共生环境是指共生单元以外的所有因素的总和构成的环境。共生模式存在的环境是多重的，不同种类和层次的环境对共生模式的影响也是不同的。按照影响方式的不同，可分为直接环境和间接环境；按照影响程度的不同，可分为主要环境和次要环境。

共生模式又称共生关系，是指共生单位之间互相作用的方式和结合的形式，它反映了共生单元之间作用的方式和作用的强度，也反映了共生单元之间物质信息交流的关系和能量互换的关系。在共生要素中，共生单元是基础，共生环境是外部条件，并且两者都存在着一定的固有性，共生模式相对比较容易调控亦是共生要素的关键，因此是研究的核心。

四 产业共生的模式

按照产业之间的相互关系和共生单元之间的利益关系，可以将产业共生模式分为以下几类：

1. 共栖互利型产业共生

共栖互利型产业共生是指两个或多个产业之间不直接竞争和相互抑制，而是通过优势互补、互利共存的方式组成利益共同体，共生的产业都能够在相互的物质、能量交换中获利。产业间链条相对比较稳定，没有主动和被动产业之分，物质和能量也在这种共生关系中进行类似于生物界的封闭的循环再利用。

2. 寄生型产业共生

寄生型产业共生是指有一种产业依附于另一种产业，前者称为寄生产业，后者称为寄主产业，寄生产业寄居在寄主产业的系统之内，与其组成一个有机联系的系统。寄生产业获取寄主产业的废弃物或者副产品并以此作为自身所需要的原材料，减少了寄主产业对资源、能源的摄取，同时也降低了寄主产业对环境影响的程度。寄生产业与寄主产业之间，存在产业地位的差别，寄主产业为寄生产业提供生存和发展的环境，提供成长所需的物质条件，因此寄主产业的成长能促进寄生产业的发展，同时寄生产业改变寄主产业废弃物和副产品的价值，并进行物质或价值的重新分配，也能不断改善寄主产业的生存发展环境。此种产业共生系统下，物质、能量是从寄主产业单向流入寄生产业，产业之间的寄生关系也比较稳定。

3. 偏利型产业共生

偏利型产业共生是一种从寄生型共生向互利型共生转换的类型，在这种产业共生中的产业具有明显的利他倾向，并且这种利他倾向并不影响其自身的成长与发展。在偏利型产业共生中，共生体中一方获利，另一方没有受到伤害也没有获利或者获利较少。这种共生关系有利于获利方产业的进化和发展，但是对非获利方的产业也没有抑制作用。偏利型产业共生与寄生型产业共生的区别在于，偏利型产业共生产生新的价值，并且所产生的价值基本由一个产业全部获得，而寄生型产业共生不存在新价值的创造，而是对已有物质、价值进行重新分配；再者，寄生型产业共生之间的物质流、信息流和价值活动是单向流动的，而在偏利型产业共生中是双向流动的。

4. 混合型产业共生

上述几种产业共生的模式是从复杂产业系统中剥离出来的几种较为典型的模式，事实上，经济系统是一个复合的高级生态系统，比自然生态系统更为复杂。产业之间的共生关系很难进行明确的划分，在一个产业系统内，各产业之间的关系可以是互利共生的，可以是寄生的，也可以是以上几种模式并存的混合型产业共生关系。

在港珠澳区域合作中，澳门经济多元化的发展诉求，强调以博彩业为主导，大力发展旅游业、会展业、文化创意产业、信息技术等产业。这些产业既具有竞争性又具有互补性，使它们之间具有较强的关联性和互补性。澳门旅游产业内部的各产业只有相互合作、协调发展才能实现资源的共享、生产分工的细化，为消费者提供完整的旅游消费过程（杨宏东，王培才，2009）。

五　产业融合理论

（一）产业融合概述

产业融合发生在计算机行业，随后发展到电信、互联网、金融、物流、能源、制造业以及服务业。20 世纪 70 年代，计算机、通信、广播电视、印刷等产业中企业之间的竞争与协同促进了新兴信息通信产业的出现，学术界把这种经济现象称为产业融合（industry convergence）（杨娇，2008）。旅游产业融合是指旅游产业与其他产业之间或旅游产业内部不同行业之间通过相互渗透、相互交叉而逐步形成新型旅游产品、业务渠道或新型旅游业态的动态发展过程。产业融合是不同产业或同一产业的不同行业通过相互渗透、相互交叉，逐步形成新的产业属性或新型产品形态，即产业融合的结果，使参与融合的产业产生了新的增长点和专业附加，进一步促进市场发育，促进融合产业的共同发展（王朝辉，2011）。

（二）产业融合的分类

产业融合是当今国际产业发展的业态创新趋势之一，也是我国旅游业不可逆转的潮流。新型业态不断涌现，如工业旅游、会展旅游、农业观光游、医疗旅游、教育旅游、房地产旅游；新型产业功能逐步显现，如旅游景区兼具影视文化基地，养老、医疗方式借助旅游框架产业得到升级；新型企业组织结构不断演进，如旅行社集会议组织、咨询、人力资源管理、展览策划于一体，旅游系统集成商逐步出现，双边性质的旅游组织不断诞生。种种迹象表明，旅游产业融合这一新业态创新已然于实践中在产业边缘地带激发出各种新的旅游产品和服务方式，在中国旅游产业转型时期，为加快旅游产业结构升级做出贡献（杨颖，2008）。产业融合的方式一般有产业渗透、产业延伸和产业重组三种。

按照融合的产业类型与地区分类，旅游产业融合至少可以分成 4 种形式：

1. 产业间融合

产业间融合指旅游产业与其他相关产业融合，如旅游业与地方建筑保护与更新相结合，典型案例就是已成为中央商务游憩区的上海新天地，是上海 20 世纪 30 年代石库门建筑的风貌保护与功能提升同旅游休闲产业相结合的产物。

上海新天地位于淮海中路南侧，东至黄陂南路，西到马当路，北沿太仓路，南接自忠路，占地面积 3 万平方米，建筑面积 6 万平方米。新天地是一个以石库门建筑为主体，有着欧式风情的休闲和娱乐总汇，汇集了各式酒吧、餐厅和夜总会，是上海新建景观之一。白天可以看到很多中外游客来新天地观光、拍照留念。临近傍晚时分，这里更是弥漫着浪漫的欧式风情。露天的酒吧、咖啡吧最受年轻一族和老外们的欢迎。而一家家各具特色的餐饮店或是灯火辉煌、或是以微弱的灯光营造出一份浪漫的情调。此外，新天地里还有时装店，等等。不过，要数餐饮生意更为红火。在里面逛了一圈之后，还可以去就近的太平桥绿地，享受一下另一种风情。新天地因其历史文化的轮廓和内部空间的现代化，以及国际性的经营内容，使中老年人走进新天地感到它很怀旧，年轻人则觉得时尚，外国人走进新天地感到它很"中国"，中国人则觉得很洋气，很快成为沪上休闲文化有品位的消费场所。此类开发模式在上海新天地获得成功后，也成为中国不少城市竞相学习的对象。

2. 产业内融合

产业内融合是旅游产业内不同行业的融合，如锦江集团，起初发展饭店业，以后逐步发展旅行社业、旅游出租车业、旅游教育业、旅游景点业等，以有效分享客源与各种经营管理资源。

3. 本地融合

本地融合即将旅游相关产业集聚在一个空间里，如深圳东部华侨城，将主题公园饭店、商业住宅与度假地产相结合，互相提升价值，形成复合型旅游商业地产的经营模式。

4. 跨行政区融合

它是指位于不同国家或行政管辖区的旅游产业与其他产业及旅游产业内部行业间的融合。目前，我国旅游产业的融合发展比较偏重于产业间的融合（陆蓓，2011）。如随着横琴新区上升为国家级新区，以及横琴与澳门在地理位置上的邻近性，澳门与横琴在跨区域合作方面已经开始了尝试。

而澳门以一个城市的历史街区作为世界文化遗产，足以说明澳门是一个底蕴深厚、风采独具的文化名城。澳门在博彩业高度发达的背景下走产业适度多元化的发展道路，发展文化创意产业是一种历史必然。澳门博彩业是澳门经济发展和旅游发展的支柱产业，它为旅游观光、休闲度假、会议提供了吸引物，也为游客的吃、住、行、游、购、娱提供了消费场所。所以，澳门博彩业、会展业、旅游业、文化创意和信息技术等产业，它们从技术、产品、企业、市场四个层面都能相互依存，共生互融，互动共进，有利于提高产品附加值，实现社会经济利益的"双赢"（张海燕、王忠云，2010）。

中篇

产业互动发展之实证篇

第 三 章

会展业及其在澳门的发展

第一节　会展业的概念及其影响

一　会展及会展业的概念

真正意义上的会展起源于德国，至今已经有 800 多年的历史。国际上对"会展"（MICE）的定义，指包括各类专业会议、展览会与博览会、奖励旅游、大型文化体育盛事等活动在内的综合性旅游形式（胡平，2007）。

刘松萍等（2004）认为："会展是会议、展览、展销、体育等集体性活动的简称，是指在一定地域空间会由许多人在一起形成的，定期或不定期的，制度或非制度的，传递和交流信息的群众性社会活动。它包括各种类型的大型会议、展览展销活动、体育竞技运动、大规模商品交易活动等，诸如各种展览会、博览会、体育运动会、大型国内外会议和交易会等，其中展览业是会展的重要组成部分。"余华、朱立文（2005）则将会展界定为"会展是指在特定的空间、时间内多人集聚，围绕特定主题进行交流活动"。

所谓"会展业"是会展业和展览业的总称，它是通过举办各种形式的会议和展览，带来源源不断的物流、客流、资金流和信息流，直接推动商贸、旅游业的发展，促进产品市场开拓、技术和信息交流、对外贸易和旅游观光，不断创造商机，吸引投资，进而带动交通、住宿、商业、餐饮、购物等多项相关产业的发展，并形成以会展活动为核心的经济群体（尹伯成，1999）。史国祥（2009）将会展业定义为："从事举办特殊事件的行业，包括了会议、展览、赛事和节庆。"

马勇、肖轶楠（2004）在《会展概论》中从广义角度将会展定义为包括各类专业会议、博览交易会（如展览会、博览会、交易会、招商会、发布会、专业与专题会、颁奖会、研讨会等）、奖励旅游和各种事件活动，如庆典活动、节庆活动、文化活动、科技活动、体育活动等。刘大可（2004）则在《会展经济学》中从活动的全新角度理解会展。认为会展包括五个层面活动：一是展览；二是大型活动；三是会议；四是节庆活动；五是其他特殊活动。与此同时，林翔和李菊霞（2001）认为，鉴于会展活动已成为旅游业的组成部分，宜采用会展旅游业这一名称比会展业更直观，因为从广义角度上来讲，其各种性质、各种规模的会议和展览及各种节庆活动都可以纳入会展旅游的范畴，因此认为会展业应属于旅游业的一部分。

目前，国际会展业已经走向成熟化并步入稳定期。随着改革开放，我国的会展产业也得到了空前的发展。在中国，初步形成了华南地区以广州、华东地区以上海、华北地区以北京为区域核心的会展产业带，同时，以大连、长春等为中心的东北地区及以西安、成都为中心的中西部地区的会展业也在逐步形成（张伟，2006）。

通过上述对会展及会展业基本概念的文献分析可见，目前国内外学者都将会展业作为一个内涵较为丰富的产业来进行认知。较为主流的观点是会展业包括会议、展览、节事活动等多种形态，这也为本书对象的界定提出了挑战。为了更好地指定研究方向并明确研究的对象与内容，本书在会展的概念界定上，采取较为传统的界定模式，即以展览作为狭义的会展之概念。在以展览作为主要的研究对象时，由于展览具有的专业性、专题性以及展览面积规模的明确性，调研对象的确定以及相关的影响构面相对也较为容易界定。为此，在本书中，所谓的会展、展览等名词，均指具有特定主题，面向特定的专业领域的展览。

二　会展产业的关联机制

会展产业的关联性强，对区域经济的带动力大，是会展产业的最主要特点（任丽君，2008）。会展业对整体经济发展具有带动作用，它可以带动会展主题业的发展，如家具展可以带动家具制造以及相关行业，以汽车为主体的展览能够带动汽车生产、销售等产业发展（贺新宇，2007）。

余向平（2006）认为，会展业的发展将会通过反馈效应对城市建筑、广告、装潢、旅游、零售、交通、住宿、餐饮等行业提出新的需求，这些投入需求也将会促进相关部门技术、组织及制度等各方面的发展。

张学高、扶涛（2009）在文中提到会展给一个城市带来的首先是直接的场馆租赁、搭建及贸易成交收入，同时也可以拉动数十种相关产业。这两位学者分别从产业关联和辐射效应、投资拉动效应、就业拉动效应及综合拉动效应四个方面来具体阐述会展产业相关性的影响机制。黄秋波（2009）以杭州为案例，根据当地会展经济特点，分析得出杭州会展业主要相关行业为商业及旅游业，通过回归分析得出会展举办次数的增加有利于扩大城市的知名度，同时也吸引了参观人员直接增加旅游收入和游客数量。

会展业不仅是一个带动旅游、商业、物流、通信、餐饮、住宿等多方受益的产业，而且会展业能够发展成为带动区域产业聚集的"动力引擎"，提升区域产业的品牌价值（罗秋菊、陶伟，2004）。

三　会展产业的影响

笔者对海内外有关会展经济影响的文献进行了分析，总体来看，学者对于会展产业经济影响的分析和研究可以大体分为以下几个方面：对社会经济的发展环境之影响、对当地收入的影响、对产业结构的影响，以及对当地经济可能产生的负面影响。

（一）会展业推动经济发展

根据国际会议协会（ICCA）的统计，每年国际会议的产值约为2800 亿美元。在美国、德国等会展业发达国家，会展旅游业对经济的带动作用达到 1∶9 的水平，会展业目前已经被视为旅游业中最为兴旺的部门之一。

会展旅游可以为国家和地区的经济发展做出巨大贡献（Burgar，1992）。Braun（1992）认为，会展活动的总体影响要远远大于会展活动本身，会展相关的每一美元花费都会引起更为广泛的经济影响，并在区域经济的其他部门产生额外的经济效应，如果加上间接收入，会展所带来的经济效益应当是会展本身的 2 倍甚至 3 倍。Kim（2003）则认为，参会人数多；目的地停留时间长；会展旅游者，特别是国际会展旅游者的消费档次高；除了参加会展外，参会者在会前或会后都要在举办地游览观光；会展业的关联性强，一次会展能够影响到很多相关产业等，都是会展旅游产生可观经济效益的原因。

会展业对城市经济的影响也是多方面的，例如，拉动城市经济增长、促进城市产业结构升级、增加就业机会、推动技术进步、加速人才培养、完善城市经济发展的硬件和软件类基础设施等（胡平，2007）。

任丽君（2008）认为，会展产业由于其特殊的产业链网络状发展特征，其对于国民经济贡献的测算，将不能单纯地从会展产业来研究，而应该从以会展产业为核心，运用系统分析方法，以整个产业链的贡献来分析。余向平（2006）运用凯恩斯经济学乘数效应，穗萨缪尔森经济学乘数与加速效应相互作用原理解释了会展业的产业带动效应。李杰（2007）则对会展产业带动系数进行了分析，他认为会展的经济影响不可以机械地用固定数值来确定，系数的高低与配套服务产业发育成熟的程度有关，只有在配套服务产业相对成熟的条件下成功举办的会展活动，才能既带来直接的经济效益又有可观的产业带动效应，这样，会展业与其相关产业才能进入高倍乘数效应的良性循环。

可见，不同学者通过对案例分析的形式将影响会展产业经济因素有具体的研究。Massachusetts（2001）通过研究发现参会者的性别、年龄、来源地以及举办活动的季节、行业及活动的类型对参会者的花费有明显的影响。阿尔诺博士在 2003 年通过分析德国汉诺威世博会在准备和执行阶段的支出对萨克森州整体经济产量、就业、增加值、发展潜力的影响来研究汉诺威世博会对区域经济的影响（李瑶亭，2009）。周常春（2004）测算了杭州旅游交易会和昆明旅游交易会的直接经济效益，所谓直接经济效益包括参展商的参展花费和在展览地的吃、住、行、游、购、娱等方面的花费。周彬（2003）认为会展旅游是国民经济的"助推器"，其产业带动系数为 1∶9，即展览场馆收入为 1 其他相关收入为 9。卞显红（2006）通过研究表明，会展业经济影响评价包括会展业承办者的花费的经济影响评价。杨杰、胡平（2005）以 2005 年上海国际汽车展为案例，用实地调查资料分析了参展观众的本地旅游消费构成，并进一步探讨了国内观众与境外观众以及不同身份观众的旅游消费结构差异及其影响因素。

（二）会展业优化区域发展环境

会展业既是城市经济发展的产物，同时也对城市经济发展起到重要的促进作用。会展业发展与现代服务业紧密相关，会展经济能够促进城市服务水平以及基础设施建设水平的提升（孟凡胜、宋国宇、井维雪，2012）。会展旅游不但可以为举办地带来巨大的经济效益，而且有助于提升举办地的形象和知名度（李旭、马耀峰，2008）。

城市会展业的发展促使社会分工突破地域限制，从而推动了区域经济增长（亚当·斯密，2003）。随着我国经济持续、稳定、快速地发展，近年来我国会展经济发展迅速，以独特作用和强大的产业带动力，展现了自身的价值，日益受到重视，并且正逐步形成具有良好发展前景的产业（徐锋、朱建新，2004）。潘莉娜（2005）在文中提到自改革开放以来，我国会展业在促进贸易往来、技术交流、信息沟通、经济合作等方面发挥着日益重要的作用，极大地提高了经济效益和社会效益。

作为一个城市经济发展水平标志之一的会展业，它的有序发展对举办城市的品牌打造，以及提升承办的经济地位和知名度，有着不可低估的巨大作用（钱为群，2004）。因此，会展业对于当地经济环境的发展有举足轻重的作用。

（三）会展业能够提升当地收入

Lee（2005）认为会展旅游不但有利于举办地的经济发展。而且通过回头客和口碑效应能够促进当地旅游业的全面发展。Braun（1992）以佛罗里达奥兰多为例，研究了会展业的经济贡献，分析了该城市会展业的直接经济效果、乘数，并从工资、就业等方面分析了会展业的带动效应。Kima & Chonb（2003）则运用投入产出模型，从会展业的产出、就业、工资收入、增加值等方面对韩国会展业的经济影响进行了分析，并比较了会展业与其他出口业的乘数效应、创汇率和替代效应，得到的结论是会展业对韩国的经济影响非常显著。

在国内相关研究中，董良博、田伟明（2009）以南京市为例，剖析会展参展商消费结构与南京市旅游企业的相互影响。胡萌、王海玉

（2010）则认为会展业自身的行业增加值的增长会促进整个城市或区域增加值的增长，即地区生产总值。

综上所述可以看出，会展业不仅能够对当地城市环境起到影响，还可以对当地收入及消费的增加起到促进作用。

（四）会展业能够推动产业结构优化升级

会展产业链的总价值可以形成所谓的会展经济，它是集商贸、交通、运输、宾馆、餐饮、购物、旅游、信息等为一体的经济消费链（孟淑娟，2010）。宋国宇（2011）认为在实现产业规模扩张的基础上，通过产业结构优化实现产业效率提升，使规模扩张、结构优化和效率提升有效地统一。因此，会展业的发展不仅自身得到了增长，还会带动相关行业的增长。

裴向军、陈英（2009）认为会展与产业集群两大系统最根本的协同关系是产业集群催生会展业的兴起，会展业为产业集群发展提供了有效的平台，实现互推互进。余向平（2008）运用三效应法则，分析了会展产业链的结构及其产业延展效应，对会展产业链结构及其特点进行分析。欧阳宇飞（2009）则从资源配置效率的角度，提出了多元主体资源优势的三种会展模式，即政府主导、市场化与政府市场相结合。王春雷（2004）将会展旅游发展模式归纳为会展业和旅游业之间的联动关系、空间发展和具体运作三个方面，并从角色定位、管理体制、整体营销、客源预测、配套服务和场馆后续利用六个方面，阐述了会展活动和旅游业的对接策略。

王颖（2008）以世博会为例，分析了上海世博会对长三角地区现代服务业产业集群所产生的外部效应、成本效应、品牌效应、创新效应、人才效应和制度效应，阐述了上海世博会在构筑统一的市场、拓展与整合服务系统、加强创新系统的整合等方面对长三角地区现代服务业产业集群的影响。仇其能（2006）关于中国会展产业链及运作模式的研究，首次将会展产业的最主要特征——强大的产业关联性，结合产业价值链理论，对会展经济带动形成的产业链进行了系统分析，此项研究为会展产业提升国家竞争优势的观点提供了佐证与参考。

（五）会展可能产生的负面影响

在大量会展相关的文献中，对于会展所产生的影响绝大多数都是在研究它的正面性，很少有提及会展所带来的负面效应。仅有个别文献提到了会展所带来的负面影响。

例如，李瑶亭（2009）认为会展存在的负面影响包括通货膨胀、城市交通拥挤、犯罪率上升、环境污染和能源浪费等。欧翠珍（2007）用经济学理论来演绎和解读会展经济的许多问题，包括会展风险问题，因此对会展活动事故风险与安全管理进行分析，并提出相关对策。张玉明（2009）则从组展商和参展商的角度，以金融危机为背景这一特殊事件，分析研究了我国商贸性展览会的突围路线的构想。

通过阅读会展相关文献，并对会展业所做出的经济贡献分析，认为会展业对于资源的浪费是最明显的负面影响。举办一次会展需要消耗大量的人力、物力及资源，而对于资源方面的利用，多数会展举办后物资都不能重新再循环利用，这既不环保，同时也是一个极大的浪费。此外，举办一个会展需要大量的参展商及参展者，大量的人涌入某地很有可能会对当地的承载力起到影响，同时也有可能会打扰到当地居民的正常生活等。

第二节 会展业在澳门的发展

一 会展业在澳门的发展阶段划分

根据相关资讯，笔者可以将澳门会展业的发展划分为以下几个阶段：

（一）澳门会展业萌芽阶段（20 世纪 80 年代—2000 年）

澳门会展业起步于 20 世纪 80 年代初由澳门厂商联合会主办的"澳门工业展览会"，至 1995 年共举办四届。至 20 世纪 90 年代中期，由于澳门原有的比较优势正在逐渐削弱，投资环境有所恶化，澳门经济发展大幅放缓，亚洲金融危机使澳门经济雪上加霜。旅游博彩业作为澳门的第一大产业首当其冲，旅游博彩业收益大幅减少。由于本地治安恶化，到澳门旅游人数自 1996 年后便开始逐年下降，1997 年和 1998 年分别是 700 万人次和 695 万人次，跌幅分别为 14% 和 0.7%。20 世纪 80—90 年代澳门会展业的内容和形式单一，国际影响力小，为澳门会展业的萌芽时期。

（二）澳门会展业的起步发展阶段（2000—2006 年）

1999 年年底澳门回归祖国之后，中央政府及特区政府的一系列优惠便民政策实施，旅游业不仅重新焕发青春活力，而且超越了过去，成为历史上最红火的时期。2002 年和 2003 年又创新高，分别为 1153 万人次和 1188.8 万人次。内地赴澳"个人游"的开通，有力地促进了澳门旅游业的复苏，并带动了澳门相关产业的发展。经历过金融危机之后，澳门政府意识到澳门经济的产业结构失衡，单一的经济形势非常脆弱，2000 年政府提出了发展经济多元化的提案。2001 年澳门政府提出发展会展业的举措，并在 2002 年的政府施政报告中强调发展会展业。2003 年 CEPA（《内地与澳门关于建立更紧密经贸关系安排》）的实施，为澳门发展会展业提供了契机。2006 年 CEPA 补充协议明确指出，为增进香港和澳门的经济往来，特别开放了部分服务行业，其中包括会展行业的开放，并鼓励香港和澳门的会展公司到内地投资经营，提前为港澳开放了广大的内地市场。澳门会展业的稳步推动，除了与特区政府的发展策略有关外，与业界的配合、中央的支持也分不开。澳门会议展览业协会成立于 2002 年 3 月，宗旨定为"服务、代表、协调、沟通"，目的在于配合特区政府的施政方针，整合会展资源，构建完整的会展体系。协会现有会员企业 37 家，并有多个来自内地与香港的会展企业也希望加入，并促使国内及香港多个知名展览机构来澳设立分公司，如海岸国际、笔克国际、显辉国际、泛联展运、华港国际、雅式展览等，以全方位配合澳门会展业在未来数年的高速发展。国家"十一五"规划指出，支持澳门发展旅游等服务业，促进澳门经济适度多元发展。中央人民政府发起并主办的首届中国—葡语国家经贸合作论坛（澳门），于2003 年 10 月 12—14 日在澳门成功举行。2000—2006 年，从 248 个会展项目到 360 个会展项目，澳门的会展业处于产业培育期，展会数量发展平缓，展会类型主要为本地企业和政府会议为主，通过政府搭桥、探索并引进一些国际展会，稳步推动会展从国内走向国际。

（三）澳门会展业的快速发展阶段（2007—2015 年）

澳门会展业进入快速发展阶段，主要依赖于大型场馆等基础设施的完善和配备。2006 年以前，澳门展览场馆建设相对滞后，将澳门旅游塔会展娱乐中心、澳门渔人码头、澳门东亚运体育馆、澳门文化中心等可供展出面积加在一起，不足 4 万平方米。2007 年，澳门威尼斯人、美高美等多间大型度假酒店相继落成启用，2008 年可用的展览会场地达到 25 万平方米，其中 10 万平方米以上的展览会址将有 20 个，而超过 2000 人参与的国际会议厅有 3 个，各种中小型会议达到 100 个。会展项目数量由 2006 年的 360 个快速递增到 1177 个。据统计暨普查局对 2010 年酒店业调查，澳门有 2 万间客房，设有会展中心的酒店可以随时接待三四千人的会展活动，并可提供 10 万平方米的会展场馆和一站式的住宿、餐饮服务，可以同时满足 8000 人以上的活动需求。这些场馆的基础设施和配套设施为澳门国际会展的发展奠定了基础。2007—2012 年会展活动的数量维持在 1200 个左右，2012 年全年共举行 1022 场会议及展览活动，比 2011 年减少 23 项，相比 2011 年按年减少 354 项而言，降幅已有明显收窄。但是，2012 年与会及入场人数在 2011 年大幅增加 59% 的基础上，再提升 26% 至 1612961 人次。2013 年会展活动数目有所上升，与会人员大幅增加。

表 3-1 澳门会展活动数目、参加人数和平均会期

年份＼数量	活动数目（项）		与会/入场人次（人次）		平均会期
	按类型	按主题	按类型	按主题	总平均会期（日）
2009	1215	1215	572684	572684	2.0
2010	1399	1399	806135	806135	2.5
2011	1045	1045	1278054	1278054	2.1
2012	1022	1022	1612961	1612961	2.0
2013	791	791	2017699	2017699	2.3
2014	793	793	2585914	2585914	2.4

资料来源：澳门统计暨普查局会展数据。2000—2015 年统计年鉴。

二 澳门会展业的发展特征

会展是一种综合性商务旅游消费方式，需要航空、运输、酒店、餐饮、购物等各个行业配套和服务，涵盖内容广泛，可以包括公司业务会议、奖励旅游、国际性大会、展览等（Meeting，Incentive，Convention，Exhibition，MICE）。会展业的经济拉动作用明显，是澳门实现经济适度

多元化发展的新兴行业之一。

澳门会展业快速发展时期的特征如下：

（一）中央政府大力支持澳门会展业

国家商务部等有关部门大力支持澳门会展业发展，于 2012 年 9 月与澳门特别行政区政府签署了《关于加强会展业合作协议》，成功引进了内地品牌会展，包括由国家商务部与澳门特区政府合办的第三届中国餐饮业博览会、澳门政府经济局和中国对外承包商会合办的第三届国际基础设施投资与建设高峰论坛。

2012 年 9 月举行的世界旅游经济论坛由中华全国工商业联合会旅游业商会协办，以及《十二五规划纲要》提出支持澳门推动经济适度多元化，加快发展休闲旅游、会展商务、中医药、教育服务、文化创意等产业。

（二）澳门特区政府推动行业发展

会展活动激励计划 2012 年初由旅游局移交给经济局，定位更明确。2013 年 1 月 1 日起新增对会展项目的宣传推广、翻译、物流费用进行资助，全年预算提升至 4000 万澳门元，为会展业发展提供了更全面的支持。只要是筹办于澳门举行之"会议"及/或"展览"的主办单位及策划者都可以申请。

在会展活动激励计划中，对于已确定在澳门举办的会议类活动的资助方案如下所示：

基本协助——协助宣传

- 免费提供旅游资料及欢迎礼物
- 提供澳门宣传影片
- 把活动资料发放于澳门特别行政区政府相关网页内
- 可于经济局接待处以及旅游局各咨询处发放活动资讯（须视个别情况而定）
- 可由旅游局海外代表协助发布活动资讯（须视个别情况而定）
- 豁免葡萄酒博物馆和赛车博物馆的入场费

基本协助——协调与各政府部门的联系

- 按需要协调与各政府部门的联系（须视个别情况而定）

基本协助——协助竞投

● 提供对活动在澳门举办之支持证明以及在竞投过程中有关推广澳门为活动目的地的协助（须视个别情况而定）

财务支持——住宿

可获本地酒店住宿租金费用之 10% 支持，以最多 5 晚为限，但必须符合以下所有条件：

● 会议规模达 100 名或以上非本地会议代表；

● 会议须连续在澳门进行最少 3 日全天或连续在澳门进行 2 日全天会议及在澳门进行 1 日全天活动，且期间连续住宿本澳酒店 2 晚（全天会议为每日实际会议时间不少于 6 小时）；

● 获支持之酒店房价计价上限为每晚澳门币 1300 元，其中包括服务费及税项。

财务支持——餐饮或会议套餐

每位与会者最多可获澳门币 400 元的餐饮费用或会议套餐费用的支持，但必须符合以下所有条件：

● 会议规模达 100 人或以上，当中非本地与会者必须占 40% 或以上；

● 会议须连续在澳门进行最少 3 日全天或连续在澳门进行 2 日全天会议及在澳门进行 1 日全天活动（全天会议为每日实际会议时间不少于 6 小时）；

● 惠顾之餐饮场所必须持有旅游局或民政总署发出之有效营业牌照；

● 餐饮活动必须于活动期间、活动前或活动后一天进行；

● 餐饮活动的支持金额按实际支出计算，且每人不多于澳门币 400 元的上限；

● 餐饮费用是指一次性消费，且所有与会者必须于同一时段内作出该餐饮消费。

财务支持——主题演讲嘉宾及团长

每位主题演讲嘉宾及团长可获最多 2 晚的本地酒店住宿费用支持，以及每位交通费用之 50% 支持（最多不超过澳门币 3000 元），但必须符合以下所有条件：

● 会议规模达 100 人或以上；

● 会议须连续在澳门进行最少 3 日全天或连续在澳门进行 2 日全天会议及在澳门进行 1 日全天活动（全天会议为每日实际会议时间不少于 6 小时）；

● 获支持之酒店房价计价上限为每晚澳门币 1300 元，当中包括服务费及税项；

● 交通费用必须提交（i）付款收据及（ii）来程登机证、船票、车票作证明；获支持的同一活动内，其获支持的主题演讲嘉宾人数最多 30 名；

● 获支持的同一活动内，其获支持的团长人数最多 30 名，且成团人数最少必须有 3 人。代表团必须按合理之形式组成（例如：以国家、地域、协会成员等划分组成）；

● 必须提交与主题演讲嘉宾有关之文件或刊物（例如：主题嘉宾的个人简介及详细活动流程表，包括主题演讲嘉宾名单及演讲题目）。

财务支持——宣传及推广。

可获宣传及推广费用之 50% 支持，最多不超过澳门币 100000 元，但必须符合以下所有条件：

● 会议规模达 100 人或以上；

● 会议须连续在澳门进行最少 3 日全天或连续在澳门进行 2 日全天会议及在澳门进行 1 日全天活动（全天会议为每日实际会议时间不少于 6 小时）；

● 获支持之宣传及推广费用包括会议举行前 6 个月至会议举行后 1 个月内所产生的相关费用。

财务支持——同声传译及文件翻译

可获同声传译及文件翻译费用之 15% 支持，最多不超过澳门币 20000 元，但必须符合以下所有条件：

● 会议规模达 100 人或以上；

● 会议须连续在澳门进行最少 3 日全天或连续在澳门进行 2 日全天会议及在澳门进行 1 日全天活动（全天会议为每日实际会议时间不少于 6 小时）；

● 获支持之同声传译包括会议及全天活动所涉传译费用；

● 获支持之文件翻译包括宣传及会议文件所涉翻译费用。

对于拟在澳门举办或筹办之具潜力的活动，相关资助计划中也有详细的说明，对澳门会展业的发展具有极大的推动作用。

澳门特区政府旅游局也推出有旅游激励计划，适用于澳门筹办"奖励旅游/婚礼旅游/学生旅游"活动的主办单位/策划者、新娘/新郎、学校/大学/学院或指定委托申请者/机构。只要是于澳门进行"奖励旅游/婚礼旅游/学生旅游"活动规模须达 25 名非澳门参加者或以上，并在澳门最少连续 2 晚住宿就可以申请。成功申请者可以获得：

豁免葡萄酒博物馆和赛车博物馆的入场费、与各政府部门及学校/学院/大学的联系及协调、提供旅游信息、提供纪念品、30 分钟文化表演、4 小时内世遗半日游等支持。

此外，澳门特区政府回应业界诉求，设立国际会展盛事竞投中心，由澳门贸易投资促进局负责跟进，2012 年年底已获数十宗查询，其中 3 宗竞投成功，为澳门会展业的长远发展打了强心针。

（三）深化国际交流和宣传推广

会展业发展委员会组织业界分别于 2011 年和 2012 年前往德国和英国，以及 2013 年 2 月前往迪拜及意大利米兰等著名会展城市进行考察交流，参与当地知名展会，并拜访当地相关展览行业协会、大型会展场地，借鉴产业政策、管理理念和汲取成功经验。

澳门会展业发展委员会旗下网站——澳门会展网站于 2012 年 11 月正式开通，旨在进一步向国际推介澳门会展业优势，吸引更多不同类型的展会在澳门举办；方便查询相关信息，吸引专业观众、企业家和游客参展。此外，澳门会展业发展委员会于 2013 年 2 月出版了澳门会展宣传小册子，以加强澳门会展对外宣传工作，推广澳门会展形象。

会展业界协力引进大型国际展会。会展业成功举办两届中国（澳门）国际汽车博览会及中国（澳门）国际游艇进出口博览会之后，更首次引入澳门公务机展，正式拉开海、陆、空三大领域办展的局面，为今后的三大展会同期联展打下了基础。

会展业界齐心走出去推介澳门品牌。澳门贸易投资促进局一直致力协助澳门企业拓展海外市场，多年来不断组织会展界到中国大陆及海外参展。2012 年完成在安徽合肥、内蒙古呼和浩特和湖北武汉的活力澳门推广周，至此活力澳门推广周活动已在国内 11 个城市成功举办巡回展。2012 年 9 月第一届北京澳门经贸交流洽谈会在京举办，2013 年澳门广州名品展在惠州举行。

（四）持续强化会展人才培训

会展业注重本地会展人才的培训工作，与新加坡有关机构开展会展项目拓展工作坊、与劳工局合办会展接待员入门培训课程及组织会展业界从业人员参加 CEM 和 UFI/EMD 高级会展管理国际认证课程。

由中国国际贸易促进委员会、国际展览与项目协会主办的"2015 CEM CHINA"注册会展经理（澳门站）培训班结业典礼上，共有 29 名内地、34 名澳门的会展精英通过课程考核。展贸协会会长林中贤表示，从 2006 年开始，得到中国国际贸易促进委员会的支持，每期的 CEM 给澳门预留 15 个学位，至今澳门 CEM 毕业生共有 209 名，是全国最多 CEM CHINA 产出的城市之一。

除了开办相关国际认证会展课程外，由于近年来人资缺乏一直困扰企业发展，成为行业持续发展的一大瓶颈。随着本澳及邻近地区会展经济蓬勃发展，市场趋向成熟，竞争激烈，澳门会展业人才需求持续上升。澳门城市大学更与展贸协会合作，开设会展大使培训计划，针对现时澳门会展业人才需求缺口，期望透过专业培训及实践，为会展市场提供优秀人资。虽然澳门的会展教育与德国双元制教学还有一段距离，但希望以"澳门会展大使"培训作开始，为澳门会展教育与行业人才发展打下基础。

在学位课程方面，澳门城市大学国际旅游与管理学院每年培养大批会展专业高级人才，学院亦组织会展专业学生积极为在澳举办的各类展会活动提供服务支持。而会展大使项目成功启动，是澳门"官、产、学、研"各界紧密联合、互动发展的成果。在区域经济合作与融合的大趋势下，珠三角城市会展联盟的会展大使合作项目，以实际行动实行区域合作共赢的现代理念。相信将可为澳门、内地及亚太地区培养更多优秀的会展人才。

未来，澳门会展业必将继续保持快速发展的态势，将优化会展统计数据、清晰澳门会展业定位、继续打造国际品牌展会、深化区域交流与合作以及培养本地会展人才等领域确立为会展业发展的重点内容。

三 澳门会展业发展的影响

(一) 澳门会展业发展的经济效益

会展业的蓬勃发展引起了人们对其经济效益的关注。会议、奖励旅游和大型会展等组成了在现今世界范围内的旅游和接待行业中增长最快的一部分。在亚太地区，会展业在 1980—1996 年增长了 124% (Hutchinson J, 1997)。专业设施的兴建，相关教育和培训机构的开发，相关部门的介入，这些都将会展业发展上升到了国家和区域的战略层面。在澳大利亚，当地的会展业寻求通过建立更为全面的专业化和标准化的准则，以此使其本身更具有竞争力，国家认证和行业协会机构基于 MIAA 开办了大学和假期课程 (MIAA, 1998)，重点突出会议和节事管理与运营。澳大利亚政府也预见到了会展经济的增长会对旅游业产生的作用，因此，政府先后在阿德莱德、堪培拉、悉尼、墨尔本和布里斯班等主要城市兴建了世界一流的会展设施以及配套基础设施，此外，当地也很少有新落成酒店没有会议展览设施的 (Bureau of Tourism Research, 1998)。无论业内人士还是学术专家，都一致认为会展旅游为国家和地区的经济发展做出了巨大贡献。会展旅游不但直接推动举办地的经济发展，而且还可以通过回头客和口碑效应促进当地旅游业的全面发展。

凯姆等 (Kim, et al., 2003) 分析了会展旅游产生可观经济效益的原因，即参会人数众多，且在会议目的地的停留时间长。而作为会展旅游者，特别是国际会展旅游者，他们的消费档次较高，除了参加会展外，参会者在会前或会后都要在举办地游览观光。除此之外，会展业具有较强的关联性，一次会展能够影响到很多相关产业。

据统计，1989 年有 167 万参会者为奥兰多市创造了 65000 多个就业机会、4157 亿美元的工资收入、2218 亿美元的产值和 1 亿多美元的税收收入。再如自 1992 年以来，美国的会展旅游收入以年均 9% 的速度增长。据国际商业信息系统 (2007) 预测，到 2012 年美国会展旅游业的收入将达 1306 亿美元，可为美国提供就业机会 85979 个。

布劳恩 (Braun, 1992) 指出，会展活动的总体影响要远远大于会展活动本身。会展相关的每一美元花费都会引起更为广泛的经济影响，并在区域经济的其他部门产生额外的经济效应。如果加上间接收入，会展所带来的经济效益应当是会展本身的 2 倍甚至于 3 倍。在测算会展业的经济效益方面，研究人员采取了投入产出模型来估算会展旅游的经济影响（Frechtling，1999）。即通过销售量、居民收入、就业、税收等经济指标来估算游客在目的地的花费。布劳恩（Braun，1992）是第一位运用投入产出模型法测算会展经济影响的学者。他估算了会展业对佛罗里达州奥兰多市的经济影响。他通过研究发现，会展收入主要来源于参会者、会展举办者和展览商的花费。其中参会者的消费额最高。参会者的主要花费领域为住宿、饮食、购物、娱乐和地方交通等 5 个方面。凯姆等（Kim，et al.，2003）也利用投入产出模型估算了会展旅游的发展对韩国经济的影响。研究结果表明会展业的确是高产出行业，为韩国地方经济发展起到强有力的促进作用。

但是需要注意的是，会展经济在不同经济发展程度的区域，其带动效应的大小有所不同。据专家估计，发达国家和地区会展产业的带动系数为 1:9，即会展收入 1 元，相关收入为 9 元。据美国展览研究中心统计，2007 年美国举办了 13000 个展览，直接收入 120 亿美元，与之相关的社会综合消费约 1250 亿美元，会展的经济带动比例达到 1:10。而中国内地初步估计是 1:6，但这种带动作用正逐渐增加，如上海直接投入产出比为 1:6，间接投入产出比为 1:9。

实际上，发展会展业意味着各行业可以在产品、技术、生产、营销等诸方面获取比较优势，从而大大减少国内资源消耗的机会成本，有助于增强综合竞争力。而会展对于举办地经济最核心的价值就在于更大范围地开放市场、更精确地选择客户、更有效地配置资源，从而实现持续增长。

澳门大力发展会展业，产生了投资需求，形成了投资乘数。举办会展活动，需要一定的活动场所，要求对场馆及相关硬件设施进行投资建设，而场馆及其他配套设施的建设与翻新需要大量人力和物力的投入，对建筑物料以及劳动力有大量的需求，进而能够促进所需的生产要素的生产。来自美国拉斯维加斯的金沙集团更是在澳门的路氹金光大道区域投资近 24 亿美元建成兼具度假、休闲、娱乐及会展等功能的综合性项目——威尼斯人，共设有 3000 间豪华客房及大规模的博彩、会展、购物、体育、综艺及休闲设施等，其中威尼斯人会议展览中心占地 11 万平方米。除此之外，同样来自美国和中国香港的诸多酒店与会展业巨头都纷纷在澳门投资兴建具有会展功能的商务酒店，多元化的投资和渠道进一步丰富了澳门会展业场地的构成。

会展活动期间，大量的参展商和观众的涌入，对澳门的酒店、餐饮业形成了巨大的需求，数据显示，澳门平均酒店入住率都在70%左右，在会议期间可达到90%以上的高入住率。2007年开始，澳门会展业大跨步发展，就业人数猛增，截至2012年，会展创造的直接收益达到2亿多澳门元。澳门会展业对第三产业发展具有很强的促进作用，有利于澳门产业结构的优化升级。

（二）澳门会展业发展的社会效益

根据相关学者的研究结果，本书认为会展业发展的社会效益则可以体现在提升城市和区域品牌形象、促进城市和区域功能及产业结构升级、扩大社会就业、增进城市基础设施建设以及提升社会文明程度等方面。

在提升城市和区域品牌形象方面，世界性的会展活动在聚集人气、推动当地政治、经济、文化发展的同时，无形中也对主办地进行了一次规模巨大的免费宣传，这有助于提升主办地在世界上的知名度和影响力。比如我国举办的2001年亚太经济合作组织（APEC）会议，展示了我国的崭新面貌，使与会客者看到中国有很好的投资环境，这一点可能比任何经济收益都重要。这两年我国进出口贸易和外商在华投资的增加，与成功举办APEC会议有重要关系，因为在全球投资安全系数下降的同时，人们看到在中国投资的安全系数却很高，这使中国连续多年成为发展中国家中获得外资最多的国家。而知名节事活动的举办也能够增强当地的知名度和美誉度，如北京奥运会的举办、上海世博会的举办以及历届世界杯的举办等，都为举办地的城市形象提升产生了显著作用。

在促进城市和区域功能及产业结构升级方面，由于会展业是先导性的产业，其除了具有较高的关联性和产业带动性外，还能够为会展举办地引入新兴的产业形态，从而促进该地区产业结构的升级。同时，展会的举办还有助于提升举办地在区域经济中的地位和影响力。如上海发展会展经济，受益的将是整个华东地区。目前，上海口岸的进出口商品总额占全国外贸总量的比重达1/4，其中一半以上来自周边地区。由于会展是在特定的时间和地点进行大规模的集中展示，信息集聚性好，有利于降低经济运行中的"交易费用"。更为重要的是，会展能汇聚巨大的信息流、技术流、商品流和人才流，会对一个城市或地区的国民经济和社会进步产生难以估量的推动和催化作用。

此外，会展业的扩大就业效应十分显著。据统计，每增加 1000 平方米展览面积，可创造近百个就业机会。如 1996 年汉诺威世博会就创造了 10 万个就业机会。2000 年德国展览业从业人员 10 万人，直接收益 45 亿马克，创造社会综合效益 410 亿马克，为社会提供了近 23 万个就业机会。有亚洲"展览之都"美名的中国香港，每年有 30% 的游客是前来参加各项贸易展览或会议的，有两万多家企业每年参展，同时这些展会活动为香港提供了 9000 多个就业机会。而欧洲的 16 个最大的场馆就为约 35.2 万人提供了就业机会。在节庆活动的创造就业机会方面，据经济与产业研究基金会（2000）研究，1992 年巴塞罗那奥运会创造就业机会为 59328 人，1996 年亚特兰大奥运会创造就业机会 77026 人，2000 年悉尼奥运会创造就业机会 99500 人。

近年来，随着澳门国际影响力的不断提升和现代化会展设施的不断兴建，澳门举办的展会活动数量和规模也不断地扩大。在 2008—2010 年这 3 年内，有超过 500 个国际性会议在澳门举办，带来超过 30 亿澳门元的直接和间接经济效益，同时为澳门创造超过 2000 个与会展相关的全职职位。近 3 年来，每年也有千余个会展活动项目在澳门举办，为澳门创造了较为显著的经济增长。

由于会展业的发展以及展会活动的成功举办离不开现代化的城市基础设施，为此，会展业对于社会的影响还体现在增进城市基础设施建设方面。通常在举办展会时，会展目的地需要在道路交通、场馆、城市规划以及城市景观等方面大做文章。这些城市基础设施的升级除了对会展举办方产生了较为积极的影响外，还在长时期内对于城市的居民以及城市形象产生影响。

第 四 章

澳门会展业经济影响评价模型构建

第一节 经济影响模型构建的背景

一 调查的背景和意义

长期以来，澳门经济发展的主要支柱是博彩业，其占据了澳门本地生产总值的半壁江山。一枝独秀的产业结构以及博彩业内在的脆弱性特征，使得澳门经济发展承受了较大的不确定性。为此，从 2006 年开始，澳门启动了多元化发展的战略。澳门特首何厚铧在《2006 年财政年度施政报告》中指出："充分发挥和强化初步凝聚的会展优势，启动会展及奖励旅游专门研究机构的运作，与业界紧密配合，举办重效益、具特色、专业化、高质素的会展活动，积极吸引更多国际买家和合作伙伴参与。"

在特区政府的重视和推动下，澳门会展经济在场馆建设、会展项目运作、会展资源整合等方面都有较大程度的提升。特别是会展场馆的升级以及会展活动的数量增长成为 21 世纪澳门会展经济发展的主要特征。

随着越来越多的跨国集团在澳门投资和发展，在澳门政府的协调下，澳门的专业化会展场馆的附存状况正发生着突破式的变化，新型现代化场馆正逐步建设并力争为澳门会展业未来的持续发展提供有力支持。

更加深入了解澳门会展业发展的态势，明确澳门会展经济推动社会经济发展的动力机制，将有助于进一步提升澳门会展经济的地位。目前，国内外已经有不少学者开展了会展经济对区域发展影响的相关研究，如卓武扬（2002）在经济论坛上发表了北京奥运会对我国经济的影响的研究论文。卞显红（2006）在《商业研究》2006 年第 2 期上发表了对 2002 年我国国际会展业经济影响的分析。余向平（2006）在《商业研究》上发表了题为"会展业的产业带动效应及其经济学分析"的论文，对会展业的经济影响进行了分析。香港展览会议业协会也每年定期进行香港会展经济的影响力测算，并公布相关的资料及结论。

可见，深入分析会展经济的影响机制并定期对会展经济的经济效应加以测算，能够有效帮助澳门会展经济的管理者和决策者进行科学化管理，对于澳门会展业的有效监管与竞争力提升具有重要的意义。

二　现有评价方法在澳门应用中的局限

近年来，由于人们对于会展业的经济影响关注程度日渐增强，海内外不少学者也进行了相关主题的研究。通过对相关文献的整理和分析，对于相关学者在研究中所采取的经济影响研究方法进行了汇总。总体来看，现有相关研究中采取的量化经济影响分析方法主要包括投入产出模型、乘数效应，而定性的经济影响分析方法则包括德尔菲法、层次分析法以及竞争力结构模型等方法。

在量化分析方法的应用上，投入产出法和成熟模型是应用较为成熟的方法，如 Lee（2005）利用投入产出模型来估算会展旅游的经济影响。Kim，Schon & Chung（2003）利用投入产出模型估算了会展旅游对韩国经济的影响。Braun（1992）则是第一位运用投入产出模型法测算会展经济影响的学者。他首先将现有的国家级和地方级统计资料进行调整，然后利用乘数和产业关联的方法去估算会展业对佛罗里达州奥兰多市的经济影响。Fletcber（1989）认为投入产出模型是估算地区游客花费的正确方法，该方法是通过销售量、居民收入、就业、税收等经济指标来估算游客在目的地的花费。

Ash & Simon 则研究了测算会展活动经济影响的投入产出模型、乘数分析法及一般均衡模型等主要方法，并提出了经济影响研究的新模型。Timothy（2001）提出了建立研究大型事件直接经济影响的三维模型，通过调查观众的花费来源、最终去向和花费原因，从而确定哪部分花费对本地经济产生了直接经济影响。

再者，使用乘数理论。乘数理论是西方经济理论的重要组成部分，也是分析经济运行的一个重要工具。凯恩斯在 1936 年最早提出乘数理论，他指出："在一个宏观经济中，投资与收入和失业之间存在密切的联系，投资的增加可以扩大收入，缩小失业范围。在一定条件下，一定数量的投资额会带来国民收入若干倍的增加。一个部门的新增投资，不仅会使该部门的收入增加，而且会通过连锁反应，引起其他部门的收入增加，并促进其他部门追加新的投资以获得新收入，致使国民收入总量的增长若干倍于最初的那笔投资。"（孙明责，2008）

又如，加速原理。所谓加速原理最早是由法国经济学家阿夫塔里昂和美国经济学家约翰·莫里斯·克拉克分别于 1913 年和 1917 年提出的，它是假设资本与产量保持固定比例，即加速系数是固定系数，并不存在过剩的生产力，其中产量增加的数量与由此而新增的资本数量的比称之为加速系数，加速原理表明，投资净额不是取决于产量的绝对值，而是取决于产量的变动量（Peter，1996）。

多数国内学者是借鉴国外投入产出模型及乘数效应对会展经济影响进行定量分析。也有一些学者运用了其他的分析方法。余向平（2006）认为分析会展业对经济影响的定量分析一般用拉动系数或带动系数来反映两者间的关系，即会展业的财务收入和整个会展产业链的财务收入之比，大概在 1:5 到 1:10 之间。

王程凯（2006）运用德尔菲法和层次分析法建立城市会展业竞争力评价指标体系，进而对上海会展业竞争力进行了分析。刘萍（2010）利用层次分析法对城市会展经济综合实力进行评价。

陈锋仪（2008）分析了国外政府主导发展模式类型、条件与优缺点，提出了政府主导下的会展产业垂直管理业态模型；王春雷（2008）则以迈克尔·波特的"钻石体系"为研究框架，结合会展业的产业特点和发展规律，分析城市会展业竞争力的相关影响因素，构建城市会展产业竞争力评价指标体系，并对北京、上海、广州作出实证分析；胡平（2009）以钻石理论剖析了会展业竞争力的影响因素，并运用专家咨询法量化了这些因素的影响权重，提出了一套评价城市会展业竞争力的指标体系等。这些实证研究都为学术界研究会展经济的影响起到了举足轻重的作用。

尽管国内外不少学者都认为，投入产出法和乘数分析法是对会展经济影响开展研究较为可取的方法，然而，由于投入产出法的运用需要以该地区的投入产出表为基础，目前澳门作为一个产业结构较为特殊的特别行政区尚未构建自身的投入产出表，这使原来较为通行的投入产出法和乘数分析法变得难以实施。在此种情况下，需要寻求具有可行性，同时又较为科学合理的方法来评价会展业对经济的影响机制。

第二节　会展经济影响评价模型建构设计

一　操作性定义

所谓操作性定义（operational definition）是根据可观察、可测量、可操作的特征来界定变量含义的方法。即从具体的行为、特征、指标上对变量的操作进行描述，将抽象的概念转换成可观测、可检验的指标。为此，需要将本研究假设中出现的变量进行具体的界定，从而使其变得容易测量和观察，为后续的问卷设计提供方便。

结合国内外相关文献回顾之内容，该部分的调查研究共涉及四个变量：会展业经济影响、产业结构调整、经济环境及经济收入。

此处将上述变量之操作性定义确定如下：

会展业经济影响是指会展业对经济所带来的各方面的影响，即以会展产业为核心，运用系统分析方法，以整个产业链的贡献来分析。会展业经济影响可以进一步细分为：产业结构调整、经济收入、经济环境三个方面。其中，产业结构调整是指会展业对地区的产业结构的变化会起到一定影响作用；进一步可分为产业调整、培植新型产业、促进会展业及其辅助产业的发展、促进旅游业及其辅助产业的发展和促进展览主题产业发展五个方面。

经济环境是指会展业对当地的经济环境产生的影响，可进一步划分为经济活力、经济增长、经济关联、贸易环境、就业率等方面。

经济收入是指会展业对当地收入及消费等方面起到一定影响，可进一步具体为居民收入、政府税收、物价合理、带来消费、投资增加等方面。

在参展期间消费情况部分，主要侧重于测量受访者费用承担方、住宿费用、餐饮费用、交通费用、娱乐费用及购物和其他消费等内容。

对于个人因素则主要侧重于测量人口特征，如年龄、性别；社会特征，如职业、所属行业、收入水平、受教育程度等。

二　调查研究工具设计

本书中的研究工具主要是调查问卷。在问卷设计时，一方面以国内外相关文献提及之变量作为主要依据；另一方面，则结合澳门已有的统计资料进行问卷设计，保证问卷内容，也可以和之前统计结果进行横向或纵向的比较。在满足研究分析需要的基础上，更能够切合澳门本地的实际情况。

（一）文献分析结果对问卷设计的启示

在文献搜集和整理方面，对国内外有关会展业的经济影响之文献进行了搜集和整理。在对经济影响的文献整理中发现，会展业的经济影响表现在对发展环境产生的影响、对当地收入产生的影响和对产业结构方面的影响。通过对会展经济影响分析方法的文献分析发现，相关文献可以大体分为三类：第一类是以投入产出法为依据，通过销售量、居民收入、就业、税收等经济指标来估算会展参与者在目的地的花费；第二类是阐述会展产业的强大经济影响力，如对会展业的乘数效应结合案例进行说明；第三类是以分析会展业产生巨大经济效应的原因，例如 Timothy（2001）提出了建立研究大型事件直接经济影响的三维模型，通过调查观众的花费来源、最终去向和花费原因来判定经济影响力的方法。王程凯（2006）运用德尔菲法和层次分析法建立城市会展业竞争力评价指标体系，进而对上海会展业竞争力进行了分析等。此外，还有学者提出会展活动参与者的个人特征也会对会展业的经济效应产生影响。由此可见，目前在会展业的经济影响方面的研究，仍然处于一个尝试和探索的阶段，对于会展业的经济影响机制也处于定性分析的阶段。通过文献分析，进一步明确了本研究的创新性和学术价值，也从会展参与者的角度开展研究提供了学术基础。

（二）访谈及其对问卷设计的启示

本书之专家访谈主要目的在于为会展经济影响机制模型的构建及调

查提供依据和支持。此次访谈的问题设计考虑到以下的问题：第一，希望在访谈中获取到专家对于会展业的经济影响之维度和影响要素，从而，为问卷之内容设计提供参照和指引。第二，透过访谈，了解会展的发展状态与专家学者对澳门会展对澳门社会经济影响的主要观点。为此，问卷中的问题设计主要分为以下六个部分，受访的会展专家需对下述问题作出专业性的分析：

(1) 会展业对澳门经济的影响；

(2) 如何理解会展对澳门经济的影响；

(3) 会展产业对澳门的经济影响机制如何；

(4) 会展业对澳门经济有何影响；

(5) 采取何种方式测量或观察会展产业的经济影响比较科学；

(6) 对澳门会展业发展的意见或建议。

为了更全面地了解和掌握会展业对经济的影响，此项研究邀请了澳门各界的会展业专家，探讨各方面的影响与机制。为此，本书特意从 2012 年 11 月 15 日开始邀请澳门的会展相关行业的代表进行深度访谈，此次深度访谈主要邀请到澳门私营会展公司、本地会展协会、政府部门和学术机构均有相关部门代表，具体的访谈对象构成如表 3 - 1 所示。因具有各行业的代表性使本次的深度访谈的可信度大大提高。

表 4 - 1　　　　　　　　　深度访谈专家的来源构成

政府部门代表	会展业代表	学术代表	本地会展协会
澳门特区政府经济局	澳门信德旅游	澳门旅游学院	澳门展贸协会
澳门贸易投资促进局推广活动厅	艾尖公关策划有限公司		澳门会议展览业协会
澳门旅游局			

通过访谈，了解到：(1) 多元化的会展活动推动会展区域合作，对澳门的经济有正面影响；(2) 会展与各式各样的行业密切相关，产业关联促进了经济增长，同时也促进澳门产业结构多元化发展；(3) 会展产业对澳门的经济影响，表现在促进各关联产业发展、贸易投资合

作、本地经济增长等方面，且具有明显的拉动和乘数效应。

根据上述访谈结果，在对会展产业的经济影响机制方面的研究，主要从各关联产业的发展、贸易投资、本地经济三个方面进行。由此可见，通过此次访谈，一方面进一步验证了前述文献分析中所获得的信息；另一方面，更为全面地了解会展业对经济的影响机制，从而能够更清晰地科学地进行问卷设计。

（三）问卷总体结构及设计

本次调研目的是构建会展业经济影响机制模型，并对澳门会展业经济影响进行评价。在问卷设定方面，分别对一般会展业经济影响的要素指标进行认可度感知评价，同时，也设计了受访者对澳门会展业经济影响表现度进行感知评价。除了对会展业经济影响机制进行调研外，还需要对其参展人员的身份、来澳门的目的、展会期间消费结构及水平等方面进行调研，以期全面客观地对澳门会展业经济影响作出评价。为此，在具体的问题设计上都将其包括其中，不仅从总体上也从消费角度主客观相结合地对澳门会展经济影响状况进行测量和评价。

以上述分析为基础，最终确定了问卷的内容和结构。本次调研的问卷共分为三个部分，中英两个版本。第一部分受访者分别对一般会展业经济影响和澳门会展业经济影响的认可度和表现度进行打分评价，分值为1—5分，1分为最不赞同，5分为最赞同，此部分共设有18个问项；第二部分是对受访者参展情况及参展期间消费情况的调查，分别从费用承担方、消费结构及具体消费金额方面进行题项设计，消费结构及金额的设计是根据澳门统计暨普查局对游客消费情况统计结构，包括调研受访者的住宿费用、餐饮费用、交通费用、娱乐费用、购物费用等，并设计了受访者在展会期间娱乐博彩的预计消费调查，此部分共12个题目；第三部分主要为受访者的个人信息部分，如年龄、教育程度等，共包括10个问项。

该量表设计完成之后，于2012年10月进行了预测试，共计发放70份问卷。预测试的结果表明，上述量表在回收效率以及信度方面都具有较为理想的表现。因此，最终以该量表作为此次调研的工具对展会中的参与者进行调研。

三 调研抽样设计

(一) 研究母体的确定

本次调研的目的是构建会展业经济影响机制模型，并对澳门会展业经济影响进行评价，故此次研究的母体规模应为所有在澳门会展业参与人员。本书关注的对象为参与澳门会展的群体，包括展会参展商和观众等。根据澳门特别行政区政府统计暨普查局相关数据整理，澳门 2012 年度展览入场人次共达到 1489933 人 (澳门特别行政区政府统计暨普查局，2012)。笔者对澳门展览进行调查，了解澳门展览业主题的特征、展览规模参与人数等，为后期的研究提供资料支持。根据此次调研的时间以及展会规模和影响力来选取调研的展会。此次调研时间为 2012 年 10 月、11 月，笔者分别选取了 2012 年 10 月 18 日举办的第十七届澳门国际贸易投资展览会 (MIF) 和 2012 年 11 月 16 日举办的第二届中国 (澳门) 国际游艇进出口博览会。

第十七届澳门国际贸易投资展览会 (MIF) 是澳门首个通过国际展览业协会 (UFI) 认证的展览会，于 2012 年 10 月 18—21 日澳门威尼斯人度假村酒店举行，预设 1600 个展位，展览面积逾 3 万平方米，为澳门每年一度国际经贸盛事，现已成为澳门本地"品牌展会"。作为区域商贸投资服务，尤其是中国与葡语国家经贸合作服务的重要平台，MIF 对本澳经济的拉动成效日益显著，通过展会引入的高新技术、资金和人才所产生的技术扩散，促进了本地旅游休闲产业、金融业、制造业、会展产业、文化创意产业和其他高新技术行业的技术进步和产业升级；本地中小企业和海内外企业也由此寻找到了更多的商机。于 2011 年 10 月举行的第十六届 MIF，其通过设置超过 1400 个展位和 20 多个主题展区，吸引了 60 多个国家及地区共 350 个代表团莅澳参展参会，并促成 1502 场商业配对，再一次充分体现出其区域合作平台和国际经贸交流桥梁的作用。

第二届中国 (澳门) 国际游艇进出口博览会于 2012 年 11 月 16 日在威尼斯人度假村酒店金光会展中心举办。室内游艇展采用金光会展中心 A 馆，面积为 13775 平方米，可容纳 30 余个特装，60 余个标摊，预计可供六七十家来自海内外的游艇企业、名品企业等参展。第一届中国

（澳门）国际游艇进出口博览会的举办备受瞩目。全国政协副主席何厚铧、澳门特别行政区行政长官代表经济财政司司长谭伯源先生等出席了游艇展的开幕仪式，并一起启动了展会扬帆起航的按键。全国人大原副委员长顾秀莲亲临现场参观指导，也给予展会很大的支持和鼓励。第一届展会水陆展出面积达到 10 万平方米以上，汇聚了来自 15 个国家的30 多个游艇品牌前来参展，参展的观众达近 10 万人次，共吸引了中央电视台、澳亚卫视、《澳门日报》《华侨报》《游艇》、Yacht Style 等近100 家媒体全程关注。

无论是从展览规模以及会展经济影响力而言，结合调研时间，澳门国际贸易投资展览会和中国（澳门）国际游艇进出口博览会都是很典型的调研对象。在实际操作中，笔者选取 2012 年 10 月举办的第十七届澳门国际贸易投资展览会（MIF）和 2012 年 11 月举办的第二届中国（澳门）国际游艇进出口博览会。通过在展览现场询问的方式选取自愿参与此次会展经济影响力的受访者。

（二）样本数量的确定

按照研究母体的总体规模，结合在线统计样本计算，本次研究发放386 份问卷以上，才可以使样本规模能够保证在 95% 的信度水平上。根据所选取的展会情况，在调查样本容量方面，对于专业性强的展会，一般仅针对专业观众的展览，调查样本人数为 150 人；对于公众类型的展览，调查样本人数为 300 人，故笔者预计发放 450 份问卷，具体为调研2012 年 10 月举办的第十七届澳门国际贸易投资展览会（MIF）预计300 份，2012 年 11 月举办的第二届中国（澳门）国际游艇进出口博览会预计 150 份，以保证样本有足够信度水平。

（三）抽样方案设计

在抽样方案方面，本书对参展商采取随机抽样的方式，对观众则采取方便抽样的方式进行。通过展会的官方网站下载参展商目录，运用Excel 表格生成随机数进行参展商随机抽样。在调查现场，如有部分参展商未到展会现场则采取跳过的方式进行调研。参展商调研中，调研人员分为七组，集中对不同场馆分区的参展商进行调研。在观众选取方面，则采取方便抽样方式进行，即要求受访者是来到展会场馆内参与展会的人员。调查的时间主要是展会期间，中午及下午人员流量有保证的时间段进行。

四 问卷发放及回收

(一) 问卷发放及回收

此次调研,从 2012 年 10 月 18 日开始,11 月 18 日结束。共发放问卷 580 份,成功回收有效问卷 570 份,有效率达 98.28%。由于此次问卷发放采取一对一现场填写回收的方式,笔者将填写全部问项一半以上作为有效问卷处理,具体在分析问卷各部分数据时,将细化问卷的各部分有效数。问卷回收情况统计,详见表 4 - 2。

表 4 - 2 问卷回收情况一览表

展会名称	所占比例	回收问卷数量	有效率
第十七届澳门国际贸易投资展览会	73.86%	421	98.28%
第二届中国国际游艇进出口博览会	26.14%	149	

(二) 样本的基本构成

1. 受访者基本情况

首先,对此次受访者的样本,从人口特征和职业背景等的构成做简要分析。

(1) 受访者的性别及年龄构成

从受访者的性别构成来看,此次 570 名受访者中,男性受访者人数为 305 人,相比女性受访者人数较多,约占到总受访者人数的 53.5%,女性受访者占到 46.5%。从受访者的年龄构成来看,低于 34 岁的受访者占到总受访者人数的一半以上,累积占到总受访者人数的 61.4%,其中,25—34 岁年龄段的受访者人数约占总受访者人数的 37.5%,16—24 岁年龄段的受访者群体约占受访者总人数的 23.9%。另外,有 22.5% 的受访者处于 35—44 岁年龄段,有 11.4% 的受访者年龄段为 45—54 岁。详见表 4 - 3。

表 4 – 3　　　　　　　　　受访者性别及年龄构成表

性别		频率	有效百分比	累积百分比
有效	男	305	53.5	53.5
	女	265	46.5	100.0
	合计	570	100.0	

年龄		频率	有效百分比	累积百分比
有效	16—24 岁	136	23.9	23.9
	25—34 岁	214	37.5	61.4
	35—44 岁	128	22.5	83.9
	45—54 岁	65	11.4	95.3
	55—64 岁	21	3.7	98.9
	65 岁及以上	6	1.1	100.0
	合计	570	100.0	

（2）受访者的受教育程度构成

从受访者的受教育程度来看，比例最高的是本科学历的受访者，约占受访者总人数的 55.3%。其次为拥有大专学历的受访者，该部分群体约占受访者人数的 14.7%，此外高中及中专学历的受访者占受访者人群的 14.4%。其余学历的受访者，依照数量从多到少依次为初中、硕士、博士、其他、小学及以下等。

2. 受访者的专业特征分析

此次调查的参展人员，分别从受访者的来澳目的、所属行业、职位属性、受访者客源地及受访者参展类型五个方面了解其参展活动的行为特征。

从受访者的来澳门的目的来看，受访者以参加国际性或区域性会展活动为目的最多，占受访者的 43%，其次，商务公干目的占到了受访者的 23.2%，其他以度假或是探亲访友为目的的受访者占到了 14.6%。这也反映了此次展会期间的受访者，多数是为参加展览或是商务公干。

从受访者所属行业来看，制造业受访者人数最多为 105 人，占到了受访者人数的 18.4%，其次为批发零售业，占到受访者人数的 13.2%，金融业占到受访者人数的 11.8%，水电及气体生产供应业、建筑业、酒店及饮食业、文化艺术产业及进出口贸易产业受访者人数所占比例在7%左右。从上述比例中可以看出，此次受访者行业以制造、批零及金融业为主，与此次展会主题基本吻合。

受访者中，职位性质以中层管理、基层管理为主，分别占到了受访者人数的19.1%和17.2%，其次高层管理者和基层管理者分别占到了受访者人数的13.5%和11.6%。

受访者中，以内地和澳门本地人士居多，分别占到了受访者人数的32.1%和30.9%，其次为来自香港地区的受访者，约占16.5%，来自内地、澳门本土及香港的受访者人数合起来占到了总受访者的79.5%（见表4-4）。可见，澳门的展览吸引的主要客源地的参展人员为来自内地、澳门及香港地区的人士。其中，首次来澳人数占到了总受访者人数的44.4%。

表4-4 是否首次来澳

项目		频率	有效百分比	累积百分比
有效	否	317	55.6	55.6
	是	253	44.4	100.0
	合计	570	100.0	

此次调查的受访者中，参展商约占到受访者总人数的48.4%，专业观众占到受访者总人数的11.9%，其余一般观众占到了总受访者人数的39.6%（见表4-5）。

表4-5 受访者身份

项目		频率	有效百分比	累积百分比
有效	参展商	276	48.4	48.4
	专业观众	68	11.9	60.4
	一般观众	226	39.6	100.0
	合计	570	100.0	

3. 受访者行为特征

（1）参展原因

通过对本次调研所获得资料的统计分析，得知参展人群在参展原因方面所占的比例分别为：专门参展 59.9%，偶然参展 20.5%，临时参展 16.8%，其他 2.8%。从参展原因所占比例的分析可以看出，澳门会展业参与者中专门参展的比例最高，说明会展业的专业性程度比较高，参展人群以专业展商和专业观众为主（详见表 4-6）。

表 4-6   参展原因

项目	频率	有效百分比	累积百分比
专门参展	339	59.9	59.9
偶然参展	116	20.5	80.4
临时参展	95	16.8	97.2
其他	16	2.8	100.0
拒绝回答	4		
合计	570	100.0	

（2）费用承担方式的统计

此次被调查的参展人群中，费用承担方式所占的比例分别为：个人支付 38.9%，公司支付 40.8%，展会组织方支付 8.1%，其他邀请方支付 7.4%，其他方式 4.8%。从资料中可以看出，个人支付和公司支付是主要的费用承担方式，展会组织方和其他邀请方支付所占比例较低（详见表 4-7）。

表 4-7   费用承担方式

项目	频率	有效百分比	累积百分比
个人支付	211	38.9	38.9
公司支付	221	40.8	79.7
展会组织方	44	8.1	87.8

续表

项目	频率	有效百分比	累积百分比
其他邀请方	40	7.4	95.2
其他	26	4.8	100.0
拒绝回答	28		
合计	570	100.0	

（3）入住酒店的分布

通过对本次调研所获得资料的统计，参展人群所入住的酒店共25家，其中威尼斯人占入住酒店比例的24.4%，骏景占10.2%，葡京、新世纪、金都、银河分别占5.7%，格兰占5.3%，假日占4.9%，金龙占4.5%，永利占4.1%。此次调研的两次展会都是在威尼斯人酒店金光会展举行，因此作为展会举办场所的威尼斯人酒店入住比例也较其他酒店高。骏景、金都、银河、格兰、假日等酒店因临近威尼斯人，地理位置较便利，占了一定的入住比例。葡京、新世纪、金龙、永利等酒店则作为澳门较为知名的酒店而获得了一定的入住比例。从统计资料中的累计百分比来看，62.6%的参展者集中入住在威尼斯人、骏景、葡京、新世纪、金都、银河、格兰7所酒店。会展期间的入住酒店主要分布在会展举办地所在的氹仔地区。详见表4-8。

表4-8　　　　　　　　　入住酒店

	项目	频率	有效百分比	累积百分比
有效	威尼斯人	60	24.4	24.4
	骏景	25	10.2	34.6
	葡京	14	5.7	40.2
	新世纪	14	5.7	45.9
	金都	14	5.7	51.6
	银河	14	5.7	57.3
	格兰	13	5.3	62.6
	假日	12	4.9	67.5

续表

项目		频率	有效百分比	累积百分比
有效	金龙	11	4.5	72.0
	永利	10	4.1	76.0
	新濠	7	2.8	78.9
	四季	7	2.8	81.7
	丽景湾	7	2.8	84.6
	Hard Rock	6	2.4	87.0
	其他	5	2.0	89.0
	富豪	5	2.0	91.1
	君悦	4	1.6	92.7
	美高梅	3	1.2	93.9
	Lissiz	3	1.2	95.1
	总统	2	0.8	95.9
	Best Western	2	0.8	96.7
	英皇	2	0.8	97.6
	东亚	2	0.8	98.4
	金沙城	2	0.8	99.2
	帝豪	2	0.8	100.0
	合计	246	100.0	

（4）停留天数

通过对本次调研所获资料的统计分析，见表4-9。参展人群在澳门平均停留天数为2.99天，停留人次最多的为1晚（在计算平均停留天数时"不过夜"计为1天，"停留1晚"计为两天）。澳门统计暨普查局2011年统计资料显示，2011年访澳旅客平均停留天数为1天，过夜旅客平均停留天数为1.53天。参展人群平均停留天数约是访澳旅客的3倍、过夜旅客的2倍，参展人群停留天数明显高于一般旅客。参展人群停留天数所占比例分布：不过夜占15.3%，停留1晚占24.1%，停留2晚占23.1%，停留3晚占22.5%，停留4晚占13.4%，停留5晚及以上占1.6%。从资料中可以看出，会展旅游具有停留时间长的特点，大力发展会展业能够延长旅客停留时间，促进当地旅游业发展。

表 4 – 9   停留天数所占百分比

项目		频率	有效百分比	累积百分比
有效	不过夜	49	15.3	15.3
	1 晚	77	24.1	39.4
	2 晚	74	23.1	62.5
	3 晚	72	22.5	85.0
	4 晚	43	13.4	98.4
	5 晚及以上	5	1.6	100.0
	合计	320	100.0	

第三节　实证调查的信度及效度分析

一　实证调查数据的可靠性分析

（一）量表的信度分析

信度和效度是量表测量时需要重点关注的两个指标。所谓信度是衡量没有误差的程度，也是测验结果的一致性（consistency）程度，信度是以衡量的变异理论为基础。问卷回收后，为了验证相关问卷信息的可信度，利用 SPSS 中的量表信度分析工具，采取折半信度系数对问卷所获资料进行信度测量。测量的结果如表 4 – 10 所示。

表 4 – 10   问卷量表的信度分析一览表

内容	题目数量	Cronbach's Alpha 克朗巴赫系数
会展行业对一般经济环境影响感知	17	0.888
本次展会对澳门经济环境影响感知	18	0.905
参展情况及展期消费情况	14	0.675
总体问卷	49	0.640

通常 Cronbach α 系数的值在 0 和 1 之间。

表 4 - 11 　　　　　　　　　　　　Cronbach α 系数范围含义

可信度	Cronbach α 系数
不可信	Cronbach α 系数 < 0.3
勉强可信	0.3 ≤ Cronbach α 系数 < 0.4
可信	0.4 ≤ Cronbach α 系数 < 0.5
比较可信	0.5 ≤ Cronbach α 系数 < 0.7
很可信	0.7 ≤ Cronbach α 系数 < 0.9
十分可信	0.9 ≤ Cronbach α 系数

通过对问卷资料的信度分析，可以看出，此次问卷调研的资料，前两部分数据的 Cronbach's α 系数为 0.888、0.905，为很可信和十分可信，参展情况及展期消费情况 Cronbach's α 系数为 0.675，为比较可信。整体上为比较可信的信度水平。这也从一定程度上保证了分析结果的可信度。

（二）量表的效度分析

所谓效度是指衡量的工具是否能真正衡量到研究者想要衡量的问题。从衡量的对象上来看，量表的效度可以分为内容效度（content validity）、效标关联效度（criterion-related validity）、建构效度（construct validity）和学说效度（nomological validity）四类。

所谓内容效度是指以研究者的专业知识来主观判断所选择的尺度是否能正确地衡量研究所欲衡量的东西。所谓效标关联效度是指使用中的衡量工具和其他的衡量工具来比较两者是否具有关联性。建构效度最关心的问题是：测量工具（量表）实际测量的是哪些特征？因此，研究者要了解某种衡量工具真正所衡量的内容就需要通过建构效度进行检验。学说效度也被称为"通则化的效度"，主要是基于构念和理论建构的正式假设来衡量项目的明确调查。

本书设计之量表是以国内外相关研究成果为基础，同时，参考了深度访谈中的相关信息，为此，能够在内容效度上保证达到较高的水平。进一步借助问卷调查所获资料对量表的建构效度进行检验。一般来说，在检验量表的建构效度时，较为常见的是采用因子分析的方法进行检验。

在对第一部分，会展业对一般经济环境影响感知检验时，由于公因素方差表中项目值小于0.5，为此，删除了此类项目后，详见表4-12，对剩下的11个项目进行建构效度检验。通过检验可知，第一部分题目的 KMO 值为0.897，巴特利球形度检验的显著性水平为0.000，为此，该部分量表能够进一步进行因子分析。

表4-12 公因素方差表

项目	初始值	萃取值
经济活力	1.000	0.657
经济增长	1.000	0.616
贸易环境	1.000	0.497
政府税收	1.000	0.445
就业率	1.000	0.451
居民收入	1.000	0.666
物价合理	1.000	0.573
带来消费	1.000	0.388
增加投资	1.000	0.384
经济关联	1.000	0.453
房产价值	1.000	0.541
产业调整	1.000	0.573
培植新产业	1.000	0.516
促会展辅助业	1.000	0.628
促旅游辅助业	1.000	0.579
促展览主题业	1.000	0.575
经济影响	1.000	0.557

萃取法：主成分分析法。

可见，出于效度检验之需要，应该将该类项的问项删除，然后进一步进行正交旋转及分析。在删除了上述问项后，进一步借助正交旋转法对剩余的项目进行分析。通过正交旋转成分矩阵，详见表4-13，可以看到，该部分问项的因子旋转矩阵中，未出现一个项目单独成为一个因子，以及出现一个项目的因子载荷在两个及以上因子上大于0.5的情况。

表 4 - 13　　　　　　　　　　　**旋转成分矩阵 a**

项目	主成分		
	1	2	3
增进了经济活力	0.193	0.125	0.832
促进了经济增长	0.173	0.261	0.794
优化了经济贸易环境	0.020	0.725	0.390
维持了物价合理性	0.008	0.758	0.212
提高了不动产（房产）价值	0.233	0.720	0.022
促进了产业结构的调整	0.491	0.591	0.060
培植新型产业	0.649	0.326	0.101
促进会展业及辅助产业的发展	0.792	0.141	0.074
促进旅游业及辅助产业的发展	0.741	0.008	0.273
促进了与展览主题相关产业的发展	0.709	0.038	0.322
对经济有积极影响	0.456	0.174	0.596

萃取法：主成分分析法。

旋转法：正交旋转法。

通过上述分析，本研究量表的第一部分：会展业对一般经济环境影响感知部分，具有较高的建构效度。

同样的方法对量表的第二部分，即本次展会对澳门经济环境影响进行量表的建构效度分析。同样通过因子分析可知，在提取的诸多问项中，除了"带来消费""增加投资""经济关联"项目在公因子方差上的表现小于 0.5 需要删除外，其余项目的公因子方差均大于 0.5。为此，在删除 3 个项目后，再次进行因子分析，得到如表 4 - 14 所示之公因子方差表。

表 4 - 14　　　　　　　　　　　**公因子方差表**

项目	初始值	萃取值
经济活力	1.000	0.643
经济增长	1.000	0.700

续表

项目	初始值	萃取值
贸易环境	1.000	0.641
政府税收	1.000	0.547
就业率	1.000	0.527
居民收入	1.000	0.644
物价合理	1.000	0.635
房产价值	1.000	0.563
产业调整	1.000	0.560
培植新产业	1.000	0.527
促会展辅助业	1.000	0.654
促旅游辅助业	1.000	0.664
促展览主题业	1.000	0.639
经济影响	1.000	0.592

萃取法：主成分分析法。

从表 4 - 14 中可见，所有问项在公因子方差提取值上均高于 0.5，为此，本研究进一步对该资料进行正交旋转。通过对上述问项进行正交旋转，得到如表 4 - 15 所示之旋转成分矩阵表。

表 4 - 15　　　　　　　　　旋转成分矩阵 a

项目	主成分		
	1	2	3
经济活力	0.245	0.750	0.141
经济增长	0.255	0.771	0.199
贸易环境	0.297	0.734	0.117
政府税收	0.121	0.623	0.379
就业率	0.024	0.473	0.550
居民收入	0.091	0.330	0.726
物价合理	0.088	0.182	0.771
房产价值	0.302	0.061	0.684
产业调整	0.481	0.115	0.562
培植新产业	0.624	0.158	0.335

续表

项目	主成分		
	1	2	3
促会展辅助业	0.779	0.168	0.133
促旅游辅助业	0.788	0.193	0.073
促展览主题业	0.766	0.219	0.063
经济影响	0.591	0.424	0.251

萃取法：主成分分析法。

a. 萃取了3个主成分。

　　从表4-15中可以看到，该部分的资料中，也未出现一个项目单独成为一个因子，以及出现一个项目的因子载荷在两个及以上因子上大于0.5的情况。为此，同样可以判断，本量表第二部分的数据在建构效度上也具有较为理想。

　　在第三部分量表问项的建构效度分析中，公因子方差分析结果表4-16显示均符合公因子方差大于0.5的要求。

表4-16　　　　　　　　　　公因子方差表

项目	初始值	萃取值
参展	1.000	0.725
费用承担方	1.000	0.651
入住酒店	1.000	0.709
停留天数	1.000	0.696
住宿支出	1.000	0.700
餐饮支出	1.000	0.637
交通支出	1.000	0.639
离澳方式	1.000	0.968
离澳支出	1.000	0.599
娱乐支出	1.000	0.803
博彩参与	1.000	0.979
博彩支出	1.000	0.587
购物支出	1.000	0.808
其他支出	1.000	0.882

萃取法：主成分分析法。

量表受访者的个人信息部分，无须进行效度分析，并未对个人信息部分做进一步的效度检验。

综合上述对本次研究量表进行的信度及效度分析之结果，本次研究所采用之量表具有了一定的信度水平，同时，在效度方面，也能够通过相关的检验，量表的构建基本上与本研究的初衷和构想接近。为此，本研究以上述量表作为研究工具，保证后续研究结果的可信度和可靠性。

第四节　会展业经济影响的一般评价模型构建

一　受访者对会展业经济影响的总体感知

（一）会展业经济影响的一般性感知

在受访者对会展业经济影响的测量中，笔者采用1—5分量表进行打分，分值越高，则表示受访者越为同意；分值越低，则表示受访者越不同意其表述。在对受访者的影响感知描述性分析中，各要素的均值均高于3，即表示受访者对会展业各影响要素都持较为赞同意见。其中，感知分值排名前三位的指标要素有"促进展览主题产业发展""促进旅游业及辅助产业发展"和"促进会展业及辅助产业发展"，分值分别为4.04、4.00和3.94。表示受访者对会展业"促进展览主题产业发展""促进旅游业及辅助产业发展"和"促进会展业及辅助产业发展"的感知相较其他经济影响要素而言，持最积极的态度。感知分值排名后三位的要素指标有"居民收入""物价合理"和"房产价值增值"，其感知分值分别为3.35、3.29和3.28，表示受访者对这三个要素感知赞同度低于其他各经济影响要素指标，详见表4-17。

表4-17　　　　　　受访者对会展业经济影响的感知评价

项目	均值	标准差	偏度		峰度	
	统计量	统计量	统计量	标准误	统计量	标准误
经济活力	3.88	0.824	-0.636	0.102	0.572	0.204
经济增长	3.85	0.821	-0.608	0.102	0.445	0.204

续表

项目	均值	标准差	偏度		峰度	
	统计量	统计量	统计量	标准误	统计量	标准误
贸易环境	3.87	0.766	−0.581	0.102	0.678	0.204
居民收入	3.35	0.966	−0.145	0.102	−0.295	0.204
物价合理	3.29	1.050	−0.057	0.102	−0.552	0.204
房产价值增值	3.28	1.016	−0.091	0.102	−0.348	0.204
产业结构调整	3.57	0.896	−0.475	0.102	0.306	0.204
培植新型产业	3.76	0.912	−0.640	0.102	0.299	0.204
促进会展业及辅助产业发展	3.94	0.786	−0.563	0.102	0.360	0.204
促进旅游业及辅助产业发展	4.00	0.829	−0.665	0.102	0.345	0.204
促进展览主题产业发展	4.04	0.798	−0.594	0.102	0.208	0.204
有效的 N	570					

（二）不同身份受访者对会展的经济影响感知差异

进一步分析不同身份受访者对会展业经济影响的差异性感知。笔者通过不同参展身份受访者对会展业经济影响的差异感知角度切入进行探讨。

不同参展身份人群中，有 276 位受访者参展身份为参展商，占到总受访者人数的 48.4%；68 位受访者参展身份为专业观众，一般观众人数为 226 位，分别占到总受访者人数的 12.0% 和 39.6%。

在参展商中感知评价分值排名前三位的要素，分别为"促进展览主题产业发展""促进旅游业及辅助产业发展""促进会展业及辅助产业发展"和"经济活力"，其分值均高于 3.90，分别为 4.02、3.99、3.95 和 3.95（见表 4 - 18）；在专业观众中，感知要素分值排名前三位的，分别为"促进展览主题产业发展""促进会展业及辅助产业发展"和"促进旅游业及辅助产业发展"，其分值分别为 4.22、4.03 和 4.01；在一般观众中，感知要素分值排名前三位的，分别为"促进展览主题产业发展""促进旅游业及辅助产业发展"和"促进会展业及辅助产业发展"，其分值分别为 4.01、4.00 和 3.89。综上可知，虽然不同参展身份对其评价的分值稍有差别，但无论是参展商还是专业观众或一般观众，感知度评价较高的要素均为"促进旅游业及辅助产业发展""促进会展业及辅助产业发展"和"促进展览主题产业发展"。通过比较排名前三位的高感知度要素的分值可发现，专业观众对高感知要素评价最高，其次为一般观众和参展商。

感知要素分值排名后三位的，无论是参展商还是专业观众或一般观众，排名后三位的低感知要素分别为"居民收入""物价合理"和"房产价值"。其中，参展商身份的受访者对三要素的评分依次为 3.29、3.23 和 3.18；专业观众对三要素的评价分值分别为 3.43、3.46 和 3.2；一般观众的感知要素分值排名后三位的分值分别为 3.41、3.31 和 3.43；比较排名后三位的低感知度要素评价分值可发现，参展商对低感知要素评价最低，其次为一般观众和专业观众。详见表 4 – 18。

表 4 – 18 不同参展身份受访者对会展业经济影响的感知评价

项目	参展商	专业观众	一般观众	总体
经济活力	3.95	3.82	3.81	3.88
经济增长	3.89	3.75	3.83	3.85
贸易环境	3.88	3.88	3.87	3.87
居民收入	3.29	3.43	3.41	3.35
物价合理	3.23	3.46	3.31	3.29
房产价值	3.18	3.2	3.43	3.28
产业结构调整	3.56	3.67	3.55	3.57
培植新型产业	3.75	3.85	3.74	3.76
促进会展业及辅助产业发展	3.95	4.03	3.89	3.94
促进旅游业及辅助产业发展	3.99	4.01	4.00	4.00
促进展览主题产业发展	4.02	4.22	4.01	4.04
N	276	68	226	570

笔者采用单因素方差进一步分析，不同参展身份的受访者对会展业的经济影响感知是否存在显著性差异。

从单因素方差分析摘要表 4 – 19 中可知，"经济活力"和"房产价值"依变量的整体检验的 F 值分别为 1.963 和 4.022，p = 0.0141 和

0.018，均 <0.05，达到了显著水平，因此须拒绝虚无假设，接受对立假设，表示不同参展身份的群体在"经济活力"和"房产价值"变量上存在显著差异。进一步分析哪些组的差异达到显著，则通过进行事后比较得知。对于方差没有达到显著的变量，即表示不同参展身份的群体在其他变量中不存在显著差异，亦不需进行事后比较。

表 4 – 19　　　　　　　　　　　单因素方差分析

项目		平方和	Df	均方	F	显著性
经济活力	组间	2.655	2	1.328	1.963	0.141
	组内	383.501	567	0.676		
	总数	386.156	569			
经济增长	组间	1.222	2	0.611	0.906	0.405
	组内	382.477	567	0.675		
	总数	383.700	569			
贸易环境	组间	0.009	2	0.004	0.007	0.993
	组内	334.072	567	0.589		
	总数	334.081	569			
居民收入	组间	2.132	2	1.066	1.143	0.320
	组内	528.911	567	0.933		
	总数	531.043	569			
物价合理	组间	3.141	2	1.571	1.426	0.241
	组内	624.410	567	1.101		
	总数	627.551	569			
房产价值	组间	8.211	2	4.106	4.022	0.018
	组内	578.798	567	1.021		
	总数	587.009	569			
产业结构调整	组间	0.824	2	0.412	0.512	0.599
	组内	456.129	567	0.804		
	总数	456.953	569			
培植新型产业	组间	0.703	2	0.351	0.422	0.656
	组内	472.228	567	0.833		
	总数	472.930	569			

项目		平方和	Df	均方	F	显著性
促进会展业及辅助产业发展	组间	1.163	2	0.581	0.940	0.391
	组内	350.563	567	0.618		
	总数	351.726	569			
促进旅游业及辅助产业发展	组间	0.050	2	0.025	0.036	0.964
	组内	390.948	567	0.690		
	总数	390.998	569			
促进展览主题产业发展	组间	2.529	2	1.264	1.994	0.137
	组内	359.543	567	0.634		
	总数	362.072	569			

综上，"经济活力"和"房产价值"要素在不同参展身份受访者的感知评价中存在显著差异，其他各经济影响要素均不存在显著性差异，即参展身份不同对其他各经济要素的评价没有显著差异。笔者对"经济活力"和"房产价值"要素进行事后比较和分析，以探究不同的参展身份对二要素的具体差异表现。

从各经济影响要素的方差齐性检验结果看（见表4-20），对"经济活力"检验变量而言，Levene 统计量等于 4.328，$P = 0.014 < 0.05$，达到了 0.05 的显著水平，则须拒绝虚无假设，表示该群体样本的方差不具有同构型。其他检验变量，包括"房产价值"变量均未达到 0.05 的显著水平，则表示接受虚无假设，表示两组样本的方差差异均未达到显著，亦即均未违反方差同构型假定。

表 4-20　　　　方差齐性检验

项目	Levene 统计量	df1	df2	显著性
经济活力	4.328	2	567	0.014
经济增长	1.745	2	567	0.176
贸易环境	1.038	2	567	0.355
居民收入	0.300	2	567	0.741
物价合理	2.390	2	567	0.093

续表

项目	Levene 统计量	df1	df2	显著性
房产价值	1.695	2	567	0.185
产业结构调整	0.133	2	567	0.876
培植新型产业	1.414	2	567	0.244
促进会展业及辅助产业发展	0.142	2	567	0.868
促进旅游业及辅助产业发展	0.078	2	567	0.925
促进展览主题产业发展	0.371	2	567	0.690

方差分析"经济活力"和"房产价值"检验的 F 值达到显著,则进一步以雪费法(Scheffe's method)进行事后比较,但由于此法是各种事后比较方法中最严格的方法,其事后比较较为保守,有时会发生整体检验的 F 值达到显著,但事后比较均不显著情况,此时,笔者选用 LSD 法(最小显著差异法)作为事后比较方法,以便和整体检验 F 值显著性相呼应。"经济活力"变量方差分析违反同构型假定,则采用 Tamhane's T2 检验法进行方差异质的事后比较(详见表 4 - 21、表 4 - 22)。

表 4 - 21　　　　　　　　　多重比较

因变数: 经济活力	(I) 参展类别	(J) 参展类别	均值差 (I - J)	标准误	显著性	95% 置信区间	
						下限	上限
Tamhane	参展商	专业观众	0.122	0.113	0.632	- 0.15	0.40
		一般观众	0.140	0.074	0.165	- 0.04	0.32
	专业观众	参展商	- 0.122	0.113	0.632	- 0.40	0.15
		一般观众	0.018	0.117	0.998	- 0.27	0.30
	一般观众	参展商	- 0.140	0.074	0.165	- 0.32	0.04
		专业观众	- 0.018	0.117	0.998	- 0.30	0.27

表 4 - 22   多重比较

LSD 因变数	（I）参展类别	（J）参展类别	均值差（I - J）	标准误	显著性	95% 置信区间	
						下限	上限
房产价值	参展商	专业观众	- 0.014	0.137	0.916	- 0.28	0.25
		一般观众	- 0.248 *	0.091	0.006	- 0.43	- 0.07
	专业观众	参展商	0.014	0.137	0.916	- 0.25	0.28
		一般观众	- 0.234	0.140	0.095	- 0.51	0.04
	一般观众	参展商	0.248 *	0.091	0.006	0.07	0.43
		专业观众	0.234	0.140	0.095	- 0.04	0.51

注：* 均值差的显著性水平为 0.05。

　　表 4 - 21、表 4 - 22 中，对 "经济活力" 和 "房产价值" 依变量进行多重比较。在 "经济活力" 依变量的事后比较中，并没有发现各群组间存在显著差异。在 "房产价值" 的评价感知中，"一般观众" 组群体同 "参展商" 组群体对房产价值的感知度存在显著差异，差异值为 0.248，且 "一般观众" 身份群体对房产价值的感知度高于 "参展商" 身份群体受访者的评价。

　　通过上述分析可知，在受访者对会展业经济影响的感知评价中，各经济要素的均值均高于 3，满分为 5 分，即表示受访者对会展业各影响要素都持较为赞同意见。进一步分析对各要素的感知评价发现，受访者对 "促进展览主题产业发展" "促进旅游业及辅助产业发展" 和 "促进会展业及辅助产业发展" 的感知相比较其他经济影响要素而言，持最为积极的态度，对 "居民收入" "物价合理" 和 "房产价值" 三个要素感知赞同度低于其他各经济影响要素指标。分析不同参展身份群体对各经济要素的感知评价，得到同样的结论：无论是参展商、一般观众还是专业观众，"促进展览主题产业发展" "促进旅游业及辅助产业发展" 和 "促进会展业及辅助产业发展" 的感知评价分值最高，"居民收入" "物价合理" 和 "房产价值" 感知分值最低。进一步分析不同参展身份对各经济要素感知的差异性，发现不同群体只有对 "房产价值" 这一经济要素的感知评价存在显著差异，"一般观众" 身份群体对房产价值的感知度高于 "参展商" 身份群体受访者的评价。其他各经济要素均不存在显著差异。

二　会展的经济影响一般维度之构建

通过对一般会展业经济影响的文献综述，笔者构建了会展业对经济影响机制的 16 个要素指标。根据前面对要素指标的信度和效度分析，剔除不达标的 5 个，剩下 11 个会展业经济影响机制的要素指标，如表4 - 23 所示。

表 4 - 23　　　　　　　　　会展业经济影响机制要素指标

A1	经济活力	A2	经济增长	A3	贸易环境
A4	居民收入	A5	物价合理	A6	房产价值
A7	产业结构调整	A8	培植新型产业	A9	促进会展业及辅助产业发展
A10	促进旅游业及辅助产业发展			A11	促进展览主题产业发展

笔者进一步运用因子分析的方法来对会展业经济影响机制进行构面分析，如表4 - 24 所示，KMO 值为 0.843，符合大于 0.7 的较佳值。同时，Bartlett 的球形度检验近似卡方值为 1522.391，显著性系数为0.000，说明该项因子检验具有较高的可信度，且该部分量表能够做进一步因子分析。

表 4 - 24　　　　　　　　　KMO 和 Bartlett 的检验

取样足够度的 Kaiser-Meyer-Olkin 度量		0.843
Bartlett 的球形度检验	近似卡方	1522.391
	Df	55
	Sig.	0.000

利用 SPSS20 统计软件进行因子分析，通过主成分分析法确定主要因子，并利用正交旋转法来解释所得因子。结合总方差解释表（见表4 - 25）可知，前三个因子的特征值大于 1，因此，选择三个因子作为主因素，能够包含原始变量 62.439% 以上的信息。

表4-25   解释的总方差

成分	初始特征值			提取平方和载入			旋转平方加载		
	合计	方差的%	累积%	合计	方差的%	累积%	合计	方差的%	累积%
1	4.341	39.461	39.461	4.341	39.461	39.461	2.543	23.120	23.120
2	1.338	12.168	51.629	1.338	12.168	51.629	2.198	19.984	43.104
3	1.189	10.810	62.439	1.189	10.810	62.439	2.127	19.335	62.439
4	0.755	6.863	69.302						
5	0.667	6.063	75.364						
6	0.591	5.373	80.737						
7	0.547	4.971	85.708						
8	0.478	4.345	90.053						
9	0.401	3.642	93.694						
10	0.358	3.252	96.946						
11	0.336	3.054	100.000						

提取方法：主成分分析。

　　为了进一步对上述三个因子进行解释，笔者采用正交旋转法对数据进行分析，得到表4-26。一般认为绝对值大于0.3的因子负载是显著的，因此，表4-26中保留了因子负载大于0.3的数值且每一行只保留数值最大的。从旋转成分矩阵中可以归类出三个要素指标。

表4-26   旋转成分矩阵 a

项目	成分		
	1	2	3
经济活力			0.841
经济增长			0.807
贸易环境			0.684
居民收入		0.745	
物价合理		0.767	
房产价值		0.699	
产业结构调整	0.521		
培植新型产业	0.634		

续表

项目	成分		
	1	2	3
促进会展业及辅助产业发展	0.816		
促进旅游业及辅助产业发展	0.722		
促进展览主题产业发展	0.716		

提取方法：主成分分析。

旋转法：具有 Kaiser 标准化的正交旋转法。

a. 旋转在 5 次迭代后收敛。

通过旋转解释，参考表 4 - 26，笔者将会展业经济影响要素指标归为三类要素。其中，要素一包括"产业结构调整""培植新型产业""促进会展业及辅助产业发展""促进旅游业及辅助产业发展"和"促进展览主题产业发展"五个指针，笔者将其归纳解释为产业结构要素。要素二包括"居民收入""物价合理"和"房产价值"三个指针，笔者将其归纳解释为经济收入要素。要素三包括"经济活力""经济增长"和"贸易环境"三个要素指标，笔者将其归纳解释为经济环境要素。

综上，通过构面分析，会展业对经济影响机制主要体现在三个方面，分别为产业结构要素、经济收入和经济环境要素。从归类结果来看，受访者对会展业经济影响要素的感知，符合笔者对会展业经济影响机制的假设。

三　会展业经济影响机制的模型构建

根据对会展业经济影响机制的构面分析结果，笔者采用 AMOS 分析软件来进一步构建和检验模型质量，并在此基础上对模型进行修正，以构建拟合度最优的会展业经济影响模型。

（一）会展业经济影响一般模型的构建

在 AMOS20 中的路径图绘制预先设立的经济影响因果模型图（见图 4 - 1），运用极大似然法估计模型方法进行分析。其中，方形中的变量为直接观察变量，椭圆中的变量为潜在变量，小圆圈为误差变异项。单箭头表示因果关系，单向因果关系又称为不可逆模型。

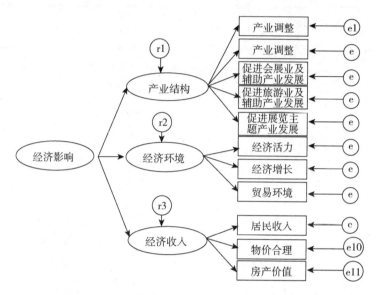

图 4 - 1   会展业对经济影响机制模型结构方程图

计算估计值后，模型可以顺利收敛识别，非标准化估计值模型图如图 4 - 2 所示，没有出现负的误差变异，表示模型界定没有问题。

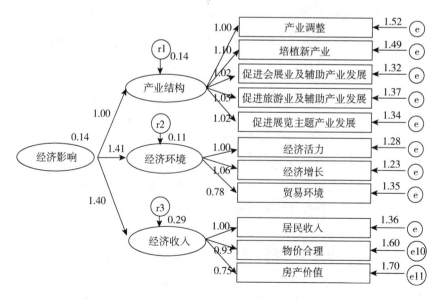

图 4 - 2   非标准化估计会展业对经济影响机制模型图

标准化估计值模型图如图 4 – 3 所示。标准化后的路径系数代表的是共同因素对测量变量的影响。标准化回归系数，在验证性因素分析中也称为因素负荷量。模型中，各因素负荷量，如表 4 – 27 所示。因素负荷量值介于 0.50—0.95，表示模型的基本适配度良好。表中的标准化回归系数值表示"经济环境""产业结构""经济收入"三个初阶因素在"经济影响"高阶因素构念的因素负荷量值分别为 0.856、0.713、0.700。从上述数据中，可以发现测量变量在初阶因素的因素负荷量、初阶因素在高阶因素构念的因素负荷量均非常理想。

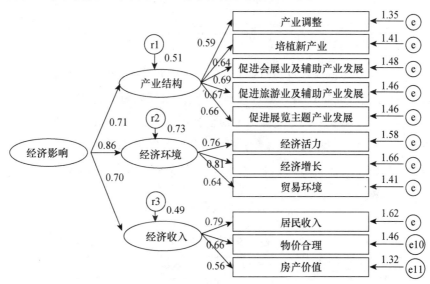

图 4 – 3　标准化估计会展业对经济影响机制模型图

表 4 – 27　　　　　　　　　　　　标准化回归系数表

路径			估计参数
经济环境	< – – –	经济影响	0.856
产业结构	< – – –	经济影响	0.713
经济收入	< – – –	经济影响	0.700
产业结构调整	< – – –	产业结构	0.594
配置新产业	< – – –	产业结构	0.642
促进会展业及辅助产业发展	< – – –	产业结构	0.693

续表

路径			Estimate
促进旅游业及辅助产业发展	< - - -	产业结构	0.675
促进展览主题产业发展	< - - -	产业结构	0.680
经济活力	< - - -	经济环境	0.763
经济增长	< - - -	经济环境	0.810
贸易环境	< - - -	经济环境	0.641
居民收入	< - - -	经济收入	0.786
物价合理	< - - -	经济收入	0.675
房产价值	< - - -	经济收入	0.562

　　表 4-28 高阶因素构念的方差表中，3 个潜在因素及 11 个误差变量的测量残差变异量估计值，15 个估计参数的测量误差值均为正数且达到 0.05 显著水平，其变异标准误估计值（S. E.）均很小，数值介于 0.019—0.081，表示无模型界定错误的问题。估计值中没有出现负的误差变异量且标准误估计值均（S. E.）很小，表示模型的基本适配度良好。

表 4-28　　　　　　　　　高阶因素构念方差表

项目	估计参数	标准误估计值	关键值	显著性	标签
经济影响	0.144	0.028	5.205	* * *	par_ 11
r3	0.294	0.047	6.219	* * *	par_ 12
r2	0.106	0.030	3.463	* * *	par_ 13
r1	0.139	0.025	5.602	* * *	par_ 14
e1	0.518	0.035	14.732	* * *	par_ 15
e2	0.487	0.035	14.111	* * *	par_ 16
e3	0.321	0.024	13.234	* * *	par_ 17
e4	0.374	0.028	13.577	* * *	par_ 18
e5	0.341	0.025	13.483	* * *	par_ 19
e6	0.284	0.025	11.328	* * *	par_ 20
e7	0.232	0.024	9.462	* * *	par_ 21
e8	0.346	0.024	14.241	* * *	par_ 22

项目	估计参数	标准误估计值	关键值	显著性	标签
e9	0.355	0.043	8.314	＊＊＊	par_ 23
e10	0.599	0.049	12.169	＊＊＊	par_ 24
e11	0.704	0.049	14.439	＊＊＊	par_ 25

表 4 - 29 前三行为结构方程的多元相关平方，为单个初阶因素（经济收入、经济环境、产业结构）能被高阶因素（经济影响）解释的百分比，即高阶因素"经济影响"所能解释的初阶因素构念变异量。结构方程中多元相关平方（见表 4 - 13），类似复回归分析中的 R^2，"经济影响"构念可以解释经济收入、经济环境、产业结构三个潜在变量的变异量分别为 0.490、0.732 和 0.508，其中"经济收入"的 R^2 小于 0.50，其他两个均大于，显示"经济影响"高阶因素对于经济收入、经济环境、产业结构三个初阶因素的解释力尚佳。即总体经济影响高阶因素对经济环境的解释力最高，达到了 73.2%，其次是对产业结构调整的解释力，达到了 50.8%，对经济收入的解释力为 49.0%。初阶因素中经济增长、经济活力及居民收入解释力比较好，房产价值、产业结构调整等的解释力稍差，详见表 4 - 29。

表 4 - 29　　　　　　　　结构方程多元平方表

项目	估计参数
经济收入	0.490
经济环境	0.732
产业结构	0.508
房产价值	0.316
物价合理	0.456
居民收入	0.618
贸易环境	0.410
经济增长	0.656
经济活力	0.581
促进展览主题产业发展	0.462

续表

项目	估计参数
促进旅游业及辅助产业发展	0.456
促进会展业及辅助产业发展	0.480
配置新产业	0.413
产业结构调整	0.353

依据标准化回归系数的数值，可以求出测量指标、初阶因素构念的信度系数与测量误差，并求出各潜在变量的组合信度。各变量的组合信度详见表 4 – 30。

表 4 – 30   ρc 组合信度

测量指标	因素负荷量	信度系数	测量误差	组合信度
产业调整	0.594	0.353	0.647	
培植新产业	0.642	0.413	0.587	
促进会展业及辅助产业发展	0.693	0.480	0.520	0.792
促进旅游业及辅助产业发展	0.675	0.456	0.544	
促进展览主题产业发展	0.680	0.462	0.538	
经济活力	0.763	0.581	0.419	
经济增长	0.810	0.656	0.344	0.784
贸易环境	0.641	0.410	0.590	
居民收入	0.786	0.618	0.382	
物价合理	0.675	0.456	0.544	0.718
房产价值	0.562	0.316	0.684	
经济环境	0.856	0.732	0.268	
产业结构	0.713	0.508	0.492	0.802
经济收入	0.700	0.490	0.510	

潜在变量的组合信度为模型内在质量的判别准则之一，若是潜在变量的组合信度值在 0.60 以上，表示模型的内在质量理想。高阶因素"经济影响"的组合信度为 0.802，三个潜在变量的组合信度数值分别为 0.792、0.784、0.718，其数值均大于 0.60，表示模型内在质量佳。

综上，运用 AMOS 对会展业经济影响模型进行构建和检验，得出：会展业经济影响模型无界定错误的问题，且模型的基本适配度良好。进一步计算模型的组合信度，得出会展业经济影响模型的内在质量理想。

（二）会展业经济影响一般模型的修正

在构建合适的会展业经济影响模型的基础上，笔者通过进一步对模型进行修正，构建最优适配度的会展业经济影响模型。

根据表 4 - 31 和表 4 - 32 可知，最初构建的会展业经济影响模型的 Chi-square 为 228.516，显著性水平（Probability level，P）为 0.000，应拒绝此模型，即初始模型并不是最优适配模型。同时，RMSEA 为 0.09 > 0.05，即此模型不能很好地适配数据，因此，需对此模型进行修正，修正的目标是使得 Chi-square 值减少，P 值增加。

表 4 - 31　　　　　　　　　　结构方程之 CMIN 拟合表

CMIN	NPAR	CMIN	DF	P	CMIN/DF
默认模型	25	228.516	41	0.000	5.574

表 4 - 32　　　　　　　　　　结构方程之 RMSEA 拟合表

RMSEA	RMSEA	LO 90	HI 90	PCLOSE
默认模型	0.090	0.079	0.101	0.000

根据模型中所提供的修正指标进行修正（见表 4 - 33）。

表 4 - 33　　　　　　　　　　结构方程之修正指针表

路径			M. I.	Par Change
e11	< - - >	r1	18.522	0.082
e9	< - - >	r1	4.309	- 0.033
e8	< - - >	e10	12.753	0.081
e6	< - - >	r3	5.095	- 0.044
e6	< - - >	e10	11.105	- 0.074
e5	< - - >	r3	6.922	- 0.054

续表

路径			M. I.	Par Change
e5	< - - >	r2	4.066	0.031
e4	< - - >	r3	4.659	− 0.046
e4	< - - >	e6	4.012	0.034
e4	< - - >	e5	22.075	0.082
e3	< - - >	r1	4.030	0.026
e3	< - - >	e11	4.825	0.051
e3	< - - >	e9	11.141	− 0.065
e3	< - - >	e4	17.555	0.071
e2	< - - >	e5	5.676	− 0.047
e2	< - - >	e4	21.522	− 0.096
e1	< - - >	经济影响	6.605	0.036
e1	< - - >	r3	48.604	0.169
e1	< - - >	r1	8.940	− 0.048
e1	< - - >	e11	16.205	0.114
e1	< - - >	e10	6.065	0.067
e1	< - - >	e9	5.247	0.055
e1	< - - >	e6	5.087	− 0.044
e1	< - - >	e5	4.004	− 0.040
e1	< - - >	e4	20.026	− 0.094
e1	< - - >	e3	6.735	− 0.051
e1	< - - >	e2	34.517	0.139

根据模型调整需要符合 SEM 对路径的假定，选择调整表 4 – 33 中的 e1 < - - > e2。可以看到 M. I. 值，其中 e1 < - - > e2 = 34.517，即如果建立 e1 与 e2 的关联，将使 Chi-square 减少 34.517，这正是修正模型的主要目标。故对模型进行修正，建立 e1 与 e2 之间的关系，重新分析后得到，Chi-square 为 186.504，显著性水平（Probability level，P）为 0.000，应拒绝此模型。同时，RMSEA 为 0.080 > 0.05，即此模型仍然不能配合数据，故继续对此模型进行修正。

由于篇幅限制，文中省略对模型修改的步骤。以此方法对模型修正，在经过 11 次模型调整后，没有修正指标值大于 4.00 者，得到拟合度合适的最终模型。模型 Chi-square 为 43.503，显著性水平（Probability level，P）为 0.053 > 0.05，应接受此模型。"经济影响"量表二阶模型各项适配度统计量如表 4 - 34 所示。

表 4 - 34　　　　　　　　　模型检验适配度统计表

CMIN	NPAR	CMIN	DF	P	CMIN/DF
Default model	36	43.503	30	0.053	1.450
RMR，GFI	RMR	GFI	AGFI	PGFI	
Default model	0.021	0.986	0.970	0.448	
Baseline Comparisons	NFI Delta1	RFI rho1	IFI Delta2	TLI rho2	CFI
Default model	0.979	0.962	0.993	0.988	0.993
Parsimony-Adjusted Measures	PRATIO	PNFI	PCFI		
Default model	0.545	0.534	0.542		
NCP	NCP	LO 90	HI 90		
Default model	13.503	0.000	35.168		
RMSEA	RMSEA	LO 90	HI 90	PCLOSE	
Default model	0.028	0.000	0.045	0.984	
ECVI	ECVI	LO 90	HI 90	MECVI	
Default model	0.203	0.179	0.241	0.206	
HOELTER	HOELTER.05	HOELTER.01			
Default model	573	666			
AIC	AIC	BCC	BIC	CAIC	
Default model	115.503	117.054	271.946	307.946	
Saturated model	132.000	134.844	418.812	484.812	
Independence model	2108.193	2108.667	2155.995	2166.995	

表 4 - 35　"经济影响量表"二阶验证型因素分析的整体模型适配度检验摘要表

统计检验量	适配的标准或临界值	检验结果数据	模型适配判断
绝对适配度指数			
χ^2 值（卡方）	p > 0.05	43.503（p = 0.053 > 0.05）	是

统计检验量	适配的标准或临界值	检验结果数据	模型适配判断
RMR 值	<0.05	0.021	是
RMSEA 值	<0.08（若<0.05优良，<0.08良好）	0.028	是
GFI 值	0>0.90 以上	0.986	是
AGFI 值	>0.90 以上	0.970	是
增值适配度指数			
NFI 值	>0.90 以上	0.979	是
RFI 值	>0.90 以上	0.962	是
IFI 值	>0.90 以上	0.993	是
TLI 值（NNFI 值）	>0.90 以上	0.988	是
CFI 值	>0.90 以上	0.993	是
简约适配度指数			
PNFI 值	>0.50 以上	0.534	是
PCFI 值	>0.50 以上	0.542	是
CN 值	>2.00	573	是
χ^2 自由度比	<2.00	1.450	是
AIC 值	理论模型值小于独立模型值，且同时小于饱和模型值	115.503<132.000 115.503<2108.193	是
CAIC 值	理论模型值小于独立模型值，且同时小于饱和模型值	307.946<484.812 307.946<2166.995	是

从上述表4-34、表4-35对"经济影响机制模型"适配数据来看，检验结果如下：

1. "经济影响量表"二阶验证性因素分析模型的基本适配度指标均达到检验标准，表示估计结果的基本适配指标良好，没有违反模型辨认规则。

2. 在整体模型适配度检验方面，绝对适配指标、增值适配指标与简约适配指标统计量表中，所有适配指针值均达到模型可接受的标准，在自由度等于30时，模型适配度的卡方值等于43.503，显著性概率值p=0.053>0.05，接受虚无假设，表示笔者所提出的理论模型与实际数据可以契合。整体而言，笔者所提的"经济影响量表"二阶验证型因素分析模型与实际观察数据的适配情形良好。

3. 在假设模型内在质量的检验方面，存在测量指标的信度系数未达 0.50，模型经过数次修正，表示假设模型变量间可以释放参数，测量指标的测量误差项间并非完全独立无关联。整体而言，模型的内在质量不错。

4. 测量模型中没有发生观察变量横跨两个因素构念的情形，原先建构的不同测量变量均落在预期的因素构念上面，表示测量模型有较好的区别效度。

（三）会展业经济影响机制一般模型分析

在构建适配度合适的会展业经济影响机制模型后，笔者进一步分析模型中测量变量同潜在变量之间的因果关系。整理修订后的经济影响模型输出结果得到表 4 - 36。

表 4 - 36　　　　　　　　　　模型参数估计摘要表

参数	非标准化参数估计值	标准误	t 值	R^2	标准化参数估计值（β 值）
经济环境	1.652	0.245	6.747***	0.846	0.920
产业结构	1.000	—	—	0.514	0.717
经济收入	1.387	0.163	8.520***	0.394	0.627
产业调整	1.000	—	—	0.308	0.555
培植新产业	1.088	0.100	10.838***	0.349	0.591
促进会展业及辅助产业发展	0.976	0.104	9.359***	0.379	0.616
促进旅游业及辅助产业发展	0.984	0.113	8.717***	0.345	0.587
促进展览主题产业发展	1.093	0.113	9.696***	0.457	0.676
经济活力	1.000	—	—	0.595	0.771
经济增长	1.045	0.064	16.396***	0.653	0.808
贸易环境	0.766	0.055	13.866***	0.402	0.634
居民收入	1.000	—	—	0.658	0.811
物价合理	0.879	0.074	11.888***	0.432	0.657
房产价值	0.702	0.066	10.570***	0.294	0.542

注：***表示显著性概率值 P 小于 0.001。

表 4 - 36 采用极大似然法进行估计，在模型设定上将"产业结构→经济影响""产业调整→产业结构""经济活力→经济环境""居民收入→经济收入"的标准化回归系数设定为固定参数，固定参数的数值为 1，这是绘制模型构建中的假定设置，所以这四个参数不需要进行路径系数显著性检验，其标准误和 t 检验值均为空白。

R^2 表示测量指标被其潜在变量解释的变异量。如表 4 - 36 中前三行 R^2 值为单个初阶因素（"经济收入""经济环境""产业结构"）能被高阶因素（"经济影响"）解释的百分比，即高阶因素"经济影响"所能解释的初阶因素构念变异量。"经济影响"构念可以解释"经济收入""经济环境""产业结构"三个潜在变量的变异量分别为 49.0%、73.2% 和 50.8%。初阶因素（"促进产业结构调整""促进培植新产业""促进会展业及辅助产业发展""促进旅游业及辅助产业发展""促进展览主题产业发展"）能被高阶因素"产业结构"解释的百分比分别为 31%、35%、38%、34% 和 46%。初阶因素（"经济活力""经济增长""贸易环境"）能被高阶因素"经济环境"解释的百分比分别为 59%、65% 和 40%。初阶因素（"居民收入""物价合理""房产价值"）能被高阶因素"经济收入"解释的百分比分别为 66%、43% 和 29%，详见图 4 - 4。

表 4 - 36 中，标准化回归系数值（β 值）即为变量间的路径系数，"产业结构""经济环境"以及"经济收入"，对"经济影响"的路径系数均达到了 0.05 的显著水平，路径系数的 β 值为正数，表示其对校标变量直接影响效果为正向。模型图 4 - 4 中，"产业结构""经济环境"以及"经济收入"，对"经济影响"的影响大小有所区分。其中："经济环境"对于"经济影响"的影响最大，其标准化回归系数为 0.92；其次，"产业结构"对"经济影响"居中，回归系数为 0.72；相比较而言，"经济收入"对"经济影响"最小，标准化回归系数值为 0.63。

在"经济环境"的各影响要素中，"经济增长"对于"经济环境"的影响达到显著水平，相比其他"经济环境"要素指标，"经济增长"对"经济环境"的影响最大，其标准化回归系数为 0.81。"经济活力"和"贸易环境"对"经济环境"的影响同样达到了显著水平，其中

"经济活力"又比"贸易环境"对"经济环境"的影响大。

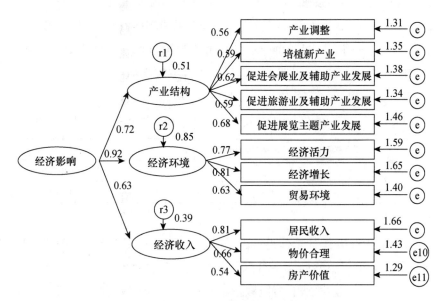

图4-4 修订后经济影响模型（标准化估计值）

在"产业结构"的各影响要素中，五条路径均达到显著影响水平，即"产业调整""培植新产业""促进会展业及辅助产业发展""促进旅游业及辅助产业发展"和"促进展览主题产业发展"对"产业结构调整"影响达到显著水平。其中"促进展览主题产业发展"和"促进会展业及辅助产业发展"对于"产业结构"的影响最为重要，其标准化回归系数分别为0.68和0.62；"促进旅游业及辅助产业发展""培植新型产业"和"促进产业结构调整"对"产业结构"的影响稍微次之，其标准化回归系数均达到0.56以上。

在"经济收入"各影响要素中，各要素指标对其影响具有显著性。其中，"居民收入""物价合理"和"房产价值"，其标准化回归系数分别为0.81、0.66和0.54。可见，在"经济收入"要素中，"居民收入"对其影响最大，其次为"物价合理"和"房产价值"。

（四）会展业经济影响机制一般模型验证

笔者运用澳门的会展业经济影响数据来对会展业经济影响机制模型进行检验，以检视所构建的会展业经济影响机制模型是否适用于澳门会展业。笔者通过因子归类来对其进行检验。

通过对澳门会展业经济影响要素指标的因子分析来进行归类总结。表 4 – 37 为 KMO 和 Bartlett 的检验表。其中，KMO 值为 0.898，符合大于 0.7 的较佳值。同时，Bartlett 的球形度检验近似卡方值为 2846.540，显著性系数为 0.000，说明该项因子检验具有较高的可信度。

表 4 – 37　　　　　　　　　　KMO 和 Bartlett 的检验

取样足够度的 Kaiser-Meyer-Olkin 度量		0.898
Bartlett 的球形度检验	近似卡方	2846.540
	Sig.	0.000

利用 SPSS20 统计软件进行因子分析，通过主成分分析法确定主要因子，并利用正交旋转法来解释所得因子。结合总方差解释表（见表 4 – 38）可知，前三个因子的特征值大于 1，因此，选择三个因子作为主因素就能够包含原始变量 61.535% 以上的信息。

表 4 – 38　　　　　　　　　　总方差解释表

成分	初始特征值			提取平方和载入			旋转平方和加载		
	合计	方差的%	累积%	合计	方差的%	累积%	合计	方差的%	累积%
1	5.355	41.193	41.193	5.355	41.193	41.193	2.785	21.422	21.422
2	1.506	11.585	52.778	1.506	11.585	52.778	2.637	20.287	41.709
3	1.138	8.758	61.535	1.138	8.758	61.535	2.577	19.826	61.535
4	0.801	6.164	67.699						
…									
12	0.361	2.774	97.343						
13	0.345	2.657	100.000						

提取方法：主成分分析法。

为了进一步对上述三个因子进行解释，笔者采用正交旋转法对数据进行分析，得到表 4 – 39。一般认为绝对值大于 0.3 的因子负载是显著的，因此，表 4 – 39 中保留了因子负载大于 0.3 的数值。

表 4 - 39　　　　　　　　　　　　　　旋转成分矩阵 a

项目	成分		
	1	2	3
经济活力		0.754	
经济增长		0.776	
贸易环境		0.746	
政府税收		0.622	
就业率	·		0.560
居民收入			0.733
物价合理			0.778
房产价值			0.676
产业结构调整	0.501		
培植新型产业	0.628		
促进会展业及辅助产业发展	0.784		
促进旅游业及辅助产业发展	0.788		
促进展览主题产业发展	0.755		

提取方法：主成分分析法。

旋转法：具有 Kaiser 标准化的正交旋转法。

a. 旋转在 6 次迭代后收敛。

通过旋转解释，要素一包括"产业结构调整""培植新型产业""促进会展业及辅助产业发展""促进旅游业及辅助产业发展""促进展览主题产业发展"，将其归纳解释为"产业结构要素"。要素二包括"经济活力""经济增长""贸易环境"和"政府税收"四个要素，将其归纳解释为"经济环境要素"。要素三包括"就业率""居民收入""物价合理"和"房产价值"四个要素，将其归纳解释为"经济收入要素"。

澳门会展业经济影响要素由三部分构建而成，分别为"产业结构要素""经济环境要素"和"经济收入要素"。这也说明澳门会展业经济影响机制构面分析结果同已构建的会展业经济影响机制模型相吻合。

综上所述，通过对一般会展业经济影响的构面分析，利用 AMOS

建构一般会展业经济影响机制模型，建构的模型内在质量佳。进一步对建构模型进行修正，得到同实际数据拟合度合适的最终模型。利用澳门会展业经济影响的数据来检验模型，得出构建的会展业经济影响机制模型同澳门会展业经济影响机制构面相一致的结论。

会展业经济影响机制表现在对产业结构影响、对经济环境影响和对经济收入影响三个方面。其中，"产业结构""经济环境"以及"经济收入"，对"经济影响"的路径系数均达到了 0.05 的显著水平，同经济影响变量的影响效果为正向。对"经济影响"的影响大小有所区分，"经济环境"对于"经济影响"的影响最大，其次为"产业结构"，"经济收入"对"经济影响"最小。

在"经济环境"的各影响要素中，"经济增长""经济活力"和"贸易环境"对"经济环境"的影响达到显著水平，其中，"经济增长"对"经济环境"的影响最大。其次，"经济活力"又比"贸易环境"对"经济环境"的影响稍大。

在"产业结构"的各影响要素中，五条路径均达到显著影响水平，即"产业结构调整""培植新型产业""促进会展业及其辅助产业发展""促进旅游业及辅助业发展"和"促进展览主题产业发展"对"产业结构调整"影响达到显著水平，其中"促进展览主题产业发展"和"促进会展业及辅助产业发展"对于"产业结构"的影响最为重要，"促进旅游业及辅助产业发展""培植新型产业"和"促进产业结构调整"对"产业结构"的影响稍微次之。

在"经济收入"各影响要素中，"居民收入""物价合理"和"房产价值"要素指针对其影响均具有显著性，其中，"居民收入"对其影响最大，其次为"物价合理"和"房产价值"。

第五章

澳门会展业的经济影响评估

本章在构建会展业经济影响模型的前提下，来分析澳门会展业对经济影响这一具体课题。在本章中，笔者将具体对澳门会展业经济影响总体进行感知度评价，并分析不同参展身份受访者的差异性评价及受访者对不同展会的差异性评价。在此基础下，结合所构建的会展业经济影响机制模型，构建并计算澳门会展业经济影响指数，以期对澳门会展业经济影响机制的现状作综合评价。

第一节 受访者对澳门会展业经济
影响的总体感知

一 受访者对澳门会展业经济影响的总体感知

在对受访者经济影响总体感知的分析中，受访者对一般会展业的经济影响感知度总体持较为赞同的态度，如表 5 - 1 所示，均值达到4.05，而受访者对澳门会展业经济影响的总体感知中持较为赞同的态度，但稍差于会展业总体感知水平，均值为3.98。在一般会展业经济影响程度和澳门会展业经济影响程度的比较中，澳门会展业经济影响评价虽处于经济影响显著水平状态，但影响程度低于受访者对一般会展业经济影响水平的评价，可见澳门会展业经济影响水平具有一定的提升空间。在受访者对所处行业在澳门发展的感知评价中，分值为3.67 > 3，即表示受访者赞同其所处行业在澳门的发展有积极影响，但分值比综合评价低也从侧面反映了所处行业在澳门的发展还有很大提升空间。

表 5 - 1　　　　　　　　受访者对会展业经济影响总体感知

题项	均值	标准偏差	偏度		峰度	
	统计量	统计量	统计量	标准误	统计量	标准误
对经济有积极影响	4.05	0.835	− 0.765	0.102	0.661	0.204
对澳门经济有积极影响	3.98	0.892	− 0.797	0.102	0.606	0.204
所处行业在澳门的发展	3.67	0.764	− 0.447	0.102	0.737	0.204
有效的 N（清单状态）	570					

　　进一步对不同群体受访者进行分析，得到不同群体受访者对会展业总体经济影响感（见表 5 - 2）。从表中可以看出，总体来讲，不同群体对会展业经济影响的总体感知度较高，其中专业观众和参展商对其评价较高。不同群体受访者对会展业的经济影响感知度都不同程度稍高于对澳门经济的总体影响感知度评价。从表 5 - 2 中可以看到，在不同群体中，参展商群体无论是对会展业一般经济影响的总体感知，还是对澳门经济影响的总体感知，感知度都高于其他两类群体，其次为一般观众，最后是专业观众。

表 5 - 2　　　　不同群体受访者对会展业总体经济影响感知

参展类别		对一般经济有积极影响	对澳门经济有积极影响
参展商	均值	4.08	3.98
	N	276	276
	标准偏差	0.845	0.898
专业观众	均值	4.09	4.00
	N	68	68
	标准偏差	0.859	0.914
一般观众	均值	4.00	3.98
	N	226	226
	标准偏差	0.816	0.882
总计	均值	4.05	3.98
	N	570	570
	标准偏差	0.835	0.892

二　受访者对澳门会展业经济要素的总体感知

受访者对澳门会展业经济影响各要素的测评中，采用 1—5 分量表进行打分，分值越高，则表示受访者越是同意；分值越低，则表示受访者越不同意其表述。在对受访者的影响感知描述性分析中（见表 5－3），各要素的均值皆高于 3，即表示总体上受访者对会展业各要素的经济影响持赞同意见。其中，"促进旅游业及辅助产业发展""促进展览主题产业发展"和"促进会展业及辅助产业发展"在感知度分值排名前三位，均值分别为 3.99、3.98 和 3.89，表示在同其他各要素的比较中，受访者对这三个要素的感知评价最高。受访者对澳门会展业经济影响感知度排名后三位的要素为："物价合理""房产价值"和"居民收入"，其分值分别为 3.27、3.29 和 3.32，表示受访者对这三个要素赞同度低于其他各影响要素。详见表 5－3。

表 5－3　　受访者对澳门会展业经济影响的感知情况汇总表

项目	均值	标准偏差	偏度		峰度	
	统计量	统计量	统计量	标准误	统计量	标准误
促进旅游业及辅助产业发展	3.99	0.885	-0.764	0.102	0.435	0.204
促进展览主题产业发展	3.98	0.853	-0.687	0.102	0.509	0.204
促进会展业及辅助产业发展	3.89	0.847	-0.612	0.102	0.363	0.204
经济增长	3.80	0.846	-0.478	0.102	0.088	0.204
贸易环境	3.80	0.844	-0.545	0.102	0.197	0.204
经济活力	3.79	0.843	-0.499	0.102	0.133	0.204
培植新型产业	3.70	0.952	-0.440	0.102	-0.176	0.204
就业率	3.61	0.978	-0.468	0.102	-0.166	0.204
政府税收	3.58	1.022	-0.440	0.102	-0.180	0.204
产业结构调整	3.52	0.933	-0.451	0.102	0.027	0.204
居民收入	3.32	1.022	-0.130	0.102	-0.392	0.204
房产价值	3.29	1.058	-0.156	0.102	-0.457	0.204
物价合理	3.27	1.014	-0.174	0.102	-0.437	0.204
有效的 N（清单状态）	570					

三　重要表现程度分析法（IPA）分析

重要表现程度分析法（Important-Performance Analysis，IPA）最早是由 Martilla and James（1997）于分析机车产业产品的属性研究中所提出的分析法，该研究以重视度与满意度的评价得分为基础，绘制一个二维矩阵；在矩阵里，轴的尺度和象限的位置可以任意订定，重点是矩阵中各个不同点的相关位置，分析其重要性与表现情形之间的关联性，并提出相应策略与建议。

笔者运用重要表现程度分析法之思想，将表现程度代替其满意度，以会展业要素权重为重要程度 X 轴，以澳门不同展会要素评价分值为表现程度 Y 轴，对澳门会展业经济影响各要素的重要程度和表现程度相关联进行分析，如图 5－1 所示。

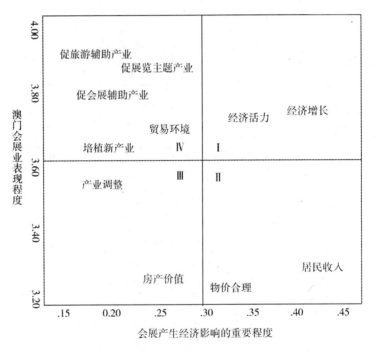

图 5－1　澳门会展业经济影响各要素重要程度、表现程度关联分析图

笔者将如图 5－1 第 I 象限区域称为"绩效显著区"。

此区域重要程度高，且表现程度高。凡位于此区域属性较受受访者之重视，且评价满意，此区域之属性为绩效表现显著。从图5—1中可以看出，澳门会展业对经济影响既重要程度高，表现又很突出的方面为：会展业对"经济活力"的影响和对"经济增长"的影响。

第Ⅱ象限笔者将其称为"表现弱势区"。

此区域重要程度高，但表现程度低。此区域之属性重要性高，但表现不显著之属性低，此区域属性为表现弱势区域，需要加大力度并及时改进。从图5—1中可以看出，澳门会展业发展的表现弱势要素为会展业对居民收入的影响和对物价合理的影响，即要素的重要性很高，但在澳门会展业对其影响的表现度不高，也说明澳门会展业对经济的影响需在居民收入和物价合理两方面尽快改进。

第Ⅲ象限笔者将其称为"不重要弱势区"。

此区域重要程度低，表现程度也低。若于此区域之属性为受访者较不重视，且表现不满意之属性。从图5—1中可以看出，澳门会展业对"房产价值"和"产业结构调整"的两方面的影响属于此区域，即表示，受访者对澳门会展业房产价值的影响和产业结构的影响重视度低，且澳门会展业对其影响的表现度也低。

第Ⅳ象限笔者将其称为"不重要优势区"。

此区域重要程度低，但表现程度高。此区域之属性为受访者较不重视，但表现满意之属性。从图中可以看到，"促进会展业及辅助产业发展""促进旅游业及辅助产业发展""促进展览主题产业发展""培植新型产业"和"贸易环境"五要素属于此区域，表示澳门会展业在不被重视的属性上表现度较高，这可能同澳门城市以旅游业为主要经济支柱产业有很大关系，今后在提升澳门会展业经济影响方面可以保持目前影响力。

第二节　受访者对澳门会展业经济影响的差异感知

本节中，笔者进一步分析受访者对澳门会展业经济影响的差异性感知。通过不同参展身份受访者对澳门会展业经济影响的差异感知和不同参展身份受访者对不同展会的经济影响差异感知两个角度切入来进行探讨。

一　不同参展身份的受访者对澳门会展业的经济影响的差异感知

笔者对不同参展身份人群进行影响感知描述性分析，其中有 276 位受访者参展身份为参展商，占到总受访者人数的 48.4%；68 位受访者参展身份为专业观众，一般观众人数为 226 位，分别占到总受访者人数的 12.0% 和 39.6%。

在参展商中感知评价分值排名前三位的要素，分别为"促进旅游业及辅助产业发展""促进展览主题产业发展"和"经济活力"，其分值均高于 3.90，分别为 4.01、3.95 和 3.92（见表 5 - 4）；在专业观众中，感知要素分值排名前三位的，分别为"促进展览主题产业发展""促进旅游业及辅助产业发展"和"促进会展业及辅助产业发展"，其分值均高于 3.90，分别为 4.0、3.97 和 3.93；在一般观众中，感知要素分值排名前三位的，分别为"促进展览主题产业发展""促进旅游业及辅助产业发展"和"促进会展业及辅助产业发展"，其分值均高于 3.90，分别为 4.0、3.97 和 3.87。综上可知，虽然不同参展身份对其评价的分值稍有差别，但无论是参展商还是观众，感知度评价较高的要素为"促进旅游业及辅助产业发展""对澳门经济有积极影响"和"促进展览主题产业发展"。比较排名前三位的高感知度要素的分值可发现，专业观众对高感知要素评价最高，其次为一般观众，最后为参展商。

感知要素分值排名后三位的，无论是参展商还是专业观众或一般观众，排名后三位的低感知要素分别为"居民收入""物价合理"和"房产价值"。其中，参展商身份的受访者对三要素的评分依次为 3.25、3.19 和 3.23；专业观众对三要素的评价分值分别为 3.34、3.43 和 3.32；一般观众的感知要素分值排名后三位的分值分别为 3.38、3.32 和 3.37。比较排名后三位的低感知度要素分值可发现，参展商对低感知要素评价最低，其次为一般观众，最后为专业观众。详见表 5 - 4。

表 5 - 4　　　　不同参展身份对会展业经济影响感知描述性统计量

参展类别	参展商（N=276）		专业观众（N=68）		一般观众（N=226）	
	均值	标准偏差	均值	标准偏差	均值	标准偏差
经济活力	3.92	0.81	3.75	0.83	3.65	0.87
经济增长	3.86	0.85	3.81	0.87	3.72	0.84
贸易环境	3.79	0.85	3.81	0.83	3.80	0.85
政府税收	3.63	0.96	3.60	1.08	3.51	1.07
就业率	3.59	0.96	3.68	1.07	3.62	0.97
居民收入	3.25	1.04	3.34	1.07	3.38	0.98
物价合理	3.19	0.97	3.43	1.08	3.32	1.04
房产价值	3.23	1.05	3.32	1.17	3.37	1.02
产业结构调整	3.50	0.91	3.63	0.90	3.52	0.97
培植新型产业	3.69	0.98	3.74	0.91	3.70	0.94
促进会展业及辅助产业发展	3.91	0.86	3.93	0.92	3.87	0.82
促进旅游业及辅助产业发展	4.01	0.89	3.97	0.88	3.97	0.88
促进展览主题产业发展	3.95	0.86	4.00	0.93	4.00	0.83

　　笔者采用单因素方差进一步分析，不同参展身份的人群对澳门会展经济影响的各要素感知评价是否存在显著性差异。

　　从各经济影响要素的方差齐性检验结果看（见表 5 - 5），对"经济活力"检验变量而言，Levene 统计量的 F 值等于 4.961，$P = 0.007 < 0.05$，达到了 0.05 的显著水平，则须拒绝虚无假设，表示该群体样本的方差不具有同构型。其他检验变量均未达到 0.05 的显著水平，则表示接受虚无假设，表示两组样本的方差差异均未达到显著，亦即均未违反方差同构型假定。

表 5 - 5　　　　　　各经济影响要素方差齐性检验表

变量	Levene 统计量	df1	df2	显著性
经济活力	4.961	2	567	0.007
经济增长	0.485	2	567	0.616
贸易环境	0.014	2	567	0.986
政府税收	2.104	2	567	0.123

续表

变量	Levene 统计量	df1	df2	显著性
就业率	0.461	2	567	0.631
居民收入	0.718	2	567	0.488
物价合理	1.232	2	567	0.292
房产价值	0.776	2	567	0.461
产业结构调整	0.715	2	567	0.490
培植新型产业	0.250	2	567	0.779
促进会展业及辅助产业发展	0.737	2	567	0.479
促进旅游业及辅助产业发展	0.129	2	567	0.879
促进展览主题产业发展	1.262	2	567	0.284
对经济有积极影响	0.012	2	567	0.988
所处行业在澳门的发展	0.653	2	567	0.521

从方差分析摘要表 5 - 6 中可知:"经济活力"依变量的整体检验的 F 值为 6.629, p = 0.001 < 0.05, 达到了显著水平, 因此须拒绝虚无假设, 接受对立假设, 表示不同参展身份的群体在"经济活力"变量上存在显著差异。进一步分析哪些组的差异达到显著, 则通过进行事后比较得知。对于方差没有达到显著的变量, 即表示不同参展身份的群体在其他变量中不存在显著差异, 亦不需进行事后比较。

表 5 - 6   不同参展身份受访者对经济影响变量方差分析摘要表

变量		平方和	df	均方	F	显著性
经济活力	组间	9.245	2	4.622	6.629	0.001
	组内	395.359	567	0.697		
	总数	404.604	569			
经济增长	组间	2.405	2	1.203	1.685	0.186
	组内	404.674	567	0.714		
	总数	407.079	569			
贸易环境	组间	0.030	2	0.015	0.021	0.979
	组内	405.480	567	0.715		
	总数	405.510	569			

续表

变量		平方和	df	均方	F	显著性
政府税收	组间	1.565	2	0.782	0.749	0.473
	组内	592.517	567	1.045		
	总数	594.081	569			
就业率	组间	0.417	2	0.208	0.217	0.805
	组内	543.547	567	0.959		
	总数	543.964	569			
居民收入	组间	2.183	2	1.092	1.045	0.352
	组内	592.208	567	1.044		
	总数	594.392	569			
物价合理	组间	3.968	2	1.984	1.935	0.145
	组内	581.216	567	1.025		
	总数	585.184	569			
房产价值	组间	2.673	2	1.336	1.194	0.304
	组内	634.469	567	1.119		
	总数	637.142	569			
产业结构调整	组间	1.009	2	0.504	0.579	0.561
	组内	494.195	567	0.872		
	总数	495.204	569			
培植新型产业	组间	0.126	2	0.063	0.069	0.933
	组内	515.790	567	0.910		
	总数	515.916	569			
促进会展业及辅助产业发展	组间	0.265	2	0.132	0.184	0.832
	组内	408.196	567	0.720		
	总数	408.461	569			
促进旅游业及辅助产业发展	组间	0.248	2	0.124	0.158	0.854
	组内	445.724	567	0.786		
	总数	445.972	569			
促进展览主题产业发展	组间	0.366	2	0.183	0.251	0.778
	组内	413.290	567	0.729		
	总数	413.656	569			

续表

变量		平方和	df	均方	F	显著性
对经济有积极影响	组间	0.029	2	0.014	0.018	0.982
	组内	452.759	567	0.799		
	总数	452.788	569			
所处行业在澳门的发展	组间	1.316	2	0.658	1.126	0.325
	组内	331.225	567	0.584		
	总数	332.541	569			

方差分析检验的"经济活力"变量 F 值达到显著, 则进一步进行事后比较。由于"经济活力"变量方差分析违反同构型假定, 则采用 Tamhane's T2 检验法进行方差异质的事后比较。表 5-7 中, 对"经济活力"依变量进行多重比较,"参展商"组群体的经济活力感知度显著高于"一般观众"组群体, 平均差异值为 0.271; 其他组群体间均不存在显著差异。

表 5-7　　　　　　　多重比较 (Tamhane's T2 法)

因变数	(I) 参展类别	(J) 参展类别	均值差 (I - J)	标准误	显著性	95% 置信区间	
						下限	上限
经济活力	参展商	专业观众	0.169	0.112	0.354	-0.10	0.44
		一般观众	0.271*	0.075	0.001	0.09	0.45
	专业观众	参展商	-0.169	0.112	0.354	-0.44	0.10
		一般观众	0.102	0.117	0.766	-0.18	0.38
	一般观众	参展商	-0.271*	0.075	0.001	-0.45	-0.09
		专业观众	-0.102	0.117	0.766	-0.38	0.18

注: * 存在显著差异。

综上分析, 不同参展身份群体在对澳门会展经济影响各要素指标的感知中,"经济活力"在不同参展身份群体中存在显著差异,"参展商"组群体的经济活力感知度显著高于"一般观众"组群体, 平均差异值为 0.271; 其他会展经济影响要素指标在展会身份群组间不存在显著差异。

二　受访者对不同展会的经济影响差异性感知

为了研究不同展会间受访者的感知差异，笔者对不同展会间受访者经济影响感知进行描述性分析。

在 MIF 展会经济影响感知描述性统计量表 5 - 8 中，总体各要素指标的均值均高于 3，即表示受访者总体上对 MIF 各展会经济影响要素持较为赞同意见。同样，笔者将分值排名前三位的要素作为高感知要素，分值排名后三位的要素作为低感知要素。其中，"促进旅游业及辅助产业发展""促进展览主题产业发展"和"促进会展辅助产业发展"分值最高，表示总体上受访者对 MIF 展会中这三个要素的感知最为赞同。受访者总体上对"房产价值""居民收入"和"物价合理"变量的感知分值最低，表示受访者总体上对 MIF 展会中这两个要素感知度低于其他各影响要素。详见表 5 - 8。

对于 MIF 展会的不同受访者群体而言，参展商群体总体对 MIF 展会的"促进旅游业及辅助产业""经济活力"和"促进展览主题产业发展"三个要素的感知度较高，对"物价合理""房产价值"和"居民收入"要素感知度总体较低。专业观众和一般观众中，对 MIF 展会的"促进旅游业及辅助产业""促进展览辅助产业发展"和"促进展览主题产业发展"三要素的赞同度最高，同样对"物价合理""房产价值"和"居民收入"要素感知度总体较低。

表 5 - 8　　不同参展身份对 MIF 展会经济影响感知描述性统计量表

MIF	参展商	专业观众	一般观众	总体
	均值	均值	均值	均值
经济活力	3.92	3.66	3.75	3.83
经济增长	3.85	3.70	3.78	3.81
贸易环境	3.78	3.72	3.87	3.80
政府税收	3.66	3.48	3.57	3.61
就业率	3.60	3.60	3.67	3.62
居民收入	3.28	3.25	3.43	3.32
物价合理	3.21	3.32	3.40	3.28

MIF	参展商	专业观众	一般观众	总体
	均值	均值	均值	均值
房产价值	3.22	3.22	3.46	3.29
产业结构调整	3.48	3.63	3.63	3.54
培植新型产业	3.66	3.72	3.67	3.67
促进展览主题产业发展	3.88	3.81	3.90	3.88
促进旅游业及辅助产业	3.98	3.84	3.98	3.96
促进展览主题产业发展	3.92	3.95	4.02	3.95
有效的 N	422			

在游艇展展会经济影响感知评价量表5－9中，均值均高于3，即受访者对游艇展展会各经济影响要素持较为赞同意见。分值排名前三位的要素作为高感知要素，分值排名后三位的要素作为低感知要素。高感知要素为"促进旅游业及辅助产业发展""促进展览主题产业发展"和"促进会展业及辅助产业发展"。受访者对游艇展的经济影响要素"房产价值""居民收入"和"物价合理"的感知分值最低，为游艇展展会低感知要素（详见表5－9）。

对于游艇展展会的不同受访者群体而言，参展商群体和一般观众群体总体对该展会的"促进旅游业及辅助产业发展""促进会展业及辅助产业发展"和"促进展览主题产业发展"三个要素的感知度较高，对"物价合理""房产价值"和"居民收入"要素感知度总体较低，这同受访者整体高感知要素和低感知要素一致。专业观众中，高感知要素为"促进旅游业及辅助产业发展""促进会展业及辅助产业发展""贸易环境"和"促进展览主题产业发展"，其分值明显高于其他群体对游艇展高感知要素的评价分值；专业观众对游艇展展会排名后三位的感知要素为"产业结构调整""房产价值"和"居民收入"要素，虽然排名靠后，但从分值来看，有的分值甚至同其他群体的高感知要素评价相差无几，如专业观众低感知要素"房产价值"和"居民收入"分值为3.82，这同一般观众高感知要素"促进会展辅助产业发展"相差无几（详见表5－9）。

表 5 - 9　　　不同参展身份对游艇展展会经济影响感知描述性统计量表

游艇展	参展商	专业观众	一般观众	总计
	均值	均值	均值	均值
经济活力	3.91	4.18	3.52	3.66
经济增长	3.91	4.36	3.65	3.76
贸易环境	3.82	4.27	3.72	3.79
政府税收	3.35	4.18	3.45	3.48
就业率	3.54	4.09	3.56	3.59
居民收入	3.06	3.82	3.33	3.30
物价合理	3.03	4.00	3.21	3.23
房产价值	3.24	3.82	3.27	3.30
产业结构调整	3.65	3.64	3.39	3.47
培植新型产业	3.88	3.82	3.73	3.78
促进会展业及辅助产业发展	4.06	4.55	3.83	3.93
促进旅游业及辅助产业发展	4.24	4.64	3.96	4.07
促进展览主题产业发展	4.15	4.27	3.98	4.04
有效的 N	148			

三　不同群体受访者对不同展会的经济影响差异性感知

笔者采用单因素方差进一步分析，不同参展身份的受访者对澳门 MIF 展会和游艇展展会经济影响感知是否存在显著性差异。笔者分别从不同群体对 MIF 展会和游艇展展会的感知差异进行分析。

（一）不同群体受访者对 MIF 展会的差异感知

笔者对不同群体受访者对 MIF 展会的差异性感知进行分析。从 MIF 方差分析摘要表 5 - 10 中可知："经济活力"依变量的整体检验的 F 值为 3.328，P = 0.037 < 0.05，达到了显著水平，因此须拒绝虚无假设，接受对立假设，表示不同参展身份的群体在 MIF 展会"经济活力"变量感知上存在显著差异。进一步分析哪些组的差异达到显著，则通过进行事后比较得知。对于方差没有达到显著的变量，即表示不同参展身份的群体在其他变量中不存在显著差异，亦不需进行事后比较。

表 5 – 10   **单因素方差分析摘要表（MIF）**

项目		平方和	df	均方	F	显著性
经济活力	组间	4.290	2	2.145	3.328	0.037
	组内	270.046	419	0.645		
	总数	274.336	421			
经济增长	组间	1.236	2	0.618	0.903	0.406
	组内	286.905	419	0.685		
	总数	288.141	421			
贸易环境	组间	1.010	2	0.505	0.756	0.470
	组内	280.109	419	0.669		
	总数	281.120	421			
政府税收	组间	1.837	2	0.919	0.983	0.375
	组内	391.752	419	0.935		
	总数	393.590	421			
就业率	组间	0.411	2	0.206	0.242	0.785
	组内	356.492	419	0.851		
	总数	356.903	421			
居民收入	组间	2.153	2	1.077	1.080	0.340
	组内	417.558	419	0.997		
	总数	419.711	421			
物价合理	组间	2.968	2	1.484	1.673	0.189
	组内	371.722	419	0.887		
	总数	374.690	421			
房产价值	组间	4.772	2	2.386	2.253	0.106
	组内	443.621	419	1.059		
	总数	448.393	421			
产业结构调整	组间	2.491	2	1.246	1.476	0.230
	组内	353.533	419	0.844		
	总数	356.024	421			
培植新型产业	组间	0.164	2	0.082	0.093	0.911
	组内	368.943	419	0.881		
	总数	369.108	421			

续表

项目		平方和	df	均方	F	显著性
促进会展业及辅助产业发展	组间	0.384	2	0.192	0.272	0.762
	组内	296.438	419	0.707		
	总数	296.822	421			
促进旅游业及辅助产业发展	组间	0.987	2	0.493	0.647	0.524
	组内	319.480	419	0.762		
	总数	320.467	421			
促进展览主题产业发展	组间	0.734	2	0.367	0.534	0.587
	组内	288.318	419	0.688		
	总数	289.052	421			

从方差齐性检验结果表 5 – 11 中可以看到，对"经济活力"变量而言，Levene 统计量的值等于 0.875，$P = 0.418 > 0.05$，未达到 0.05 的显著水平，则表示接受虚无假设，表示两组样本的方差差异均未达到显著，亦即未违反方差同构型假定。

表 5 – 11　　　　　　　　　方差齐性检验（MIF）

项目	Levene 统计量	df1	df2	显著性
经济活力	0.875	2	419	0.418
经济增长	0.792	2	419	0.454
贸易环境	0.912	2	419	0.402
政府税收	1.376	2	419	0.254
就业率	4.681	2	419	0.010
居民收入	2.017	2	419	0.134
物价合理	1.068	2	419	0.345
房产价值	1.239	2	419	0.291
产业结构调整	0.459	2	419	0.632
培植新型产业	0.443	2	419	0.643
促进会展业及辅助产业发展	1.599	2	419	0.203
促进旅游业及辅助产业发展	0.018	2	419	0.982
促进展览主题产业发展	1.694	2	419	0.185

　　方差分析检验的"经济活力"F值达到显著，则进一步以雪费法（Scheffe's method）进行事后比较，但由于此法是各种事后比较方法中最严格的方法，其事后比较较为保守，有时会发生整体检验的F值达到显著，但事后比较均不显著情况，此时，笔者选用LSD法（最小显著差异法）作为事后比较方法，以便和整体检验F值显著性相呼应（见表5－12）。

表5－12　　　　　　　　　　　　事后多重比较（MIF）

LSD 因变数	（I）参展类别	（J）参展类别	均值差（I－J）	标准误	显著性	95% 置信区间	
						下限	上限
经济活力	参展商	专业观众	0.254 *	0.118	0.032	0.02	0.49
		一般观众	0.171	0.089	0.055	0.00	0.35
	专业观众	参展商	− 0.254 *	0.118	0.032	− 0.49	− 0.02
		一般观众	− 0.083	0.129	0.518	− 0.34	0.17
	一般观众	参展商	− 0.171	0.089	0.055	− 0.35	0.00
		专业观众	0.083	0.129	0.518	− 0.17	0.34

　　注：＊均值差的显著性水平为0.05。

　　表5－12中，在MIF展会不同群体对"经济活力"依变量多重比较中，"参展商"组群体对经济活力要素的感知度显著高于"专业观众"组群体，平均差异值为0.254；其他群体不存在显著差异。

　　综上，MIF展会中，"经济活力"要素在不同参展身份受访者的评价中存在显著差异，不同群体受访者对其他各经济要素的评价没有显著差别。其中，"参展商"组群体对MIF展会的经济活力要素感知度显著高于"专业观众"组群体。

　　（二）不同群体受访者对游艇展展会的差异感知

　　笔者对不同群体受访者对游艇展展会的差异性感知进行分析。从游艇展单因素方差分析摘要表5－13中可知："经济活力""经济增长""促进会展业及辅助业发展"和"促进旅游业及辅助产业发展"依变量的整体检验的F值分别为4.196、3.838、4.029、3.472，P＝0.017、P＝0.024、P＝0.020和P＝0.034均小于0.05，达到了显著水平，因此须拒绝虚无假设，接受对立假设，表示不同参展身份的群体在对游艇展展会"经济活力""经济增长""促进会展业及辅助业发展"和"促进旅游业及辅助产业发展"变量的评价上存在显著差异。

表 5 – 13 单因素方差分析摘要表（游艇展）

游艇展		平方和	df	均方	F	显著性
经济活力	组间	6.948	2	3.474	4.196	0.017
	组内	120.065	145	0.828		
	总数	127.013	147			
经济增长	组间	5.966	2	2.983	3.838	0.024
	组内	112.702	145	0.777		
	总数	118.668	147			
贸易环境	组间	3.032	2	1.516	1.812	0.167
	组内	121.341	145	0.837		
	总数	124.373	147			
政府税收	组间	6.043	2	3.022	2.274	0.107
	组内	192.678	145	1.329		
	总数	198.721	147			
就业率	组间	2.958	2	1.479	1.165	0.315
	组内	184.035	145	1.269		
	总数	186.993	147			
居民收入	组间	5.017	2	2.508	2.144	0.121
	组内	169.631	145	1.170		
	总数	174.648	147			
物价合理	组间	7.918	2	3.959	2.838	0.062
	组内	202.272	145	1.395		
	总数	210.189	147			
房产价值	组间	3.201	2	1.601	1.251	0.289
	组内	185.538	145	1.280		
	总数	188.740	147			
产业结构调整	组间	1.978	2	0.989	1.049	0.353
	组内	136.635	145	0.942		
	总数	138.613	147			

续表

游艇展		平方和	df	均方	F	显著性
培植新型产业	组间	0.578	2	0.289	0.289	0.750
	组内	145.020	145	1.000		
	总数	145.598	147			
促进会展业及辅助产业发展	组间	5.860	2	2.930	4.029	0.020
	组内	105.464	145	0.727		
	总数	111.324	147			
促进旅游业及辅助产业发展	组间	5.675	2	2.837	3.472	0.034
	组内	118.508	145	0.817		
	总数	124.182	147			
促进展览主题产业发展	组间	1.349	2	0.675	0.799	0.452
	组内	122.408	145	0.844		
	总数	123.757	147			

从游艇展方差分析摘要表 5－14 中可知：游艇展展会"经济活力""经济增长""促进会展业及辅助产业发展"和"促进旅游业及辅助产业发展"变量的同构型检验中，p 值均大于 0.05，未达到显著水平，则表示接受虚无假设，表示样本的方差差异均未达到显著，亦即均未违反方差同构型假定。

表 5－14 　　　　　　　　　方差齐性检验（游艇展）

项目	Levene 统计量	df1	df2	显著性
经济活力	2.016	2	145	0.137
经济增长	0.838	2	145	0.435
贸易环境	0.609	2	145	0.546
政府税收	3.254	2	145	0.041
就业率	0.935	2	145	0.395
居民收入	0.151	2	145	0.860
物价合理	1.354	2	145	0.262
房产价值	0.559	2	145	0.573

项目	Levene 统计量	df1	df2	显著性
产业结构调整	2.226	2	145	0.112
培植新型产业	0.341	2	145	0.711
促进会展业及辅助产业发展	0.095	2	145	0.909
促进旅游业及辅助产业发展	0.348	2	145	0.706
促进展览主题产业发展	1.143	2	145	0.322

　　进一步分析哪些组件在游艇展展会"经济活力""经济增长""促进会展业及辅助产业发展"和"促进旅游业及辅助产业发展"变量的评价中差异达到显著，则通过进行事后比较得知。对于方差没有达到显著的变量，即表示不同参展身份的群体在其他变量中不存在显著差异，亦不需进行事后比较。

　　以雪费法（Scheffe's method）进行事后比较，但由于此法是各种事后比较方法中最严格的方法，其事后比较较为保守，有时会发生整体检验的 F 值达到显著，但事后比较均不显著情况，此时，笔者选用 LSD 法（最小显著差异法）作为事后比较方法，以便和整体检验 F 值显著性相呼应。笔者根据方差显著性检验表 5 - 13 和同构型检验表 5 - 14，采用 LSD 法对游艇展展会"经济活力""经济增长""促进会展业及辅助产业发展"和"促进旅游业及辅助产业发展"变量进行事后比较，详见表 5 - 15。

表 5 - 15　　　　　　　　　　事后多重比较（游艇展）

LSD 因变数	(I) 参展类别	(J) 参展类别	均值差 (I - J)	标准误	显著性	95% 置信区间	
						下限	上限
经济活力	参展商	专业观众	- 0.276	0.316	0.383	- 0.90	0.35
		一般观众	0.382 *	0.180	0.036	0.03	0.74
	专业观众	参展商	0.276	0.316	0.383	- 0.35	0.90
		一般观众	0.658 *	0.289	0.024	0.09	1.23
	一般观众	参展商	- 0.382 *	0.180	0.036	- 0.74	- 0.03
		专业观众	- 0.658 *	0.289	0.024	- 1.23	- 0.09

LSD 因变数	(I) 参展类别	(J) 参展类别	均值差 (I-J)	标准误	显著性	95% 置信区间	
						下限	上限
经济增长	参展商	专业观众	-0.458	0.306	0.137	-1.06	0.15
		一般观众	0.255	0.174	0.145	-0.09	0.60
	专业观众	参展商	0.458	0.306	0.137	-0.15	1.06
		一般观众	0.713*	0.280	0.012	0.16	1.27
	一般观众	参展商	-0.255	0.174	0.145	-0.60	0.09
		专业观众	-0.713*	0.280	0.012	-1.27	-0.16
促进会展业及辅助产业发展	参展商	专业观众	-0.487	0.296	0.102	-1.07	0.10
		一般观众	0.234	0.169	0.168	-0.10	0.57
	专业观众	参展商	0.487	0.296	0.102	-0.10	1.07
		一般观众	0.720*	0.271	0.009	0.19	1.25
	一般观众	参展商	-0.234	0.169	0.168	-0.57	0.10
		专业观众	-0.720*	0.271	0.009	-1.25	-0.19
促进旅游业及辅助产业发展	参展商	专业观众	-0.401	0.314	0.203	-1.02	0.22
		一般观众	0.274	0.179	0.127	-0.08	0.63
	专业观众	参展商	0.401	0.314	0.203	-0.22	1.02
		一般观众	0.675*	0.287	0.020	0.11	1.24
	一般观众	参展商	-0.274	0.179	0.127	-0.63	0.08
		专业观众	-0.675*	0.287	0.020	-1.24	-0.11

注：＊均值差的显著性水平为 0.05。

　　表 5-15 中，不同群体受访者对游艇展各经济影响要素的感知差异评价分析中，对"经济活力"依变量多重比较，"参展商"组群体的经济活力感知度显著高于"一般观众"组群体，平均差异值为 0.382；"专业观众"组群体的经济活力感知度显著高于"一般观众"组群体，平均差异值为 0.658；可见，"参展商"和"专业观众"对"经济活力"的感知显著高于"一般观众"对"经济活力"的感知度。对"经济增长"依变量多重比较，"专业观众"组群体的经济活力感知度显著高于"一般观众"组群体，平均差异值为 0.713。在"促进会展业及辅助产业发展"依变量多重比较中，"专业观众"组群体的经济活力感知

度显著高于"一般观众"组群体，平均差异值为 0. 720。在"促进旅游业及辅助产业发展"依变量多重比较中，"专业观众"组群体的经济活力感知度显著高于"一般观众"组群体，平均差异值为 0. 675。其他组群体间均不存在显著差异。

综上，游艇展展会中，不同参展身份的群体在对"经济活力""经济增长""促进会展业及辅助产业发展"和"促进旅游业及辅助产业发展"变量的评价上存在显著差异，不同群体在对其他各经济影响要素评价中均不存在显著差异。通过事后比较进一步发现，在存在显著差异的四个变量上，"专业观众"群体的感知显著高于"一般观众"受访者对"经济活力""经济增长""促进会展业及辅助产业发展"和"促进旅游业及辅助产业发展"的评价。在"经济活力"要素评价中不同群体受访者之间存在显著差异，其中，"参展商"群体高于"一般观众"群体对此要素的评价。

第三节　澳门会展业的经济影响指数构建

指数的含义有广义和狭义两种。广义的指数是指一切说明社会经济现象数量变动或差异程度的相对数。狭义的指数是一种特殊的相对数，也即专指说明不能直接相加的复杂社会经济现象综合变动的相对数（刘汉良，1995）。将"指数"与"评价"结合在一起所得到的"指数化评价"，则是特指那些具有持续性、重复性特点的较大规模的系统评价活动，其本质属于评价领域的一个子集。将评价结果用指数形式加以表达，可以利用单一指数对系统总体发展状态进行简单、直观的描述，便于对同一系统不同时点的发展状况进行对比，或对若干同类系统进行横向比较。本文中，笔者将运用指数的理论，用单一指数对会展业经济影响机制总体进行评价。

一　会展业对经济影响指数的设计原理

通过对社会经济各主要领域内常见的指数化评价问题进行分析归纳，可以看出：从指数的生成过程来看，大体可以分为两类：统计型指数和多指标评价型指数。前者如物价指数、股价指数等，后者如企业的满意度指数，竞争力指数，房地产景气指数等，一般需要建立较为复杂的指标体系，并通过对选定评价指标体系进行综合评价而得到。会展业经济影响指数属于多指标评价型指数，通过对选定的评价指标体系对会展业经济影响进行综合评价。

会展业经济影响指数评价即是对会展业的经济影响评价通过指数的形式加以表达。笔者在建构会展业经济影响机制模型的基础上，运用指数来综合评价运用指标体系建构的经济影响机制模型。会展业经济影响指数由三大部分组成：产业结构调整影响指数、经济环境影响指数和经济收入影响指数。其中，"产业结构调整影响指数"是测量评价会展业对产业结构的影响程度；"经济环境影响指数"是测量评价会展业对经济环境的影响程度；"经济收入影响指数"是测量评价会展业对经济收入的影响程度。

会展业对经济影响机制的判断是通过对特定群体调查获得的。特定群体包括参与展会的参展商、专业观众、一般观众和展会组织方等，调查采用访问、问卷等形式，调查问题的备选项按1—5分进行量化打分。笔者通过结构方程同数据的拟合，建构合适的会展业经济影响指标体系。

在建立合适的指标体系后进行量化分析，量化过程的关键环节是确定每一指标项的权重数值。权重的计算都是影响评价结果的重要因素。在权重计算方法，最常见的划分方式是客观赋权法和主观赋权法。这里的"主观"是一种狭义概念，是指有主观评分行为的一些赋权方法，如AHP法、德尔斐法等；客观赋权法主要是通过对指针变量相关系数、变异信息等进行定量分析而得到的权重，如多元统计中的主成分分析、因子分析，以及熵权法、相关系数法、模糊数学赋权法、神经网络方法等。在赋权效果方面，样本容量满足统计要求，且各指标的观测值能够充分体现各指针变量的分布特征情况下，普遍认为客观方法优于主观方法，原因是"让数据说话"能够消除主观随意性影响。

将每一调查问题备选项的选择结果以均值结果统计出来以后，与各自的权重相乘运用功效系数法进行计算，得到每一种分类结果的指数；功效系数法是对多目标规划原理中的功效系数加以改进，从而确定要评价的目标转化为可以度量的评判分数。再结合各指标的权重，就可以计算出综合评价指数。综合评价指数方法将指数传统意义上的动态对比延伸到不同现象横截面的比较。然后，将分类结果指数与权重相乘，相加后得到某一调查问题的指数。根据这一原理，依次计算会展业总体的经济影响、不同展会的经济影响指数及不同身份受访者对经济影响指数的评价。

二　会展业经济影响指数的编制

会展业对经济影响指数编制的步骤是：首先，计算出各选项的调查结果（各题项得分均值）；其次，确定每一备选项的权重，根据结构方程来确定；再次，用每一选项的调查结果乘以权重，按照相应公式得到分类指数；最后，将分类指数乘以其权重，相加后得到会展业对经济的影响指数。

（一）指标体系的确定

研究者运用结构方程来建构模型。建构的会展业经济影响指标体系包括三个判断要素指标（二级指针），分别为产业结构判断要素指标、经济环境判断要素指标和经济收入判断要素指标。其中，产业结构判断要素指标（二级指标）又包括五个三级指标，分别为：产业结构调整指标要素、培植新型产业指标要素、促进会展业及辅助产业发展指标要素、促进旅游业及辅助产业发展指标要素和促进展览主题产业发展指标要素。经济环境判断要素指标（二级指标）包括三个三级指标要素，分别为：经济活力要素、经济增长要素和贸易环境要素。经济收入判断要素指标（二级指标）包括居民收入要素、物价合理要素及房产价值要素三个三级指标要素。如表 5 - 16 所示。

表 5 - 16　　　　　　　会展业经济影响机制指标体系

一级指标	二级指标	三级指标
会展业经济影响	产业结构	产业调整
		培植新产业
		促进会展业及辅助产业发展
		促进旅游业及辅助产业发展
		促进展览主题产业发展

续表

一级指标	二级指标	三级指标
会展业经济影响	经济环境	增强经济活力
		经济增长
		贸易环境
	经济收入	居民收入
		物价合理
		房产价值

（二）权重的确定

在确定指标体系后，笔者通过结构方程的方法，综合考虑评价要素与要素间结构两个方面，利用数据确定权重数值，保证了计量结果能够较为客观反映实际。笔者利用结构方程中最终模型的因素负荷量作为依据通过无量纲化处理确定各指标要素及判断指标要素的权重。

无量纲化，也叫数据的标准化，是通过数学变换来消除原始变量（指标）量纲影响的方法，公式（1）：

$$\omega_i = \frac{x_i}{\sum_{i=1}^{n} x_i} \tag{1}$$

得出的标准化载荷系数即标准化路径系数进行归一化处理后的各因素及各指标权重见表 5 – 17。

表 5 – 17 　　　　　　　各要素指标权重确定

一级指标	二级指标	三级指标	因素负荷量	权重	因素负荷量	权重
会展业经济影响	产业结构	产业调整	0.717	0.317	0.555	0.184
		培植新产业			0.591	0.195
		促进会展业及辅助产业发展			0.616	0.204
		促进旅游业及辅助产业发展			0.587	0.194
		促进展览主题产业发展			0.676	0.223
	经济环境	经济活力	0.920	0.406	0.771	0.348
		经济增长			0.808	0.365
		贸易环境			0.634	0.287
	经济收入	居民收入	0.627	0.277	0.811	0.403
		物价合理			0.657	0.327
		房产价值			0.542	0.270

（三）计算分类指数和综合评价指数

1. 指数的计算方法

本体系由"产业结构""经济环境"和"经济收入"三个分类组成。将某一类的所有指标无量纲化后的数值与其权重按公式（2）计算就得到分类指数。

计算分类指数 Q 公式如下：

$$Q = \frac{E[\zeta] - \min[\zeta]}{\max[\zeta] - \min[\zeta]} \times 100 \tag{2}$$

式中，Q 是分类影响值；ζ 是经济影响的潜变量；$E[\ ]$、$\min[\ ]$ 和 $\max[\ ]$ 分别代表变量的平均值、最小值和最大值。变量的最小值和最大值是由相应的测量变量值决定的，即

$$\min[\zeta] = \sum_{i=1}^{n} \omega_i \min[x_i]$$

$$\max[\zeta] = \sum_{i=1}^{n} \omega_i \max[x_i] \tag{3}$$

上述公式（3）中，为分类指标下三级指标影响感知评价的测量变量；为权重；n 为测量变量的个数。

本研究中，Q 分类指数的评价范围为 1—5 分，计算公式（2）可以简化为公式（4）：

$$Q = \frac{\sum_{i=1}^{3} \omega_i \bar{x} - \sum_{i=1}^{3} \omega_i}{4 \sum_{i=1}^{3} \omega_i} \times 100 \tag{4}$$

产业结构的经济影响指数公式（5）、经济环境的影响指数值公式（6）和经济收入影响指数公式（7），具体计算公式如下：

$$Q_s = \frac{\sum_{i=1}^{5} \omega_i \bar{x}_s - \sum_{i=1}^{5} \omega_i}{4 \sum_{i=1}^{5} \omega_i} \times 100 \tag{5}$$

$$Q_e = \frac{\sum_{i=1}^{3} \omega_i \bar{x}_e - \sum_{i=1}^{3} \omega_i}{4 \sum_{i=1}^{3} \omega_i} \times 100 \tag{6}$$

$$Q_r = \frac{\sum_{i=1}^{3} \omega_i \bar{x}_r - \sum_{i=1}^{3} \omega_i}{4 \sum_{i=1}^{3} \omega_i} \times 100 \tag{7}$$

其中，i 代表相应会展经济影响维度下的指标数量。

2. 综合指数（会展业经济影响指数）的合成方法

将会展业经济影响综合评价指标体系中的三个分类指标感知均值与其权重按公式计算就得到综合会展业经济影响评价指数。

计算经济影响指数公式如下：

$$I = \frac{\sum_{j=1}^{3} Q\omega_j}{\sum_{j=1}^{3} \omega_j} \tag{8}$$

式中，$0 \leqslant \omega_j \leqslant 1$，$\sum_{j=1}^{3} \omega_j = 1$

公式（8）中，ω 是会展业经济影响综合评价指数值；Q 是分类指标评价感知均值，分别为"产业结构""经济环境"和"经济收入"二级分类指标。其中，j 是指会展经济影响的三个维度之构面，i 则指上述维度下的指标数量。

三 小结

会展业经济影响指数是现代社会会展业发展的重要指标，它可以监控会展业经济社会运行态势，也可以了解会展业的经济影响程度。会展业经济影响评价体系是一个综合评价体系，该体系由会展业对产业结构的影响、会展业对经济环境的影响和会展业对经济收入的影响三部分组成。会展业经济影响的相关指针包括产业结构影响指标（如产业调整、培植新型产业、促进会展业及辅助产业发展等）和外在的经济环境指标（如经济活力、经济增长、贸易环境），还包括对经济收入的影响指标（如居民收入、物价合理和房产价值）。

目的地会展业经济影响是对目的地会展业经济影响的综合评价，其效果的好坏直接关系会展业经济影响的深度。多角度探讨展会的举办与经济影响指数的关系，在总结展会对经济影响的理论依据的基础上，构建了包含 1 个一级指标、3 个二级指标、11 个三级指标的评价体系。期望为评价目的地会展业对会展经济影响的程度提供参考依据，同时也为会展业与经济影响指数的相关研究建立框架体系。

第四节　澳门会展业经济影响指数计算

会展业经济影响指数是现代社会会展业发展的重要指标，它既可以监控会展业经济社会运行态势，也可以了解会展业的经济影响程度。澳门会展业经济影响是对澳门目的地会展业经济影响的综合评价，其效果的好坏直接关系并反映了澳门会展业经济影响的深度。多角度探讨澳门展会的举办与经济影响指数的关系，结合笔者之前构建的展会对经济影响指标体系，包括 1 个一级指标、3 个二级指标、11 个三级指标的评价体系，对澳门会展业经济影响进行综合评价，以期了解澳门会展业对经济的影响程度及不同展会对经济影响的差异。

上一节中，笔者已对会展业指数的构建原理和编制方法进行了详细的阐述，本节笔者运用受访者对澳门本地会展业的评价，结合会展业对经济影响各类指数计算公式（见表 5 - 18），量化评价澳门会展业对澳门本地经济的分类影响及总体影响、澳门不同展会对澳门本地经济的影响及差异。

表 5 - 18　　　　　　　各类经济影响指数计算公式汇总表

指数分类	计算公式
产业结构的经济影响指数 Q_s	$Q_s = \dfrac{\sum_{i=1}^{5} \omega_i \bar{x} - \sum_{i=1}^{5} \omega_i}{4 \sum_{i=1}^{5} \omega_i} \times 100$
经济环境的影响指数 Q_c	$Q_e = \dfrac{\sum_{i=1}^{3} \omega_i \bar{x} - \sum_{i=1}^{3} \omega_i}{4 \sum_{i=1}^{3} \omega_i} \times 100$
经济收入影响指数 Q_r	$Q_r = \dfrac{\sum_{i=1}^{3} \omega_i \bar{x} - \sum_{i=1}^{3} \omega_i}{4 \sum_{i=1}^{3} \omega_i} \times 100$
会展业对经济影响的综合评价指数 I	

根据澳门会展业经济影响综合评价指数的高低，笔者可以对澳门会展业综合经济影响作出评价。会展业经济影响综合评价指数的评价标准和分类经济影响指数的评价标准一样。在分类指标指数和综合经济影响指数的计算中，指数值范围均为 0—100。根据指数的计算公式及设计原理可知，当指数值 Q = ［0，25）时，表示：受访者对澳门会展业分类经济影响或综合经济影响评价分值非常低，即表示澳门会展业对各类经济或综合经济正面影响程度非常不明显。当指数值 Q = ［25，50）时，受访者对澳门会展业分类经济影响或综合经济影响评价低，即会展

业对各类经济或综合经济的正面影响程度不明显。当指数值 Q = 50 时，受访者对澳门会展业分类经济影响或综合经济影响评价态度中立，即澳门会展业对各类经济或综合经济无影响。当指数值 Q = ［50，75）时，受访者对会展业分类经济影响或综合经济影响正面影响评价分值高，即澳门会展业对各类经济或综合经济正面影响程度明显。当指数值 Q = ［75，100］时，受访者对会展业分类经济影响或综合经济影响正面影响评价分值非常高，即澳门会展业对各类经济或综合经济正面影响程度非常明显，详见表 5 - 19。

表 5 - 19　　　　　　　各类指标影响指数分值评价含义

指数 Q 值范围	分值	影响程度评价
［0，25）	非常低	正面影响程度非常不明显
［25，50）	低	正面影响程度不明显
50	中	无影响
（50，75）	高	正面影响程度明显
［75，100］	非常高	正面影响程度非常明显

一　澳门会展业对经济影响综合评价指数

笔者将受访者对澳门会展业对经济影响的感知评价均值同标准化后的权重值进行汇总，详见表 5 - 20。其中，受访者对澳门会展业经济影响的感知评价为受访者对各指标要素综合评价均值后的结果，分值越高，即表示受访者越同意澳门会展业对该要素的影响，分值越低则表示受访者越不同意其表述。

表 5 - 20　　　澳门会展业对经济影响指标体系评价均值及权重表

因素	指标	评价均值	权重
经济影响	产业结构	3.82	0.317
	经济环境	3.80	0.406
	经济收入	3.29	0.277

续表

因素	指标	评价均值	权重
产业结构	产业调整	3.52	0.184
	培植新产业	3.70	0.195
	促进会展业及辅助产业发展	3.89	0.204
	促进旅游业及辅助产业发展	3.99	0.194
	促进展览主题产业发展	3.98	0.223
经济环境	经济活力	3.79	0.348
	经济增长	3.80	0.365
	贸易环境	3.80	0.287
经济收入	居民收入	3.32	0.403
	物价合理	3.27	0.327
	房产价值	3.29	0.270

　　将澳门会展业感知评价数据及各要素的标准化权重值带入各类经济影响指数计算公式中，得到以下结果，详见表5－21。

表5－21　　　　　澳门会展业对经济影响各类评价指数表

二级指标	三级指标	指标权重	均值	指标权重	分类指数	经济影响综合评价指数
产业结构	产业结构调整	0.184	3.52	0.317	= 70.6	= 66.7
	培植新型产业	0.195	3.70			
	促进会展业及辅助产业发展	0.204	3.89			
	促进旅游业及辅助产业发展	0.194	3.99			
	促进展览主题产业发展	0.223	3.98			
经济环境	经济活力	0.348	3.79	0.406	= 70.0	
	经济增长	0.365	3.8			
	贸易环境	0.287	3.80			
经济收入	居民收入	0.403	3.32	0.277	= 57.4	
	物价合理	0.327	3.27			
	房产价值	0.270	3.29			

　　表5－21中，澳门会展业对经济影响的综合评价指数值等于

66.7 > 50,表示澳门会展业对总体经济评价分值高,澳门会展业对总体经济影响的正面影响程度明显。其中,在分类经济影响指数中,澳门会展业对产业结构的经济影响分类指数值为 70.6 > 50 处于高分值范围,表示澳门会展业对产业结构模块的正面影响程度明显;澳门会展业对经济环境影响分类指数值为 70.0 > 50 分值高,即澳门会展业对经济环境模块的正面影响程度明显;澳门会展业对经济收入影响分类指数值为 57.4 > 50,即表示澳门会展业对经济收入模块的正面影响程度明显。

结合各指数权重进一步分析各指数值可发现,澳门会展业对经济环境的影响权重最高,但指数值却低于澳门会展业对产业结构影响的数值,即表示澳门会展业在对经济环境方面的影响程度低与对产业结构方面的影响,这可能同澳门特殊的经济环境有关联,且澳门会展业在对经济环境影响这一方面还存在很大空间。另一分类指数经济收入影响指数的数值刚刚大于 50,且权重数值不高,表示受访者对会展业对经济收入的影响的重要性感知度低,且结合澳门会展业而言,其对经济收入的正面影响也不高。

二 不同群体受访者对澳门会展业经济影响的指数

计算不同参展身份受访者对经济影响的评价指数,得到表 5 – 22 和表 5 – 23。

表 5 – 22　　不同参展身份受访者对经济影响的各类评价指数表

潜在变量	观测变量	权重	参展商	专业观众	一般观众	权重	参展商指数	专业观众指数	一般观众指数
经济环境	经济活力	0.348	3.92	3.75	3.65	0.406	71.5	69.7	69.9
	经济增长	0.365	3.86	3.81	3.72				
	贸易环境	0.287	3.79	3.81	3.80				
经济收入	居民收入	0.403	3.25	3.34	3.38	0.277	55.6	59.1	57.4
	物价合理	0.327	3.19	3.43	3.32				
	房产价值	0.270	3.23	3.32	3.37				

潜在变量	观测变量	权重	参展商	专业观众	一般观众	权重	参展商指数	专业观众指数	一般观众指数
产业结构	产业结构调整	0.184	3.50	3.63	3.52	0.317	70.5	71.5	70.6
	培植新型产业	0.195	3.69	3.74	3.70				
	促进会展业及辅助产业发展	0.204	3.91	3.93	3.87				
	促进旅游业及辅助产业发展	0.194	4.01	3.97	3.97				
	促进展览主题产业发展	0.223	3.95	4	4				

表 5 – 23　　　　　　　　会展经济总体影响各类指数汇总表

变量	参展商	专业观众	一般观众	总体
经济环境指数	71.5	69.7	69.9	66.7
经济收入指数	55.6	59.1	57.4	
产业结构指数	70.5	71.5	70.6	
经济影响综合评价指数	66.8	67.4	66.3	

在参展商这一群体对澳门会展业经济影响的各类指数评价中，各类评价指数均高于 50，表示：参展商群体在澳门会展业对"经济环境""经济收入"和"产业结构"指数评价方面，评价分值高，澳门会展业对三个分类经济影响评价的正面影响程度明显，参展商对澳门会展业经济影响总指数评价分值高，综合经济影响评价中正面影响程度明显。其中，参展商对"经济环境"指数的分值最高为 71.5，表示参展商群体在分类指数评价中，认为澳门会展业对"经济环境"的影响相比较其他各类影响指数而言，其正面影响程度最为明显。其次为参展商对澳门"产业结构"影响评价，分类指数评价分值均高于 70 分。最后为参展商对会展业"经济收入"影响的指数评价最低，分值为 55.6 > 50。

在专业观众群体对澳门会展业经济影响的各类指数评价中（见表5 – 23），各类评价指数均高于 50，表示：专业观众群体就澳门会展业对"经济环境""经济收入"和"产业结构"指数评价方面,评价分值高,澳门会展业对三个分类经济影响评价的正面影响程度明显,专业观众对澳门会展业"经济影响"总指数评价分值高,综合"经济影响"评价中正面影响程度明显。其中,对"产业结构"指数的分值最高为71.5,表示专业观众群体在分类指数评价中,认为澳门会展业对"产业结构"调整的影响相比较其他各类影响指数正面影响程度最为明显。其次为专业观众对澳门"经济环境"影响指数评价 = 69.7 > 50。最后为专业观众对澳门会展业"经济收入"影响的指数评价最低,分值为59.1 > 50。

一般观众对澳门会展业各类影响指数评价分值分别为:$Q_c = 69.9$,$Q_r = 57.4$,$Q_s = 70.6$,均 > 50,表示:一般观众在澳门会展业对"经济环境"影响评价方面、对"经济收入"的影响评价方面和对"产业结构"调整的影响评价方面,均认为正面影响程度明显。其中,一般观众对澳门会展业对"经济环境"的影响评价正面影响程度最高,其次为"产业结构"影响指数评价,澳门会展业对"经济收入"的影响感知评价最低。

在不同群体受访者对澳门会展业经济影响指数评价中,各类评价指数均高于50,表示:不同群体受访者在澳门会展业对"经济环境"影响评价方面、对"经济收入"的影响评价方面、对"产业结构"调整的影响评价方面和对澳门会展业综合经济影响评价方面,均认为正面影响程度明显。其中,参展商、专业观众和一般观众,对澳门会展业经济影响综合评价指数的分值相差不大,参展商对澳门会展业经济影响总和评价指数为66.8,专业观众对澳门会展业经济影响总和评价指数为67.4,一般观众对澳门会展业经济影响总和评价指数为66.3。

三 受访者对不同展会经济影响指数评价

笔者分别对 MIF 展会的经济影响和游艇展展会经济的影响进行指数评价,通过对不同群体的指数评价比较,以期发现各类群体在对经济影响的评价差异以及对各展会的经济影响评价差异。

(一) MIF 展会经济影响各类指数评价

表 5 - 24 为 MIF 展会不同参展受访者对其各类经济影响指数及综

合评价指数的汇总。总体来看，受访者对 MIF 展会的经济影响综合评价指数 >50 属于分值高范围，即表示受访者认为 MIF 展会的经济影响为正面影响程度明显。其中，无论是参展商、专业观众还是一般观众，对 MIF 展会经济影响综合指数评价分值相差不多，即表示不同受访者对 MIF 展会的经济影响综合评价相差不大。

表 5 - 24 MIF 经济影响各类指数汇总表

MIF 变量	参展商	专业观众	一般观众	MIF 总影响
经济环境指数	71.4	67.3	70.0	70.4
经济收入指数	56.0	56.6	60.7	57.5
产业结构指数	70.0	70.2	71.1	70.2
经济影响综合评价指数	66.7	65.3	67.7	66.7

进一步分析不同参展身份受访者对 MIF 展会各类经济影响的指数。表 5 - 24 中，参展商在对分类经济影响的指数评价中，"经济环境"指数的分值最高为 71.4，其次为"产业结构"指数 70.0，评价分值最低的为"经济收入"指数 56.0，表示：参展商在对 MIF 展会的"经济环境"指数评价最高，认为 MIF 其对"经济环境"的正面影响程度最明显，MIF 对"经济收入"的影响正面程度最低。在专业观众和一般观众对各分类经济影响指数的评价中，均认为 MIF 展会对"产业结构"的正面影响程度最高，其次为对"经济环境"的正面影响程度，认为 MIF 展会对"经济收入"的正面影响程度最低。

（二）游艇展展会经济影响各类指数评价

表 5 - 25 为游艇展展会不同参展受访者对其各类经济影响指数及综合评价指数的汇总。总体来看，受访者对游艇展展会的经济影响综合评价指数 >50 属于分值高范围，即表示受访者认为游艇展展会的经济影响为正面影响程度明显。在受访者对游艇展分类经济影响指数的评价中，对"产业结构"指数的评价最高，"经济环境"指数评价次之，最后为对"经济收入"影响指数，即表示受访者对游艇展的"产业结构"方面正面影响评价最高，游艇展对"经济收入"的正面影响评价最低。其中，专业观众对游艇展展会经济影响综合指数评价

最高，值为78.5 > 75，表示专业观众对游艇展展会综合经济影响正面影响评价非常明显，并远远高于其他两类群体对游艇展展会经济影响综合评价值。

表5 - 25　　　　　游艇展展会经济影响各类指数汇总表

YT变量	参展商	专业观众	一般观众	YT总影响
经济环境指数	72.1	81.8	65.6	68.3
经济收入指数	52.5	72.0	56.9	56.9
产业结构指数	75.1	79.9	69.7	71.7
经济影响综合评价指数	67.6	78.5	64.5	66.2

进一步分析不同参展身份受访者对游艇展展会各类经济影响的指数可知：专业观众对澳门游艇展的"经济环境"影响指数和"产业结构"分类影响指数的评价均很高，其分值分别为81.8和79.9均 > 75，表示专业观众认为澳门游艇展展会"经济环境"和"产业结构"的正面影响程度非常明显。参展商对澳门游艇展展会的"产业结构"分类影响指数评价分值也处于了分值非常高范围，=75.1 > 75，即表示参展商评价澳门游艇展展会"产业结构"的正面影响程度非常明显。比较各类群体的分类经济影响指数可发现，一般观众对各类经济影响评价指数分值相比较其他两类群体而言都偏低，即表示一般观众群体对各类经济影响评价相比其他群体而言评价度较低。

（三）比较不同展会经济影响指数评价

表5 - 26为MIF展会和游艇展展会经济影响指数汇总表。总体来看，MIF展会的经济影响综合评价指数较高，其分值分别为66.7和66.2均 > 50，表示MIF展会同游艇展展会的经济影响综合指数说明二者都处于正面影响程度明显，其中，MIF展会综合经济影响指数评价高于游艇展展会经济影响综合评价。在比较各分类经济影响指数中可发现，相比较而言，MIF在"经济环境"指数和"产业结构"指数评价两个方面分值都较高，而游艇展展会在"产业结构"经济影响评价方面表现较好。

表 5 - 26　　　　　　　　比较不同展会经济影响评价指数

变量	MIF	游艇展
经济环境指数	70.4	68.3
经济收入指数	57.5	56.9
产业结构指数	70.2	71.7
经济影响综合评价指数	66.7	66.2

四　小结

综上所述，澳门会展业对经济影响的综合评价指数值等于 66.7 >
50，即澳门会展业对综合经济影响的正面影响程度明显。不同群体受访
者在澳门会展业对"经济环境"影响评价方面、对"经济收入"的影
响评价方面和对"产业结构"调整的影响评价方面，均认为正面影响
程度明显。其中，参展商、专业观众和一般观众，对澳门会展业经济影
响综合评价指数的分值相差不大。

在对不同展会的各类经济影响指数评价中，MIF 展会同游艇展展会
的经济影响综合指数值表示二者都处于正面影响程度明显，MIF 展会综
合经济影响指数评价高于游艇展展会经济影响指数综合评价。

在比较不同群体各分类经济影响指数值发现，其分值高于 75 分处
于正面影响程度非常明显的各类经济影响指数为：专业观众对澳门游艇
展的"经济环境"影响指数和"产业结构"分类影响指数，其分值分
别为 81.8 和 79.9；参展商对澳门游艇展展会的"产业结构"分类影响
指数评价分值 = 75.1。

第 六 章

澳门博彩业的发展历程回顾

第一节　澳门博彩业的历史沿革

澳门博彩业历史悠久，其历史几乎与澳门开埠同步，跨越 3 个世纪，但将赌博作为一种博彩娱乐业来经营则只有 150 多年的历史，在这段时间，澳门博彩业也从最初的市井赌坊，发展到今天成为主宰澳门经济命脉的龙头产业，是澳门现时最重要的经济支柱，2009 年博彩税的收益约占澳门特别行政区政府财政收入七成多。近年来，澳门的博彩毛收入更超越了美国拉斯维加斯金光大道，成为全球第一大赌城，冠以"东方蒙地卡罗"及"亚洲拉斯维加斯"之美誉。

一　澳门博彩业的兴起（1535—1930 年）

澳门博彩业的发展可追溯至 16 世纪，澳门开埠初期。1535 年，外国商人向中国官吏行贿，广东官府将相当于现时贸易管理机关的机构迁址澳门，并且允许葡萄牙人和其他外国商船在澳门附近海上进行贸易。就是这一做法，让澳门港自此正式开埠，澳门由一个小渔村慢慢变成中外互市的场所。这一转变，也令澳门早已存在的博彩业变得"昌盛"起来。西方传教士约瑟 1742—1745 年在澳门生活了 3 年，他在游记中将澳门描述成是一座充满"纵欲、抢劫、背叛、赌博、酗酒、吵架、欺骗、谋杀及其他罪恶的城市"。清代诗人丘逢甲更用"银牌高悬门市东，百万居然一掷中；谁向风尘劳斗色，博徒自古有英雄"来形容当时赌博在澳门的流行程度。当时的赌博方式很多，有"番摊""铺票"

"白鸽票""字花"等，其中以"番摊"最为风行，有"番摊"赌馆200多家。那时的博彩业主要是由中国内地移居澳门的建筑工人、码头工人及佣仆所带动。由于当时没有法规监管，大大小小，由赌档庄家自行开设的赌档、赌台遍布大街小巷。

1842年第一次鸦片战争，香港割让给英国实行自由港政策之后，澳门的贸易港地位渐被香港取代，对外贸易地位一落千丈。1844年，香港英国政府颁布《禁止赌博条例》，澳门在葡萄牙的独立管制下，允许跑马合法化，为赌博在澳门合法化奠定了基础。1847年，澳葡政府为增加澳门税务源头及主流经济的产业多元化，把赌博当作一种商业活动收税，将赌饷正式列为当局的财政收入。赌博从非法走向合法，标志着澳门赌博业兴起。澳门经济结构随之发生变化，娼寮、赌窟、烟馆林立，烟赌嫖等特殊行业迅速发展，从此走上了依靠赌博业为主要经济支柱的发展道路。19世纪60年代中期，澳葡当局主要靠着赌饷和鸦片烟税，使每年的财政收入增加到20多万元，其中约90%的财政收入来自赌业所得，并有约4万元的结余上交葡萄牙国库。

1872年，港英当局在香港宣布新禁赌令，这是香港历史上最严厉的一次禁赌，迫使大批香港赌客前来澳门参赌，澳门赌场生意更加兴隆。1875年，广东巡抚张兆栋严禁一种在广东盛行的"围姓"赌博，广东的赌商将此赌博方式转移到澳门。到了19世纪后期，香港和广东各地禁赌力度加大，香港和广东赌客前往澳门就近赌博，这个"惯例"一直延续到今天。1877年，澳葡政府准许在特定地方开设番摊、牌九等，并对有关场所征收牌费。1892年，澳葡当局公开拍卖"白鸽票"经营权，开始实行赌博和彩票专营模式。1896年，葡萄牙政府颁布法律，宣布葡萄牙禁赌。此一立法理论上也适用于处于葡萄牙统治下的澳门。然而由于澳葡当局在税收上的利益以及澳门经济上的客观需要，此禁令在实际上并没有禁止澳门的赌博业，但在一定程度上阻碍了它的发展。同年，澳葡当局采取立法管制，由澳葡当局发出赌牌，由民间竞投，出价最高的获得赌博经营权。香港商人卢九最早获得这项专营权，并经营"白鸽票""搅珠彩票"等赌博形式。自1912年起，澳葡政府开始实行赌博及彩票专营，但因成批短期专营，中标者专营权换手频繁。1924年，澳门万国赛马体育会获得赛马专营权后，重新在澳门开办赛马活动，并在黑沙环修建赛马场。1925 年，澳葡政府制定赌馆违犯法律或私设已有专营权之赌馆的惩罚办法。1927 年，澳门黑沙环马场落成。这一时期，澳门赌档林立，赌规多变，当局滥发赌牌，缺乏有效的监管，利益争夺激烈，局面异常混乱，赌业基本上处于一种百花齐放、自生自灭、弱肉强食的无序局面；由于各自经营，规模细小，整个博彩业还停留在一个较低的发展水平阶段上。

二　第一次赌权转变时期（1930—1936 年）

1930 年，澳葡当局采取公开招标，以暗标竞投方式和价高者得原则，批出赌场专利权，以增加政府库房收入，扭转赌场杂乱无章和分散经营的局面。在广东巨商霍芝庭和香港康年银行创始人李声炬的支持下，卢九、范洁明等人组成豪兴公司，投得澳门赌牌，共经营三个赌场。这是澳门历史上赌权的第一次转变。豪兴公司夺标后马上进行改革，打进了澳门最豪华的澳门中央酒店。1931 年，澳葡政府发布训令，重申所有文、武职员禁止进入赌博场地，但在执行公务时或按照习俗进入时不在此限。

1932 年，赛狗博彩活动首次由范洁明等一批海外华侨及美国商人引进澳门。他们组织了"澳门赛狗会"，兴建赛狗场，即现在的"逸园赛狗场"前身。但这种新的博彩方式在当时并不是太受欢迎。1933 年，豪兴公司购买一艘奥地利驱逐舰，将其改为客轮，不仅把港澳航程由 4 小时缩短为 2 小时 30 分，更使来自香港的赌客大增。同年，外籍商人嘉道理接办澳门赛狗会。1934 年，毕吕俭接办澳门赛狗会，改名为南华赛狗游艺有限公司。澳葡政府公开招标竞投"铺票""白鸽票""山票"。1935 年广东巨商霍芝庭、傅老榕，以及陈济棠二太太莫秀英等先后到深圳开赌，严重冲击澳门赌场生意。1936 年，澳门赛狗活动停办。20 世纪 30 年代，澳门赌场主要以"番摊""骰宝""百家乐"为主要形式，多集中在澳门最繁盛的清平直街、福隆新街和怡安街等地方。

三　第二次赌权转变时期（1937—1961 年）

1937 年，澳门博彩业进行了一次影响深远的大改革。当年，澳葡政府颁令，将所有博彩业专营权集中，进行统一承投。第二次博彩专营权最后由付德榕和高可宁组成的"泰兴娱乐公司"以180万年饷投中，取代了原来的豪兴公司。这是澳门历史上赌权的第二次转变。

泰兴公司重视改善配套设施，完善博彩专营权制度，为葡澳政府增加了近3倍的财政收入，同时增强了澳门博彩业的吸引力，澳门博彩业专营制度自此进入了成熟和全盛时期。1941年，太平洋战争爆发，穗港相继沦陷，澳门作为中立区进入战时特别繁荣期，许多人涌入澳门，人口激增到40万—50万，澳门黄、赌、毒等行业又兴旺发展起来。1942年，澳门赛狗活动停办。1955年，澳葡政府拟定澳门赛马专营事业办法。澳门的赌博业，在泰兴总公司的刻意经营下，真正走上名副其实的"赌城"之路。20世纪40年代以后，盛行欧美的赛马、赛狗、赛车等形式传入澳门。从此，澳门赌博业因管理的专营和西方新的赌博方式极度繁荣，澳门成为名副其实的赌埠。

四 第三次赌权转变时期（1961—1999年）

1961年2月，经第119任总督马济时建议，葡萄牙政府批准开辟澳门为"恒久性的博彩区"，打造澳门成为以博彩及旅游为主要经济发展项目的低税制地区。马济时界定了赌博与博彩的定义："凡博彩，其结果为偶然性，纯粹幸运制胜者"，概称"幸运博彩"，之后"博彩"一词取代了"赌博"一词。7月，澳葡当局明确赌博是"特殊的娱乐"，规定经营幸运博彩业的批给需通过专营制度实施，并公开招商承投专营博彩。8月，印度尼西亚华侨郑君豹与澳葡当局签订赛狗专营合约。9月，澳门跑狗有限公司在香港注册成立，并得到澳葡当局应允。10月，以港资为背景的叶汉、叶得利、何鸿燊及霍英东等人合组的财团，以承诺年饷316.7万元及承担繁荣澳门的条件，投得澳门赌场专营权。稍后，该财团连续投得"白鸽票""山票""铺票"专营权。这是澳门历史上赌权的第三次转变，也是影响最为深远、涉及层面更为广泛的一次赌权转变，博彩业从此走向公开化和合法化。第三次赌权转变后，澳门的博彩旅游业得到较全面发展，博彩业及与之相辅相成的旅游业在澳门经济发展中的"龙头"地位得以确立，博彩业也进入了较全面的法律监管阶段。

　　1962 年 1 月，澳门赌博检察委员会成立。新投得赌场专营权的财团开设第一间赌场——新花园赌场。5 月，澳门旅游娱乐有限公司正式成立，此后该公司一直掌握澳门赌场专营权近 40 年。在古老的赌埠澳门，渐渐因博彩旅游业闻名于世，成为全球最著名的赌城之一。

　　1963 年 2 月，澳门跑狗有限公司正式将赛狗专营合约转让予以何贤为董事长的澳门逸园赛狗有限公司。9 月，澳门逸园有限公司恢复了中断近 21 年的赛狗。1964 年 12 月，澳督罗必信颁布法令，将幸运博彩专营期改为 25 年。1966 年，葡京大酒店落成，它是一家东南亚有名的综合性大酒店，尤其以赌场最为引人注目。1971 年，澳门回力球企业有限公司注册成立。1975 年，澳门建成回力球场并举行回力球赛。1977 年，澳葡政府颁布《澳门赛马车会》章程，由叶汉任主席的澳门赛马车会获得澳葡政府批给赛马车专营权，有效期为 20 年。1980 年，位于氹仔的赛马车场落成，澳门进行首场赛马车博彩。可惜赛马车博彩并未受欢迎，赛事投注额每况愈下，结果于 1988 年停办。"台湾朕伟投资开发股份有限公司"于同年收购"澳门赛马车会"，将之改造为平地赛马场，并于 1989 年 9 月举行首日赛事。澳门赛马场开业后便遭逢多方面不利因素影响，开业一年便出现财政困难。最终由"澳娱"集资 10 亿元收购"澳门赛马车会"继续经营，赛事在 1991 年 2 月恢复。

　　1982 年，澳门立法会颁布法律，将澳门界定为"恒久性博彩区"，并将"赌博娱乐"法定名称改为"幸运博彩"，重新规范了幸运博彩业的批给制度、批给的公开招标、总督的职权及该法律本身的修改程序等内容。

　　1998 年，"澳娱"又引入了日式弹珠游戏机。同年，"澳门彩票有限公司"获政府批准接受足球博彩投注，正是 1998 年世界杯赛事。"澳娱"积极拓展业务范围，使之成为澳门博彩业最大的参与者。

　　在澳门回归中国前，社会早已对回归后实行赌权开放的可行性做了多次不同层面的讨论及研究。事实上，澳葡政府也曾为打破幸运博彩的专营局面做过考虑和准备。立法会于 1986 年通过的第 10/86/M 号法律中规定"按照特别准照制度批给的最多数目为 3 个"。1999 年 12 月 21 日，即澳门特别行政区成立翌日，行政长官何厚铧宣布邀请国际博彩营运经验的顾问公司研究澳门的博彩业前景。2000 年 7 月，负责研究澳门博彩业发展、法律、行政法规及政策的"澳门博彩委员会"正式成立。澳门特区政府成立博彩监察暨协调局，代表特区政府监督管理博彩业。

五　第四次赌权转变时期（2000 年至今）

2000 年 2 月，澳门特区政府提出澳门赌权"一开三"构想：娱乐公司续办澳门本土（指澳门半岛）专营赌场，氹仔和路环的专营赌场将以"特许经营方式开设分店"，公开招标竞投。

2002 年 2 月 8 日，澳门博彩委员会宣布竞标结果，澳门博彩股份有限公司、永利度假村（澳门）股份有限公司、银河娱乐场（澳门）股份有限公司三分天下，新赌牌从当年 4 月 1 日开始营运，后又分别与 3 家公司签订了为期 18 年、20 年、20 年的合约。澳门特区政府认为，该三家公司是最有利于澳门长远发展的"最佳组合"，期望各自发挥所长，将澳门发展成珠江三角洲休闲度假及会务展览中心之一。这次赌权开放是历史上澳门赌权的第四次转变，其最根本的标志是专营制度的终结和赌权的适当分割，以打破垄断，引入外资和竞争机制，充分配置和运用资源，提升和巩固博彩旅游业作为澳门经济"龙头"的地位，带动其他产业，将整体经济的"蛋糕"做大，促使澳门向着亚洲区博彩旅游中心的方向加速迈进。2004 年 5 月，澳门特区政府允许赌场向赌客贷款，也就是实行了所谓的"拉斯维加斯法则"，标志着澳门博彩业改革迈出新的一步。2005 年 1 月，澳门特别行政区首长何厚铧发表施政报告指出，将博彩业作为龙头产业做大、做强，推动博彩业健康发展，提高博彩业带来的资本效应、规模效应、就业效应、产业效应和财税增收效应，标志着澳门的博彩业进入新的发展阶段。

第二节　澳门博彩业发展现状

一　澳门博彩活动的分类

澳门作为世界知名的博彩娱乐之城，在博彩活动的形式和规则方面，中西结合，融汇古今，能迎合来自不同地区赌客的习惯和偏好。澳门的博彩业可大致分为三类：幸运博彩、相互博彩、碰运气（彩票），其中以幸运博彩最为普及，也最有吸引力。此外，还有跑狗、赛车、赛马、回力球、彩票、赌波（球）等。

1. 幸运博彩

由于幸运博彩活动必须在批给人核定的地方及场所进行，即在赌场内进行，所以这一类博彩就是人们通常所说的赌场博彩。幸运博彩的赌法就有 26 项：百家乐、法国庄、廿一点、廿五门、花旗骰子、骰宝、十二号码、法国式纸牌博彩、番摊、花旗摊、金露、幸运轮、麻雀、角子机、牌九、话事啤、轮盘、十二支、三十与四十、十三张、双起、弹子机、泵波拿等。澳门的娱乐场一般附设于各大酒店，全部是 24 小时营业。幸运博彩是澳门博彩业所有类别中最重要的一种，其每年缴付的税款约占所有博彩种类税款即博彩税总收入的 90% 以上。

2. 相互博彩

澳门相互博彩项目主要有赛狗和赛马两种。相互博彩是指赛马、赛狗、回力球以及赛马车等娱乐，其中回力球和赛马车两项已经彻底结束了，赛狗在全亚洲只有澳门一地举办。赛狗其实属于一种打赌竞猜活动，亦是以专利模式经营。

3. 碰运气博彩

碰运气博彩则是指彩票，彩票种类繁多，而最早在澳门流行的是中式彩票，其历史可追溯至 19 世纪，传统的山票、铺票现在已被足球体育彩票所代替。而目前流行的彩票虽称得上中西式并存，但归纳起来只有三大种：白鸽票、即发彩票（即发六合彩）和体育博彩彩票，其中，体育博彩彩票只有足球和篮球彩票。此外，赌场还能为赌客提供诸如典当、餐饮、其他娱乐等服务。

二 澳门博彩业的特许发展模式

澳门特区政府于 2002 年 2 月 8 日正式宣布娱乐场幸运博彩经营牌照分别由澳门博彩股份有限公司（原澳门旅游娱乐有限公司）、永利度假村（澳门）股份有限公司和银河娱乐股份有限公司获得，从而结束了澳门博彩业 40 年度假垄断专营的时代，翻开了澳门博彩业的新篇章。

2002 年 12 月，银河娱乐场股份有限公司在特区政府的允许下以"转批给"的形式将赌牌"一分为二"，与威尼斯人（澳门）股份有限公司共同持有。2005 年 4 月，澳门博彩股份有限公司与美高梅金殿超濠股份有限公司签订"转批给"合同。2006 年 9 月，永利度假村（澳门）股份有限公司与新濠博亚娱乐有限公司签署"转批给"合同。自此，澳门博彩企业形成了"三正三副"赌牌、六家博彩企业争奇斗艳的格局。截至 2012 年年底，澳门共有幸运博彩娱乐场 35 间，其中 23 间开设于澳门半岛，余下 12 间则设在离岛氹仔。据澳门所有娱乐场数目显示，"澳博"占 20 间、"银河"占 6 间、"威尼斯人"占 4 间、"新濠博亚"占 3 间、"永利"及"美高梅"分别各占 1 间。

表 6 - 1　　　　澳门特别行政区与三家博彩企业签署合同的摘录

项目		澳博	永利	银河
批给年限		18 年（2002 年 4 月至 2020 年 3 月）	20 年（2002 年 6 月至 2022 年 6 月）	20 年（2002 年 6 月至 2022 年 6 月）
投资金额		43.375 亿澳门元	40 亿澳门元（签约后 7 年内完成）	88 亿澳门元（签约后 7 年内完成）
税费责任	博彩特别税	毛利的 35%	毛利的 35%	毛利的 35%
	特别征费　对公共基金拨款	毛利的 1.6%	毛利的 1.6%	毛利的 1.6%
	特别征费　对公共建设事业拨款	毛利的 1.4%	毛利的 2.4%	毛利的 2.4%
	博彩溢价金	由固定部门（每年 3000 万澳门元）及可变部分（按博彩桌及包括"角子机"在内的电动或机动博彩机的数目计算）组成		
总计		超过毛利的 38%	超过毛利的 39%	超过毛利的 39%

资料来源：梁华峰（2012）。澳门服务产业集聚及相关政策研究。北京：中国经济出版社，p63。

三　澳门的六大娱乐场集团简介

1. 银河娱乐集团

银河娱乐集团（下称"银娱"）是亚洲地区最具规模的综合娱乐度假发展及营运公司之一，为恒生指数成分股之一。集团的附属公司银河娱乐场股份有限公司，于 2002 年获澳门特区政府授予博彩经营权，可于澳门开设及经营娱乐场业务。从 2004 年开始，银娱凭借发展四间城市娱乐会进军澳门博彩业市场，成功在市场上为品牌打好基础，于博彩业发展迅速的澳门大展拳脚。以博彩收益计算，澳门是全球最大的博彩娱乐市场，亦是中华人民共和国境内唯一可以合法进行博彩活动的地区。银娱以"亚洲心"为宗旨，着重最顶级的服务素质，具备集休闲娱乐于一身的世界级设施，致力于配合澳门特区政府实践可持续及适度多元发展的重要方针。作为澳门的良好企业公民，银娱一直恪守承诺、肩负社会职责，致力打造澳门为"世界旅游休闲中心"、协助发展澳门的多元文化、与各个社会机构保持良好关系、参与及支持各类型慈善和小区活动，同时注重员工的身心健康发展。

银娱现拥有及经营着位于澳门半岛的旗舰超五星级星际酒店及娱乐场、经营四间城市娱乐会，及位于路氹的"澳门银河™"。"澳门银河™"是一项集休闲、度假和娱乐于一身的大型综合度假城，为澳门创建一个极具亚洲特色的度假新胜地，进一步落实集团在澳门及区内的长远发展。银娱旗下的旗舰项目"澳门银河™"新里程及全新的"澳门百老汇™"于2015年5月27日正式开幕。为成功打造全世界最顶级的综合娱乐度假城，银娱计划在澳门投资1000亿港元，"澳门银河"及"澳门百老汇"的总投资额已达430亿港元，此项目更是澳门自2012年后首个新开幕的综合度假城，标志着澳门旅游业发展的新里程。

银娱早前已公布路氹地皮第三及第四期的发展蓝图，并预计地盘勘察工程最快于2015年开展。此外，集团与横琴当局就横琴一幅面积达2.7平方公里的土地订立框架协议，以发展世界级度假胜地。此项目将与银娱在澳门的业务相辅相成，令银娱在同业中脱颖而出，并在支持澳门发展成为世界旅游休闲中心方面扮演重要角色。银娱一直推动澳门的经济适度及多元发展。银娱承诺继续履行企业社会责任，致力培育本澳人才，宣扬澳门本地文化和特色，并积极为澳门长远的繁荣稳定作出努力。

2. 威尼斯人（澳门）股份有限公司

金沙中国有限公司（香港联交所，1928）是澳门领先的多用途综合度假村及娱乐场发展商、拥有人及营运商。按娱乐场博彩收益计算，澳门是全球最大的博彩市场；同时也是中国唯一提供合法娱乐场博彩的地区。金沙的附属公司威尼斯人澳门股份有限公司，持有澳门政府发出的六个特许博彩经营权或转批经营权，可以在澳门营运娱乐场或博彩区。金沙拥有澳门威尼斯人®、澳门金沙®、澳门百利宫™及金沙城中心。金沙亦拥有亚洲其中一个最大型的会展大堂金光会展、澳门最大的文娱场所金光综艺馆、设有 1800 个座位的豪华威尼斯人剧场，以及往来港澳的两家主要气垫船公司之一金光飞航。金沙的豪华及中档零售购物中心名店林立，共有 600 多家知名品牌的零售门市。金沙的所有度假村物业可提供超过 9000 间酒店客房以及逾 100 家各式餐厅食肆。金沙的业务策略为发展路凼及发挥综合度假村的业务模式，打造亚洲首屈一指的博彩、休闲及会议目的地。按照金沙的规划，路凼最终将建成四座互相连接的综合度假村，包括多个不同类型的品牌酒店及度假设施，以吸引不同市场档次的消费者。金沙为拉斯维加斯金沙集团股份有限公司（纽约证券交易所：LVS）之附属公司，与拉斯维加斯的 The Venetian® Resort-Hotel-Casino、The Palazzo® Resort-Hotel-Casino 及 Sands® Expo and Convention Center，以及美国宾州第一个博彩度假胜地 Sands® Casino Resort Bethlehem 同属一家母公司。

3. 澳门博彩股份有限公司

澳门博彩控股有限公司为澳门博彩股份有限公司（"澳博"）的控股公司，澳博根据与澳门特别行政区政府于 2002 年 3 月签订的批给合同，成为六家授权经营娱乐场幸运博彩及其他方式博彩业务的公司之一。澳博是唯一植根澳门的娱乐场博彩承批公司。澳博旗下的娱乐场位于澳门半岛及凼仔的重要据点，邻近主要的出入境口岸，经营贵宾赌台、中场赌台及角子机的博彩业务。

澳博旗下的娱乐场如表 6—2 所示。

表 6 – 2　　　　　　　　　澳博旗下的娱乐场

新葡京	财神娱乐场
葡京娱乐场	君怡娱乐场
回力海立方娱乐场	金龙娱乐场
十六浦娱乐场	希腊神话娱乐场
巴比伦娱乐场	集美娱乐场
皇家金堡娱乐场	金碧汇彩娱乐场

励骏会娱乐场	兰桂坊娱乐场
钻石娱乐场	凯旋门娱乐场
英皇宫殿娱乐场	澳门赛马会娱乐场

4. 永利度假村（澳门）股份有限公司

永利澳门有限公司在香港联合交易所主板上市，亦是在美国纳斯达克交易所上市的 Wynn Resorts，Limited 的附属公司。永利澳门位于澳门半岛市区的博彩业中心，由永利澳门有限公司拥有及经营，于 2006 年 9 月 6 日正式开业。在 2007 年 12 月扩建工程完成，扩大了娱乐场地、餐饮场所及零售空间。2008 年，永利澳门为澳门唯一荣获美孚五星奖的酒店，亦是亚洲区内五家获此殊荣的酒店之一。2010 年 4 月，永利澳门的万利开幕。2015 年 2 月，永利澳门同时于酒店、水疗中心和餐厅三个类别中获《福布斯旅游指南》颁授五星大奖，成为全球唯一荣获七项福布斯五星大奖的度假酒店。

另外，永利皇宫将于 2016 年上半年隆重开幕，是 Wynn Resorts 旗下第二个在澳门的豪华综合度假村。永利澳门拥有面积约 222000 平方尺，提供 24 小时博彩娱乐及一系列游戏的娱乐场，当中设有多间私人博彩厅；600 间豪华客房及套房；六间休闲及高级餐厅；约 46000 平方尺的名店街，汇聚 Bvlgari，Chanel，Dior，Dunhill，Fendi，Ferrari，Giorgio Armani，Gucci，Hermes，Hugo Boss，Louis Vuitton，Miu Miu，Piaget，Prada，Rolex，Tiffany，Van Cleef & Arpels，Versace，Vertu，Zegna 等名店；康体及休闲设施，包括康体中心、游泳池及理疗康体中心；酒廊及会议设施。

永利澳门的万利拥有：面积约 22000 平方尺，提供 24 小时博彩娱乐及一系列游戏的娱乐场，当中设有多间私人博彩厅；一个约 12000 平方尺的 Sky Casino；414 间豪华套房及度假别墅式套房；约 3200 平方尺的名店街，包括 Chanel，Piaget 及 Cartier；两家餐厅；套房式豪华私人理疗康体设备。除永利澳门外，史提芬永利先生及他的团队以往曾负责 Wynn Las Vegas，Encore，Bellagio，Mirage 及 Treasure Island 的设计、发展及营运，这些酒店均被誉为拉斯维加斯地标性度假酒店的始祖，以卓越质量、豪华及娱乐见称。

5. 新濠博亚娱乐有限公司

新濠博亚娱乐有限公司（"新濠博亚娱乐"）为一家于亚洲发展、拥有及经营娱乐场博彩及娱乐度假村业务的公司。公司透过其全资附属公司新濠博亚（澳门）股份有限公司持有澳门仅有的六个博彩专营权之一，于澳门特别行政区经营娱乐场相关业务。2006 年 12 月 19 日，新濠博亚娱乐成功在美国纳斯达克证券市场上市（股票代号：MPEL），集资超过 11.4 亿美元。根据 Renaissance Capital 以及 IPOhome.com 数据显示，该次上市活动为美国 2006 年第四大招股活动。2011 年 12 月 7 日，新濠博亚娱乐在香港联合交易所主板做双重上市（股票代号：6883）。

2015 年 7 月 3 日，新濠博亚娱乐自愿撤销于香港联合交易所之上市地位。透过与世界知名品牌合作，新濠博亚娱乐开创革新的产品及完善的服务，致力于为广泛的客户群提供最佳的休闲娱乐体验，并锐意成为澳门博彩业的领导者。新濠博亚娱乐正朝着此目标进发，并于区内发展及规划多项发展项目。

澳门新濠锋是集时尚尊贵于一身的酒店及娱乐场，提供世界级超凡礼遇。澳门新濠锋设有澳门最尊贵及优雅的豪华住宿，并为追求完美品味及着重细致要求之贵宾提供世界级的餐飨体验。

新濠天地是一所不容错过的综合娱乐度假村。此旗舰项目设有精彩刺激的娱乐设施、时尚潮流的娱乐热点、顶级的餐饮设施、集合著名品牌的购物商场、宽敞而富时代设计品位的娱乐场以及全球最壮观的《水舞间》。此外，新濠天地现提供约 1400 间舒适而多样化的住宿选择，而其第五栋酒店大楼预计将于 2017 年上半年开幕。由屡获殊荣及蜚声国际的扎哈·哈蒂（Zaha Hadid）女爵士担纲设计的新濠天地第五栋酒店大楼势必成为路氹城及澳门的地标建筑，并将进一步巩固新濠天地于高端市场的领先地位。除别开生面的多元化娱乐体验外，新濠天地亦不断筹办各类大型娱乐节目和表演，当中包括澳门首个声色艺歌舞荟萃《Taboo 色惑》以及让各位宾客尽情享乐狂欢的全天候池畔音乐派对"Splash"。新濠天地亦曾举办多个独家大型节目，如中国奥运金牌跳水队、北京花漾游泳队和著名流行歌手同台献技的大型综合会演《非凡之旅》及魔术大师法兰兹·哈拉瑞在澳门的首次盛大演出。

　　新濠博亚娱乐旗下之摩卡娱乐场是澳门最大的非赌场电子博彩机业务，为宾客提供实时电子博彩玩乐体验。每间娱乐场均结合了咖啡室的时尚消闲气派和角子老虎机的刺激娱乐。

　　于 2015 年隆重开幕的新濠影汇以荷里活影城为概念，是一个以电影为主题的全新娱乐及休闲胜地，致力于成为澳门最多元化的娱乐场所。新濠影汇将是提供最多世界级娱乐设施的综合度假村，为亚洲娱乐胜地开创全新局面。新濠影汇的外墙将建有 130 米高的摩天轮"影汇之星"，连接着新濠影汇的两栋酒店大楼。此度假村的其他精彩娱乐体验还包括以华纳兄弟旗下之蝙蝠侠为主题的"蝙蝠侠夜神飞驰"；一众魔术大师为旅客提供奇幻魔术体验的"魔幻间"魔术剧场；专为小朋友而设并伴有华纳兄弟及 DC 漫画特许经营的角色人物及各种机动游戏的家庭娱乐中心"华纳满 Fun 童乐园"；设有 5000 个座位、可供举行演唱会、戏剧及体育活动的多用途综艺馆"新濠影汇综艺馆"；设有 300 个座位、供制作专在亚洲区发行的真人超级游戏节目的电视直播室"8 号转播厅"；以及将把充满伊维萨岛风格的夜生活带进澳门、令澳门夜生活火热升温的"派驰"。

　　除在澳门以外，于 2014 年 12 月开幕的新濠天地（马尼拉）标志着新濠博亚娱乐正式进军菲律宾蓬勃发展的旅游业。位于马尼拉湾区的新濠天地（马尼拉）综合娱乐度假村由新濠博亚娱乐的附属公司——新濠博亚菲律宾管理和经营。新濠天地（马尼拉）设有六座酒店大楼，并云集皇冠度假酒店、Nobu 酒店及马尼拉新濠天地 HYATT 三个享誉国际的酒店品牌，为不同旅客提供全方位住宿选择，为休闲及商务旅客而设的时尚潮流和豪华的生活享受；贵宾级娱乐场及酒店体验；以及为会议展览及尊贵商务旅客提供的独特礼遇及设施服务。新濠天地（马尼拉）亦设有三项独特的娱乐设施，包括全球首个以梦工场为主题的教育及娱乐中心 Dream Play；位于娱乐场中央、设有现场表演的特色酒吧 CenterPlay；以及位于 Fortune Egg 内的世界知名夜总会品牌 Pangaea 和 Chaos。Fortune Egg 是一座圆顶形建筑物，配有创新外墙灯光设计，势将成为马尼拉湾地区的地标。此外，新濠天地（马尼拉）更设有多间特色餐厅和酒吧、博彩设施，以及多层停车场，致力于推动马尼拉旅游业的多元发展，同时进一步提升区内的酒店服务水平。

6. 美高梅金殿超濠股份有限公司

澳门美高梅是一家位于澳门半岛临海地段屡获殊荣的五星级综合娱乐场及豪华度假酒店。该公司的娱乐场建筑面积约为28976平方米，拥有约1000部角子机、430张赌台及多个贵宾及私人博彩区。博彩区的设计具不同的奢华度及专有权，备有多项隐私设施。美高梅金殿超濠股份有限公司的时尚酒店由一栋拥有约580间豪华客房的35层大厦组成，包括标准客房、豪华套房、私人豪华别墅、专用休闲区域及10家餐馆和酒吧。公司的物业直接与壹号广场相连，其拥有众多世界领先的豪华零售商，并包括文华东方酒店及酒店式公寓。

四　澳门的产业结构及博彩业的地位

1. 产业结构单一，博彩业占据近半壁江山

澳门产业结构极其不平衡，第一产业的产值微乎其微，可以略去不计。近年来，在澳门经济中起主要作用的四大行业，即旅游博彩业、出口加工业、建筑地产业、金融保险业。包含博彩业在内的社会服务和个人服务的产值占到了生产总值的57.65%。其中旅游博彩业产值一项即占澳门GDP的40%以上，博彩专营税已占政府财政收入的70%以上。

表6-3　　　　　　　　按生产法估算的本地生产总值结构

年份	第二产业					第三产业				
	小计	采矿业	制造业	电力、气体及水等	建筑业	小计	批发及零售业、维修、酒店业及饮食业	运输、仓储及通信业	银行、保险及退休基金、不动产业务、租赁及向企业提供的服务	公共行政、社会服务及个人服务（包括博彩业）
1992	19.15	0.04	11.4	2.07	5.64	80.85	9.14	3.45	26.91	41.36
1993	17.14	0.05	9.04	2.18	5.87	82.86	8.52	3.43	29.28	41.64
1994	15.97	0.05	8.25	2.04	5.63	84.03	9.33	3.56	28.16	42.98
1995	14.7	0.02	7.58	2.12	4.98	85.3	8.97	3.44	27.11	45.78
1996	14.16	0.02	7.82	2.47	3.85	85.84	10.9	4.54	25.3	45.1
1997	14.27	0.02	7.98	2.53	3.74	85.73	8.77	6.46	25.76	44.74
1998	15.51	0.02	9.17	3.14	3.18	84.49	8.84	6.91	27.53	41.21

续表

年份	第二产业					第三产业				
	小计	采矿业	制造业	电力、气体及水等	建筑业	小计	批发及零售业、维修、酒店业及饮食业	运输、仓储及通信业	银行、保险及退休基金、不动产业务、租赁及向企业提供的服务	公共行政、社会服务及个人服务（包括博彩业）
1999	15.63	0.01	9.30	3.28	3.04	84.37	8.81	7.26	26.44	41.85
2000	14.69	0.01	9.56	2.84	2.28	85.31	9.44	7.35	23.64	44.88
2001	12.94	0.01	7.92	3.03	1.98	87.06	10.4	6.66	22.56	47.44
2002	12.11	0.01	6.92	2.7	2.47	87.89	11.22	6.58	21.65	48.44
2003	12.78	0.02	6.19	2.66	3.92	87.22	10.94	5.39	21.05	49.84
2004	12.05	0.02	5.26	2.19	4.58	87.95	12.26	5.18	19.52	50.99
2005	15.17	0.01	4.30	1.9	8.96	84.83	10.82	4.78	22.6	46.63
2006	19.75	0.01	4.00	1.72	14.02	80.25	10.43	4.40	23.28	42.13
2007	19.14	0.01	2.88	1.15	15.09	80.86	10.31	4.00	22.81	43.74
2008	17.23	0#	2.07	1.19	13.96	82.77	12.29	3.41	22.82	44.25
2009	10.89	0#	1.47	1.27	8.15	89.11	14.05	3.58	23.72	47.77
2010	7.31	0#	0.84	1.05	5.42	92.69	14.79	3.62	19.18	55.09
2011	6.45	0.01	0.69	0.85	4.9	93.55	15.2	3.27	17.49	57.59
2012	6.24	0.01	0.71	0.79	4.74	93.76	15.56	3.00	17.55	57.65

资料来源：澳门统计暨普查局（1992—2012）。澳门产业结构。

　　按照表6-4显示，1998—2013年澳门博彩业的就业人口持续高速增长。从事博彩业的劳动力，2008年比1998年增长了295%；澳门回归以来，特别是博彩业经营权的开放后，就业人口不断流向博彩业。2013年博彩业人口比2008年增长了21%，达到93000多人次。受博彩业兴旺所带动，与之直接或间接相关行业的就业人数也有不同幅度的增长，1994—2013年酒店与餐饮业就业人数上升了140%，批发与零售业就业人数上升了38%，金融业就业人数上升了63%。澳门制造业的就业人口持续下降，2013年与1998年比较，下降了78%。

表6-4   1994—2013年澳门按行业就业人口统计数据（单位：千人）

年份	行业									
	第二产业			第三产业						
	制造业	水电及气体生产供应业	建筑业	批发及零售业	酒店及饮食业	运输、仓储及通信业	金融业	不动产及工商服务业	公共行政及社保事务	文娱博彩及其他服务业
1998	41.4	1.3	20.5	32.3	22.6	13.3	5.7	7.9	16.1	19.6
1999	42.7	1.1	16.2	30.4	21.0	14.5	5.8	9.3	16.3	19.3
2000	38.0	0.8	16.2	30.1	21.1	14.6	6.9	10.5	16.4	21.5
2001	44.6	1.0	17.1	30.5	22.7	14.7	6.5	10.8	16.2	22.4
2002	42.0	1.2	15.3	31.4	23.3	13.1	6.3	11.0	17.4	23.5
2003	37.7	1.3	16.4	33.2	22.4	14.4	6.3	12.0	18.1	23.9
2004	36.1	1.1	18.1	35.2	24.1	15.0	6.2	12.6	18.1	31.3
2005	35.3	1.2	22.9	35.3	24.9	14.8	6.6	14.3	18.8	40.8
2006	29.4	0.9	30.8	36.4	29.9	16.8	6.9	16.2	20.5	52.5
2007	20.7	1.2	31.1	39.4	34.0	17.1	8.1	20.1	23.5	72.7
2008	24.3	0.8	37.6	38.9	40.8	15.6	7.3	23.4	19.4	77.4
2009	16.4	0.9	31.8	40.8	43.2	16.2	7.3	25.3	19.7	73.7
2010	15.2	0.9	27.1	41.4	42.8	18.2	7.3	27.5	21.4	75.4
2011	12.8	1.3	28.2	43.4	46.1	16.0	8.1	28.0	23.0	82.0
2012	10.3	1.5	32.3	42.3	53.0	16.0	8.2	24.3	25.1	89.5
2013	9.0	1.5	35.3	44.7	54.3	15.9	9.3	27.6	25.7	93.4

资料来源：澳门统计暨普查局（1994—2013）。就业人口统计调查。

澳门博彩业自2002年开放以来，赌台数目、角子机数目、博彩毛收入均大幅上升。2012年年底全澳门赌台共5485张，是2002年的16多倍；角子机数目更由808台增加到2012年的16585台，飙升了20多倍。澳门2006年以575.21亿澳门元（约71.72亿美元）的博彩毛收入超过了当年美国拉斯维加斯金光大道的博彩总收益（约66.90亿美元），成为全球赌场收入最高的地区。并且，博彩毛收入在7年间增长了5倍多，2012年更达到了3052.35亿澳门元。

表 6 – 5　　　　　　　　　　　澳门博彩业主要指标

项目 年份	赌台 数目 （台）	角子 机数目 （台）	博彩毛收 入（亿 澳门元）	幸运博彩 占博彩毛 收入的比 例（%）	博彩税 总收入 （亿澳 门元）	财政总 收入 （亿澳 门元）	博彩税 占财政 收入比 例（%）	财政盈 余（亿 澳门 元）
2000	—	—	177.58	—	56.47	—	—	—
2001	—	—	195.41	—	62.93	—	—	—
2002	339	808	234.96	94.32	77.66	118.95	65.29	15.36
2003	424	814	303.15	94.58	105.79	152.89	69.19	27.97
2004	1092	2254	435.11	95.10	152.37	208.95	72.92	69.60
2005	1388	3421	471.34	97.69	173.19	238.17	72.72	79.55
2006	2762	6546	575.21	98.44	207.48	290.74	71.36	113.95
2007	4375	13267	838.47	99.62	319.20	422.32	75.58	225.90
2008	4017	11856	1098.26	99.04	432.08	559.31	77.25	285.66
2009	4770	14363	1203.83	99.16	456.98	566.73	80.63	222.83
2010	4791	14050	1895.88	99.34	687.76	825.64	83.30	447.58
2011	5302	16056	2690.58	99.56	996.56	1229.72	81.04	773.79
2012	5485	16585	3052.35	99.64	1133.77	1449.95	78.19	909.82

资料来源：澳门统计暨普查局（2000—2012 年）。统计年鉴。

2. 澳门的博彩业波动发展，存在敏感性隐忧

澳门博彩业的发展也并非一帆风顺的。由于博彩业所特有环境的敏感性和脆弱性，以博彩业作为主要龙头的澳门经济极易受到外围环境和政策的影响，而发生较大幅度的波动。自 2002 年以来，澳门博彩业在发展过程中，已经呈现出几次明显的波动发展的特征，具体情况简要介绍如下。

（1）2006 年限制自由行导致经济波动

2002 年博彩经营权开放以来，澳门的博彩业经过超高速的发展，无论是在规模还是品牌上，均已经取得了巨大的成绩。这与中央政府推出的"港澳自由行"政策有着密不可分的关系。"自由行"政策，起始于 2003 年 7 月 28 日。广东率先试办个人赴港澳旅游。到 2004 年 5 月全面铺开，覆盖内地 49 个城市，居民反应异常踊跃。统计显示，以

"自由行"方式来澳门的内地游客，占整体访澳内地客源的 40%—
50%。然而，有关"自由行"政策的变化，引起了澳门社会各界的关
注。先是从 5 月小"黄金周"以后，广东省居民赴澳"个人游"（自由
行）签注，从原来一个月内可多次申请改为"一月一签"，并将旅游、
商务签注在澳停留时间由原来 14 天缩短为 7 天；从 7 月 1 日开始，广
东省居民申请来澳签注进一步收紧至"两月一签"，而且同一申请人不
能同时申请港、澳签注，一份申请只能申请一个地方。其实，不仅广东
省，重庆市也实施了相同的政策，而有些"自由行"城市如北京、上
海等地，办理签注的时间也比过去长。上述政策的变化和实施，对澳门
的博彩业发展产生了一定的影响，引起了业界的广泛关注。

（2）2008 年金融海啸导致经济波动

统计数据显示，2008 年 9 月上半月博彩毛收益完全没有增长，同
时下半月也未见起色，因此该月的收益与去年同期相比继续下跌。2008
年 9 月澳门赌业收入约为 69 亿澳门元，同比下跌约 3.5%—4%，这是
澳门 2002 年博彩业开放以来首次出现下跌。2007 年全球股市形势一片
大好，不少人将资金注入赌场，带动了澳门赌业发展，澳门博彩业收益
2007 年前 7 个月创下 45.8%的高增长率。但是 2008 年在金融海啸冲击
之下，全球股市财富泡沫破灭，许多赌场"贵客"已经风光不再，而
这些贵客往往是博彩公司的主要收入来源，直接影响到博彩公司的收
益。澳博在 2008 年 9 月底披露的半年业绩公告显示，贵宾博彩业务近
两年占集团总收益约 60.0%，但是 2008 年上半年澳博贵宾厅收入已经
减少 12.1%，至 92.8 亿澳门元，拖累澳博整体收入减少 4.5%。在贵
客减少的同时，赌场也被迫裁减庄荷，仅澳门媒体披露的庄荷便高达约
500 人。而内地的假日经济也未能帮助澳门实现经济发展上的脱困。如
2008 年"十一"黄金周期间，受到内地居民澳门"自由行"签证政策
变动的影响，广东省出游澳门的人数不增反减，与赴香港旅游的人数大
幅增长形成强烈反差。澳门特区政府旅游局公布的"十一"黄金周首
四天数据显示，澳门国际游客增长率达 63%，而内地旅客增长则不到
一成。此外，该局的统计数据还显示，2008 年头 7 个月的博彩业总收
益（不计赏钱）从去年同期的 838.468 亿澳门元锐减至 686.308 澳门
元，跌幅高达 18.15%。

（3）2015 年外围经济和政策形势导致波动

2015 年上半年澳门最大的 6 家赌场营运商利润下滑 40%，亚洲区推动的反腐运动继续对这块中国境内唯一一个赌博合法的区域造成打击。澳门主要赌场的报告显示，2015 年上半年它们的息税折旧及摊销前利润（Ebitda）总和略高于 30 亿美元，较去年同期的逾 50 亿美元大幅下滑。澳门自开放博彩业以来首次全年博彩收入下跌。2014 年 12 月澳门博彩收入同比大跌三成，2014 年全年下跌 2.6%，低于市场预期。澳门六大博彩运营商的股价下跌了 27%—38%。中国经济放缓、入境规则收紧、反洗钱措施加强是三大主因。其中，对澳门博彩业造成影响的最为关键的原因在于不断强化的反腐运动使得内地"VIP"豪赌客不敢再来。由于中国内地加大了反腐的力度，一些腐败官员，包括一些国有企业的领导，很多都不敢再到澳门赌博。而与此同时，澳门在博彩业方面也采取了一些管制措施，这些中国内地的政府官员一旦到澳门赌博就会被发现。通过上述相应举措可知，中国内地的反腐运动，对于澳门博彩业的发展确实存在一定的影响。但澳门博彩业收入连续 14 个月下跌还有其他原因，例如，国内经济下行压力增大，企业发展遇到困难等，以前经常来澳门参加博彩活动的企业高管们，如今到访澳门的次数也慢慢减少了。此外，澳门还加强了对博彩业和银联卡使用的规范管理，加大了对洗钱等行为的打击力度；海关也加强了对偷渡者的控制措施等，上述这些环境和管理都对澳门博彩业的继续高速发展造成了阻碍。

第三节　博彩业发展对澳门的影响

从博彩业的历史来看，推动博彩业发展有三大引擎：第一是财政政策引擎，如欧洲一些国家政府通过发行彩票为政府融资。第二是产业政策引擎，澳门、蒙地卡罗和拉斯维加斯，都是由于政府在"无他途以为生计"的产业政策引导下，走上了以赌立城的道路。第三是国际金融引擎，近 20 年来世界博彩业的发展开始受国际金融逻辑的支配，世界多个国家已经走上了开赌的道路，禁赌的国家越来越少。博彩业作为一种产业，在社会经济系统中，有创造就业机会、筹集资金、推动慈善和增加税收等功能，也给社会经济带来了冲击。澳门博彩业对澳门的社会经济影响可以从积极和消极两个方面来看。

一　博彩业对澳门经济的积极影响

博彩业带动澳门经济社会快速发展，使其成为世界小型经济体发展过程中的一个奇迹，对澳门经济、社会有着重大及深远的影响。澳门回归时，中华人民共和国政府制定了《中华人民共和国澳门基本法》，其中第五章确定了澳门回归后的经济制度和经济地位及其特区的产业发展模式。《基本法》118 条规定："澳门特别行政区政府根据本地整体利益自行制定旅游娱乐业的政策"，赋予了澳门发展博彩业的权利，成为澳门回归后经济繁荣和高速发展的基础。

（一）带动经济发展

自澳门回归，博彩业就在澳门确定了合法地位。目前以旅游博彩业为龙头，以服务业为主体，带动其他产业协调发展的产业政策的确立，推动了澳门博彩业的迅速发展。2002 年博彩业开放到 2013 年，澳门博彩总收入从 234 万澳门币增加到 3618 亿多澳门币，在 12 年间增长了15.4 倍，博彩税从 77.65 亿澳门币提高到 1343.82 亿澳门币，增长了17.3 倍，博彩业提供就业人数从 2.35 万人增加到 8.33 万人，增长了近 3.6 倍。而随着澳门博彩业的发展，博彩业在澳门整个经济中的比重也迅速提高，博彩业在 GDP 中所占比重，由回归前 1999 年的 25.38% 提高到了 2009 年的 71.09%。博彩业税收占据财政收入的比重由 1999 年的19.53% 提高到了 2015 年第一季度的 88.8%。澳门博彩业不但直接为澳门创造了巨大的财政税收和社会财富，并且提供了大量的就业职位。

表 6 - 6　　　　　博彩毛收入、博彩税收及其对经济的贡献

年份	博彩毛收入（不计赏钱）		博彩税收		对经济的贡献（%）	
	百万澳门元	同期变动率	百万澳门元	同期变动率	博彩毛收入占本地生产总值	博彩税法占公共财政收入
2012 年	305235	13.4	113378	13.8	88.9	78.2
2013 年	361866	18.6	134382	18.5	88.3	76.4
2014 年	352714	-2.5	136710	1.7	79.6	87.6

续表

年份	博彩毛收入（不计赏钱）		博彩税收		对经济的贡献（%）	
	百万澳门元	同期变动率	百万澳门元	同期变动率	博彩毛收入占本地生产总值	博彩税法占公共财政收入
2014 年第一季度	102491	19.7	37976	21.7	88.8	90.1
2014 年第二季度	91236	5.6	37377	10.9	80.0	90.5
2014 年第三季度	83143	−7.0	31925	−4.4	76.5	85.0
2014 年第四季度	75844	−24.5	29432	−18.4	72.2	83.9
2015 年第一季度	65033	−36.5	25383	−33.2	70.8	88.8

资料来源：澳门经济季刊（2015）。第一季。

　　自从 2002 年澳门博彩业开放后，本地生产总值（GDP）增长迅速，2002 年，澳门的 GDP 仅为 562.98 亿澳门元，至 2014 年已经达到 4432.97 亿澳门元；同期人均 GDP 则由 15007 澳门元增至 89333 澳门元（相关数据引自澳门统计暨普查局网站，以下均同），折算为 39036 美元，位列亚洲第二，与居首的日本（39064 美元）仅相差 28 美元；高于新加坡（37597 美元）和香港（30840 美元）。事实上，澳门的人均 GDP 在 2006 年就已超过香港和台湾，跃居亚洲第三位；2007 年第一季度跻身亚洲第一位。

表 6 – 7　　　　　　　　本地生产总值及人均本地生产总值

年份	本地生产总值（单位：百万澳门元）	同期变动率	人均本地生产总值（澳门元）	人均本地生产总值（美元）
2001	52332.4	—	120555	15007
2002	56298.5	7.6	128433	15987
2003	63579.4	12.9	142854	17809
2004	82294.0	29.4	180108	22450
2005	94471.0	14.8	198406	24767
2006	116570.5	23.4	234123	29263
2007	145084.8	24.5	278539	34661
2008	166265.1	14.6	307917	38391

续表

年份	本地生产总值 （单位：百万澳门元）	同期变动率	人均本地生产总值 （澳门元）	人均本地生产总值 （美元）
2009	170171.3	2.3	317575	39775
2010	226941.3	33.4	422657	52818
2011	293745.0	29.4	534734	66687
2012	343499.5	16.9	603641	75551
2013	409959.2	19.3	691578	86564
2014	443297.9	8.1	713514	89333

（二）带动相关行业发展

博彩业的发展会带动当地大量的旅客往来其间，从而也能够带动当地的交通、建筑、房地产、旅游、娱乐等相关行业的发展。如据统计，目前澳门1/5的家庭直接受益于博彩业，1/3的家庭间接从中受益（澳门统计暨普查局）。博彩业的发展也对来到澳门的客源产生巨大的吸引力，2009年，到访澳门的游客达到了2100万人次，相当于澳门总人口的40多倍。博彩业吸引了大量外地旅客，为澳门带来了巨大的外汇收入（龙思泰，1997），同时也刺激了当地的基础设施建设的完善。澳门博彩公司向公共房屋、公共医疗等社会福利事业拨款，向政府工程、公用事业公司注资，资助文化艺术活动，兴办教育事业等。澳门一些大型基础设施建设，如第二条澳氹跨海大桥、澳门国际机场、深水港、新港澳码头及规模宏大的南湾整治工程等，也都有澳门旅游娱乐公司的参与和投资。澳门博彩公司对澳门经济的介入日益增加，对澳门的经济发展起到不可代替的作用，为澳门的社会、文化等基础建设承担了义务。目前澳门的政商界最欢迎博彩业的发展，因为博彩业可以给当地带来稳定而又持续的收益。

二　博彩业对澳门经济社会的消极作用

澳门博彩业一家独大的产业结构隐藏着深层次的矛盾和经济失衡，经济失衡必然伴随着社会失衡的产生，从而引发社会矛盾和问题的产生。如居民收入分配差距拉大，赌博导致的心理失衡和社会矛盾，等等，都必须引起社会足够的关注和重视。为了澳门经济和社会的长远发展，解决这些问题刻不容缓。

（一）挤压其他行业的发展空间

博彩行业由于其能够提供较为优厚的薪酬待遇与福利水平，因此，吸引不少人力资源进入该行业发展。与此同时，博彩业也因为具有较高的投资回报率而受到投资人的追捧。在国外的发展实例中，可以发现不少因为发展博彩业而对其他产业造成负面冲击和影响的例证。如以餐饮业为例，在美国明尼苏达州，当地的餐饮业协会出面反对博彩业的发展，因为他们认为博彩业扩张会使当地的餐饮店数量急剧下降，在对当地900家餐饮店的调查中显示，38%的业者声称他们已经因为博彩业的扩张正在失去客源和生意，只有10%的业者称自己的业务因博彩业的扩张而有所增长（A. J. Hewes，1993）。同样，路易斯安那州餐饮业协会也出面表示反对博彩业的扩张，并呼吁协会成员抵制向博彩企业提供餐饮服务（J. W. Kindt，1995）。在新奥尔良，每年预计有6200万美元的资产因大型赌场所提供的廉价住宿和餐饮破坏了原有已经存在的住宿和餐饮业，而只能从这些传统行业转变到其他行业（D. M. Turco & R. W. Riley，1996）。由此我们可以看到博彩业的发展会对当地的传统行业带来一定的冲击。

就澳门博彩业的发展对其他产业的发展影响来看，罗静以外国资本进入澳门博彩业的经济、社会产生的后果为例，认为博彩业的快速膨胀带来了社会与经济问题，博彩业边际利润下降，房地产价格猛涨，企业生活成本增大。王斌康认为赌权开放使澳门博彩业迅速膨胀，一枝独秀、一业独大。首先，它对其他产业产生排斥效应，使社会财富的分配在博彩业和其他产业之间出现失衡状态，博彩业职工工资高于其他行业收入数倍，导致中小企业大量人才从各个行业流向博彩业。其次，博彩业迅速扩张，博彩业短时期内需要大量工作人员，使得更多在校学生辍学，成为澳门产业结构优化升级的重要限制条件，教育事业发展严重滞后于经济发展的状况进一步恶化。此外，博彩业的快速发展对人力资源也产生显著的影响，包括博彩人力资源短缺，进而是餐饮业、酒店业、建筑业的人力资源短缺。

此外，博彩业的快速发展，也最终导致劳动力供需方面的结构性失衡。一方面，博彩业的快速发展需要越来越多的就业人员，包括博彩业的中高层管理人员、普通博彩人员包括赌场荷官、兑换、赌场监场、巡场、投注员、赌场侍应生、角子机服务员、护卫及保安、闭路电视监察员等；另一方面，澳门的总人口偏少，劳动力比较紧缺，加上博彩业有人力资源从业水平要求相对较低但是薪酬却较高的特点，因而吸引力较大。最终导致人力资源的结构性失衡。

（二）博彩业对青年价值观和社会持续发展带来冲击

当博彩业迅速发展，它所带来的社会成本会大幅攀升，行业间恶性竞争，地区治安水平的恶化，也使得当地居民承担着负面影响所带来的后果。

同时，博彩业的发展也对青少年的价值观造成很大冲击，许多青年人为了去赌场工作而放弃学业，使得当地接受高等教育水平的人口数量不能与时俱进。原因很简单，赌场月薪 2000 多美元，相当于澳门人均月收入近 2 倍，于是很多青少年选择早早辍学，以便尽早去赌场工作。一些赌场服务生，常常将收入在其他赌场挥霍一空。博彩业就业的高收入和低技能对澳门人力资本和教育发展产生负面效应，局限了澳门社会经济的发展。所以，澳门社会的价值观、青少年成长、社会的稳定和谐等都在承受着博彩业增长所带来的不利影响。

自 2002 年以来，虽然澳门的从未入学/学前教育、小学教育程度的就业人口在下降，中学教育、高等教育的就业人口在上升。但是，从2009 年年底的数据来看，澳门总就业人口 31.75 万人中，仍有 76.79%的就业人口集中在中小学及以下的教育程度，只有 23.21% 的就业人口接受过高等教育。总体而言，澳门的人力资源素质还有待进一步提升；博彩业快速发展引发的青少年教育问题不能不引起注意。

经济大幅增长的同时，并非所有市民都能受惠均衡，贫富不均问题严重。澳门其他行业的失业问题的恶化，成为社会一大隐患。

随着赌场的增多和社会对博彩观念的转变，澳门社会本身涉赌的人数也在增加，所谓"澳门人不赌"的特点似乎正在消失，病态赌徒就是博彩产生的社会问题之一。根据香港中文大学心理学系一份关于香港问题赌徒的研究结果显示，被归类为严重病态赌徒之人士多在赌场赌博。病态赌博被定义为：持续及长久之沉溺的赌博行为，以致个人、家庭生活及工作能力受到不良影响。相对而言，赌场比乐透彩票类博彩活动较容易产生病态赌徒。欧美的一些有关博彩活动所产生的社会成本研究发现，博彩活动所产生的社会成本包括由病态赌徒所引致的借贷、人力资本损耗、对家庭成员的影响与犯罪率上升等问题。

各地政府在探讨博彩利弊之时不能仅把焦点放在博彩产业在数字上对经济的贡献，更重要的是要清醒地认识到博彩产业可能为当地带来较大（相对于其他产业）的社会成本。

（三）博彩业引入的大量外劳引发社会冲突

澳门博彩业的快速发展，虽然给澳门的博彩业、酒店业、旅游业、餐饮业、建筑业等行业带来越来越多的工作机会，但是，由于澳门的总人口少，本地劳动力资源有限，客观上造成澳门的劳动力紧缺，需要向其他国家或地区输入外来劳工。最近几年，澳门本地工人对输入外劳政策持反对甚至激进的立场，本地工人、劳工团体与资方、政府对输入外劳政策的不同立场与看法显得澳门的外劳问题越发严重。事实上，澳门的外劳问题由来已久。

澳门回归以来，特别是博彩业的赌权开放以来，因应博彩业的快速发展，澳门亟须大量的劳动力。但外劳人数的激增，引起了本地工人的强烈不满。澳门本地工人强烈要求澳门特区政府停止输入外劳，限制其他企业不要以输入"专业人才"的名义招聘内地廉价劳动力，而应该优先考虑本地工人的就业。对于资方而言，输入外劳缓解了企业的劳动力紧缺，使企业的生产能有条不紊地进行，加之外劳相对廉价，使得劳资双方的矛盾扩大。但是，澳门的本地工人并没有将斗争的矛头指向资方，而是指向了特区政府。

澳门特区政府认为，在确保本地居民优先就业的前提下，特区政府会因应经济的发展和劳动市场中各行业和职业的人力资源供需情况，不断对输入外地雇员政策进行检讨和评估，并制定各种更适当的长短期措施，以配合市场的实际需要。特区政府在坚定不移地保障本地工人就业权益的同时，将加大力度打击黑工。同时，特区政府也多次重申，外地雇员只能作为本地劳动力不足或缺乏时的补充，本地雇员的工作条件，包括工资，不能因输入外雇而受到影响；特区政府采取多项措施，进一步确保本地雇员的优先就业和劳动权益。

尽管如此，澳门的外劳问题仍旧十分突出。自 2006 年以来，澳门本地工人针对"外劳问题"的游行此起彼伏,严重冲击了澳门当地的社会秩序。造成比较重要影响的是 2006 年、2007 年和 2010 年的"五一"游行事件。2006 年,澳门四个劳工团体发起"反对扩大外劳、驱除黑工"的"五一"游行,游行队伍冲破警方防线,改变游行路线,最后演变成冲击社会秩序。2007 年,澳门的六个团体发起示威游行,约 3000 人参加,要求政府加强保障劳工权益、制定最低工资法例,反对"黑工"和"外劳"。队伍未按原定线路行进,与警方发生冲突,造成警方向天空鸣枪示警,有一群众疑中弹受伤。2010 年 4 月 12 日,百名示威人士企图冲击澳门劳工事务局,和平示威活动演变成了冲突事件。同年,"五一"游行事件,部分人士不按警方指示,不遵守游行秩序,引发冲突,有市民、记者及警员在事件中受伤。

（四）博彩容易滋生和诱发各种犯罪

越方便或进入成本越低之博彩活动,对当地社会构成的负面冲击则越大。如遍地开花或贴近民居的赌场,或在线博彩的普及等。此外,博彩活动亦较容易与高利贷、洗黑钱、卖淫、黑社会等犯罪活动连上关系。澳门社会因赌博引发的抢劫、盗窃以及贪污等犯罪案例常见诸媒体。

某些地区的政府在发展博彩业的同时,对降低所产生社会成本的预期采取了较严格的控制措施,如美国对赌场的放贷业务实施的管制,某些地区更规定赌场不得向赌徒进行贷款,以减少病态赌徒的数目。而在东南亚地区已合法设置赌场的国家如马来西亚、老挝、韩国与新加坡等,对赌场的牌照及场所设置的数目、地点及本地居民准入等均经过细致的规范化管理,以期望尽量降低博彩活动对当地社会所构成的负面影响。

通过查询 2002—2014 年澳门博彩业毛收入与罪案总数的相关数据（详见表 6 - 8）,可以发现,罪案总数与博彩业的毛收入之间存在一定的相关性。具体的关系数据,可以参阅图 6 - 1。

表 6 - 8　2002—2014 年澳门博彩业毛收入与罪案总数的相关数据

年份	博彩业毛收入（百万澳门币）	罪案总数（宗）
2002	23496	9088
2003	30315	9920

续表

年份	博彩业毛收入（百万澳门币）	罪案总数（宗）
2004	43511	9786
2005	47134	10538
2006	57521	10855
2007	83847	12921
2008	109826	13864
2009	120383	12406
2010	189588	11649
2011	269058	12512
2012	305235	12685
2013	361866	13685
2014	352714	14016

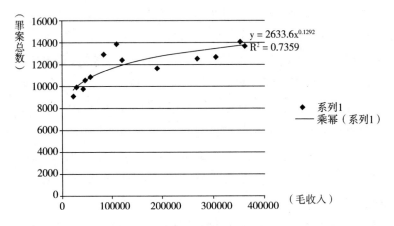

图 6-1 澳门博彩业毛收入与罪案总数的相互关系示意图

通过上述数据分析可知，澳门也与其他国家和地区一样，随着博彩业的发展，罪案的数量也有一定程度的上升。澳门应该适当关注上述两个变量之间的关系，减少罪案的发生数量，维护安定的社会环境。

（五）博彩发展引发生态环境及其他社会问题

随着澳门博彩业的赌权开放，以美资为主的外资进入澳门，一方面强化了博彩业竞争，促进了博彩业服务水平、服务质量，使澳门博彩业的整体国际竞争力得到了提升；但是，另一方面大量外资涌入澳门，使本来面积就狭小的澳门更变得寸土寸金。因此，博彩业在给澳门经济带来活力的同时，也给澳门居民生活的生态环境带来了严重的问题。首先，大量旅客的纷至沓来，使得土地面积狭小的澳门的生态环境承受了巨大压力，交通拥堵、人均公共绿地面积、体育锻炼等公共设施负载过重。其次，大量的外资涌入，使得澳门的物价大大提升，带来居民出行不便、生活必需品价格上涨，居民的生活成本大增。第三，博彩企业的发展，各种娱乐场所、大型设施的建设等，带动了房地产价格大幅攀升，本地普通居民面临着更大的生活压力。

第 七 章

会展与博彩业互动发展机制探讨

第一节 会展与博彩产业互动机制研究之意义

一 会展业与博彩业的互动是澳门持续发展的热点问题

（一）会展业发展的成功路径亟待总结

会展业在全球范围内的发展已经逐步进入成熟期，然而，澳门的会展业起步相对较晚，尚处于初步发展阶段（梁文慧，2006）。澳门会展业协会发布的《澳门会展业发展研究报告》指出，到 2010 年澳门会展业才脱离婴儿期，正式踏入初级发展/市场培植期。面对国内外诸多著名会展城市的成功发展，澳门会展业应该认真总结国外著名会展城市的经验，并利用其实现会展业实力的快速提升（马勇，2002）。为此，需要在理论上重新审视会展业作为一个产业的特征与社会效用，并从产业经济学的角度对会展业及其相关产业之间的关联性和互动性进行前沿探讨。透过理论与实际两个方面的研究和总结，会展业的发展轨迹将日渐清晰。

（二）产业集群是社会经济升级的方向

产业集群是指在特定区域中，具有竞争与合作关系，且在地理上集中，有交互关联性的企业及其他相关主体组成的有机整体。产业集群是社会分工进一步深化和系统化的产物，代表着介于市场和等级制之间的一种新的空间经济组织形式（陈剑锋，2010）。一般而言，产业集群并非限于某一种产业，而是超越一般产业范围，形成特定地理范围内的多个产业相互融合、众多类型机构相互联结的共生体，构成这一区域特色的竞争优势。产业集群的出现能够有效提升企业间的合作，同时，促进当地的企业及产业成长，并利于形成区域品牌效应（刘华容，2009）。由此可见，相关产业相互关联的产业集群发展途径是社会经济升级发展的方向之一。然而，现有的研究的大多数是侧重于某一个产业领域，较少涉及多个相关行业的研究和分析。因此，对于澳门这个特殊的城市和区域，研究如何在主流的产业发展间构建关联性，并模仿产业集群的相关机制实现会展、旅游与博彩的互动发展具有重要的理论及实践意义。

（三）澳门打造世界旅游休闲中心的需要

澳门目前的社会经济发展将会展、博彩、旅游共同作为社会经济发展的龙头产业加以培植，同时，澳门也提出了打造世界旅游休闲中心的战略目标，在这一战略发展目标的指导下，会展商务旅游与博彩娱乐休闲之间有了更为迫切的紧密合作的需求。这一战略定位也凸显了中央政府及澳门特区政府对于澳门适度多元化发展的高度重视与期盼。而会展业在国际上因为高关联性和强带动性而著称。为此，如何通过会展业这个新兴行业的发展来进一步推进和带动更为多元化产业结构的出现，将对澳门社会经济发展具有十分重要的意义。可见，通过对会展业及旅游博彩业之间的互动发展策略研究，将有助于政府相关部门采取更为有效的对策提升澳门社会经济的多元化发展及促进世界旅游休闲中心的构建。

（四）提升澳门龙头产业间互动效率

透过对会展以及博彩业的互动发展机制研究，可以对博彩业以及会展业之间的互动机制进行深入探讨。并可以对博彩业与会展业的互动发展现状进行评价，从而为今后澳门龙头产业之间的互动发展提供更多的具有较强针对性的指导。为此，本研究项目将有助于澳门会展业以及博彩业之间互动发展效率的提升。

二　会展与博彩业互动机制研究的价值

（一）互动机制分析的目标

第一，对会展业、博彩业之间的关系进行系统化理论界定和分析。会展业以及博彩业是澳门经济发展的两大主导产业，尽管如此，目前的研究者还较少的对两者之间的关系进行研究。将在研究过程中借助专家深度访谈以及问卷调查和统计分析等方法，从理论分析的角度探讨博彩业以及会展业之间的相互作用关系。

第二，从理论上探讨会展与博彩之间的互动机制。本研究将在深度访谈的基础上，借助问卷调查和结构方程模型的方法对博彩业与会展业之间的互动机制进行分析及验证，从而为相关业界人士和政府管理者构建关于两个产业之间互动发展的机制。

第三，分别从澳门会展业、博彩旅游业的角度分析其各自在发展过程中所面临的机遇与挑战。研究中，还会针对澳门会展业及博彩业发展所面临的环境与现状展开分析，从而明确目前澳门的博彩业与会展业各自的优势所在并为今后的互动发展进行科学和全面的环境评估。

第四，探讨会展业与旅游博彩业之间互动发展的可能途径。在上述理论研究和分析的基础上，将对澳门博彩业与会展业如何更好地实现互动与合作发展提供相关的对策与建议，从而为澳门博彩及会展业的共同繁荣提供理论指导。

（二）互动机制构建的具体内容

1. 澳门会展业及博彩旅游业之间的关联性及相关性分析

由于在全球范围内从事博彩业经营与管理的国家和区域不多，而在博彩业发展的城市中会展业也较为发达的则更是少之又少。拉斯维加斯属于较为典型的博彩业与会展业共生共荣的区域，而新加坡作为亚太地区著名的会展之都，博彩业的进驻与发展也使其成为博彩业与会展业共生的区域。综合相关研究可以发现，在上述区域的研究中，针对产业间的关联性分析相对较少。为此，本研究将主要从产业构成以及产业要素的角度对会展、旅游以及博彩业等进行深入剖析，并对会展及旅游博彩业的产业构成要素、产业发展环境、产业关联性等方面进行理论探讨和分析。

2. 澳门会展业及博彩旅游业的发展现状与 SWOT 分析

项目研究中还将对澳门会展业及博彩业发展的区域背景条件和优劣势等问题进行深入分析，以对澳门会展业及旅游博彩业发展现状进行评估及对其发展特征加以透视。除此之外，对澳门会展业及博彩业发展的竞争格局分析与竞争力评价也有利于为澳门会展及博彩业的互动发展提供对策建议。

3.澳门会展业与旅游博彩业互动发展机制与可行性分析

本研究项目的重点内容之一就是要从理论上对博彩业以及会展业的互动发展机制加以界定，为此，将侧重分析澳门会展业与博彩业互动发展的基础条件以及澳门会展业与旅游博彩业相互作用的机制等，并在此基础上深入探析澳门会展业与旅游博彩业互动发展的可行性。

4.澳门会展业与博彩业的互动现状及效果分析

本研究将在会展业与博彩业互动发展机制分析的基础上，构建会展与博彩产业互动的发展模型。同时，借助该理论模型采集会展业与博彩业互动发展的实际资料，对澳门会展业与博彩业的互动发展现状进行评估。评价的内容包括互动发展的总体规模水平、互动发展的效率水平等。

5.博彩与会展业互动发展的区域案例分析

本研究还将选取与澳门具有较高相似性的区域，即同时拥有较为发达的博彩业及会展业的国家或地区或城市，并通过上述区域的案例分析，对上述区域中会展业与博彩业的互动融合发展之历程进行综合分析。并通过案例分析，总结出一些值得澳门学习和借鉴的发展模式及启示。

6.澳门博彩业与会展业互动发展的优化对策分析

针对澳门博彩业与会展互动发展的评估研究结果，在参考相关研究文献和区域发展案例的基础上，提出适合澳门博彩业与会展业互动发展模式优化的对策与建议，包括研究及实践等方面的建议，以促进澳门会展业及经济产业的多元化得到进一步有效提升。

三　会展与博彩业互动发展机制研究的方法及流程

（一）产业互动机制构建的方法

在本研究中，拟采用的研究方法主要包括以下四种：

1.文献分析法：对于过往相关研究成果的分析与总结有助于对所研究对象的深入探讨。为此，将在研究初级阶段搜集国内外有关博彩业以及会展业发展的研究文献，通过对有关会展业与博彩业的社会经济效益的文献进行整体的分析与回顾，来重新审视博彩业及会展业的性质。

2.深度访谈法：深度访谈是具有一定的主动性和灵活性的获取第一手资料的方法，透过深度访谈能够与相关利益群体之间形成互动，掌握更多的背景信息。为此，本书中将针对澳门会展与博彩经营与管理人员、政府行政人员、学术界专家学者等，邀请其参与深度访谈，以探讨澳门博彩业及会展业的发展现状及相互之间的影响和制约关系，并就两者之间的互动发展可行性进行探讨。

3. 问卷统计分析：问卷及统计分析能够较为客观地了解会展以及博彩业发展的利益相关者对于两者互动的看法和意见。为此，将在研究中针对来澳门参加各类会展活动的相关人士进行问卷调查和统计分析。以透过问卷调查的形式，从相关展会参与者的视角，研究和分析澳门会展业与博彩业的互动发展现状以及相互的作用机制，从而以相关研究发现为基础，提出未来博彩与会展业互动发展的对策与建议。

4. 结构方程模型的分析方法：结构方程模型是一种建立、估计和检验因果关系模型的方法。模型中既包含可观测的显在变量，也可能包含无法直接观测的潜在变量。结构方程模型可以替代多重回归、通径分析、因子分析、协方差分析等方法，清晰分析单项指标对总体的作用和单项指标间的相互关系。本书将借助结构方程模型的相关分析软件来深入探讨澳门会展与博彩业之间的各类要素和指标间的关系，并最终构建一套具有直观可视效果的互动发展机制结构。

5. 案例分析与研究：本研究过程中，除了对澳门进行实地调研和考察研究外，还选取了海内外具有相似发展经验的国家和地区，如新加坡、拉斯维加斯以上述国家和地区为参照，进行会展与博彩产业关联发展的系统分析。并通过上述分析获得有关产业关联及互动发展的相关启示。

（二）产业互动机制构建的流程

1. 资料和文献准备

搜集整理与产业互动、产业关联机制相关的文献，并进行汇总整理。

2. 专家和业界访谈

研究过程中笔者首先对国内外有关博彩、会展以及产业关联和互动发展的文献进行了搜集及分析，并对现有的研究成果进行了总结。在此基础上，为了更好地了解业界人士对于会展、博彩业发展的观点及意见，从2012年9月开始邀请澳门的博彩与会展相关行业的代表进行了深度访谈，从而为博彩与会展业的互动发展机制研究提供初步信息。

此次深度访谈主要涉及博彩业、会展业以及博彩与会展业均有关联性的相关部门代表，具体的访谈对象，包括来自博彩监察协调局、澳门博彩企业员工协会、澳门理工学院博彩研究暨教学中心、澳门博彩研究学会、澳门会议展览业协会、澳门展贸协会、澳门投资贸易促进局、上海师范大学旅游学院、教育部工商管理教学指导委员会、台湾立德管理学院、澳门旅游局以及澳门经济局的代表。访谈对象构成如表 7 - 1 所示。

表 7 - 1　　　　　　　　　深度访谈专家的来源构成

博彩领域代表	会展领域代表	相关领域代表
博彩监察协调局	澳门会议展览业协会	澳门旅游局
澳门博彩企业员工协会	澳门展贸协会	澳门经济局
澳门理工学院博彩研究暨教学中心	澳门投资贸易促进局	
澳门博彩研究学会	上海师范大学旅游学院	
	教育部工商管理教学指导委员会	
	台湾立德大学旅游与会展专业	

从本研究的深度访谈对象上来看，基本上邀请到了澳门、中国大陆以及台湾等地在会展、博彩以及相关领域内较为知名的业界代表、政府部门代表以及学者代表进行访谈。各行业的代表性使得本次深度访谈的可信度大大提升。

深度访谈问卷的设计大体上涉及六个方面的内容，即：1. 了解受访者对于会展业及博彩业发展所需要素的观念，询问其如何看待博彩业并探讨会展业对于博彩业发展所需核心要素的促进作用。2. 从业界人士的角度探讨博彩业与会展业之间的相互关联性。3. 向业界人士询问澳门会展业在发展过程中有哪些显著的优势，从而试探在相关优势中，专业人士对于博彩业的提及频率。一般提及频率越高则相关重要性就越强。4. 进一步深入探讨澳门作为世界知名的赌城，分析其赌城的形象对于会展业的发展有何作用。5. 从服务质量的角度询问相关业界代表，博彩业的发展对于会展业的服务质量方面有何影响和作用。6. 从来澳参加会展活动的游客行为角度，了解会展人士在博彩业方面的消费情况。

截至 2012 年 9 月，已经完成对所有上述 12 位专家的深度访谈，并对相关访谈内容进行了整理，于 2012 年 10 月上旬完成了深度访谈专项研究报告的撰写工作。依据专家们的意见反馈结果，欲研究澳门博彩业与会展业互动发展情况必须从两个方面着手。其一，衡量和评价博彩业对会展业的影响维度主要有目的地形象、交通、服务质量（工作人员）、场馆设备设施以及相关配套服务如餐饮等。其二，对于会展业对博彩业的影响维度，主要体现在行为上对赌场酒店的利用如入住赌场酒店客房、在赌场酒店餐厅就餐、观看酒店表演节目、参与博彩体验、前往酒店购物中心消费以及态度上对澳门博彩业进行正面宣传等。

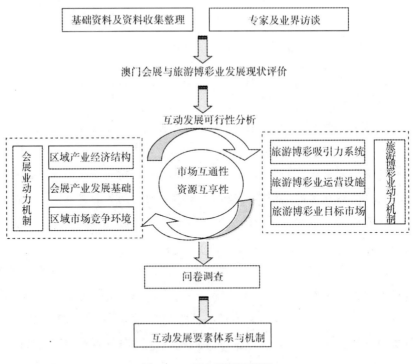

图 7 - 1   研究路径示意图

3. 调查工具及研究设计

在专项研究报告的基础上，对会展相关参与者的调查问卷进行了设计，试图通过问卷调查了解受访者来澳参展的动机与影响因素、对澳门作为会展举办地的认知以及展会期间的消费行为特点调查。整个问卷共分为四个部分。问卷通过初步测试，并进行了适当的修订，最终于10月上旬完成了问卷的定稿工作。

问卷调查的研究对象，选择的是来澳参加会议、展览以及节事的参加者。本次调查采用抽样方法进行区域控制性问卷调查。相关的调查工作集中于 2012 年 10 月至 2012 年 11 月完成，问卷调查的主要投放地点，包括澳门威尼斯人会展中心、澳门观光塔会展中心、渔人码头会展中心、澳门文化中心、澳门综艺馆以及澳门其他酒店及会展场地。在具体的调查展会及节庆活动方面，主要涉及了调查期间在澳门举办的各类会议、展览以及节庆活动。

第二节　博彩业与会展业发展所需条件探讨

一　博彩业发展最需要政策以及配套服务

对于博彩业发展所需的条件，相关受访人士列举了如下的要素，如中国宽松的自由行政策、优质的顾客服务、吸引游客的旅游景点、公平的政府政策、足够的人力资源、良好的社会治安、健康的竞争环境、廉洁的营商环境等，这些都是发展博彩事业的重要条件和核心要素。

同时，也有受访者将博彩业发展所需条件归纳为两类：一是有力的政策支持。即从中央政府到澳门地方政府，对澳门发展博彩业的合法性、正当性，给予明确的、持之以恒的法律和公共政策方面的支持。二是博彩业自身要具有很强的旅游吸引力。要实现吸引力的提升，则需要有门类齐全的周边产业以为拱卫，这些周边产业包括酒店、餐饮、会展、零售、表演等。

可见，就业界人士的观点，博彩业较为集中的产业发展要素可大体分为四类，包括各级政府对于博彩业发展的推动政策、以相关产业配合而形成的综合性的博彩旅游竞争力、良好的营商环境以及发展资源，如人力资源等。

二　会展业发展所需条件较多、需要多角度全方位的支持

对于会展行业发展所需的条件，博彩相关部门的代表认为政府政策、为会展活动提供支持的硬件设施、稳定的商务客源以及为商务人士提供完善的服务等是会展业得以健康快速发展的前提。

如博彩监察局的代表认为会展业的发展需要在硬件设施、地点、客源以及投资等方面进行配合，如需要有较大规模的硬件投资，同时发展会展业的区域空间也需要具有较大的规模才有一定吸引力。

澳门博彩企业员工协会的代表则表示，会展业的发展所需核心要素包括有一定的政府优惠政策的支持。同时，需要有较为稳定的商务客源及与会展商务活动相关之各类项目和设施。

而从会展专业人士的角度来看，会展业发展所需要素涵盖了从宏观到微观，从城市环境到细节服务等多个环节。

如澳门会议及展览业协会代表就认为会展业发展的核心要素包括以下方面：第一，城市的整体形象和吸引力，即对于参展商和买家的吸引力。第二，拥有较为独特的会展项目及服务策划。第三，城市的交通较为便利。第四，拥有功能完善且现代化的会展专业场地。第五，拥有素质良好的会展管理及服务人员。第六，要能够提供较为齐全的会展服务配套以及会展活动之外丰富的延伸服务。

教育部工商管理教学指导委员会的代表则认为会展业发展的核心要素可以被归纳为六大内容，分别是：（1）较为繁荣的宏观经济形势，即经济的增长速度以及持续能力，这是会展业发展的大环境。（2）较为稳定的政治环境，社会较为稳定。因为稳定的社会及政治环境能够给人较高的安全感。（3）会展业的发展核心要素也应包括较为发达的旅游业，只有拥有较为充分的旅游资源以及服务才能够为商务游客提供其所需。（4）较为便捷的交通设施。（5）较高的服务质量与水平，为商务旅客提供满意的体验。（6）会展业的发展还需要有实力较为雄厚的产业支撑，如澳门的博彩业、东莞的制造业、香港的金融业等。

上海师范大学的教授则首先介绍了目前在会展业发展所需的主要条件，即从国内外会展业发展的历程来看，创意、运营、品牌和团队被称为会展业发展的四大核心要素（北京市统计局，2006）。此外，还有人将会展业作为新兴的现代服务业，其中，人才和智力资源是会展业发展的核心要素（萧攸，2006）。同时也有学者认为区位、资源、环境及政策是发展会展业的四大要素（程冬民，2008）。

受访教授则表示，从其角度来看，会展业发展需要下列七大核心要素：第一，区位要素，即地理位置要素。好的地理位置会在气候、交通、经济、文化等领域内占据先机，因此，会展业的发展先决条件是区位要素。第二，资源要素，这里的会展业发展所需资源包括旅游、交通、通讯、接待业、人力等与会展管理与营运有关的所有资源。第三，环境要素，会展业发展所需环境是较为综合的，包括社会、政治、经济和文化环境等在内，发达的经济以及稳定的社会是会展业发展的良好环境。第四，政策要素，即中央和地方政府对于会展业发展的扶助支持政策。第五，产业要素，包括会展产业自身的各类生产及服务要素、会展配套产业和会展支援性产业。第六，科技要素，包括各类科技创新和科技产业。第七，会展业的发展和提升还需要有更多的智力资源的支持，因此，会展人才培养及研究要素同样也是会展业发展过程中不可缺少的核心要素。

展贸协会的受访代表认为，澳门本身没有太多的可利用资源，过去澳门的博彩业从专营走向公开竞标经营实属无奈之举。如果从会展业发展的核心要素来看，实际上会展业不需要太多的核心要素，其本身就是一个平台而已。现时澳门有90%的业务均为服务业，从提升城市品牌的角度出发，会展业的发展主要目的在于推动多元化和改变城市形象并为贸易交流提供平台，所以不需要太多的核心要素。

而来自台湾立德大学旅游与会展专业的受访者则表示，会展业发展所需的条件和要素包括数量众多的内容，主要的如基础设施、设备的完整性；对外及对内交通条件的便利性；餐旅服务业的质量与效率；相当数量与高质量的住宿空间；政府政策的支持；居民和社会资源的支持与配合；公协会、学会、学校的资源；人力资源的质量；城市营销与经济发展的结合；出入境管制与金融汇率的配合；会展城市的发展定位与策略等。

在与会展及博彩业均有关联性的部门方面，澳门特区政府投资暨贸易促进局的代表认为会展业的发展最为重要的是需要一个良好的中介平台以及信息发布平台，同时，也要有配套的娱乐服务设施等。

旅游局的代表则表示会展业的发展需要一系列的要素，如多元化语言的团队，具备承办会展活动经验的目的地管理公司、专业会展组织者以及会议观光局等。会展场地也同样是不可缺少的一个部分。对于会展项目的专业化优质管理能力是保证会展业能够顺利发展的技术条件。而为了能够保证持续的竞争力，会展业还需要了解商务人士的需求并不断提升硬件设施以满足其需要。

透过相关访谈可见，会展业是一个关联性十分广泛的行业，其发展需要许多行业的共同支持才能实现。

第三节   澳门会展业发展的优势及
赌城形象的影响

一   商旅接待、休闲娱乐服务、政策支持是澳门会展业发展的优势

透过受访者对会展业发展优势的理解，可以间接看到博彩业在其中所占的重要性。在受访者中博彩企业员工协会代表认为，澳门发展会展业的主要优势在于具有较高的世界知名度，当较高的知名度加上政府配合宣传能够较好吸引商务人士来澳举办或参加会展商贸活动。

博彩监察协调局的受访者表示，澳门在会展业发展方面，拥有两大优势。其一为地理优势，即邻近潜力极高之中国内地市场；其二为博彩业发展优势，由于博彩业发展较为旺盛，令一系列的配套更为完善，如酒店住宿、餐饮以及会展场地等。

澳门会议展览业协会代表则表示，澳门在会展业发展方面存在以下优势：在博彩业的支持下，澳门会展场地可提供一站式全面服务；而展会活动后的余兴节目选择也相对较多；发达的博彩业对于东西方客商均具吸引力；参展参会的成本相对临近的香港较低，性价比高；而澳门政府重视程度较高，同时澳门社会对会展业发展的期望也较高。

中国教育部工商管理教学指导委员会代表也指出，澳门在发展会展业方面的优势主要体现在以下三个方面：即第一，政策保障，澳门政府出台相关政策和措施，大力发展会展业；第二，经济支撑，企业投资和

澳门博彩业的发展都为会展业提供了大量的资金支撑；第三，旅游支持，澳门发达的旅游业不仅为其会展业提供了大量的客流量，同时也提供了较为完备的配套基础设施。此外，还有开发的国际化环境也为澳门会展业增加了不少竞争力。

上海师范大学受访专家则将澳门发展会展业的优势归纳为六点：稳定的社会环境优势、中央和澳门特区政府的政策支持优势、良好的会展与接待设施优势、不断提高的服务素质和水平优势、得天独厚的和葡语国家及地区的联系优势、港珠澳会展经济带的形成和发展优势。

澳门展贸协会的代表则认为，澳门拥有会展业发展的最大优势就在于博彩业的巨额税收为政府支持会展业带来了便利。政府可以借助博彩业的收益权利支持会展业。澳门酒店客房从 2900 间发展到未来的30000 间，其主要的功劳应该算在博彩业身上。为此，澳门政府应该进一步免除酒店和会展业的税收，并对航空业予以一定的补贴，从而进一步增强澳门会展业的竞争力。临近地区的香港在许多方面都强过澳门，然而澳门最为重要的是有政府财政的大力支持，这个优势使得澳门会展业发展有坚实的基础。

台湾立德管理学院的受访者表示，澳门发展会展业拥有以下优势条件：博彩业发展的坚实基础、世界文化遗产的知名度与独有的生活文化模式、交通枢纽的地位及便捷性、赌场提供的高质量会展场所与多样化的住宿空间、大量的观光旅游人次、高质量与高知名度的大学与训练机构（人力资源的培育）、渐具国际化的环境等。

澳门特别行政区贸易暨投资促进局的代表将澳门会展业发展的优势归纳为以下六个方面：第一，个性化平台的搭建，如与葡语国家的经贸合作平台；第二，较高的国际知名度，澳门在中西文化交流中所处的重要地位以及由此所建立的国际知名度；第三，经济的快速发展，最近几年澳门经济蓬勃发展，2013 年前三季度的统计数字显示，澳门 GDP 按年实质增长达到了 10.5%，显示了澳门经济发展的良好势头；第四，配套服务设施齐备，国际知名连锁酒店设施的存在为会展业的发展奠定了良好的基础；第五，政府的全力支持，特区政府不遗余力地支持澳门会展业的发展，以期实现澳门产业多元化发展；第六，澳门的地理位置也是在澳门发展会展业的另一大优势。

　　澳门旅游局的代表也表示，在会展业发展的优势上，较具有特色的旅游资源、较为稳定的政治和社会环境、中西方文化的汇集、贸易平台的构建、博彩娱乐业的繁荣与发展以及便捷的交通环境都为澳门会展业的发展提供了支持。

　　由此可见，对于澳门会展业发展的优势，可以将其归纳为商旅服务的完善程度、快速发展的经济、独特的平台优势、政府的支持、较高的知名度、相对较为低廉的价格、独特的文化及社会生活、旅游及娱乐资源、广阔的中国内地市场支持等。结合上面受访者的分析，对上述优势出现的频率进行了统计，得到表7-2。

表7-2　　　　　　　　澳门会展业发展的优势要点出现频率

优势要点	出现频率
商旅服务的完善程度	7
政府的支持	6
旅游及娱乐资源	5
独特的平台优势	3
较高的知名度	3
相对较为低廉的价格	3
广阔的中国内地市场支持	3
独特的文化及社会生活	2
快速发展的经济	1

　　透过上表可知，商旅服务的完善程度、政府的支持以及旅游及娱乐资源是排名前三位的会展业发展优势。其中，除了政府的支持是中央以及特区政府所提供的支持外，其余两项优势都与澳门发达的博彩业分不开。可见，在澳门会展业发展的优势中，博彩业的推动是较为重要的环节。

二　澳门赌城形象对于会展业发展的影响受文化背景影响较多

　　在赌城形象对于会展业发展的影响方面。博彩企业员工协会的代表认为赌城形象对澳门会展业的影响趋于正面，因世界多关注博彩业的发展带来的正面影响，如经济增长，高就业率，服务素质提升及未来丰富的旅游发展计划等。

澳门博彩监察局的受访者则表示，在赌城形象的影响方面，外国跟中国的思路有较大的差异。外国人对赌城、博彩均视为与娱乐相关，能够形成较为正面的认知。但中国人则十分沉迷于博彩，相对而言有点负面影响。而澳门现在推行负责任博彩，力争树立健康形象，其主要目的就是减少博彩带来的负面影响，希望淡化"澳门只有博彩"的形象。并在未来希望澳门能像拉斯维加斯的非博彩收益比博彩收益大。虽然不同国家对"赌城"定义不一，但总体来说，此形象仍有较高的吸引力。因澳门是国际知名的"赌城"，因此，其酒店设备以及会展硬件设施等，均比邻近之香港要好。

澳门会议展览业协会的代表在赌城形象对会展业发展的影响方面，认为应该根据参展商和买家的来源来分析此影响，不可一概而论。如对于内地或者对于参赌行为有限制的国家或者地区，影响是趋于负面的，并且是长期的。从内地严格审批赴澳门的公务人员证件可以看出此点。这限制了来自内地的参加展会人员的总量，从而使得"内地因素"的展会的发展艰难。而对于无限制参赌行为的会展人员来源地，影响是正面的。澳门的赌城形象增加了客商参展或者参会的动因。这是在其他地区举办同类展览不具备的优势。

中国教育部工商管理教学指导委员会的代表也表示，澳门的"赌城"形象对参展商前来澳门参展有利也有弊。一方面，澳门的博彩业为会展业发展提供了基本的娱乐需求，丰富了参展商的娱乐生活；另一方面，优质的服务质量也为澳门会展起到了很好的宣传作用。当然"赌城"形象也有一些弊端，不利于澳门形成稳定的社会治安和良好的社会风气。但是通过多次考察澳门，认为其形象仍然是利大于弊的。

上海师范大学受访者代表则以美国拉斯维加斯为例，谈了其对于赌城形象在会展业发展中的影响的看法。美国拉斯维加斯近年来旅游和博彩业发展极为迅速，每年有数百万游客和商人前往，人气很旺，在国际上知名度很高，在那里办展，厂商乐于前往，合乎人心，顺乎商意；拉斯维加斯运用其独特的娱乐资源作为其招展的主要筹码和区别于其他展览城市的吸引力。这是因为参展商的参展对于参展企业来说实际上是一种商务活动，对于参展工作人员来说是一种公务活动，而目前世界上将商务或公务旅游和休闲旅游相结合是旅游业发展的一种趋势。展前展后、会前会后旅游可以省去参展参会人员特意来澳旅游的费用和时间，所以，"赌城"形象能增加澳门展会对潜在参展商及参会者的吸引力。从这个角度来讲，澳门作为全球知名的"赌城"形象对参展商前来澳门参展有积极的影响作用，该影响趋于正面。但对会展举办单位，尤其是中国内地政府部门和事业单位，往往担心澳门的"赌城"形象会产生消极的负面社会影响，因而对在澳门举办会展活动会心存余悸。最后选择他处作为会展活动举办地。所以从这个角度来讲，澳门赌城形象对国内会展举办者的影响又是趋于负面的。当然，如能将澳门的"赌城"形象改变成"休闲之都"的形象，就会对澳门会展业的发展产生更为正面和积极的影响。

澳门展贸协会的受访者认为这个问题是一个较为主观的问题，与一个国家和地区的经济发展、文明进步有较大的关系。一般博彩可以分为消遣性文明博彩和病态博彩两大类。对于经济发达国家和西方国家的人群来说，博彩并不是黑暗的，而是一种文明的娱乐手段而已。然而，对于经济不甚发达，文化有差异的社会而言，博彩可能是一个充满罪恶和邪欲的产业。相信随着经济发展条件的改善以及社会文化的不断进步发展，澳门的赌城形象对于会展业的影响会日益趋向正面。现时的情况是，很多人来参加商贸活动也不敢告诉别人说自己在澳门，否则怕别人误会在澳门赌博。同时，博彩经营者也会根据时代发展的需要，开展文明化经营，将非博彩旅游项目作为开发的重点，大力发展诸如文化创意产业、国际休闲旅游城市等。在发展过程中，也应该注意，澳门与拉斯维加斯不同，博彩不可能与会展平分秋色。

来自台湾立德管理学院的受访者表示，澳门的赌城形象对于会展业发展具有正面影响。由于其符合会展所需的城市意象、营销、与地方独有的吸引力，若能在今后的发展中有效控制赌与犯罪之间可能存在的互动隐忧，将对澳门会展业发展产生较为正面的效益。

澳门旅游局的受访者也认为，赌城形象对于会展业发展的影响大体分为正面和负面两部分。其中赌城所带来的设施便利性、活动以及娱乐休闲活动的多样性等都是澳门近年来博彩业发展所带来的优势。

澳门贸易暨投资促进局的受访者认为，澳门作为全球知名的"赌城"形象，对参展商前来澳门参展既有负面也有正面的影响。其负面影响主要是因为在很多人的意识观念中，博彩亦即赌博，赌博总是与一些负面印象捆绑和联系在一起。而其正面效应也是很明显，如经营场所和经营资源的提供以及经营模式的借鉴等。

由此可见，对于澳门较为出众的"赌城"形象，受访者的观点较为一致，即赌城的形象对于会展业发展影响分为正、负两方面。其中负面的影响具有一定的区域性，即对中国国内市场而言，会因为对赌的理解而产生畏惧感。同时，澳门还应减少赌城所引发的治安以及犯罪等问题。而对于其他国家和地区，尤其是未限制来澳旅游的国家和地区而言，澳门独特的赌城形象反而会成为一个显著的优势，加上其能够提供的完善配套设施，更增添了澳门作为会展目的地的竞争力。

三　澳门博彩业从管理经验及人员培养利于会展质量提升

由于博彩业在澳门具有先发优势，为此，还就博彩业对于会展业服务质量提升的影响询问了受访者。

澳门博彩研究学会的受访者表示，会展业及博彩业都是与旅游业相关的，涉及的管理及服务质量改善方法都大同小异，一般员工的入职要求都差不多。由于澳门博彩业发展相对较早，且吸引了国内外的优秀人才和管理方式，因此，对于后发的会展业服务质量和管理都会有一定的促进作用。

博彩企业员工协会的代表则认为随着澳门博彩业的日益国际化，博彩行业的不同客源及从业人员来自世界各地，从而不断引入外来文化。外来专才为澳门的博彩业以及会展业的管理带来了新视野，同时也提升了服务质量及语言技能等。

与此同时，澳门理工学院博彩教学与研究中心的受访者也表示，除了博彩业的管理及人才会提升会展业服务质量外，会展业的发展也会对博彩业的服务质量提升有一定的作用，如在一个旅游目的地中，除了有博彩娱乐设施外，还要有会议展览设施，会让人觉得这个旅游地配套齐全，会产生共鸣效应。

澳门博彩监察协调局的受访者则认为，博彩业对于会展业服务质量的直接影响不是特别明显，因为两个行业还有一定的差异。但澳门会展业的发展有赖于博彩企业投放资金，如规划、兴建会展设施等。其实政府与博彩企业签订博彩承批合同时，均在他们合约上列明，不可单一发展赌博业，要有其他行业之投资。如金沙之持有人于拉斯维加斯有丰富的会展经验，了解国际展会运作的标准，故被选为承批企业之一。这些因素均有助于会展业发展与服务质量提升。

澳门会议展览业协会的受访者认为澳门博彩业的经营模式与发展经验可以为会展业服务质量的提升提供借鉴。博彩行业的竞争使各企业在硬件设施、服务水平和市场营销等方面有了很大的进步，与国际水平靠近。顾客方面也感受到服务质量的提升。这对于会展行业产生了很大的借鉴作用。会展行业的市场应该面对国际市场，提高服务水平。只有在获得国际市场认可的情况下，才可能使会展行业的规模和水平提高，并向产业化的方向发展。

中国教育部工商管理教学指导委员会的代表则认为澳门博彩业的发展对会展行业的管理及服务质量是有积极影响的。首先澳门博彩业优良的服务和管理可以为会展业提供经验借鉴，其次对会展业树立优质的服务和管理品牌起到了宣传和推动作用。同时有助于服务市场细分，提供稳定及多元的服务，以吸引更多外地旅客。

上海师范大学的受访者对于该问题从七个方面进行了分析，认为澳门博彩业的发展对于会展业的发展和服务质量提升具有以下七个方面的作用机理：第一，将吸引更多国外投资者来澳投资，进一步改善澳门会展设施和会展接待设施。第二，进一步推动澳门基础设施（市内交通、国际机场、水运码头、通信等）的完善，为澳门会展业的发展创造更好的条件。第三，增加澳门特区政府的收入，使澳门特区政府有条件有能力来制定扶助和支持会展业发展和国际营销的政策。第四，推动旅游接待业人员素质和服务水平的提升，必将为会展活动提供更为完善的服务。第五，拉斯维加斯会展业的独特魅力在于其进行了业态创新，即在同一建筑空间中融会展业、餐饮业、住宿业、娱乐业、零售业、旅游观光业等不同的行业业态于一体，使之相互补充，相得益彰，从而减少了会展场馆的空置浪费，大大提高了会展业的综合效率和经济效益。澳门博彩业引进了拉斯维加斯的这种创新业态，同一宏大的建筑空间，融吃、住、展、表演、娱乐、旅游、购物、观光等多种功能为一体，实行一站式服务，将所有的活动放在一个屋檐下进行（All Under One Roof），将能最大限度地利用资源，减少人们在展会期间疲于奔命的辛苦劳累，有效地缓解展会期间的交通压力和高档宾馆爆满的住宿紧张压力。更好地满足高端商业客户的多方面需求，为会展活动参与者提供更大的方便。第六，带动会展业所需配套产业的发展，如带动房地产业、金融业、餐饮业、住宿业、交通业、物流业和保险业的发展。第七，博彩业的国际营销队伍也可提升澳门会展业的国际营销力量并推动其发展。

澳门展贸协会的代表认为，博彩业对于澳门会展业发展以及服务质量提升的作用，主要还是体现在博彩业为会展人力资源培育，场地以及设施等提供了充足的资金支持。

台湾立德管理学院教授认为，博彩业对于会展业的正面促进作用，包括人力资源的提升、国际服务质量的提升、五星级观光旅馆数量与房数、颇具质量的会议与展览空间、金融的自由度、出入境管制的便利等。

澳门贸易暨投资促进局代表对于博彩业促进会展业服务质量提升方面没有进一步的意见，因为会展主办方负责展会的服务，与博彩业的经验没有直接关系。

澳门旅游局的代表则认为，大量国际资金进入澳门博彩业使澳门的博彩业以及款待服务业的服务水平得以提升，而这些服务也是会展业发展所必需的要素。

透过上述分析可见，澳门博彩业的发展对于会展业的服务质量提升而言，正面作用是较为显著的。其作用机制主要体现在博彩业引入外来管理文化、博彩企业投放资金促进人力资源的提升、部分来澳的博彩企业分享其丰富之会展经验、博彩业的业态创新推动会展业进步、博彩业的营销网络提升澳门会展业的国际营销力量等。因此，几乎所有的受访者都认为博彩业确实能够推进会展业服务质量的提升。

四　博彩体验是来澳商务游客的消费内容之一

通过上述分析可知，会展对于博彩业的促进之一就是增加了潜在的客源，因此，商务旅客的消费行为从一定程度上可以体现会展对博彩的推进作用。在商务旅客的消费行为模式方面，博彩研究学会的代表认为，来澳门从事博彩相关活动的游客是参差不齐的，包罗万象，什么人都有，中场客越来越多的是来自中国内地。他们的身份或职业构成是很难预估的，原因是娱乐场的会员卡数据一般都不会搜集这方面的信息。娱乐场的会员消费行为都是机密及敏感的。大致来说，赢了大钱的赌客，会消费阔绰很多，因此很多名牌店都会在赌场开设门市。

而博彩企业员工协会的代表则结合自己的体验表示，来澳门的商务旅游者在展会结束之后较经常从事的娱乐活动包括景点观赏、赌场博彩以及到著名餐厅用膳。

博彩监察协调局的代表则表示，根据自己的了解很多来澳门的商务旅客会在展会工作之余较多的是到赌场玩，这些人可能在赌场从事博彩活动，也可能纯粹参观，而博彩的投注亦视乎不同的国家文化。其次为到餐厅享受美食。第三为购物以及买手信等。

澳门会议展览业协会的代表表示，访澳商务旅客在工作之余较常从事的娱乐活动包括博彩、美食以及游览。

中国教育部的代表则表示，根据多次对澳门娱乐业的考察得出，来澳的参展商或与会者在工作之余，一般会选择游览世界遗产特色景点如妈阁庙、大三巴牌坊等；澳门素有"东方蒙地卡罗"之称，可适当参与澳门的博彩娱乐；体验澳门集葡萄牙、非洲、东南亚和中国烹调特色的美食文化。

上海师范大学的受访代表根据其自身的了解，认为来澳的参展商或与会者在工作之余，会选择博彩、游览、购物、品尝美食、探亲访友、观看演出、观看赛马等休闲活动。尤其是游览、购物和博彩这三个活动为主要的休闲娱乐活动类型。

澳门展贸协会的代表认为，由于会展是商务人士的聚会，因此，在洽谈生意之余还要有足够的娱乐活动。对于来澳的参展商及与会者而言，其参加的主要活动第一位的是休闲，第二位的是夜生活，第三位的可能是购物。目前针对许多商务人士，澳门已经形成了较为成熟的高端商品购物环境，已经开始出现购物团。

台湾立德管理学院的受访者认为，世界遗产文化之旅、博彩体验、葡萄牙地景与饮食文化是访澳商务旅客较为常见的休闲娱乐方式。

澳门旅游局则更为具体地指出，访澳商务旅客较为频繁从事的旅游休闲活动，包括高尔夫球运动、旅游观光塔的高空漫步、澳门美食体验以及赌场中的经典表演如太阳剧团以及水舞间等。

澳门贸易暨投资促进局的代表认为，访澳商务旅客的休闲活动主要有购物、观光以及餐饮，同时还会有观看表演，尤其是大型表演。而单纯的博彩项目参与度不会太高，吸引力也不会很大，因为很多参展商的出游经验非常丰富，博彩项目的吸引力已经大大下降。此外，行程安排得紧凑也是博彩项目吸引力不足的一个重要原因。

由此可见，除了澳门旅游局以及贸易暨投资促进局的代表认为博彩可能不是访澳商务旅客较为常见的休闲方式外，其他受访者都将博彩体验作为了商务旅客在工作之余休闲的主要方式之一，只不过投注额不一定会很大，可能是以体验为主。从访谈结果来看，受访者对于会展为博彩业提供潜在客源还是较为认同。

第四节　博彩业与会展业之间的相互作用关系的探讨

一　会展业提升博彩多元化的内涵及带来更多客源

博彩及会展业的受访者均肯定了会展业的发展对于博彩业发展的重要推动作用。如会展业的发展使博彩业的形象得到较大的改善，有利于政府政策的转变。同时，会展业也会带来较多新的产业形态，有助于进一步提升博彩业的多元吸引力。也有博彩业受访者表示其实会展业与博彩业在上述发展所需条件方面具有较强的统一性。

如澳门博彩研究学会的受访者表示，会展业作为澳门经济发展的龙头产业之一，其发展定位主要为辅助澳门旅游业发展的产业，能够对澳门经济的多元化发展做出一定的贡献。

澳门理工学院博彩教学与研究中心的代表则认为，由于澳门会展业发展的条件尚不成熟，特别是发展所需的市场条件还不具备，因此，澳门会展业尚未形成特色，缺乏竞争力。因此，对于澳门博彩业的发展影响不甚显著。

由此可见，从博彩业界代表看来，博彩业与会展业在发展基础方面具有较强的共性或相互促进性。

二 博彩业则为会展业提供硬件设施和较好的环境及资源

透过访谈发现，相关受访者对于博彩业从资金、设施以及环境方面支持会展业发展具有较高的一致性。

如澳门会议展览业协会的代表认为，博彩业的发展提升了城市交通以及服务水平，推动了上述核心要素的逐步完善，因此对于会展业发展具有重要的推动意义。

教育部工商教学指导委员会的代表也认为，博彩业的发展可以为会展业提供优质的服务、发达的旅游和繁荣的经济等发展会展业所需的核心要素。以澳门为例，博彩业推动澳门经济快速崛起，吸引了全球的目光，同时也带来许多商机，为会展业发展提供了硬件设施及完善的配套服务。

上海师范大学的受访代表认为，博彩业的发展能提供或改变会展发展所需核心要素中的部分内容。如资源要素中的人文旅游资源、交通和通信资源、接待设施、服务资源和人力资源；环境要素中的地区经济环境，产业要素中的会展配套产业和科技水平要素，但不能提供区位要素、政策要素、会展研究要素以及环境要素中的文化、社会、政治及大经济环境、资源要素中的会展设施，产业要素中的会展产业和会展支援性产业。可见，其将博彩业对会展业发展的影响做了更进一步的细分。

台湾立德管理学院的代表认为博彩业的发展和会展的结合可达到：基础设施与设备的提升、餐旅服务质量提升、高质量的住宿空间、城市营销意象的形成、城市与经济发展的结合、会展城市的定位等。另有关人力资源的提升等则须进一步考虑会展产业发展所需要的高阶、协调、危机处理、外语能力强的人力资源等，再行与训练机构或学校整合。

澳门特别行政区政府贸易暨投资促进局代表博彩业的发展对于澳门会展业的发展起到了较为直接的推动作用。如博彩业的发展能提升该城市的国际知名度。并且，就目前实际情况来看，澳门大多数的会展场所是由博彩经营商所提供。

　　澳门特别行政区政府旅游局受访代表则表示，博彩业的发展为会展业提供了其所需的核心要素，但是，两者的发展基础和目标之间还存在一定的差异性。

　　博彩监察局的受访者也表示，澳门发展博彩业大力吸引了国际企业如著名酒店及娱乐场公司来澳门进行投资，带动了大型建设，提升了澳门的经济实力和繁荣程度。因此，博彩业的发展能够吸引参展商及会议筹备机构来澳门办展及办会。

　　由此可见，博彩业对于会展业而言，更多的是提供后台的支持、接触设施和接待服务方面的支持，两者在业务上具有较好的相互协作性能。

三　博彩及会展业间存在相互依存和促进的关系

　　从受访者的意见回馈来看，对于博彩业及会展业间的相互关系，大部分的受访者都认为有较为密切的联系，该联系主要体现为相互依存与支持。如澳门博彩研究学会的代表认为，博彩业与会展业之间是存在某些程度的联系，但是由于目前会展业尚在发展中，规模不算大，会展业直接影响博彩业不会很大。当然来参加会展的人都很有可能到赌场参观的。他们一般都不会豪赌。

　　澳门博彩企业员工协会的代表则表示两个行业间没有必要的关联。但是客观上的确存在少部分客源较为相似。因此，两个产业之间会互相发展，有一定的互助性，并且两个产业的互动能够对澳门服务业整体服务素质提升有帮助。

　　澳门理工学院的代表则认为，两者是拥有共同的利益，因为会展业与博彩业都会给一地带来更多的游客，而游客是很容易转化为赌客的。

　　博彩监察局的受访者则表示会展与博彩业之间有较为密切的关联。具体而言，两者之间会互相带旺。例如参展商除会议外，亦会于空闲时间到景点参观，到娱乐场博彩及购买手信、服饰、电子产品。而澳门的博彩业发展旺盛，亦会吸引参展商及会议筹备机构等选择在澳门举行及参加会议。

　　澳门会议展览业协会的代表则认为博彩业与会展业有一定的关联性，表现为互补和相互促进。博彩业为参加会展的人员提供了展会后的余兴节目，增加了参展的动因。而对于博彩业则增加了人流量和营业额。

教育部工商教学指导委员会的代表也表示，参考拉斯维加斯国际博彩业的发展经验可见，博彩业和会展业之间相互依存，相互影响，存在着较强的关联性。具体而言，一方面会展为博彩业发展提供良好的基础设施服务，另一方面博彩业也为会展发展带来了大量的潜在顾客，同时，两者之间可以进行资金的流动。

上海师范大学的专家也认为，如果单纯从产业活动内容、性质和特点来讲，博彩业和会展业是两个不同的产业，但是两者之间存在不少的关联性。第一，这两个产业的客源市场都是旅游市场的重要组成部分，博彩业吸引的是休闲旅游市场，会展业吸引的是商务旅游市场，这两个细分市场有其差异性，需求有其不同点，但也有其共同点，两者具有交融性，并可互为转化。第二，两个产业活动的主体具有交融性，会展旅游者和博彩旅游者互相交融，活动场所博彩业的博彩酒店（Casino Hotel）同时也可能是会议酒店（Convention Hotel）或会展场馆（MICE Venues）。也可作为会展活动的举办和接待设施，举办会展活动和接待会展活动参与者。第三，两个产业的发展需要许多共同的条件，如都需要良好的社会经济环境，基础设施、交通通信、人力资源、配套产业、住宿餐饮，所以必须有共同的配套产业为其支撑，如发展博彩业所需要的住宿、餐饮、金融、保险、房地产业、交通和通信产业也是发展会展业所需要的配套产业。由此可见，两个产业可以良性互动、互相支撑、互相促进、共同繁荣。

澳门展贸协会的代表在该问题上提出了较为新颖的观点，对于博彩业与会展业之间是否有关联性，受访者指出，两者之间有一定的联系，实际上是一个替代升级的关系。这一点从美国拉斯维加斯的发展中也可以看到。澳门经济经过近年来的发展，已经达到了一定的程度，城市的名片——博彩业给人一定的罪恶感。为此，城市需要借助会展业来更换城市名片。因此，如果说博彩与会展之间的联系，那就是政府可以借助会展业快速更改城市的名片。

澳门贸易暨投资促进局的代表也认为博彩业与会展业之间有关联，其关联具体表现在如下几个方面：第一，博彩业与会展业的经营商往往相同。第二，会展业对于客商的吸引力的一部分来自博彩经营公司所提供的娱乐设施以及服务。近年来，一些非博彩项目得到发展。但是，这些非博彩项目的引入主要也集中在从事博彩经营的企业。第三，对于内地很多企业及参展商而言，博彩是一个很有利的吸引元素，能够形成集聚。第四，同时经营博彩业与会展业的企业与单纯只经营博彩或会展的企业经营模式会有所区别。

澳门旅游局的受访者则认为随着澳门博彩业的发展，澳门会展与博彩业间的关联性日渐紧密，但是这种关联性实际上体现出了澳门旅游业迈向多元化的重要趋势，两者之间是相互依存的关系。如博彩业中的多种美食、购物等服务是会展商务旅游人士所希望看到的，而会展业与博彩业的融合又大大丰富了澳门旅游多元化的内涵。

结合上述访谈所获信息我们发现受访者无论是从会展业的角度还是从博彩业发展的角度，都对两者间的关联性做出了较高的评价。从具体的访谈内容来看，博彩业发展所需的核心要素主要以政策和旅游相关的配套服务为主。会展业的发展则需要更多的核心元素，借用上海师范大学专家的意见，可以大体上归纳为区位、资源、环境、政策、产业、科技以及智力资源七大方面。从博彩业与会展业的相互关系来看，可以体现出以下特点：

1. 会展业与博彩业间具备较强的关联性

会展业与博彩业从运营基础以及在澳门社会经济发展中的功能来看，具有相互关联性是必然的趋势。一方面，两者的客源以及所需要素有共同之处，特别在客源提供以及设施的提供方面，两者之间具有千丝万缕的联系。另一方面，两者的结合符合澳门正着力打造国际旅游休闲目的地的战略目标。因此，可以说会展业与博彩业之间的关联性属于一种相互依存、相互发展的战略合作关系。

2. 会展业较博彩业需要更多的服务及配套

通过访谈了解到，受访者普遍对于博彩业发展所需核心要素的认识较为集中，而对于会展业发展所需核心要素的认识则相对广泛。因此，会展业的发展需要更多的核心要素作为支持。

3. 博彩业从宏观环境及设施方面提供支持

在博彩业对会展业的影响上，受访人士大多都认为博彩业能够从宏观经济环境方面为会展业发展提供支持，如博彩业繁荣小区经济、吸引

投资、创造更多的商机，并使博彩业能够为会展业发展提供较为充足的
场地及设施等。

4. 会展业则从城市形象和活动内容方面配套发展

反观会展业对于博彩业发展的影响，受访者则将其作用力归结为带
来更多的潜在客源、改善城市的形象，能够为旅游者提供更多的服务和
活动内容等。如节庆活动的举办将大大提升博彩城市的娱乐活动类型，
有利于提升博彩业发展的竞争力。

四　博彩与会展业的产业关联性评析

在上述专家深度访谈的基础上，结合产业集群竞争优势分析的基础
理论。从产业集群的认定、产业关联性的分析、产业协同度判别的角度
对澳门的会展以及博彩业的相关性进行汇总。

1. 从会展业及博彩业的产业性质来看

澳门博彩业作为先导产业，自从 2002 年博彩经营权开放之后，经
过八年多的快速发展已经形成了六家博彩公司入驻。现时澳门共有幸运
博彩娱乐场 33 间。其中 23 间开设于澳门半岛，余下 10 间则设在氹仔。
在总体娱乐场数目当中，澳博占 20 间、银河占 5 间、威尼斯人占 3 间、
新濠博亚占 3 间、永利及美高梅分别各占 1 间娱乐场。可见，博彩业的
资源在相关政策和市场的吸引下，以较高的密度集中于澳门这个微型海
岛城市中。

而澳门的会展业发展时间虽然不长，但是，在政府以及博彩业的推
动下，目前已经形成了较为可观的规模。如在会展场地上，澳门现有的
会展场地面积已经超过 14 万平方米。较为专业的会议及展览场地就包
括澳门威尼斯人会议展览中心、澳门旅游塔会展娱乐中心、澳门渔人码
头、澳门东亚运动会体育馆、旅游活动中心、综艺馆、澳门商务促进中
心、澳门世界贸易中心以及澳门文化中心。其中澳门面积最大的会展场
地就位于澳门威尼斯人度假村酒店。

依据澳门贸易暨投资促进局的相关资料显示，澳门本地从事展会主
办和组织的机构数量现时共有登记在案的本地会展活动主办方 42 家，
本地展台搭建商 18 家。此外，依据澳门会议展览业协会相关资料显示，
还有会展服务的提供者如协会 2 家，而为会展提供保险、物流、广告、

设计等相关配套服务的本地企业数量也达到 44 家之多，其中 7 家为综合服务公司，13 家为广告服务及推广公司，8 家为货运代理公司，9 家为旅游服务代理公司，7 家会展顾问服务公司。

根据相关数据并结合专家访谈可以判断，目前大量的会展产业资源及博彩业资源集聚在澳门，而这些资源以及企业之间又相互交叉支持与影响。如威尼斯人既是会展场地又是博彩娱乐企业，澳门渔人码头也属同样的情况。

可见，澳门的会展业以及博彩业已经初步满足了产业集群应该具备的条件。即首先有众多来自特定产业、具有分工合作关系的不同规模等级的企业以及与其发展有关的各种机构、组织等行为主体集中聚集在澳门这个特定的区域内。其次，上述主体之间通过纵横交错的网络关系紧密联系起来。

由此可见，澳门的会展及博彩业发展已经逐步由产业集聚向产业集群的方向发展。

2. 从会展业与博彩业的关联性来看

所谓产业关联则是从产业链的角度来看，集群内的企业在前向、后向以及横向上的相互关系。

从博彩业的产业链来看，博彩企业需要较为丰富的能源、旅游服务设施、人力资源、工业以及农业产品等作为服务生产的基础。同时，在后向上，博彩业的产品需要得到购买者的支持，如旅行社、各类旅游者等。而在横向上，各类商业机构、各类表演公司及团队等也会成为博彩业产业链的有机组成部分。如图 7-2 所示。

而从会展业的产业链来看，会展业作为现代服务业，主要为某些行业以及消费者提供信息和商品销售等平台服务。为此，会展业的产业链中，为会展业提供资源及产品供应的部门及要素包括：会展主办方，会展场馆，会展专业服务机构如搭建展台、设计广告等，其他配套服务部门如酒店、餐饮、零售等。而购买会展产品及服务的主体则主要是各类参展商及与会者。根据上述分析可以得到会展业的产业链，如图 7-3 所示。

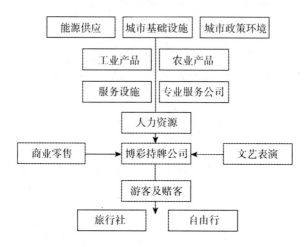

图 7 - 2　博彩业的产业链示意图

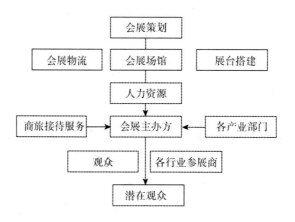

图 7 - 3　会展产业链的示意图

通过上述两个产业的产业链示意图可以看到，会展产业链中的会展场馆、商旅接待服务、各产业部门以及潜在观众等部分要素都可能与博彩业产生各类关联。而博彩业中的游客、服务设施、专业服务公司等也会与会展产生一定的关联性。

会展业与博彩业从产业链的构成来看，两者之间存在一定的产业关联性，而这种关联性更多的是以有形关联为主，客源市场关联、生产关联以及基础设施关联是较为典型的关联点。

3. 从澳门会展业及博彩业的产业协同度来看

根据上述专家访谈所获信息来看，博彩业与会展业之间在产业经营与运作方面，具有较为明显的相互补充和推进的作用。如博彩业与会展业间相互提供客源，博彩业的发展为会展业提供场地，博彩业的收入增长为会展业提供人力资源的培训支持，博彩业的发展为会展活动的参与者提供商住旅游及娱乐等服务，博彩业的发展推动了城市基础设施的建设，进而对会展业的发展具有重要的推动作用。

由此可见，从会展与博彩业的产业协同度来看，两者之间也存在较高的一致性。该结论说明，只要两者能够有效结合，则能够创造出较为明显的区域竞争优势，从而打造区域经济品牌。

第 八 章

澳门会展与博彩业互动机制构建

第一节　调研设计及分析方法

一　会展参与者研究视角的确立

在前面专家深度访谈的基础上，拟以会展参与者的视角来探讨博彩与会展业互动发展的内在机制。而在具体的研究视角方面，则选择以会展参与者的感知与消费行为作为主要的研究内容。在研究视角的选择方面，主要考虑到以下问题：

首先，作为消费者，会展商务旅游者对于会展目的地的整体服务质量以及对会展目的地的满意度最有发言权。他们作为会展活动的参与者，由于最切身的接触从而能够给出最确切的回答。其对会展目的地的感知与口碑也会对会展目的地的发展造成较为深远的影响。因此，会展参与者的感知对于会展业的发展而言具有重要意义。

其次，本书中的会展旅游者涉及三个子市场，分别为会议旅游者、展览中的参展商以及专业观众，节庆事件的旅游者。从会议市场来看，参与会议的人士往往在当地停留时间相对较长，且有一定的时间来体验会议举办地的文化与景观。而展览中的参展商以及专业观众，则是会展旅游服务平台关注的对象，即通过举办会展活动让参展商和专业观众利用这个平台来进行交流。对于节庆活动，也主要是为本地以及其他地方的文化、产品等提供展示的平台，供节庆活动的参与者体验以及购买。

与此同时，本书拟以会展参与者的视角来探讨博彩与会展业互动的机制也是基于两个基本的前提。即会展旅游目的地所提供的设施是供会展旅游者享用的，而提供给会展旅游者良好的服务及设施能得到会展参与者的正面回馈。这就排除了因供需双方文化或理解上的差异而导致的不确定性，保证会展目的地的设施与服务质量能够较为真实地通过会展参与者的感知表现出来。

二　研究调查问卷的设计

在会展参与者的视角下，结合前面学者们的研究以及专家深度访谈的结果，设计了本书所需的调查问卷。

在内容上，本问卷可分为四部分。第一部分罗列了在专家访谈以及文献分析中涉及的 32 项博彩与会展业互动发展的衔接因子，以便用于进行会展与博彩业互动发展的机制研究。第二部分则是考察受访者对澳门作为会展旅游目的地的认知与感受。第三部分主要调查的是受访者在来澳参加展会期间的消费行为特点。最后一部分主要功能为收集受访者的人口学特征数据。其中，第一部分运用了李克特（LiKert）五级量表，请受访者对博彩与会展业互动发展的中介因子进行评价。

在会展与博彩业互动发展的中介因子方面，结合前述分析可分为两大部分，共八类，其中博彩业通过前六大类与会展业展开互动，而会展业则通过后两大类与博彩业进行互动。

第一大类是"基本要素"，也就是目的地所拥有的针对会展旅游者的"会场场馆及会议中心"。之所以把"会场场馆以及会议中心"放在基本要素一栏里，是因为：第一，同观光旅游者到目的地欣赏美景一样，会展旅游者的根本目的是到旅游目的地开会或参展，目的地拥有的会展场馆及会议中心的数量和质量本身就决定着是否能吸引来会展旅游者。第二，这些会展场馆及会议中心对于一般的旅游者来说，也可以成为吸引物，如澳门威尼斯人度假村就是很多观光旅游者希望游览的景点。第三，在澳门经营提供会场场馆及会议中心场所的主营业务往往是博彩行业，鉴于此，将这些内容置于博彩与会展业互动因子的第一大类。

"基础设施与环境"是问卷的第二大类，既包括目的地形象、可进入性、社会治安状况等旅游者普遍关心的因素，如"城市的国际影响力""目的地内交通便利性""社会治安环境"等。作为世界知名"赌城"之一的澳门，其内部交通，除了其他各地可见的公共巴士、出租车等公共交通工具之外，往返于赌场与进出澳门主要交通枢纽的免费穿梭巴士（俗称"发财巴"），在接送旅客方面也发挥了相当重要的作用，极大地提高了在澳门境内的交通便利性。

以"娱乐活动"为问卷的第三大类。会展旅游者白天忙于各种会务，到了晚上可能需要放松一下心情，同时也可领略目的地的夜景、体验一下当地居民的晚间娱乐生活。而在澳门，作为主要娱乐活动的提供者赌场酒店被列入其中。

会展旅游产业的关联性极强，目的地的现代服务业发展的程度直接影响着其会展业发展的状况。作为澳门龙头产业的博彩业影响力更是不可估量。为了探讨澳门博彩与会展业之间的互动机制，本问卷的第四大类为"相关支持性服务"中，"赌场酒店的接待能力""赌场酒店的餐饮业供应能力"等都包括在内，需要指出的是，这里所用的词都是"能力"而非"数量"，也就是说，我们的着眼点不只是有没有足够的酒店客房或餐饮服务，而是在这些酒店和餐厅是否能够提供让会展旅游者满意的服务。

第五类互动因子是"人力资源因素"。"资源是否与竞争优势有关，要看它们被应用时所发挥的效率与效能"（波特，2002），因此，除了要拥有基本的会展旅游吸引物之外，还应考察是否有专业的会展旅游服务者将这些资源进行整合和利用。波特在《国家竞争优势》中指出，生产要素有初级生产要素和高级生产要素之分，根据其专业程度，又有一般性生产要素和专业型生产要素之分，由于初级和一般性生产要素易被取代或淘汰，因此，产业的竞争优势所依仗的就是专业型和高级生产要素。在澳门的会展旅游产业，专业的会展组织者（PCO）和目的地管理公司（DMC）对会展进行组织、策划与宣传，招徕会展参与者。而在到达澳门之后，会展旅游质量一方面取决于会展组织者组织策划的能力；另一方面，也与会议中心工作人员的服务质量密不可分。在澳门，依附于赌场酒店而存在的会议中心，其工作人员也是赌场酒店的一员。基于澳门博彩与会展业互动机制的考虑，人力资源成为第五类互动因子。

博彩对会展业的互动因子的最后一个大类是"费用因素"，对于目的地来说，也就是其成本因素。虽然与观光度假者相比，会展旅游者对价格不太敏感，但这并不意味着消费者不考虑价格因素。事实上，学者们研究发现，无论是会展旅游者还是会展旅游组织者，都将"费用"作为他们进行目的地决策时重要的考虑因素。很多学者也将"费用"作为衡量会展组织者对目的地认知影响因素研究中的重要因子。如Lawler（2001）认为，"如果你的成本结构是有竞争力的（与竞争者一样低甚至更低），不能保证一定成功，但没有一个竞争性的成本结构，就不可能成功"。在澳门，很多会议中心都是赌场酒店的一个重要组成部分，会展服务也是其众多服务之一，因此相较专门的会展中心，其价格优势相当明显。基于澳门博彩与会展业互动机制的考虑，费用因素成为第六类互动因子。

会展旅游业既有社会影响也有经济影响，在本书中，重点关注其社会影响，具体为其对博彩业发展的影响。Oppermann（1996）对会展参与者参加会展前后对于会展旅游目的地形象的感知存在差异，有先前体验的会展参与者比没有先前体验的会展参与者更能正面感知会展旅游目的地。因此，本书将"正面旅游地形象评价"和"再次到访"分别作为第七类和第八类互动因子，亦即会展业对博彩的互动因子。

问卷的最后一部分是对受访者人口统计学特征数据进行收集，包括性别、年龄、受教育程度、职业、所处行业等。这是一项基础性工作，分析这种差别产生的原因有助于观察不同受访人群在各个互动因子评价方面的差别。同时，这些数据也为研究者判断调查结果可靠性提供了另一个视角。

基于上述分析，提出有关博彩业与会展业互动发展动力机制的两点假设：

H1：澳门博彩与会展业发展之间存在互动关系；

H2：澳门博彩与会展业之间通过基本要素（会场场馆及会议中心）、基础设施与环境（目的地形象、可进入性、社会治安状况等）、娱乐活动、相关支持性服务（赌场酒店的接待能力、赌场酒店的餐饮业供应能力等）、人力资源等实现互动发展。

三　问卷的发放及回收情况

本次问卷调查的对象为来澳参加各类会展活动的参与者，包括会议旅游者、参展商、专业观众以及节庆活动的参与者。为了保证问卷的可靠性，在正式大规模向受访者发放之前，对问卷进行了先测试验。本研究所使用的调查问卷，各项互动因子系根据阅读国内外文献，对相关内容进行了总结、提炼的基础上，加上专家深度访谈结果以及自身的思考而得出的。在初步问卷设计好之后，先请 30 位来澳的会展参与者对问卷进行填写，再根据填写的情况做出局部调整，并形成最后的调研问卷。

本次调查采用抽样方法进行区域控制性问卷调查，同时进行一定的访谈调查，于 2012 年 10 月至 2012 年 11 月完成问卷的发放及回收工作。问卷的主要投放地点为澳门威尼斯人会展中心、澳门旅游观光塔、澳门十六浦酒店以及澳门威斯汀酒店。总共发放问卷 1200 份，回收 1180 份，其中，废卷为 2 份，有效问卷 1178 份，有效回收率为 98.2%。由于对该段时间内所有举办的展览、会议以及节庆活动都进行了调查，且相关活动都是澳门具有代表性的活动，如 MIF、格兰披治大赛车、美食节以及各类会议等，因此，调查得到的数据具有较强的代表性。

四　调查受访者的基本情况

来澳参加会展的受访者的人口学特征分布的具体分析结果如图 8—1 所示。被调查者的男女比例一致。男性受访者约占 50.8%，女性受访者则为 49.2%。

从受访者的年龄分布来看，受访者大多数为 26—35 周岁的群体，约占受访者总数的 36%；其次为 14—25 岁的群体，约占受访者的 25%，36—45 周岁的群体约占 24%，详见图 8 - 1。

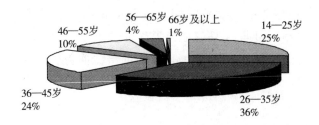

图 8 - 1　受访者的年龄分布

从受访者的日常居住地来看，约 38.8% 的受访者来自中国内地，其次为澳门本地人士，约占 24.1% 。来自香港和台湾的受访者分别占 15.1% 和 12.8% 。来自海湾的人士相对较少，约占受访者总数的 9.2% 。详见表 8－1。

表 8－1　　　　　　　　　受访者的日常居住地构成

日常居住地	数量（人）	比例（%）
澳门	284	24.1
香港	178	15.1
中国内地	457	38.8
台湾	151	12.8
其他国家	108	9.2

从受访者的学历构成来看，大专及大学本科的受访者相对较多，约占受访者总数的 64% 。其次为硕士及以上学历的人士，约占受访者的 24% 。而高中毕业学历的受访者约占 9% 。详见图 8－2。

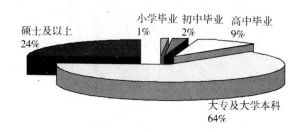

图 8－2　受访者的学历分布结构示意图

从受访者的职业身份来看，最多的受访者为公司职员，其次为领导及管理人员，排名第三的是技术及专业人员。可见，相关受访者的职业构成与会展参与者的身份大致相当。详见图 8－3。

从受访者涉及的行业构成来看，较多的受访者都是来源于商业，其次为教育及科研，排名第三的行业为制造业，而来自物流运输行业的受访者相对较少。其他行业均有不同数量的受访者代表。详见图 8 - 4。可见受访者在行业方面是涉及比较多的，这也从侧面证明了此次调研的受访者具有较好的代表性。

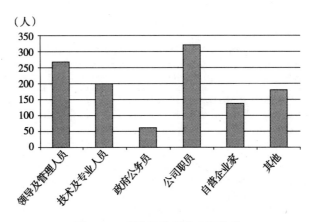

图 8 - 3　受访者的职业身份构成

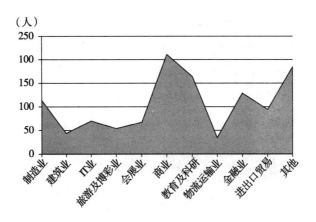

图 8 - 4　受访者的行业分布

从受访者在会展活动中的身份来看，参展商代表约占 32%，其次为游客约占 21%，专业观众代表占 18%，普通观众约占 16%，主办方代表则占 6%。详见图 8 - 5。

从受访者的收入水平构成来看，以 5001—10000 元的人士居多，其次为 1000—5000 元收入水平的人士。而收入水平在 30001 元及以上的人群也相对较多。如表 8 - 2 所示。

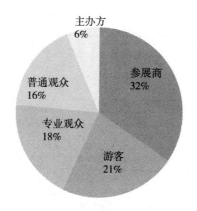

图 8 - 5　受访者在展会活动中的身份构成

表 8 - 2　　　　　　　　　受访者的收入水平一览表

收入水平（MOP）	人数	比例（%）
1000—5000 元	198	16.8
5001—10000 元	206	17.5
10001—15000 元	179	15.2
15001—20000 元	128	10.9
20001—25000 元	128	10.9
25001—30000 元	99	8.4
30001 元以上	173	14.7
其他	67	5.7

　　在受访者中，大多数人（53.1%）在过去的一年中参展次数为 1—3 次，而参展 4—6 次的受访者也占了 19.2%。在过去一年中未能参加任何展会活动的受访者约占 17.1%。此外，参展频率较高的，一年超过 10 次以上的约占受访者的 4.9%。详见表 8 - 3。

表 8 - 3　　　受访者在过去一年中的参展次数分布情况

过去一年中的参展次数	人数	比例（%）
未参加任何展会活动	202	17.1
1—3 次	625	53.1
4—6 次	226	19.2
7—9 次	59	5.0

续表

过去一年中的参展次数	人数	比例（%）
10—12 次	26	2.2
13 次以上	32	2.7
其他	8	0.7

而在过去一年中来澳参展的次数方面，有 61.6% 的受访者是近一年来第一次来澳门参加展会，还有 23.3% 的受访者是第二次以及第三次来澳门参展。过去一年中来澳门参展次数在 4—7 次以上的约占 10%。由此可见，在受访者中第一次来澳门参展的群体相对较多，而多次来澳参展的受访者也占了近 40%，该比例对于研究结论的准确性也有较为正面的意义。具体情况详见表 8 - 4。

表 8 - 4　　　　　　　　受访者在过去一年中来澳参展次数

过去一年中来澳参展次数	数量	比例（%）
1 次	726	61.6
2—3 次	275	23.3
4—6 次	65	5.5
7 次及以上	53	4.5
其他	59	5.0

五　产业互动机制研究的数据分析方法

为了从定量的角度厘清博彩业与会展业互动的关系，采用结构方程模型对二者的互动情况进行分析。

（一）结构方程模型和 AMOS 介绍

结构方程模型（Structural Equation Modeling，SEM）是当代行为与社会领域量化研究的重要统计方法。它融合了传统多变量统计分析中的"因子分析"与"线性模型之回归分析"的统计技术，对于各种因果模型可以进行模型识别、估计与验证。在量化研究取向之多变量统计方法中，有越来越多的研究者使用 SEM 进行各种测量模型与假设模型图的验证，SEM 逐渐成为数据分析的一门显学。

结构方程模型中有两个基本的模型：测量模型与结构模型。测量模型由潜在变量与观察变量组成，就数学定义而言，测量模型是由一组观察变量的线性函数，观察变量有时又称为潜在变量的外显变量或测量指标。所谓观察变量是量表或问卷等测量工具所得的数据，潜在变量是观察变量间所形成的特质或抽象概念，此特质或抽象概念无法直接测量，而要由观察变量测得的数据来反映。结构模型即是潜在变量间因果关系模型的说明，适用于 SEM 的统计软件最常为研究者使用的有 LISREL 与 AMOS。在本研究中，我们使用 AMOS（Analysis of Moment Structures，矩结构分析的缩写），能验证各式测量模型、不同路径分析模型。此外可进行多群组分析、结构平均数的检验，及群组或多群组、多个竞争模型或选替模型的选优。

（二）模型基本适配度指针

适配度指针是评价假设的路径分析模型图与搜集的数据是否相互适配，而不是说明路径分析模型图的好坏。以下为相关学者提出来的基本适配指标：

卡方值。卡方值愈小，表示整体模型的因果路径图与实际数据愈适配，一个不显著（$P > 0.05$）的卡方值表示模型的因果路径图模型与实际数据不一致的可能性较小，当卡方值为 0 时，表示假设模型与观察数据十分适配。而一个显著的卡方值，表示理论模型估计矩阵与观察数据矩阵间是不适配的。但是，卡方值对受试样本的大小非常敏感，样本数愈大，则卡方值愈容易达到显著，导致理论模型遭到拒绝的概率愈大。

卡方自由度之比。假设模型的估计参数愈多，自由度会变得愈小。而样本数增多，卡方值也会随之扩大，若同时考虑到卡方值与自由度大小，则二者的比值也可以作为模型适配度是否契合的指标。卡方自由度比值愈小，表示假设模型的协方差矩阵与观察数据愈适配，相对地，卡方自由度比值越大，表示模型的适配度愈差。一般地，卡方自由度小于 1，表示模型过度适配，即该模型具有样本独立性。若是大于 3（较宽松值为 5）表示模型适配度不佳，其值若介于 1—3 表示模型适配良好，较严格的适配度准则是卡方自由度比值介于 1—2，此数值介于 1—2 或 1—3，表示假设模型与样本数据的契合度可以接受。

RMSEA 为渐进残差均方和平方根，通常被视为是最重要的适配指针信息。作为一种不需要基准线模型的绝对性指针，其值愈小，表示模型的适配度愈佳。不同的学者对于具体的适配度标准有不同的认识和见解。在本研究中，沿用 Steiger（1989）的研究成果，认为：当 RMSEA 的数值高于 0.1 时，则模型的适配度欠佳；其数值在 0.04—0.10 则是模型尚可，具有普通适配度；在 0.05—0.08 表示模型良好，即有合理适配；而如果其数值小于 0.05，表示模型适配度非常好。

GFI 为适配度指数，也译作良性适配指标（goodness-of-fit index），GFI 指针用来显示：观察矩阵中的方差与协方差可被复制矩阵预测得到的量，其数值是指根据 "样本数据的观察矩阵与理论构建复制矩阵之差的平方和" 与 "观察的方差" 的比值。如果 GFI 值愈大，表示理论建构复制矩阵能解释样本数据的观察矩阵的变异量愈大，二者的契合度愈高。GFI 值介于 0－1 间，其数值愈接近 1，表示模型的适配度愈佳；GFI 值愈小，表示模型的契合度愈差。一般的判别标准为 GFI 值大于 0.90，表示模型路径图与实际数据有良好的适配度。

AGFI 为调整后适配度指数或调整后良适性适配指标。一般地，当 AGFI 数值介于 0—1 之间，数值愈接近 1 表示模型的适配度愈佳。在本研究中，借用 Hu & Bentler（1999）的观点认为，AGFI 值大于 0.90，表示模型路径图与实际数据有良好的适配度。

CFI 为比较适配指数（comparative fit index），代表的意义是在测量从最限制模型到最饱和模型中，非集中参数的改善情形，并且以非集中参数的卡方分布及其非集中参数来定义，CFI 数值介于 0—1。

NFI 反映了假设模型与一个假设观察变量间没有任何共变的独立模型的差异程度。

（三）模型内在结构适配度的评估指标

Bollen（1989）将模型内在结构指针设为成分适配测量，他认为有时整体模型的适配度得到契合，但是个别参数的解释可能是无意义的，因而深入探究每一个参数，对理论的验证更能获得保证。内在结构适配的评价包括以下两个方面：一为测量模型的评价；二为结构模型的评价。前者关注于测量变量是否反映其相对应的潜在变量，其目标在于了解潜在建构的效度与信度；后者是评价理论建构阶段所界定的因果关系是否成立。

在测量模型适配度的测量方面，研究者所关注的是潜在变量与其指标变量间的关系，此种关系即是检验构念测量的效度与信度的问题。效度所反映的是指标变量对于其想要测量的潜在特质，实际测量的程度。信度是指测量的一致性。只有我们相信测量准确无误，进一步探究测量变量间的关系才有实质的意义。

SEM 的适配度评估中，模型测量部分的评估应该先于模型结构部分的评估，因而应首先进行指标变量的效度检验，效度分析即是潜在变量与其指针变量间路径（因子负荷量）的显著性检验。如果测量模型中的因子负荷量均达显著，此种情形表示测量的指标变量能有效反映出它所要测量的潜在变量，该测量具有良好的效度证据。相反地，如果因子负荷量未达显著，表示该指标变量无法有效反映出它所要测量的构念或特质，此指标变量的效度欠佳，因为它无法真正反映出它所代表的潜在变量。

此外，在测量方程式中，测量误差是指标变量的误差变异量，测量误差要越小越好，但也要是非 0 值的显著性。测量误差达到显著，表示测量指标变量反映出它的潜在变量时，有误差值存在，但是此种关系是有实质意义的。

至于指标变量的信度检验，可以从指标变量多元相关系数的平方（R^2）值来衡量，指标变量的 R^2 表示指标变量的方差能被其基底潜在变量解释的程度，无法解释的部分即为测量误差。若 R^2 值达到显著，则其值愈高，表示指标变量能被其潜在变量解释的变异量愈多，代表指标变量有良好的信度，相反地，若 R^2 值很低又未达到显著水平，表示指标变量与潜在变量的关系不密切，指标变量的信度不佳。

本研究根据 Bogozzi 和 Yi（1988）的建议来对结构方程模型的内在适配度进行衡量，认为个别观察变量的项目信度在 0.5 以上。潜在变量的组合信度在 0.6 以上。

另外，潜在变量的平均方差抽取量（average variance extracted，AVE），表示相对于测量误差变异量的大小，潜在变量构念所能解释指标变量变异的程度。如果该指标小于 0.50，表示测量误差解释指标变量的变异值反而高于基底潜在变量所能解释的变异量，此种情形表示潜在变量平均方差抽取值不佳。潜在变量平均抽取值的大小若是在 0.5 以上，表示指标变量可以有效反映其潜在变量，该潜在变量便具有良好的信度和效度。

第二节 产业互动机制模型的验证

一 澳门会展业与博彩业总体互动发展机制验证

（一）问卷信度与效度检验

本研究采用主成分分析对 32 个测量项目进行分析，采用正交旋转法和特征根大于 1 的方法抽取公共因子，结果发现共有 8 个特征值大于 1 的公共因子。但是结果表明有些测量项目质量不佳，主要是因为这些项目在两个或两个因素以上的因子载荷都较大，或根据测量项目的相似性和因子解释的科学性不恰当，考虑删除三个测量项目。

删除三个质量不佳的测量项目后，对剩余的 29 个测量项目重新进行因子分析。根据 Hair 等提出的因子效度检验方法，本研究首先使用最大方差旋转法进行主成分分析。结果显示：KMO 球形检验结果为 0.897，高于 Kaiser 的推荐值 0.5。这表明所搜集的样本数据适合进行主成分分析。Bartlett 球形检验结果在 0.001 水平上显著，表明数据呈较好的线性，适合进行因子分析，旋转的主成分分析结果如表 8 – 1 所示。主成分分析共提取了八个因子，解释度为 62.1%。所有测度项都在相关因子上具有较高负载，且具有低交叉负载的特点，体现出良好的收敛效度和区别效度。

表 8 – 5 　　　　　　　旋转后的因子矩阵 （N = 1178）

互动因子	1	2	3	4	5	6	7	8
VAR00001	0.036	0.469	0.245	0.365	0.029	0.333	0.047	0.096
VAR00002	0.075	0.506	0.349	0.434	0.087	0.147	0.118	0.113
VAR00003	0.086	0.546	0.316	0.409	0.147	0.119	0.075	0.170
VAR00004	0.039	0.429	0.286	0.201	0.338	0.126	0.094	0.043
VAR00005	0.006	0.493	0.130	0.073	0.320	301	0.237	0.297
VAR00006	0.043	0.538	– 0.268	0.006	0.194	0.136	0.396	0.124
VAR00007	0.144	0.488	0.255	0.066	0.024	0.177	0.087	0.271

互动因子	1	2	3	4	5	6	7	8
VAR00008	0.246	0.045	0.008	0.044	0.607	0.222	0.032	0.123
VAR00009	0.319	0.549	408	0.056	0.025	0.006	0.255	0.030
VAR00010	0.441	0.550	0.394	0.208	0.152	0.123	0.198	-0.109
VAR00011	0.475	0.558	0.368	0.179	0.155	0.018	0.230	0.116
VAR00012	0.609	0.379	0.117	0.044	0.094	0.180	0.286	0.232
VAR00013	0.105	0.344	0.014	0.126	0.589	0.126	0.377	0.225
VAR00014	0.168	0.028	0.122	0.283	0.240	0.490	0.117	0.280
VAR00015	0.186	0.261	0.192	0.567	0.058	0.256	0.034	0.077
VAR00016	0.245	0.187	0.216	0.608	0.008	0.231	0.022	0.030
VAR00017	0.150	0.054	0.571	0.234	0.123	0.062	0.174	0.342
VAR00018	0.004	0.057	0.199	0.294	0.612	0.035	0.045	0.306
VAR00019	0.575	0.007	0.132	0.256	0.058	0.002	0.342	0.208
VAR00020	0.295	0.153	0.011	0.591	0.020	0.172	0.136	-0.283
VAR00021	0.329	0.162	0.054	0.469	0.162	0.070	0.199	0.266
VAR00022	0.423	0.342	0.482	0.175	0.349	0.120	0.114	0.141
VAR00023	0.384	0.300	0.505	0.199	0.315	0.058	0.225	0.123
VAR00026	0.186	0.257	0.161	0.185	0.173	0.458	0.061	0.125
VAR00027	0.017	0.200	0.099	0.514	0.292	0.013	0.040	0.000
VAR00029	0.071	0.359	0.015	0.120	0.385	0.174	0.591	0.070
VAR00030	0.052	0.253	0.058	0.111	0.430	0.211	0.631	0.027
VAR00031	0.148	0.159	0.014	0.041	0.014	0.385	0.635	0.107
VAR00032	0.038	0.125	0.188	0.028	0.017	0.422	0.296	0.589

　　本研究采用结构方程模型的两步法对理论模型进行检验：首先，对测量模型进行检验；其次，对结构模型进行检验。对于测量模型，采用验证性因子分析法（CFA）进行测度项的信度和效度检验，结果如表8-6所示。

表8-6　　　　　　　　信度及效度检验参数摘要表

测量指标	因素负荷量	信度系数	测量误差	组合信度
基本要素	0.65	0.528	0.472	0.5304
	0.55	0.447	0.523	

测量指标	因素负荷量	信度系数	测量误差	组合信度
基础设施与环境	0.42	0.341	0.659	0.7881
	0.49	0.398	0.602	
	0.57	0.463	0.537	
	0.47	0.382	0.618	
	0.51	0.415	0.585	
	0.55	0.447	0.553	
	0.50	0.407	0.593	
	0.56	0.455	0.545	
	0.53	0.431	0.569	
	0.59	0.480	0.520	
娱乐活动	0.60	0.488	0.512	0.5574
	0.51	0.415	0.585	
	0.52	0.423	0.577	
相关支持性服务	0.58	0.472	0.528	0.6943
	0.62	0.504	0.496	
	0.61	0.496	0.504	
	0.48	0.390	0.610	
	0.50	0.407	0.593	
人力资源	0.62	0.504	0.496	0.6481
	0.60	0.488	0.512	
	0.63	0.512	0.488	
费用	0.52	0.423	0.577	0.4001
	0.48	0.390	0.610	
正面推荐	0.63	0.512	0.488	0.6832
	0.65	0.528	0.472	
	0.66	0.537	0.463	
再次到访	0.60	0.488	0.512	0.66

潜在变量的组合信度为模型内在质量的判别准则之一，若是潜在变量的组合信度值在 0.60 以上，表示模型的内在质量理想。从上表可以看出，大部分因子的组合信度系数均大于 0.6，表示模型的内在质量较

为理想。

在对模型进行结构方程拟合检验之前，首先对各个变量进行相关分析，相关分析的结果如表 8 - 7 所示，所有相关系数都在 0.001 水平上显著。

表 8 - 7　　　　　　　　　本研究所涉及的相关系数一览表

项目	基本要素	基础设施与环境	娱乐活动	支持性服务	人力资源	费用	推荐	再次到访
基本要素	1.000							
基础设施与环境	0.725	1.000						
娱乐活动	0.522	0.444	1.000					
支持性服务	0.540	0.647	0.384	1.000				
人力资源	0.480	0.480	0.450	0.695	1.000			
费用	0.695	0.609	0.489	0.558	0.440	1.000		
推荐	0.683	0.514	0.429	0.563	0.456	0.476	1.000	
再次到访	0.485	0.453	0.399	0.538	0.421	0.453	0.642	1.000

（二）假设检验

相关关系只能说明变量间是否存在关系，由于变量之间或变量各维度之间还存在相互影响和相互作用，相关分析无法说明变量间的影响方向和影响作用的大小。为此，本研究在相关分析的基础上，进一步采取结构方程建模技术对研究假设和理论模型进行检验，模型检验的拟合指针见表 8—8。

表 8 - 8　　　　　　　　结构方程模型的拟合指针及其推荐值

模型	χ^2/df	AGFI	CFI	NFI	RMSEA
推荐值	< 3	> 0.80	> 0.90	> 0.90	< 0.08
本研究中的值	2.23	0.86	0.96	0.93	0.07

从表 8—8 中可以看出，大部分拟合指标都位于推荐值范围内，从而得出理论模型与数据的拟合度较高。

（三）主要发现

就所有类型的会展经济活动而言，澳门会展业与博彩业之间的互动关系和机制表现为以下特征：

1. 博彩业在人力资源因素上对于会展业的支持较小

概念模型一的通径系数如图 8-6 所示。除一个假设外，其他假设均通过了 t 检验。人力资源与会展业发展的关系假设不成立。基本要素与会展业发展之间的通径系数在 0.05 水平上显著，其他路径则在 0.01 的水平上显著。

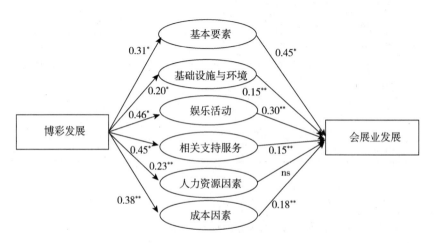

图 8-6 博彩及会展业总体互动机制研究结构方程

注：* 表示 P < 0.05；* * 表示 P < 0.01；ns 表示不显著。

2. 基本要素、基础设施与环境、娱乐活动、相关支持服务以及成本因素是博彩业影响会展业的主要途径

由图 8-6 的结果我们可知，博彩业的发展通过基本要素、基础设施及环境、娱乐活动、相关支持服务以及成本因素与会展业发展实现互动。其中，基本要素的中介作用要远大于其他互动因子的影响。基础设施与环境、娱乐活动、相关支持服务以及成本因素均显著影响会展业的发展。然而，人力资源因素显著影响会展业的发展的假设并没有得到支持。

3. 基本要素的中介作用要远大于其他互动因子

从博彩业与会展业互动发展的通径系数来看，博彩业透过基本要素对会展业产生影响的系数为最高，因此，可以判断在上述因素的作用

中，博彩业透过基本要素的中介作用要远大于其他互动因子。

4. 会展业产生的正面旅游地形象评价以及再次到访均对博彩业有显著影响

概念模型二的通径系数如图 8 - 7 所示。从图中的结果可知，假设通过了 t 检验。会展业通过会展参与者的正面旅游地形象评价以及再次到访来影响博彩业的发展。并且在 0.05 的水平下，正面旅游地形象评价以及再次到访均对博彩业有显著影响，并且再次到访的影响程度要大于正面旅游地形象评价。

图 8 - 7　会展及博彩业总体互动机制研究结构方程

注：＊表示 P < 0.05；＊＊表示 P < 0.01。

二　会议市场与博彩业互动发展机制验证

（一）数据的信度与效度

本研究采用主成分分析对 32 个测量项目进行分析，采用正交旋转法和特征根大于 1 的方法抽取公共因子，结果发现共有 8 个特征值大于 1 的公共因子。但是结果表明，有些测量项目质量不佳，主要是因为这些项目在两个或两个以上的因素上的因子载荷都较大，或根据测量项目的相似性和因子解释的科学性不恰当，考虑删除 2 个测量项目，即 VAR00004 和 VAR00014。

删除 2 个质量不佳的测量项目后，对剩余的 30 个测量项目重新进行因子分析。根据 Hair 等提出的因子效度检验方法，本研究首先使用最大方差旋转法进行主成分分析。结果显示：KMO 球形检验结果为 0.873，高于 Kaiser 的推荐值 0.5。这表明所搜集的样本数据适合进行主成分分析。Bartlett 球形检验结果在 0.001 水平上显著，表明数据呈较好的线性，适合进行因子分析，旋转的主成分分析结果如表 8 - 9 所示。主成分分析共提取了八个因子，解释度为 60.1%。所有测度项都在相关因子上具有较高负载，且具有低交叉负载的特点，体现出良好的收敛效度和区别效度。

表 8 – 9　　　　　　　　　　　　旋转后的因子矩阵

互动因子	1	2	3	4	5	6	7	8
VAR00001	0.202	0.510	0.218	0.251	0.052	– 0.030	– 0.034	– 0.048
VAR00002	0.110	0.727	0.040	0.017	0.080	0.061	0.018	0.098
VAR00003	0.147	0.740	0.184	0.009	0.029	0.151	0.078	0.012
VAR00005	0.004	0.682	0.056	0.105	0.119	0.136	0.080	0.161
VAR00006	0.172	0.707	0.110	0.119	0.057	0.153	0.226	– 0.181
VAR00007	0.084	0.513	0.158	– 0.155	– 0.047	0.054	0.151	0.363
VAR00008	0.274	0.100	0.278	0.056	0.599	0.085	– 0.016	0.159
VAR00009	– 0.017	0.761	– 0.001	0.132	0.061	0.185	– 0.061	0.151
VAR00010	0.097	0.822	0.185	– 0.040	– 0.040	0.041	0.111	0.026
VAR00011	0.040	0.809	0.190	0.021	0.120	– 0.019	0.175	– 0.032
VAR00012	0.735	0.032	0.170	0.130	0.321	0.146	0.078	0.183
VAR00013	0.252	0.016	0.013	0.197	0.729	0.102	0.096	0.225
VAR00015	0.023	0.357	0.057	0.548	0.029	0.047	0.302	0.053
VAR00016	0.045	0.394	0.046	0.566	– 0.052	0.204	0.208	– 0.005
VAR00017	0.173	– 0.029	0.649	0.099	0.075	0.358	0.102	– 0.126
VAR00018	0.205	– 0.053	0.251	– 0.135	0.612	0.214	0.108	0.109
VAR00019	0.661	0.262	0.303	– 0.027	0.052	0.130	0.048	0.208
VAR00020	0.203	0.137	0.146	0.687	0.055	0.091	0.015	0.199
VAR00021	0.233	0.243	0.244	0.560	– 0.012	– 0.004	0.048	0.029
VAR00022	0.009	0.149	0.615	0.046	0.132	0.070	0.111	0.446
VAR00023	0.214	0.029	0.619	0.414	0.062	0.133	0.153	0.090
VAR00024	0.165	0.068	0.783	0.057	– 0.018	0.089	0.054	0.019
VAR00025	0.189	0.190	0.687	0.081	0.043	– 0.021	0.043	– 0.078
VAR00026	0.042	0.001	0.017	0.311	0.165	0.523	0.003	0.249
VAR00027	0.038	0.314	– 0.010	0.565	0.064	– 0.035	0.240	0.177
VAR00029	0.004	0.022	0.058	0.464	– 0.023	0.174	0.675	0.081
VAR00030	0.098	0.176	0.136	0.277	– 0.012	0.113	0.710	0.001
VAR00031	0.070	0.261	0.129	– 0.042	0.034	0.270	0.677	0.043
VAR00032	0.405	0.152	0.115	– 0.071	0.152	0.116	– 0.013	0.530

　　本研究采用结构方程模型的两步法对理论模型进行检验：首先，对测量模型进行检验；其次，对结构模型进行检验。对于测量模型，采用验证性因子分析法（CFA）进行测度项的信度和效度检验，结果如表8-10所示。

表8-10　　　　　　　　　　　　参数摘要表

测量指标	因素负荷量	信度系数	测量误差	组合信度
基本要素	0.76	0.618	0.382	0.6896
	0.69	0.561	0.439	
基础设施与环境	0.55	0.447	0.553	0.9082
	0.75	0.610	0.390	
	0.76	0.618	0.382	
	0.71	0.577	0.423	
	0.74	0.602	0.398	
	0.54	0.439	0.561	
	0.78	0.634	0.366	
	0.83	0.675	0.325	
	0.82	0.667	0.658	
娱乐活动	0.68	0.553	0.447	0.8243
	0.63	0.512	0.488	
	0.62	0.504	0.496	
	0.81	0.659	0.341	
	0.73	0.593	0.407	
相关支持性服务	0.58	0.472	0.528	0.7618
	0.59	0.480	0.520	
	0.71	0.577	0.423	
	0.59	0.480	0.520	
	0.58	0.472	0.528	
	0.48	0.390	0.610	
人力资源	0.63	0.512	0.488	0.7181
	0.75	0.610	0.390	
	0.65	0.528	0.472	
费用	0.58	0.472	0.528	0.3364

续表

测量指标	因素负荷量	信度系数	测量误差	组合信度
正面推荐	0.69	0.561	0.439	0.7532
	0.74	0.602	0.398	
	0.70	0.569	0.431	
再次到访	0.55	0.447	0.553	0.3025

　　潜在变量的组合信度为模型内在质量的判别准则之一，若是潜在变量的组合信度值在 0.60 以上，表示模型的内在质量理想。从上表我们可以看出，大部分因子的组合信度系数均大于 0.6，表示模型的内在质量较为理想。

　　在对模型进行结构方程拟合检验之前，首先对各个变量进行相关分析，相关分析的结果如表 8 - 11 所示，所有相关系数都在 0.001 水平上显著。

表 8 - 11　　　　　　　　　　本研究所涉及的相关系数一览表

项目	基本要素	基础设施与环境	娱乐活动	支持性服务	人力资源	费用	推荐	再次到访
基本要素	1.000							
基础设施与环境	0.215	1.000						
娱乐活动	0.301	0.392	1.000					
支持性服务	0.352	0.198	0.405	1.000				
人力资源	0.109	0.302	0.235	0.327	1.000			
费用	0.205	0.452	0.509	0.467	0.207	1.000		
推荐	0.230	0.502	0.639	0.398	0.372	0.623	1.000	
再次到访	0.456	0.321	0.475	0.491	0.391	0.501	0.576	1.000

（二）研究的假设检验

　　相关关系只能说明变量间是否存在关系，由于变量之间或变量各维度之间存在相互影响和相互作用，相关分析无法说明变量间的影响方向和影响作用的大小，为此，本研究在相关分析的基础上，进一步采取结构方程建模技术对研究假设和理论模型进行检验，模型检验的拟合指针见下表。

表 8 – 12　　　　　　　　　　拟合指标及其推荐值

模型	χ^2/df	AGFI	CFI	NFI	RMSEA
推荐值	< 3	> 0.80	> 0.90	> 0.90	< 0.08
本研究中的值	2.38	0.83	0.97	0.96	0.0069

从表 8 – 12 中我们可以看出，大部分拟合指标都位于推荐值范围内，从而得出理论模型与数据的拟合度比较理想。

（三）主要发现

在澳门的会议产业子系统与博彩业互动发展的机制调查方面，笔者得到以下发现：

1. 人力资源与会议市场发展的关系假设不成立

概念模型一的通径系数如图 8 – 8 所示。除一个假设外，其他假设均通过了 t 检验。人力资源与会展业发展的关系假设不成立。相关支持服务、成本因素与会展业发展之间的通径系数均在 0.05 水平上显著，其他路径均在 0.01 的水平上显著。

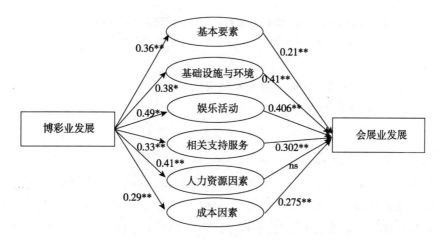

图 8 – 8　博彩及会议部门互动机制研究结构方程

注：＊表示 P < 0.05；＊＊表示 P < 0.01；ns 表示不显著。

2. 博彩业透过基础设施与环境和娱乐活动等影响会议部门较为明显

由图 8-8 的结果我们可知，博彩业的发展通过基本要素、基础设施及环境、娱乐活动、相关支持服务以及成本因素与会展业中的会议部门发展实现互动。其中，基础设施与环境和娱乐活动的中介作用要远大于其他互动因子的影响。基本要素、相关支持服务以及成本因素均显著影响会展业的发展。同时，博彩业通过人力资源因素显著影响会展业的发展的假设并没有得到支持。

3. 与会者的目的地形象评价对博彩业影响不显著，对重游率的影响较大

概念模型二的通径系数如图 8-9 所示。从图中的结果可知，有一个假设未通过 t 检验，即会展业通过会展参与者的正面旅游地形象评价来影响博彩业发展的假设没有得到验证。在 0.01 的显著水平下，再次到访均对博彩业有显著影响。

图 8-9 会议部门及博彩业互动机制研究结构方程

注：＊表示 $P < 0.05$；＊＊表示 $P < 0.01$；ns 表示不显著。

三 展览市场与博彩业互动发展机制验证

(一) 问卷的信度与效度检验

本研究采用主成分分析对 32 个测量项目进行分析，采用正交旋转法和特征根大于 1 的方法抽取公共因子，结果发现共有 8 个特征值大于 1 的公共因子。但是，结果表明有些测量项目质量不佳，主要是因为根据测量项目的相似性和因子解释的科学性不恰当，考虑要删除 1 个测量项目。删除 1 个质量不佳的测量项目（VAR00028）后，对剩余的 31 个测量项目重新进行因子分析。

根据 Hair 等提出的因子效度检验方法，本研究首先使用最大方差

旋转法进行主成分分析。结果显示：KMO 球形检验结果为 0.902，高于 Kaiser 的推荐值 0.5。这表明所搜集的样本数据适合进行主成分分析。 Bartlett 球形检验结果在 0.001 水平上显著，表明数据呈较好的线性，适合进行因子分析，旋转的主成分分析结果如表 8 – 13 所示。主成分分析共提取了八个因子，解释度为 61.9%。所有测度项都在相关因子上具有较高负载，且具有低交叉负载的特点，体现出良好的收敛效度和区别效度。

表 8 – 13　　　　　　　　旋转后的因子矩阵

互动因子	1	2	3	4	5	6	7	8
VAR00001	0.196	0.738	0.015	0.116	0.148	0.132	0.188	0.346
VAR00002	0.244	0.563	0.192	0.210	0.307	0.016	0.121	0.171
VAR00003	0.253	0.691	0.185	0.314	0.085	0.072	0.015	0.204
VAR00004	0.191	0.601	0.226	0.332	0.260	0.034	0.076	0.040
VAR00005	0.195	0.756	0.165	0.118	0.007	0.092	0.077	0.032
VAR00006	0.074	0.664	0.068	0.385	0.297	0.048	0.205	0.236
VAR00007	0.326	0.717	0.048	0.375	0.277	0.212	0.340	0.051
VAR00008	0.194	0.287	0.317	0.215	0.495	0.242	0.045	0.146
VAR00009	0.287	0.741	0.140	0.024	0.116	0.182	0.091	0.233
VAR00010	0.141	0.810	0.305	0.092	0.170	0.037	0.041	0.321
VAR00011	0.220	0.840	0.249	0.105	0.136	0.059	0.041	0.297
VAR00012	0.646	0.075	0.132	0.108	0.282	0.315	0.040	0.113
VAR00013	0.109	0.005	0.160	0.167	0.766	0.140	0.093	0.332
VAR00014	0.135	0.411	0.042	0.325	0.190	0.658	0.106	0.250
VAR00015	0.132	0.069	0.152	0.528	0.252	0.177	0.043	0.227
VAR00016	0.082	0.104	0.147	0.470	0.251	0.153	0.110	0.149
VAR00017	0.354	0.406	0.434	0.116	0.228	0.030	0.023	0.114
VAR00018	0.386	0.185	0.215	0.209	0.519	0.137	0.051	0.158
VAR00019	0.495	0.364	0.238	0.008	0.153	0.190	0.093	0.131
VAR00020	0.371	0.177	0.080	0.466	0.154	0.090	0.251	0.001
VAR00021	0.237	0.029	0.145	0.461	0.329	0.094	0.289	0.105
VAR00022	0.092	0.211	0.827	0.023	0.136	0.013	0.073	0.128

互动因子	1	2	3	4	5	6	7	8
VAR00023	0.043	0.339	0.715	0.085	0.128	0.092	0.014	0.137
VAR00024	0.149	0.213	0.108	0.218	0.037	0.133	0.270	0.389
VAR00025	0.044	0.276	0.186	0.002	0.006	0.047	0.071	0.096
VAR00026	0.316	0.024	0.103	0.280	0.170	0.475	0.218	0.134
VAR00027	0.371	0.174	0.191	0.435	0.244	0.048	0.054	0.116
VAR00029	0.114	0.028	0.212	0.213	0.128	0.168	0.612	0.038
VAR00030	0.168	0.023	0.366	0.170	0.153	0.168	0.580	0.096
VAR00031	0.170	0.262	0.112	0.268	0.096	0.085	0.727	0.146
VAR00032	0.192	0.253	0.158	0.144	0.029	0.181	0.143	0.703

本研究采用结构方程模型的两步法对理论模型进行检验：首先，对测量模型进行检验；其次，对结构模型进行检验。对于测量模型，采用验证性因子分析法（CFA）进行测度项的信度和效度检验，结果如表 8 - 14 所示。

表 8 - 14　　　　　　　　参数摘要表

测量指标	因素负荷量	信度系数	测量误差	组合信度
基本要素	0.67	0.545	0.455	0.5313
	0.53	0.431	0.569	
基础设施与环境	0.75	0.610	0.390	0.9231
	0.58	0.472	0.528	
	0.73	0.593	0.407	
	0.64	0.520	0.480	
	0.79	0.618	0.382	
	0.65	0.528	0.472	
	0.74	0.602	0.398	
	0.78	0.634	0.366	
	0.83	0.675	0.325	
	0.87	0.707	0.293	

续表

测量指标	因素负荷量	信度系数	测量误差	组合信度
	0.48	0.390	0.610	
娱乐活动	0.89	0.724	0.276	0.7533
	0.73	0.593	0.407	
	0.59	0.480	0.520	
	0.49	0.398	0.601	
相关支持性服务	0.46	0.374	0.626	0.6157
	0.47	0.382	0.618	
	0.45	0.366	0.634	
	0.53	0.431	0.569	
人力资源	0.79	0.642	0.358	0.6536
	0.53	0.431	0.569	
费用	0.70	0.569	0.431	0.5211
	0.48	0.390	0.610	
	0.63	0.512	0.488	
正面推荐	0.61	0.496	0.504	0.7036
	0.75	0.610	0.390	
再次到访	0.76	0.618	0.382	0.6776

潜在变量的组合信度为模型内在质量的判别准则之一，若是潜在变量的组合信度值在 0.60 以上，表示模型的内在质量理想。从上表我们可以看出，所有的互动因子的组合信度系数均大于 0.6，表示模型的内在质量较为理想。

在对模型进行结构方程拟合检验之前，首先对各个变量进行相关分析，相关分析的结果如表 8 - 15 所示，所有相关系数都在 0.001 水平上显著。

表 8 - 15　　　　　　　本研究所涉及的相关系数一览表

项目	基本要素	基础设施与环境	娱乐活动	支持性服务	人力资源	费用	推荐	再次到访
基本要素	1.000							
基础设施与环境	0.632	1.000						

续表

项目	基本要素	基础设施与环境	娱乐活动	支持性服务	人力资源	费用	推荐	再次到访
娱乐活动	0.266	0.309	1.000					
支持性服务	0.293	0.812	0.315	1.000				
人力资源	0.215	0.343	0.313	0.470	1.000			
费用	0.468	0.643	0.423	0.638	0.245	1.000		
推荐	0.303	0.698	0.325	0.695	0.336	0.695	1.000	
再次到访	0.315	0.695	0.428	0.408	0.374	0.428	0.729	1.000

（二）研究假设检验

相关关系只能说明变量间是否存在关系，由于变量之间或变量各维度之间存在相互影响和相互作用，相关分析无法说明变量间的影响方向和影响作用的大小，为此，本研究在相关分析的基础上，进一步采取结构方程建模技术对研究假设和理论模型进行检验，模型检验的拟合指针见下表。

表 8 – 16　　　　　　拟合指标及其推荐值（N = 1178）

模型	χ^2/df	GFI	AGFI	CFI	NFI	RMSEA
推荐值	< 3	> 0.90	> 0.80	> 0.90	> 0.90	< 0.08
本研究中的值	3.428	0.979	0.932	0.971	0.985	0.083

从表 8 – 16 我们可以看出，大部分拟合指标都位于推荐值范围内，从而得出理论模型与数据的拟合度较高。

（三）调查的主要发现

在澳门展览业子系统与博彩业的互动发展机制研究方面，通过调查，有以下发现：

1. 博彩业透过人力资源影响展览部门发展的关系假设不成立

概念模型一的通径系数如图 8—10 所示。除一个假设外，其他假设均通过了 t 检验。人力资源与会展业中展览部门发展的关系假设不成立。基本要素与会展业发展之间的通径系数在 0.05 水平上显著，其他路径则在 0.01 的水平上显著。

2. 博彩业透过基础设施与环境的中介作用影响展览部门发展更为明显

由图 8 - 10 的结果我们可知，博彩业的发展通过基本要素、基础设施与环境、娱乐活动、相关支持服务以及成本因素与会展业发展实现互动。其中，基础设施与环境的中介作用要远大于其他互动因子。基本要素、娱乐活动、相关支持服务以及成本因素均显著影响会展业的发展。然而，人力资源因素显著影响会展业的发展的假设并没有得到支持。

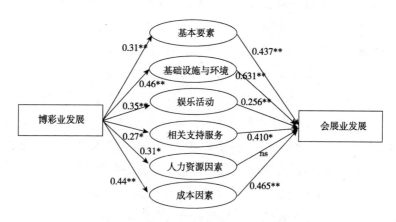

图 8 - 10　博彩及展览部门互动机制研究结构方程

注：＊表示 P < 0.05；＊＊表示 P < 0.01；ns 表示不显著。

3. 展览参与者对目的地形象评价及再次到访都会显著影响博彩业发展，且对形象评价的影响更为明显

概念模型二的通径系数如图 8 - 11 所示。从图中的结果可知，假设通过了 t 检验。会展业通过会展参与者的正面旅游地形象评价以及再次到访来影响博彩业的发展。并且在 0.01 的水平下，正面旅游地形象评价以及再次到访均对博彩业有显著正向影响，并且正面旅游地形象评价的影响程度要大于再次到访。

图 8 - 11　展览部门与博彩业互动机制研究结构方程

注：＊表示 P < 0.05；＊＊表示 P < 0.01。

四 节庆活动与博彩业互动发展机制研究

(一) 数据的信度与效度分析

本研究采用主成分分析对 32 个测量项目进行分析，采用正交旋转法和特征根大于 1 的方法抽取公共因子，结果发现共有 8 个特征值大于 1 的公共因子。但是结果表明，有些测量项目质量不佳，主要是因为这些项目在两个或两个因素以上的因子载荷都较大，考虑删除 4 个测量项目 (VAR00002，VAR00003，VAR00025，VAR00028)。

删除 4 个质量不佳的测量项目后，对剩余的 28 个测量项目重新进行因子分析。根据 Hair 等提出的因子效度检验方法，本研究首先使用最大方差旋转法进行主成分分析。结果显示：KMO 球形检验结果为 0.834，高于 Kaiser 的推荐值 0.5。这表明所搜集的样本数据适合进行主成分分析。Bartlett 球形检验结果在 0.001 水平上显著，表明数据呈较好的线性，适合进行因子分析，旋转的主成分分析结果如表 8 - 17 所示。主成分分析共提取了八个因子，解释度为 67.6%。所有测度项都在相关因子上具有较高负载，且具有低交叉负载的特点，体现出良好的收敛效度和区别效度。

表 8 - 17　　　　　　　　　　旋转后的因子矩阵

互动因子	1	2	3	4	5	6	7	8
VAR00001	- 0.051	0.478	- 0.197	0.296	0.059	0.180	- 0.025	0.376
VAR00004	0.393	0.466	- 0.162	- 0.096	- 0.127	- 0.113	0.140	- 0.331
VAR00005	- 0.103	0.461	- 0.042	0.034	- 0.424	- 0.362	- 0.118	- 0.012
VAR00006	0.216	0.570	- 0.092	- 0.055	- 0.121	- 0.356	0.132	0.200
VAR00007	0.167	0.559	- 0.150	0.051	- 0.164	- 0.225	- 0.181	0.283
VAR00008	- 0.315	0.040	0.228	0.041	0.570	- 0.194	0.050	0.327
VAR00009	0.247	0.598	0.269	- 0.048	0.158	- 0.213	0.248	- 0.062
VAR00010	0.358	0.481	0.310	- 0.115	0.277	- 0.108	- 0.100	- 0.076
VAR00011	0.394	0.513	0.409	- 0.199	0.370	- 0.042	- 0.035	- 0.078
VAR00012	0.476	0.346	0.228	0.086	- 0.030	0.333	- 0.290	0.005
VAR00013	- 0.114	0.272	0.093	0.137	0.494	0.365	- 0.211	- 0.072
VAR00014	0.383	0.110	- 0.033	0.175	0.360	0.459	- 0.036	- 0.134
VAR00015	0.070	0.391	- 0.247	0.494	- 0.019	- 0.062	0.019	0.254
VAR00016	0.153	0.348	- 0.229	0.568	0.007	0.101	0.136	0.252

续表

互动因子	1	2	3	4	5	6	7	8
VAR00017	−0.329	0.214	0.531	0.087	0.052	0.104	0.329	−0.171
VAR00018	0.085	0.231	−0.289	0.164	0.556	0.102	0.322	−0.213
VAR00019	0.600	−0.015	0.043	0.266	−0.106	0.148	0.315	−0.054
VAR00020	0.227	−0.046	−0.149	0.568	0.193	−0.026	0.425	−0.028
VAR00021	0.278	−0.029	−0.009	0.539	0.126	−0.312	0.074	0.000
VAR00022	0.294	−0.409	0.496	−0.083	−0.133	0.031	0.218	0.102
VAR00023	0.301	−0.445	0.508	−0.067	−0.158	0.084	0.142	0.090
VAR00024	0.476	−0.511	0.232	0.162	0.228	0.153	−0.033	0.278
VAR00026	0.252	−0.261	−0.055	0.150	−0.156	0.456	0.039	−0.131
VAR00027	0.127	−0.183	−0.280	0.473	0.085	−0.227	−0.218	0.030
VAR00029	−0.225	−0.319	−0.222	0.037	0.292	−0.055	0.603	−0.109
VAR00030	−0.212	−0.194	−0.142	−0.010	0.290	−0.203	0.652	−0.244
VAR00031	−0.023	−0.186	0.138	−0.073	−0.086	−0.076	0.614	−0.345
VAR00032	−0.256	−0.149	0.279	0.161	−0.283	−0.029	−0.250	0.593

　　本研究采用结构方程模型的两步法对理论模型进行检验：首先，对测量模型进行检验；其次，对结构模型进行检验。对于测量模型，采用验证性因子分析法（CFA）进行测度项的信度和效度检验，结果如表8−18所示。

表8−18　　　　　　　　　　参数摘要表

测量指标	因素负荷量	信度系数	测量误差	组合信度
基本要素	0.53	0.431	0.569	0.5788
	0.62	0.504	0.496	
	0.53	0.432	0.568	
基础设施与环境	0.51	0.415	0.585	0.7912
	0.53	0.431	0.569	
	0.52	0.423	0.577	
	0.60	0.488	0.512	
	0.63	0.512	0.488	
	0.65	0.528	0.472	
	0.54	0.439	0.561	
	0.55	0.447	0.553	

测量指标	因素负荷量	信度系数	测量误差	组合信度
娱乐活动	0.57	0.463	0.537	0.5485
	0.51	0.415	0.585	
	0.53	0.431	0.569	
相关支持性服务	0.51	0.415	0.585	0.6781
	0.59	0.480	0.520	
	0.58	0.472	0.528	
	0.55	0.447	0.553	
	0.49	0.398	0.602	
人力资源	0.59	0.480	0.520	0.5829
	0.51	0.415	0.585	
	0.59	0.480	0.520	
费用	0.53	0.431	0.569	0.4193
	0.50	0.407	0.593	
正面推荐	0.63	0.512	0.488	0.6834
	0.68	0.553	0.447	
	0.63	0.512	0.488	
再次到访	0.61	0.496	0.504	0.3721

潜在变量的组合信度为模型内在质量的判别准则之一，若是潜在变量的组合信度值在 0.60 以上，表示模型的内在质量理想。从上表我们可以看出，大部分因子的组合信度系数均大于 0.6 或接近 0.6，表示模型的内在质量较为理想。

对模型进行结构方程拟合检验之前，首先对各个变量进行相关分析，相关分析的结果如表 8-19 所示，所有相关系数都在 0.001 水平上显著。

表 8-19　　　　　本研究所涉及的相关系数一览表

项目	基本要素	基础设施与环境	娱乐活动	支持性服务	人力资源	费用	推荐	再次到访
基本要素	1.000							
基础设施与环境	0.231	1.000						

续表

项目	基本要素	基础设施与环境	娱乐活动	支持性服务	人力资源	费用	推荐	再次到访
娱乐活动	0.459	0.304	1.000					
支持性服务	0.653	0.451	0.295	1.000				
人力资源	0.108	0.372	0.203	0.190	1.000			
费用	0.341	0.243	0.408	0.309	0.201	1.000		
推荐	0.391	0.482	0.553	0.495	0.230	0.349	1.000	
再次到访	0.301	0.521	0.602	0.420	0.185	0.309	0.703	1.000

（二）相关研究假设检验

相关关系只能说明变量间是否存在关系，由于变量之间或变量各维度之间存在相互影响和相互作用，相关分析无法说明变量间的影响方向和影响作用的大小，为此，本研究在相关分析的基础上，进一步采取结构方程建模技术对研究假设和理论模型进行检验，模型检验的拟合指针见下表。

表 8 – 20　　　　　　　　　　拟合指标及其推荐值

模型	χ^2/df	AGFI	CFI	NFI	RMSEA
推荐值	< 3	> 0.80	> 0.90	> 0.90	< 0.08
本研究中的值	2.23	0.86	0.96	0.93	0.07

从表 8 – 20 可以看出，大部分拟合指标都位于推荐值范围内，从而得出理论模型与数据的拟合度较高。

（三）主要调查发现

在澳门节事活动与博彩业的相互互动发展机制验证方面，通过调查和数据分析，笔者得到以下发现：

1. 博彩业通过人力资源推动节庆发展的假设不成立

概念模型一的通径系数如图 8—12 所示。除一个假设外，其他假设均通过了 t 检验。人力资源与会展业发展的关系假设不成立。基本要素与会展业发展之间的通径系数在 0.05 水平上显著，其他路径则在 0.01 的水平上显著。

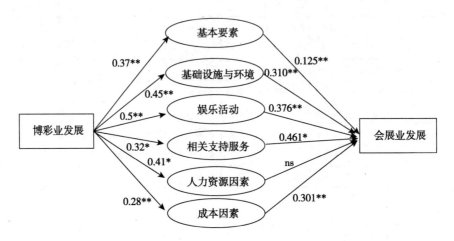

图 8 - 12　博彩及节事部门互动机制研究结构方程

注：＊表示 P＜0.05；＊＊表示 P＜0.01；ns 表示不显著。

2. 博彩业更多地透过娱乐活动的中介作用促进节事活动的发展

由图 8 - 12 的结果我们可知，博彩业的发展通过基本要素、基础设施及环境、娱乐活动、相关支持服务以及成本因素与会展业发展实现互动。其中，娱乐活动的中介作用要远大于其他互动因子的影响。基本要素、基础设施及环境、相关支持服务以及成本因素均显著影响会展业的发展。然而，人力资源因素显著影响会展业的发展的假设并没有得到支持。

3. 节事参与者对目的地形象评价及重游会促进博彩业的发展，其中目的地形象评价的影响更为明显

概念模型二的通径系数如图 8 - 13 所示。从图中的结果可知，假设通过了 t 检验。会展业通过会展参与者的正面旅游地形象评价以及再次到访来影响博彩业的发展。并且在 0.05 的水平下，正面旅游地形象评

图 8 - 13　节事部门与博彩业互动机制研究结构方程

注：＊表示 P＜0.05；＊＊表示 P＜0.01。

价以及再次到访均对博彩业有显著影响，并且正面旅游地形象评价的影响程度要大于再次到访的影响程度。

五　数据分析的主要发现

借助结构方程模型的分析，笔者对于博彩业与会展业之间的互动关系及机制有了较为深入的了解。在文献综述以及专家深度访谈的基础上，笔者将博彩业与会展业间互动的中介因素分为了八类：基本要素、基础设施与环境、娱乐活动、相关支持性服务、人力资源因素、费用因素、正面旅游地形象评价和再次到访目的地。其中博彩业可能会通过前六类因子与会展业展开互动，而会展业则通过后两类因子与博彩业进行互动。

透过分析发现，从会展业的总体情况来看，博彩业在人力资源因素上对于会展的支持较小。基本要素、基础设施与环境、娱乐活动、相关支持服务以及成本因素是博彩业影响会展业的主要途径，其中博彩业通过基本要素的中介作用推动会展业发展的显著性要远大于其他互动因子。而会展业产生的正面旅游地形象评价以及商务人士的再次到访均对博彩业有显著影响。

而对于会议市场而言，博彩业透过影响人力资源推动会议市场发展的关系假设不成立。博彩业透过基础设施与环境和娱乐活动等影响会议部门的发展较为明显。而与会者的目的地形象正面评价对博彩业发展的影响不如重游率带来的影响大。

从展览市场来看，博彩业透过人力资源影响展览部门发展的关系假设仍然不成立。博彩业透过基础设施与环境的中介作用影响展览部门发展更为明显。展览参与者对目的地形象评价及再次到访都会显著影响博彩业发展，且对旅游目的地正面的形象评价对博彩业发展的影响更为明显。

从节事活动的发展来看，博彩业通过人力资源推动节庆发展的假设同样不成立。博彩业更多地透过娱乐活动的中介作用来促进节事活动的发展。节事参与者对目的地形象评价及重游会促进博彩业的发展，其中目的地正面形象评价的影响更为明显。

综上所述，博彩业与会展业的互动发展主要是透过基本要素、基础设施与环境、娱乐活动、相关支持性服务、成本因素、正面旅游地形象评价和再次到访目的地来发生相互影响。其中在不同的会展细分市场中，相互影响和作用机制略有差异。为此，澳门在今后的发展中可以结合相关结论，大力推动会展业与博彩业的结合，以促进两个产业共同进步与发展。

第 九 章

澳门会展业与博彩业互动绩效评价

在前述章节中，本研究对于会展业与博彩业的互动机制进行了探讨。在此基础上，仍需要对目前澳门在会展业与博彩业互动发展中的效率及效果进行分析，从而提出未来进一步推动产业间互动的方向。本研究主要对受访者在澳门停留期间的博彩业相关的消费情况以及对澳门作为会展目的地的总体感知进行调查。

第一节 会展参与者对展会服务的总体评价

一 对澳门作为会展目的地的总体满意度

（一）不同细分市场的总体满意度评价

1. 展览参与者对于澳门作为会展目的地的满意度

大部分受访者对于澳门作为会展目的地较为满意，为 239 人，占样本总量的 59.8%；其次为保持中立态度的人群，72 人认为对此没有意见，占 18%。其余依次为非常满意（43 人，占 10.8%）、较不满意（37 人，占 9.3%）以及非常不满意（9 人，占 2.3%）。

2. 会议参与者对于澳门作为会展目的地的满意度

大部分受访者对于澳门作为会展目的地较为满意，为 299 人，占样本总量的 72%；其次为非常满意的人群，为 84 人，占 20.2%。其余依次为没有意见（24 人，占 5.8%）、较不满意（87 人，占 1.9%）。从分析结果我们可以发现，对于来澳参加会议的受访者来说，无人对澳门作为会展目的地非常不满意。

3. 节事活动参与者对于澳门作为会展目的地的满意度

大部分受访者对于澳门作为会展目的地较为满意，为229人，占样本总量的63.1%；其次为保持中立态度的人群，92人认为对此没有意见，占25.3%。其余依次为非常满意（34人，占9.4%）、较不满意（5人，占1.4%）以及非常不满意（3人，占0.8%）。

总体满意度上，展览参与者的不满意度比例相对较高，会议参与者的不满意度比例为最低。

（二）会展目的地满意度评价的差异分析

方差分析是20世纪20年代发展起来的一种统计方法，被广泛应用于分析心理学、生物学、工程和医药的实验数据等领域。在形式上方差分析是比较多个总体的均值是否相等，本质上它所研究的是分类性自变量对数值型因变量的影响，例如它们之间有无关系、关系强度如何等，方差分析方法首先检验总体的均值是否相等，进而判断分类型自变量对数值型因变量的显著性影响。

方差分析通过给定显著性水平，通过和F分布统计量的概率P值的比较，推断出总体均值是否存在显著性差异。与其他假设检验方法相比，方差分析不仅可以提高检验效率，同时由于它是将所有的样本信息结合在一起，还增加了分析的可靠性。

在本研究中，多元方差分析采用LSD法，即对所有组都和对照组相比。LSD（least significant difference，最小显著性差异法）用t检验完成各组间的配对比较，检验的敏感度高，各个水平间的均值存在微小的差异也有可能被检验出来。

研究首先利用方差分析对不同活动类型的受访者的满意度、再次来澳参展意愿以及推荐意愿的差异进行分析，然后对所有受访者基于不同人口学特征的满意度、再次来澳参展意愿以及推荐意愿之间是否存在差异进行分析。同时，本次问卷在不同的地点发放，由于不同的会展场所档次水平均存在差别，这会进一步影响受访者的满意度、再次来澳参展意愿以及推荐意愿方面。因此，我们也采用方差分析法对此进行分析。

1. 基于活动类型的满意度差异分析

方差分析结果显示，不同活动类型的受访者的满意度存在显著差异。具体结果如表9—1所示。

表 9 - 1　　　　　基于不同活动类型的满意度差异分析

因变量 Dependent Variable：满意度

(I) 活动类型	(J) 活动类型	Mean Difference (I J) (均值差异)	Std. Error (标准误)	Sig. (显著水平)	95% Confidence Interval (95% 置信区间)	
					Lower Bound (下限)	Upper Bound (上限)
1	2	1.6316（*）	0.05727	0.000	1.7439	1.5192
	3	1.6532（*）	0.06019	0.000	1.7713	1.5351
2	1	1.6316（*）	0.05727	0.000	1.5192	1.7439
	3	0.0217	0.05922	0.714	0.1379	0.0945
3	1	1.6532（*）	0.06019	0.000	1.5351	1.7713
	2	0.0217	0.05922	0.714	0.0945	0.1379

Based on observed means.

* The mean difference is significant at the 0.05 level.

注：1　代表会议，2代表展览，3代表节庆。

从表9-1可以看出，参加会议的受访者的满意度与参加展览、节庆的受访者的满意程度存在显著差异，并且其满意程度均低于参加其他活动的受访者的满意度。参加展览与参加节庆的受访者在满意度方面差异不是非常显著。

2. 基于受访地点的会展参与者满意度差异分析

方差分析显示，在不同地点的受访者的满意程度存在显著差异。具体分析结果见表9-2。

表 9 - 2　　　　　基于不同调查地点的满意度差异分析

因变量 Dependent Variable：满意度

(I) 调查地点	(J) 调查地点	Mean Difference (I J) (均值差异)	Std. Error (标准误)	Sig. (显著水平)	95% Confidence Interval (95% 置信区间)	
					Lower Bound (上限)	Upper Bound (下限)
1	2	0.5616（*）	0.06860	0.000	0.6962	0.4271
	6	0.4378（*）	0.17552	0.013	0.0935	0.7822

续表

（I）调查 地点	（J）调查 地点	Mean Difference （IJ） （均值差异）	Std. Error （标准误）	Sig. （显著水平）	95% Confidence Interval （95%置信区间）	
					Lower Bound （上限）	Upper Bound （下限）
	7	0.9523（＊）	0.19821	0.000	0.5635	1.3412
2	1	0.5616（＊）	0.06860	0.000	0.4271	0.6962
	6	0.9995（＊）	0.17976	0.000	0.6468	1.3522
	7	1.5140（＊）	0.20198	0.000	1.1177	1.9103
6	1	0.4378（＊）	0.17552	0.013	0.7822	0.0935
	2	0.9995（＊）	0.17976	0.000	1.3522	0.6468
	7	0.5145（＊）	0.25864	0.047	0.0071	1.0220
7	1	0.9523（＊）	0.19821	0.000	1.3412	0.5635
	2	1.5140（＊）	0.20198	0.000	1.9103	1.1177
	6	0.5145（＊）	0.25864	0.047	1.0220	0.0071

Based on observed means.

＊　The mean difference is significant at the 0.05 level.

注：1代表威尼斯人会展中心，2代表澳门观光塔会展中心，6代表澳门十六浦酒店，7代表澳门威斯汀。

从表9－2中我们可以看出，在澳门威尼斯人会展中心的受访者的满意程度与观光塔、澳门威斯汀的受访者存在显著差异，并且其满意程度均低于这些地点的受访者。在威尼斯人会展中心的受访者与在澳门十六浦的受访者的满意程度方面没有多大差异。

3. 基于性别的满意度差异

采用方差分析得到如下结果：从表9－3中我们可以清晰地看出P值远小于0.005的显著水平，因此认为男女在对澳门作为会展目的地的满意度方面存在差异。

表 9－3　　　　　　　　　　　**基于性别的满意度认知差异**

因变量 Dependent Variable：满意度

Source	Type III Sum of Squares（第三类平方和）	df（自由度）	Mean Square（均方）	F（F 值）	Sig.（显著水平）
Corrected Model	186. 145（a）	4	46. 536	41. 402	0. 000
Intercept	2181. 108	1	2181. 108	1940. 474	0. 000
VAR00001	186. 145	4	46. 536	41. 402	0. 000
Error	1315. 089	1170	1. 124		
Total	12257. 000	1175			
Corrected Total	1501. 234	1174			

a　R Squared ＝0 . 124（Adjusted R Squared ＝ 0. 121）

4. 基于年龄的满意度分异分析

从表 9－4 中可以看到，在显著性水平为 0. 05 的前提下，在对澳门作为会展旅游目的地的满意度方面，14—25 岁年龄段的受访者同其他年龄段的受访者存在着显著差异，并且其满意程度均高于其他年龄阶段的受访者。同时，26—35 岁年龄段的受访者与 35 岁及以上年龄段的受访者的满意度存在显著差异，并均高于 35 岁以上年龄段受访者的满意度。

表 9－4　　　　　　　　　　　**基于年龄的满意度分异**

（I）年龄	（J）年龄	Mean Difference（I J）（均值差异）	Std. Error（标准误）	Sig.（显著水平）	95% Confidence Interval（95% 的置信区间）	
					Lower Bound（下限）	Upper Bound（上限）
1	2	0. 1858（＊）	0. 06421	0. 004	0. 0599	0. 3118
	3	1. 5254（＊）	0. 09453	0. 000	1. 3399	1. 7108
	4	1. 4908（＊）	0. 12475	0. 000	1. 2460	1. 7355
	5	1. 7202（＊）	0. 18913	0. 000	1. 3491	2. 0912
	6	1. 6844（＊）	0. 48579	0. 001	0. 7313	2. 6376
2	1	0. 1858（＊）	0. 06421	0. 004	0. 3118	0. 0599
	3	1. 3395（＊）	0. 09086	0. 000	1. 1613	1. 5178
	4	1. 3050（＊）	0. 12199	0. 000	1. 0656	1. 5443
	5	1. 5343（＊）	0. 18733	0. 000	1. 1668	1. 9019
	6	1. 4986（＊）	0. 48509	0. 002	0. 5469	2. 4504

续表

(I) 年龄	(J) 年龄	Mean Difference (I J) (均值差异)	Std. Error (标准误)	Sig. (显著水平)	95% Confidence Interval (95%的置信区间)	
					Lower Bound (下限)	Upper Bound (上限)
3	1	1.5254 (*)	0.09453	0.000	1.7108	1.3399
	2	1.3395 (*)	0.09086	0.000	1.5178	1.1613
	4	0.0346	0.14034	0.805	0.3099	0.2408
	5	0.1948	0.19976	0.330	0.1971	0.5867
	6	0.1591	0.49002	0.745	0.8023	1.1205
4	1	1.4908 (*)	0.12475	0.000	1.7355	1.2460
	2	1.3050 (*)	0.12199	0.000	1.5443	1.0656
	3	0.0346	0.14034	0.805	0.2408	0.3099
	5	0.2294	0.21571	0.288	0.1938	0.6526
	6	0.1937	0.49674	0.697	0.7809	1.1683
5	1	1.7202 (*)	0.18913	0.000	2.0912	1.3491
	2	1.5343 (*)	0.18733	0.000	1.9019	1.1668
	3	0.1948	0.19976	0.330	0.5867	0.1971
	4	0.2294	0.21571	0.288	0.6526	0.1938
	6	0.0357	0.51668	0.945	1.0494	0.9780
6	1	1.6844 (*)	0.48579	0.001	2.6376	0.7313
	2	1.4986 (*)	0.48509	0.002	2.4504	0.5469
	3	0.1591	0.49002	0.745	1.1205	0.8023
	4	0.1937	0.49674	0.697	1.1683	0.7809
	5	0.0357	0.51668	0.945	0.9780	1.0494

Based on observed means.

* The mean difference is significant at the 0.05 level.

注：1 18—25岁，2 26—35岁，3 36—45岁，4 46—55岁，5 56—65岁，6 66岁及以上。

5. 基于日常居住地的满意度差异分析

方差检验结果如表9-5所示，在日常居住地对满意度的影响方面，来自澳门的受访者与来自香港的受访者的满意度没有多大差异，但是与来自中国内地、中国台湾以及其他国家的受访者之间则存在显著差异，并且其满意程度均高于其他地区的受访者。来自香港的受访者的满意度也与来自中国内地、中国台湾以及其他国家的满意度之间存在显著差异，并且也高于这些地区受访者的满意度。

表 9 – 5　　　　　　　　**基于日常居住地的满意度差异**

因变量 Dependent Variable：满意度

（I）日常居住地	（J）日常居住地	Mean Difference（I J）（均值差异）	Std. Error（标准误）	Sig.（显著水平）	95% Confidence Interval（95%置信区间）	
					Lower Bound（下限）	Upper Bound（上限）
1	2	0.1349	0.08231	0.101	0.0265	0.2964
	3	0.6045（＊）	0.08881	0.000	0.4303	0.7788
	4	0.8174（＊）	0.10839	0.000	0.6047	1.0300
	5	1.1252（＊）	0.13754	0.000	0.8553	1.3950
2	1	0.1349	0.08231	0.101	0.2964	0.0265
	3	0.4696（＊）	0.08637	0.000	0.3001	0.6390
	4	0.6824（＊）	0.10640	0.000	0.4737	0.8912
	5	0.9902（＊）	0.13597	0.000	0.7235	1.2570
3	1	0.6045（＊）	0.08881	0.000	0.7788	0.4303
	2	0.4696（＊）	0.08637	0.000	0.6390	0.3001
	4	0.2128	0.11150	0.057	0.0059	0.4316
	5	0.5206（＊）	0.14001	0.000	0.2460	0.7953
4	1	0.8174（＊）	0.10839	0.000	1.0300	0.6047
	2	0.6824（＊）	0.10640	0.000	0.8912	0.4737
	3	0.2128	0.11150	0.057	0.4316	0.0059
	5	0.3078（＊）	0.15318	0.045	0.0073	0.6083
5	1	1.1252（＊）	0.13754	0.000	1.3950	0.8553
	2	0.9902（＊）	0.13597	0.000	1.2570	0.7235
	3	0.5206（＊）	0.14001	0.000	0.7953	0.2460
	4	0.3078（＊）	0.15318	0.045	0.6083	0.0073

Based on observed means.

＊　The mean difference is significant at the 0.05 level.

注：1 代表澳门，2 代表香港，3 代表中国内地，4 代表台湾，5 代表其他国家。

6. 基于学历层次的满意度差异分析

从表9-6中可以看出，小学毕业及以下学历的受访者的满意程度与初中毕业的受访者的满意度之间差异不显著，而与高中毕业、大专及大学本科、硕士及以上学历的受访者的满意度存在显著差异，并且均高于这些层次的满意程度。初中毕业的受访者的满意程度与高中毕业、大专及大学本科、硕士及以上人群的满意度存在显著差异，并且均高于这些学历层次的满意程度。

从学历层次我们可以看出，随着学历层次的增加受访者对于澳门的会展满意程度是呈递减趋势的。

表9-6　　　　　　　　基于学历层次的满意度差异分析

因变量 Dependent Variable：满意度

(I) 学历层次	(J) 学历层次	Mean Difference (I J) （均值差异）	Std. Error （标准误）	Sig. （显著水平）	95% Confidence Interval （95%置信区间）	
					Lower Bound （下限）	Upper Bound （上限）
1	2	0.1097	0.13019	0.400	0.1457	0.3651
	3	0.6662（＊）	0.14423	0.000	0.3832	0.9491
	4	1.0646（＊）	0.08844	0.000	0.8911	1.2381
	5	0.7223（＊）	0.08826	0.000	0.5491	0.8954
2	1	0.1097	0.13019	0.400	0.3651	0.1457
	3	0.5565（＊）	0.16740	0.001	0.2280	0.8849
	4	0.9549（＊）	0.12264	0.000	0.7143	1.1955
	5	0.6126（＊）	0.12251	0.000	0.3722	0.8529
3	1	0.6662（＊）	0.14423	0.000	0.9491	0.3832
	2	0.5565（＊）	0.16740	0.001	0.8849	0.2280
	4	0.3984（＊）	0.13745	0.004	0.1288	0.6681
	5	0.0561	0.13734	0.683	0.2133	0.3256
4	1	1.0646（＊）	0.08844	0.000	1.2381	0.8911
	2	0.9549（＊）	0.12264	0.000	1.1955	0.7143
	3	0.3984（＊）	0.13745	0.004	0.6681	0.1288

续表

(I) 学历层次	(J) 学历层次	Mean Difference (I J) (均值差异)	Std. Error (标准误)	Sig. (显著水平)	95% Confidence Interval (95%置信区间)	
					Lower Bound (下限)	Upper Bound (上限)
	5	0.3423 (＊)	0.07669	0.000	0.4928	0.1919
5	1	0.7223 (＊)	0.08826	0.000	0.8954	0.5491
	2	0.6126 (＊)	0.12251	0.000	0.8529	0.3722
	3	0.0561	0.13734	0.683	0.3256	0.2133
	4	0.3423 (＊)	0.07669	0.000	0.1919	0.4928

Based on observed means.

＊ The mean difference is significant at the 0.05 level.

注：1 代表小学毕业及以下，2 代表初中毕业，3 代表高中毕业，4 代表大专及大学本科，5 代表硕士及以上。

7. 基于职业身份的满意度差异分析

基于职业身份的满意度差异分析，结果如表 9-7 所示。方差分析结果显示：不同职业身份的受访者的满意程度存在显著差异。具体而言，领导及管理人员的满意程度与政府公务员、公司职员以及自营企业家之间存在显著差异，并且其满意程度均低于其他职业身份受访者。技术及专业人士的满意程度与政府公务员、公司职员以及自营企业家之间存在显著差异，并且均低于后三者的满意程度。

表 9-7　　　　基于职业身份的满意度差异分析

因变量 Dependent Variable：满意度

(I) 职业身份	(J) 职业身份	Mean Difference (I J) (均值差异)	Std. Error (标准误)	Sig. (显著水平)	95% Confidence Interval (95%置信区间)	
					Lower Bound (下限)	UpperBound (上限)
	2	0.1902	0.13068	0.146	0.4466	0.0662
1	3	1.1100 (＊)	0.12057	0.000	1.3466	0.8734
	4	1.4887 (＊)	0.08671	0.000	1.6588	1.3186

续表

(I) 职业身份	(J) 职业身份	Mean Difference （I J） （均值差异）	Std. Error （标准误）	Sig. （显著水平）	95% Confidence Interval （95%置信区间）	
					Lower Bound （下限）	UpperBound （上限）
1	5	1.2099（*）	0.10355	0.000	1.4130	1.0067
	6	0.0373	0.18865	0.843	0.4074	0.3329
2	1	0.1902	0.13068	0.146	0.0662	0.4466
	3	0.9198（*）	0.14076	0.000	1.1960	0.6436
	4	1.2985（*）	0.11311	0.000	1.5204	1.0766
	5	1.0196（*）	0.12649	0.000	1.2678	0.7715
	6	0.1529	0.20215	0.449	0.2437	0.5496
3	1	1.1100（*）	0.12057	0.000	0.8734	1.3466
	2	0.9198（*）	0.14076	0.000	0.6436	1.1960
	4	0.3787（*）	0.10127	0.000	0.5774	0.1800
	5	0.0999	0.11601	0.390	0.3275	0.1278
	6	1.0727（*）	0.19577	0.000	0.6886	1.4568
4	1	1.4887（*）	0.08671	0.000	1.3186	1.6588
	2	1.2985（*）	0.11311	0.000	1.0766	1.5204
	3	0.3787（*）	0.10127	0.000	0.1800	0.5774
	5	0.2789（*）	0.08025	0.001	0.1214	0.4363
	6	1.4514（*）	0.17694	0.000	1.1043	1.7986
5	1	1.2099（*）	0.10355	0.000	1.0067	1.4130
	2	1.0196（*）	0.12649	0.000	0.7715	1.2678
	3	0.0999	0.11601	0.390	0.1278	0.3275
	4	0.2789（*）	0.08025	0.001	0.4363	0.1214
	6	1.1726（*）	0.18577	0.000	0.8081	1.5371
6	1	0.0373	0.18865	0.843	0.3329	0.4074
	2	0.1529	0.20215	0.449	0.5496	0.2437
	3	1.0727（*）	0.19577	0.000	1.4568	0.6886
	4	1.4514（*）	0.17694	0.000	1.7986	1.1043
	5	1.1726（*）	0.18577	0.000	1.5371	0.8081

Based on observed means.

＊ The mean difference is significant at the 0.05 level.

注：1 代表领导及管理人员，2 代表技术及专业人士，3 代表政府公务员，4 代表公司职员，5 代表自营企业家，6 代表其他。

8. 基于月收入的满意度差异分析

方差分析的结果显示，拥有不同月收入水平的受访者的满意程度存在显著差异（见表9-8）。具体而言：在显著性水平为0.05的水平下，月收入为1000—5000元的满意程度与月收入在15001—20000元和30001元以上的受访者的满意程度没有显著差异，而与收入在5000—10000元以及10001—15000元和20001—25000元收入的人群存在显著差异，并且其满意程度均高于该收入人群的满意程度。

表9-8　　　　　　　基于月收入的满意度差异分析

因变量 Dependent Variable：满意度

(I) 月收入	(J) 月收入	Mean Difference (I J)（均值差异）	Std. Error（标准误）	Sig.（显著水平）	95% Confidence Interval（95%置信区间） Lower Bound（下限）	Upper Bound（上限）
1	2	0.5770 （＊）	0.16292	0.000	0.2573	0.8967
	3	0.5877 （＊）	0.14339	0.000	0.3063	0.8690
	4	0.2733	0.14931	0.067	0.0197	0.5663
	5	0.4286 （＊）	0.14808	0.004	0.1381	0.7192
	6	0.0503	0.13202	0.703	0.2087	0.3094
	7	0.2736 （＊）	0.12502	0.029	0.0283	0.5189
	8	0.0376	0.21714	0.863	0.4637	0.3884
2	1	0.5770 （＊）	0.16292	0.000	0.8967	0.2573
	3	0.0107	0.16428	0.948	0.3116	0.3330
	4	0.3037	0.16947	0.073	0.6362	0.0288
	5	0.1483	0.16838	0.379	0.4787	0.1821
	6	0.5267 （＊）	0.15445	0.001	0.8297	0.2236
	7	0.3034 （＊）	0.14851	0.041	0.5948	0.0120
	8	0.6146 （＊）	0.23146	0.008	1.0687	0.1604
3	1	0.5877 （＊）	0.14339	0.000	0.8690	0.3063

(I) 月收入	(J) 月收入	Mean Difference （I J） （均值差异）	Std. Error （标准误）	Sig. （显著水平）	95% Confidence Interval （95%置信区间）	
					Lower Bound （下限）	Upper Bound （上限）
3	2	0.0107	0.16428	0.948	0.3330	0.3116
	4	0.3144（＊）	0.15080	0.037	0.6103	0.0185
	5	0.1590	0.14957	0.288	0.4525	0.1345
	6	0.5373（＊）	0.13370	0.000	0.7997	0.2750
	7	0.3141（＊）	0.12679	0.013	0.5629	0.0653
	8	0.6253（＊）	0.21816	0.004	1.0533	0.1972
4	1	0.2733	0.14931	0.067	0.5663	0.0197
	2	0.3037	0.16947	0.073	0.0288	0.6362
	3	0.3144（＊）	0.15080	0.037	0.0185	0.6103
	5	0.1554	0.15526	0.317	0.1493	0.4600
	6	0.2230	0.14003	0.112	0.4977	0.0518
	7	0.0003	0.13345	0.998	0.2616	0.2621
	8	0.3109	0.22209	0.162	0.7467	0.1249
5	1	0.4286（＊）	0.14808	0.004	0.7192	0.1381
	2	0.1483	0.16838	0.379	0.1821	0.4787
	3	0.1590	0.14957	0.288	0.1345	0.4525
	4	0.1554	0.15526	0.317	0.4600	0.1493
	6	0.3783（＊）	0.13871	0.006	0.6505	0.1062
	7	0.1551	0.13206	0.241	0.4142	0.1041
	8	0.4663（＊）	0.22127	0.035	0.9004	0.0321
6	1	0.0503	0.13202	0.703	0.3094	0.2087
	2	0.5267（＊）	0.15445	0.001	0.2236	0.8297
	3	0.5373（＊）	0.13370	0.000	0.2750	0.7997
	4	0.2230	0.14003	0.112	0.0518	0.4977
	5	0.3783（＊）	0.13871	0.006	0.1062	0.6505
	7	0.2233（＊）	0.11377	0.050	0.0000	0.4465
	8	0.0879	0.21086	0.677	0.5017	0.3258
7	1	0.2736（＊）	0.12502	0.029	0.5189	0.0283

续表

(I) 月收入	(J) 月收入	Mean Difference (I J) （均值差异）	Std. Error （标准误）	Sig. （显著水平）	95% Confidence Interval （95%置信区间）	
					Lower Bound （下限）	Upper Bound （上限）
7	2	0.3034（∗）	0.14851	0.041	0.0120	0.5948
	3	0.3141（∗）	0.12679	0.013	0.0653	0.5629
	4	0.0003	0.13345	0.998	0.2621	0.2616
	5	0.1551	0.13206	0.241	0.1041	0.4142
	6	0.2233（∗）	0.11377	0.050	0.4465	0.0000
	8	0.3112	0.20655	0.132	0.7165	0.0941
8	1	0.0376	0.21714	0.863	0.3884	0.4637
	2	0.6146（∗）	0.23146	0.008	0.1604	1.0687
	3	0.6253（∗）	0.21816	0.004	0.1972	1.0533
	4	0.3109	0.22209	0.162	0.1249	0.7467
	5	0.4663（∗）	0.22127	0.035	0.0321	0.9004
	6	0.0879	0.21086	0.677	0.3258	0.5017
	7	0.3112	0.20655	0.132	0.0941	0.7165

Based on observed means.

∗　The mean difference is significant at the 0.05 level.

注：1代表1000—5000元，2代表5001—10000元，3代表10001—15000元，4代表15001—20000元，5代表20001—25000元，6代表25001—30000元，7代表30001元以上，8代表其他。

二　会展参与者的停留意愿

（一）展览参与者在澳门停留时间相对较短

调查结果显示，绝大多数的受访者表示不会在澳门过夜，或者仅仅停留一个晚上。而选择停留两晚或以上的受访者比重不是很明显。具体而言：124名受访者表示展会结束当天离开，占总展览参与受访者的31%。其次为选择停留一晚的受访者，为123人，占总受访量的30.8%。其余依次为停留两晚（64人，占16%）、停留四晚及以上（23人，占5.8%）、停留三晚（19人，占5.8%）。由于受访者中有45人填写为本澳居民，从而不存在住宿的问题。

（二） 大部分会议参与者停留时间在 1—2 晚

绝大多数的受访者表示会在澳门过夜和停留两晚。其中，选择停留一晚的为 167 人，占会议参与受访者样本总量的 40.2%。停留两晚的受访者人数为 102，占样本总量的 24.6%。其余依次为展会结束当天离开（86 人，占 20.7%）、其他（25 人，占 6%）、停留三晚（17 人，占 4.1%）以及停留四晚及以上（15 人，占 3.6%）。

（三） 节事活动参与者偏向于停留较长的时间

本次结果显示，绝大多数的受访者表示会在澳门过夜，有的甚至停留四晚及以上。其中，选择停留两晚的人数最多，为 110 人，占样本总量的 30.3%。其次为停留一晚，为 81 人，占 22.3%。然后为展会结束当天离开，有 74 人，占 20.4%。其余依次为其他（39 人，占 10.7%）、停留三晚（37 人，占 10.2%）以及停留四晚及以上（22 人，占 6.1%）。

三　会展参与者推荐澳门作为会展目的地的意愿

（一） 不同细分市场的会展目的地推荐意愿

作为服务行业一个重要的营销策略，关系营销对于维系游客与目的地之间的关系尤为重要。关系营销的一个重要特点便是使顾客满意，进而形成顾客忠诚。顾客的忠诚体现在行为方面为再次购买，在态度方面主要为正面推荐和评价。因此，在本次调查中我们也设置了题项来获取受访者对于澳门作为会展目的地的正面推荐意愿。

1. 展览参与者推荐澳门作为会展目的地的意愿

大部分的受访者表示可能会向同事及朋友推荐澳门的会展业，为 184 人，占样本总量的 46%。其次为一定会的，为 95 人，占 23.8%。其余依次为不清楚/看情况（92 人，占 23%）、可能不会（21 人，占 5.3%）以及一定不会（8 人，占 2%）。明确表示不会推荐的约为 7.3%。

2. 会议参与者推荐澳门作为会展目的地的意愿

绝大多数的受访者表示可能会向同事及朋友推荐澳门的会展业，为 281 人，占样本总量的 67.7%。其次为一定会的，为 83 人，占 20%。其余依次为不清楚/看情况（46 人，占 11.1%）、可能不会（5 人，占 1.2%）。明确表示不会推荐的约为 1.2%。

3. 节事活动参与者推荐澳门作为会展目的地的意愿

大部分的受访者表示可能会向同事及朋友推荐澳门的会展业，为216人，占样本总量的59.5%。其次为不清楚/看情况，为73人，占20.1%。其余依次为一定会（61人，占16.8%）、可能不会（10人，占2.8%）以及一定不会（3人，占0.8%）。明确表示不会推荐的约为3.6%。

通过上述数据分析可知，展览活动的参与者中有相对较大比例的受访者会从正面来推荐澳门作为会展旅游目的地。

（二）澳门作为会展目的地的推荐意愿差异分析

1. 基于活动类型的推荐意愿程度差异分析

采用方差分析对基于活动类型的推荐意愿程度差异分析的结果显示，不同活动的参与者对于推荐澳门会展业的意愿程度方面存在显著差异，结果见表9－9。

从表9－9可以清晰地看出，参与会议的受访者与参加展览、节庆的受访者在推荐意愿程度方面存在显著差异，并且其推荐意愿程度均低于展览与节庆的受访者。参加展览与参加节庆的受访者在推荐意愿程度方面没有显著差异。

表9－9　　　　基于活动类型的推荐意愿程度差异分析

因变量 Dependent Variable：推荐意愿程度

(I) 活动类型	(J) 地点类型	Mean Difference (I J) （均值差异）	Std. Error （标准误）	Sig. （显著水平）	95% Confidence Interval （95% 的置信区间） Lower Bound （下限）	Upper Bound （上限）
1	2	0.2247（*）	0.05290	0.000	0.3285	0.1209
	3	0.1795（*）	0.05560	0.001	0.2885	0.0704
2	1	0.2247（*）	0.05290	0.000	0.1209	0.3285
	3	0.0453	0.05467	0.408	0.0620	0.1526
3	1	0.1795（*）	0.05560	0.001	0.0704	0.2885
	2	0.0453	0.05467	0.408	0.1526	0.0620

Based on observed means.

*　The mean difference is significant at the 0.05 level.

注：1 代表会议，2 代表展览，3 代表节庆。

2. 基于受访地点的推荐意愿程度差异分析

方差分析结果如表 9-10 所示。从表中我们可以清晰地看出，不同地点的受访者在推荐意愿程度方面没有显著差异。

表 9-10　　　　　基于受访地点的推荐意愿程度差异分析

因变量 Dependent Variable：推荐意愿程度

(I) 受访地点	(J) 受访地点	Mean Difference (I J) (均值差异)	Std. Error (标准误)	Sig. (显著水平)	95% Confidence Interval (95% 的置信区间)	
					Lower Bound (下限)	Upper Bound (上限)
1	2	0.0732	0.04852	0.132	0.1684	0.0220
	6	0.0561	0.12565	0.656	0.3026	0.1905
	7	0.0465	0.14019	0.740	0.2285	0.3216
2	1	0.0732	0.04852	0.132	0.0220	0.1684
	6	0.0171	0.12861	0.894	0.2352	0.2695
	7	0.1197	0.14286	0.402	0.1606	0.4000
6	1	0.0561	0.12565	0.656	0.1905	0.3026
	2	0.0171	0.12861	0.894	0.2695	0.2352
	7	0.1026	0.18396	0.577	0.2584	0.4635
7	1	0.0465	0.14019	0.740	0.3216	0.2285
	2	0.1197	0.14286	0.402	0.4000	0.1606
	6	0.1026	0.18396	0.577	0.4635	0.2584

Based on observed means.

注：1 代表威尼斯人会展中心，2 代表澳门观光塔会展中心，6 代表澳门十六浦酒店，7 代表澳门威斯汀。

四　会展参与者将澳门作为理想会展举办地的认知

（一）展览参与者对于澳门作为理想会展目的地的评价

绝大多数参与展览的受访者都认为澳门是一个理想的会展举办地。具体而言：最多的为对该提法较为认同的受访者，总共有 210 人，占样本总量的 52.5%。其次为没有意见的人群，为 100 人，占 25%。其余依次为非常认同（60人，占15%）、较不认同（28人，占7%）以及非常不认同（2人，占0.5%）。

（二）会议参与者对于澳门作为理想会展目的地的评价

受访者对于澳门作为理想会展举办地的分析结果表明，绝大多数的受访者对于澳门是理想会展举办地的这一提法表示较为认同，为297人，占样本总量的71.6%。其次为非常赞同的人群，为55人，占13.3%。其余依次为没有意见（100人，占25%）、较不认同（9人，占2.2%）。

（三）节事活动参与者对于澳门作为理想会展目的地的评价

绝大多数节事活动的参与者都认为澳门是一个理想的会展举办地。具体而言：最多的为对该提法较为认同的受访者，总共有233人，占样本总量的64.2%。其次为没有意见的人群，为76人，占20.9%。其余依次为非常认同（43人，占11.8%）、较不认同（7人，占1.9%）以及非常不认同（4人，占1.1%）。

五　会展参与者将再来澳门参展的意愿

（一）不同细分市场参与者将再来澳门参展的意愿

1. 展览参与者再来澳门参展的意愿

大部分受访之展览参与者都表示了再次来澳门参展的意愿，仅有绝少一部分的受访者明确表示一定不会再次来澳门参展。其中，表示可能会再次来澳门参展的受访者最多，为212人，占样本总量的53%。其次为态度不是很明确的受访者，为108人，占27%。其余依次为一定会（60人，占15%）、可能不会（13人，占3.3%）以及一定不会（7人，占1.8%）。

2. 会议参与者再来澳门参会的意愿

在会议参与者中，大部分受访者都表示了再次来澳门参会的意愿，仅有绝少一部分的受访者明确表示一定不会再次来澳门参会。其中，表示可能会再次来澳门参会的受访者最多，为291人，占样本总量的70.1%。其次为坚定地表示一定会再次来澳参加展会的受访者，为43人，占10.4%。其余依次为不清楚/看情况（43人，占10.4%）、可能不会（15人，占3.6%）以及一定不会（1人，占0.2%）。

3. 节事活动参与者再来澳门的意愿

大部分受访者都表示了再次来澳门参与节事活动的意愿，仅有极少一部分的受访者明确表示一定不会再次来澳门。其中，表示可能会再次来澳门参与节事活动的受访者最多，为215人，占样本总量的59.2%。其次为态度不是很明确的受访者，为96人，占26.4%。其余依次为一定会（38人，占10.5%）、可能不会（9人，占2.5%）以及一定不会（5人，占1.4%）。

（二）会展参与者将再来澳门参展的意愿的差异分析

1. 基于活动类型的再次来澳门参展的意愿程度差异分析

方差分析结果显示参与不同活动的受访者对于再次来澳门参展的意愿程度方面存在显著差异。分析结果见下表。

表9-11　　基于活动类型的再次来澳门参展的意愿程度差异分析

因变量 Dependent Variable：再次来澳门参展的意愿程度

(I) 地点类型	(J) 地点类型	Mean Difference (I J) (均值差异)	Std. Error (标准误)	Sig. (显著水平)	95% Confidence Interval (95%的置信区间)	
					Lower Bound (下限)	Upper Bound (上限)
1	2	0.2071（*）	0.05099	0.000	0.3071	0.1070
	3	0.2392（*）	0.05358	0.000	0.3443	0.1340
2	1	0.2071（*）	0.05099	0.000	0.1070	0.3071
	3	0.0321	0.05272	0.543	0.1355	0.0714
3	1	0.2392（*）	0.05358	0.000	0.1340	0.3443
	2	0.0321	0.05272	0.543	0.0714	0.1355

Based on observed means.

*　The mean difference is significant at the 0.05 level.

注：1　代表会议，2代表展览，3代表节庆。

从表9-11中可以看出，参加会议的受访者的再次来澳门参展的意愿程度与参加展览、节庆的受访者的意愿程度方面存在显著差异，并且其意愿程度均低于展览以及节庆的受访者。参加节庆以及参加展览的受访者在再次来澳门参展的意愿程度方面没有显著差异。

2. 基于受访地点的再次来澳门参展意愿程度差异分析

方差分析的结果如表 9 - 12 所示。从下表我们可以看出，参与不同活动的受访者对于再次来澳门参展的意愿程度方面没有多大差异。

表 9 - 12　　　　基于受访地点的再次来澳门参展意愿程度

因变量 Dependent Variable：再次来澳门参加会展的意愿

(I) 活动类型	(J) 活动类型	Mean Difference （I J） （均值差异）	Std. Erro （标准误）	Sig. （显著水平）	95% Confidence Interval （95%置信区间）	
					Lower Bound （下限）	Upper Bound （上限）
1	2	0.1052 (﹡)	0.04679	0.025	0.1970	0.0134
	6	0.0382	0.11971	0.750	0.2731	0.1967
	7	0.1691	0.13518	0.211	0.0962	0.4343
2	1	0.1052 (﹡)	0.04679	0.025	0.0134	0.1970
	6	0.0670	0.12261	0.585	0.1735	0.3076
	7	0.2743 (﹡)	0.13776	0.047	0.0040	0.5446
6	1	0.0382	0.11971	0.750	0.1967	0.2731
	2	0.0670	0.12261	0.585	0.3076	0.1735
	7	0.2073	0.17640	0.240	0.1388	0.5534
7	1	0.1691	0.13518	0.211	0.4343	0.0962
	2	0.2743 (﹡)	0.13776	0.047	0.5446	0.0040
	6	0.2073	0.17640	0.240	0.5534	0.1388

Based on observed means.

﹡ The mean difference is significant at the 0.05 level.

注：1 代表威尼斯人会展中心，2 代表澳门观光塔会展中心，6 代表澳门十六浦酒店，7 代表澳门威斯汀。

第二节　博彩活动及配套服务对
会展参与者的吸引

一　会展参与者对娱乐场提供的休闲项目偏好分析

澳门作为正在不断崛起的会展旅游目的地，其会议设施已经日益完善，并且其娱乐旅游设施现在也得到不断的完善。众所周知，会展参与者选择某一个城市举办会展的原因之一为会展 8 小时之后能有一些娱乐和休闲设施。在澳门，众多的酒吧、表演、购物场所成为很多会展参与者的好去处。尤其是 2005 年澳门 25 个历史城区被列为世界文化遗产名录，更是吸引了很多高端游客来澳门，极大地提升了澳门娱乐休闲产业的吸引力。

因此，为了解会展参与者在澳门逗留期间的娱乐休闲行为，我们设置了相关的题项来获取相关信息。题项主要分为"您在澳逗留期间，会优先选择下列哪种休闲项目及活动？"（为了得到受访者对各种娱乐项目的偏好程度，我们特意提示受访者选出靠前的三项）、"您是否对澳门赌场中的博彩娱乐项目感兴趣？""您是否对澳门赌场中的购物场所感兴趣？""您是否对于澳门赌场中的表演活动感兴趣？""您是否对澳门赌场中的餐饮项目感兴趣？""如果您为同行的参展同事提供澳门观光的建议，您会优先推荐？"等题项来获知受访者在澳门期间对休闲娱乐项目的利用情况。为了凸显受访者对于各种娱乐项目的重视程度，本题特意设置成为"您在澳逗留期间，会优先选择下列哪种休闲项目及活动？（请选出排名靠前的三项，并将其填在后面空格处）"。从回答的频次上即可看出受访者对于第一选择、第二选择以及第三选择不同的认知和态度。

（一）展览参与者对于休闲项目的偏好

在受访者之中，第一选择的分布在各娱乐项目之间分布较为均衡，各个娱乐项目之间均无较大的差别。如参观文化遗产排名第一，不过也只有 75 人选择该项，占总数量的 18.8%。其次为到酒吧放松，有 71 人，占 17.8%。其余依次为观看各种表演（66 人，占 16.5%）、购物消费（57 人，占 14.3%）、品尝葡国美食（57 人，占 14.3%）、参与博彩娱乐（43 人，占 10.8%）、参加节庆活动（18 人，占 4.5%）、选择其他与参与体育健身的受访者人数均为 3 人，占 0.8%，详见图 9 - 1。

受访者对于第二选择的分布情况。相较于第一选择，给出了第二选择的人数要少了一些，但是在各种娱乐项目上的分布却有了一些差异。具体而言：98 人将"品尝葡国美食"作为自己的第二选择，占总受访量的 24.5%。其次为"观看各类表演"，为 81 人，占 20.3%。其余依

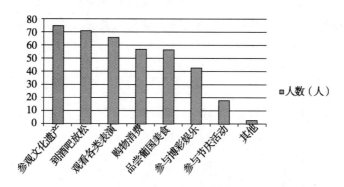

图9-1　展会参与者在休闲项目上的第一选择

次为购物消费（70人，占17.5%）、参观文化遗产（34人，占8.5%）、参与节庆活动（37人，占9.3%）、参与博彩娱乐（34人，占8.5%）、到酒吧放松（24人，占6%）、参与体育健身（5人，占1.3%）以及其他（1人，占0.3%），详见图9-2。

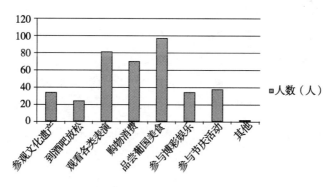

图9-2　展会参与者在休闲项目上的第二选择

在受访者的第三选择中有119人选择了"购物消费"，占样本总量的29.8%，其次为品尝葡国美食，为58人，占14.5%。其余依次为参与博彩娱乐（50人，占12.5%）、参观文化遗产（45人，占11.3%）、观看各类表演（32人，占8.0%）、到酒吧放松（17人，占4.3%）、参与节庆活动（10人，占2.5%），参与体育健身以及其他（5人，占1.3%），详见图9-3。

通过上述数据分析可以看到，展览参与者对于休闲活动的偏好具有

多样性的特征，在诸多选择中，博彩娱乐只有在第三选择中才被列入前
三名的位置。但是，其他如观看表演、购物消费等活动也与博彩业发展
有较多的关联性。

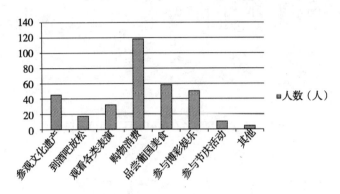

图9-3　展会参与者在休闲项目上的第三选择

（二）会议参与者对于休闲项目的偏好

受访者对于娱乐项目的第一选择分布较为均匀，各个娱乐项目之间
没有表现出较大的区别度。其中，观看各类表演的人数最多，为85人，
占样本总量的20.5%。其次为参观文化遗产为78人，占18.8%。然后
是购物消费（61人，占14.7%）。其余依次为到酒吧放松，为59人，
占14.2%、品尝葡国美食（48人，占11.6%）、参与博彩娱乐（42
人，占10.1%）、参与节庆活动（37人，占8.9%），以及参与体育健
身及其他（5人，占1.2%），详见图9-4。

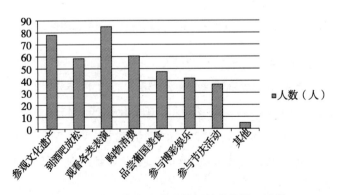

图9-4　会议参与者在休闲项目上的第一选择

在受访者的休闲娱乐项目的第二选择中，葡国美食成为最受欢迎的项目，有104位受访者选择品尝葡国美食，占样本总量的25.1%。其次为参观文化遗产，为83人，占样本总量的13%。然后是购物消费，为79人，占19%。其余依次为参与节庆活动（54人，占13%）、观看各类表演（38人，占9.2%）、参与博彩娱乐（32人，占7.7%）以及到酒吧放松（20人，占4.8%），详见图9-5。

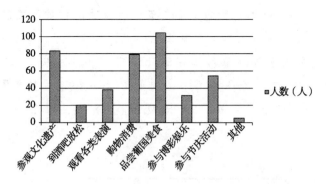

图9-5 会议参与者在休闲项目上的第二选择

在受访者的第三选择中有118人选择了"购物消费"，占样本总量的28.4%，其次为品尝葡国美食，为74人，占17.8%。其余依次为参观文化遗产（59人，占14.2%）、参与博彩娱乐（47人，占11.3%）、参加节庆活动（36人，占8.7%）、观看各类表演（34人，占8.2%）、到酒吧放松（23人，占5.5%）、参与体育健身以及其他（22人，占5.3%），详见图9-6。

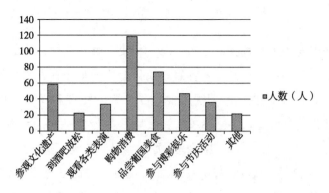

图9-6 会议参与者在休闲项目上的第三选择

可见，在会议参与者的休闲娱乐项目方面，尽管博彩一直位居第四位或以后，但是，在博彩企业中有较好表现的表演、购物等都成为不少会议参与者在娱乐方面的重要选择。

（三）节事参与者对于休闲项目的偏好

在受访者之中，第一选择的分布在各娱乐项目之间分布较为均衡，各个娱乐项目之间均无较大的差别。参观节庆活动排名第一，不过数量也只有89人，占样本总数量的24.5%，其次为品尝葡国美食，为56人，占15.4%，然后为参与博彩娱乐活动，为55人，占样本总量的15.2%。其余依次为观看各类表演（53人，占14.6%）、购物消费（45人，占12.4%）、到酒吧放松（35人，占9.6%），其余依次为参观文化遗迹（22人，占6.1%）以及其他（8人，占2.2%），详见图9-7。

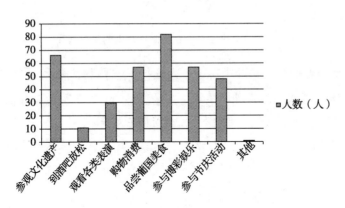

图9-7　节事参与者在休闲项目上的第一选择

受访者对于第二选择的分布情况。相较于第一选择，给出第二选择的人数要少了一些，但是在各种娱乐项目上的分布却有了一些差异。具体而言：有82人选择品尝葡国美食，占总受访量的22.6%。其次为参观文化遗产，为66人，占18.2%。然后是参与博彩娱乐和购物消费，均为57人，占15.7%。其余依次为参与节庆活动（48人，占13.2%）、观看各种表演（30人，占8.3%）、到酒吧放松（11人，占3%）、其他和参与体育健身均为1人，占0.3%，详见图9-8。

在受访者的第三选择中有98人选择了购物消费，占样本总量的

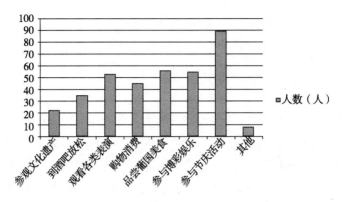

图 9 - 8　节事参与者在休闲项目上的第二选择

27%。其次为品尝葡国美食，为 96 人，占样本总量的 26.4%。然后是
参与节庆活动与参与博彩娱乐，均为 45 人，占 12.4%。其余依次为参
观文化遗产（22 人，占 6.1%）、观看各类表演（19 人，占 5.2%）、
到酒吧放松（12 人，占 3.3%）、其他（5 人，占 1.4%）以及参与体
育健身（1 人，占 0.3%），详见图 9 - 9。

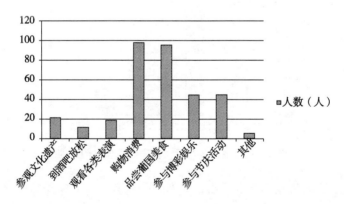

图 9 - 9　节事参与者在休闲项目上的第三选择

　　从节事活动参与者的休闲项目偏好选择来看，节事活动的参与者将
博彩活动列入了前三位的休闲项目中。可见，节事活动参与者可能会更
加偏向于直接参与博彩项目以获得独特的体验。

二 会展参与者对博彩娱乐项目的兴趣

享有"赌城"之誉的澳门，博彩业已经成为主导的产业，因此在研究会展参与者的相关认知与态度时，有必要围绕其对博彩娱乐项目的感兴趣程度进行探讨。

（一）展览参与者的兴趣高，但参与度不高

透过数据分析，可以看出，除去持中立态度的受访者，展览参与者对博彩娱乐项目感兴趣的受访者明显多于对博彩娱乐项目不感兴趣的受访者。具体而言，有 142 名受访者表示对赌场博彩娱乐项目较为感兴趣，占总量的 35.5%，其次为持不置可否意见的受访者，为 139人，占 34.8%。其余依次为较没有兴趣（66 人，占 16.5%）、完全无兴趣（28 人，占 7%）以及非常感兴趣（25 人，占 6.3%），详见图 9 - 10。

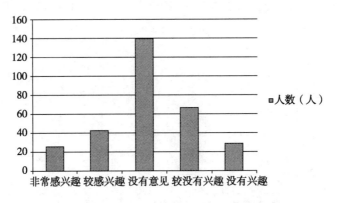

图 9 - 10 展会参与者对博彩娱乐项目的兴趣

从上述分析我们可以看出，大部分受访者表示对赌场的博彩娱乐项目感兴趣，但是在对意愿参与的休闲娱乐项目的第一选择中，博彩娱乐项目的吸引力却不是很明显。

这种兴趣与实际行动之间的巨大落差也许能够成为将来研究的一个重要课题。

（二）近半数会议参与者的兴趣度不明朗

在参与会议活动的受访者中，除去持中立态度的受访者，对博彩娱乐项目感兴趣的受访者明显多于对博彩娱乐项目不感兴趣的受访者。但是持不明确态度的受访者的数量上最多，为 174 人，占样本总量的 41.9%。其次为对博彩娱乐项目较为感兴趣的受访者，为 156 人，占 37.6%。其余依次为较没有兴趣（42 人，占 10.1%）、非常感兴趣（24 人，占 5.8%）以及完全无兴趣（19 人，占 4.6%），详见图 9-11。

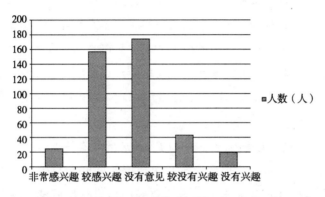

图 9-11　会议参与者对于博彩娱乐项目的兴趣

（三）节事活动参与者的兴趣度也不明朗

在节事活动参与者的受访者中，有 180 名受访者对此没有意见，占样本总量的 49.6%。其次为较为感兴趣的人群，为 118 人，占 32.5%。然后为较没有兴趣，为 29 人，占 8%。其余依次为非常感兴趣（19 人，占 5.2%）以及完全无兴趣（17 人，占 4.7%），详见图 9-12。

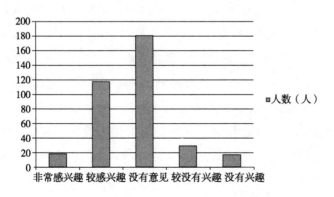

图 9-12　节事参与者对于博彩娱乐项目的兴趣

透过上述三个会展部门的分析，可见，来澳的会展参与者对于博彩娱乐项目还是具有较高兴趣度的。

三 会展参与者对娱乐场中购物场所的兴趣

作为旅游六要素之一，旅游购物已经成为旅游者出门在外的一个再平常不过的行为。而对会展参与者而言，离开自己的常住地前往会展目的地参与相关的会展，在工作之余为亲朋好友或者自己选购相应的商品或者纪念品应该是一个必不可少的环节。而在澳门，很多的大型赌场酒店或者度假村都有较为完善甚至是豪华的购物场所，也成为人们购物之首选。因此，我们在问卷中设计了此类题项来了解受访者对赌场中的购物场所的兴趣。

（一）展览参与者对于赌场中的购物场所较有兴趣

分析结果显示：除去态度不是很明朗的展览参与受访者之外，大部分参加展览活动的人士均表示对赌场中的购物场所感兴趣，甚至是非常感兴趣。具体为：187 位受访者表示对赌场购物场所感兴趣，占总样本量的 46.8%，99 位受访者表示没有意见，占 24.8%。其余依次为非常感兴趣（76 人，占 19%）、较没有兴趣（33 人，占8.3%）。只有相当小的一部分受访者明确表示完全没有兴趣，他们只有 5 人，占 1.3%。

（二）大部分会议参与者对于赌场中的购物场所感兴趣

绝大多数参与会议活动的受访者对赌场的购物场所感兴趣。其中265 位受访者为较为感兴趣，占样本总量的 63.9%。其次为没有意见为76 人，占 18.3%。其余依次为非常感兴趣（47 人，占 11.3%）、较没有兴趣（23 人，占 5.5%）以及完全无兴趣（4 人，占 1%）。

（三）大部分节事活动参与者对于赌场中的购物场所感兴趣

绝大多数的受访者明确表示对赌场购物场所感兴趣。其中表示较为感兴趣的为 226 人，占样本总量的 62.3%。其次为没有意见的受访者，为 78 人，占 21.5%。其余依次为非常感兴趣（32 人，占8.8%）、较没有兴趣（19 人，占 5.2%）以及完全没有兴趣（87 人，占 2.2%）。

四　会展参与者对娱乐场中表演活动的兴趣

为了增进赌场对游客的吸引力，澳门几乎所有的赌场，不分大小都设有各式各样的表演活动。作为澳门赌场的特色之一的表演活动因此也就成了很多来澳游客的项目之一。那么对于会展参与者，这些表演活动的吸引力是否也是一样呢？我们通过受访者对此的兴趣来衡量会展参与者对于赌场中的表演活动的兴趣。

（一）展览参与者对于赌场中表演活动的兴趣

绝大多数的受访者明确表示对赌场娱乐表演感兴趣。其中表示较为感兴趣的为 227 人，占样本总量的 56.8%。其次为没有意见的受访者，为 97 人，占 24.3%。其余依次为非常感兴趣（38 人，占 9.5%）、较没有兴趣（31 人，占 7.8%）以及完全没有兴趣（7 人，占 1.8%）。

（二）会议参与者对于赌场中表演活动的兴趣

绝大多数的受访者明确表示对赌场娱乐表演感兴趣。其中表示较为感兴趣的为 267 人，占样本总量的 64.3%。其次为没有意见的受访者，为 82 人，占 19.8%。其余依次为非常感兴趣（43 人，占 10.4%）、较没有兴趣（20 人，占 4.8%）以及完全没有兴趣（3 人，占 0.7%）

（三）节事活动参与者对于赌场中表演活动的兴趣

除去态度不是很明朗的受访者之外，大部分的受访者均表示对赌场中的购物场所感兴趣，甚至是非常感兴趣。具体为：208 位受访者表示对赌场的表演活动较为感兴趣，占总样本量的 57.3%。其次为没有意见的受访者，为 101 人，占 27.8%。其余依次为非常感兴趣（36 人，占 9.9%）、较没有兴趣（12 人，占 3.3%）。只有相当小的一部分受访者明确表示完全没有兴趣，他们只有 6 人，占 1.7%。

五　会展参与者对娱乐场中餐饮服务的兴趣

作为中西方文化最先融会的澳门，其饮食颇具特色，因此成为吸引来澳游客的另一个重要的吸引物。为了解这种吸引力是否同样也适用于会展参与者，本研究特意设定题项意欲分析该问题。

（一）展览参与者对于赌场中餐饮服务的兴趣

在受访的展览参与者中，对赌场饮食感兴趣的受访者的人数压倒性地多于不感兴趣的人数。具体而言：182 名受访者表示对赌场饮食感兴趣，占总样本量的 45.5%，其次为态度不明确的受访者，表示没有意见，为 148 人，占 37%。其余依次为非常感兴趣（33 人，占 8.3%）、较没有兴趣（32 人，占 8%）以及完全没有兴趣的 5 人，占 1.3%。

（二）会议参与者对于赌场中餐饮服务的兴趣

会议参与者中绝大部分的受访者同样对于美食都情有独钟。具体而言：234 名受访者表示对赌场饮食较为感兴趣，占总样本量的 56.4%，其次为态度不明确的受访者，表示没有意见，为 110 人，占 26.5%。其余依次为非常感兴趣（38 人，占 9.2%）、较没有兴趣（31 人，占 7.5%）以及完全没有兴趣的 2 人，占 0.5%。

（三）节事活动参与者对于赌场中餐饮服务的兴趣

绝大部分的节事活动参与者对于赌场中的餐饮服务有兴趣。具体而言：有 216 名受访者表示对赌场饮食较为感兴趣，占总样本量的 59.5%，其次为态度不明确的受访者，表示没有意见，为 103 人，占 28.4%。其余依次为非常感兴趣（24 人，占 6.6%）、较没有兴趣（15 人，占 4.1%）以及完全没有兴趣的 5 人，占 1.4%。

可见，赌场中的餐饮服务是各类会展活动参与者的兴趣重点之一。

六 会展参与者对旅游项目的推荐意愿

口碑传播是关系影响的一个重要特征，其影响效应颇大。因此，了解受访者对澳门旅游娱乐项目的口碑传播意愿程度，对于澳门作为一个会展旅游目的地来说，其营销意义是相当之巨大的。

（一）展览参与者愿意推荐的项目

在备选答案为赌场、世界文化遗址、葡国美食、名店购物以及表演的情况下，受访者的答案分布较为平均。具体而言：133 名受访者表示他们会先向别人推荐世界文化遗产，占总样本量的 33.3%，其次为葡国美食，为 106 人，占 26.5%。其余依次为赌场（95 人，占 23.8%）、名店购物（63 人，占 15.8%）以及表演（3 人，占 0.8%）。

（二）会议参与者愿意推荐的项目

在备选答案为赌场、世界文化遗址、葡国美食、名店购物以及其他的情况下，较多的参加会议之受访者表示当朋友或同事来澳时，他们会推荐澳门的世界文化遗产，人数为189，占样本总量的45.5%。其次为葡国美食，为96人，占23.1%。其余依次为赌场（85人，占20.5%）、名店购物（39人，占9.4%）以及其他（6人，占1.4%）。

（三）节事活动参与者愿意推荐的项目

在备选答案为赌场、世界文化遗址、葡国美食、名店购物以及表演的情况下，参与节事活动的受访者答案分布较为均匀。具体而言：141名受访者表示他们会先向别人推荐世界文化遗产，占总样本量的33.1%，其次为葡国美食，为120人，占33.1%。其余依次为名店购物（47人，占12.9%）、赌场（46人，占12.7%）以及其他（9人，占2.5%）。

从上述分析我们可以清晰地看出，受访者对附有会展中心的赌场酒店的博彩娱乐项目、购物场所、表演活动以及餐饮项目方面均表现出浓厚的兴趣。但是，一旦涉及推荐以及真正的行为方面，受访者则表现出不同的选择。较少的受访者将会与赌场相关的项目放在第一位或者作为优质项目推荐给同事、朋友以及身边的熟人。这种兴趣与行为意向也可以作为下一阶段研究中的方向及重点。

通过对会展参与者的消费行为分析，笔者发现，在停留时间上展览参与者在澳门停留时间相对较短，而大部分会议参与者停留时间在1—2晚，节事活动参与者则偏向于停留较长的时间。

博彩项目本身并未能够成为会展活动参与者最为偏好的项目，但是，在赌场中进行的购物、餐饮美食等却有较高的偏好度。

从具体的受访者对博彩娱乐项目的兴趣来看，展览参与者对于博彩娱乐项目的兴趣度较高，但是参与度不高。近半数会议参与者和节事活动参与者对于博彩娱乐项目的兴趣度不明朗。大部分的会展参与者对于赌场中的购物、餐饮、表演等非博彩娱乐项目非常感兴趣。

而从会展参与者推荐的项目来看，会展活动确实能够提升澳门的城市形象，受访者中对于澳门世界文化遗产的推荐意愿最高，其次为葡国美食。可见，会展参与者能够利用口碑效应改变澳门的旅游目的地形象，从而在未来吸引更多的旅游者。

透过该部分的分析可知，目前澳门博彩业与会展业之间的互动效应已经初步呈现。在会展业推动博彩业的发展，主要体现在两个方面，其一为非博彩娱乐项目的需求使得博彩业不断创新发展模式；其二，会展参与者的口碑宣传对于提升澳门区域旅游形象有较大的帮助。而博彩业对于会展的推动作用，在基础设施以及环境方面有一定的体现，同时，也得到了来澳参与会展活动人士的认可。

第三节　展会参与者对澳门产业互动绩效的感知评价

一　展会参与者对博彩业的正面影响感知

作为澳门的支柱产业，博彩业对于很多其他行业都有着间接或直接的影响。但是对于这种影响，我们更多的是从产业本身出发，来探讨二者之间的关系，而较少从产业参与者的角度来解释或分析，因此，本研究设置了题项来了解会展参与者从博彩业对会展业积极影响的认知情况。

（一）展览参与者对于博彩正面影响的认知

绝大多数受访者认为在澳门，发达的博彩业对会展业的发展更多的是正面影响。具体而言，190 人较为认同该说法，占样本总量的 47.5%。其次为没有意见，为 122 人，占 30.5%。其余依次为非常认同（48 人，占 12%）、较不认同（36 人，占 9%）以及非常不认同（4 人，占 1%）。

（二）会议参与者对于博彩正面影响的认知

绝大多数受访者认为在澳门，发达的博彩业对会展业的发展更多的是积极的影响。具体而言，251 人较为认同该说法，占样本总量的 60.5%。其次为没有意见，为 93 人，占 22.4%。其余依次为非常认同（52 人，占 12.5%）、较不认同（16 人，占 3.9%）以及非常不认同（3 人，占 0.7%）。

（三）节事活动参与者对于博彩正面影响的认知

绝大多数受访者认为在澳门，发达的博彩业对会展业的发展更多的是积极的影响。具体而言，226 人较为认同该说法，占样本总量的62.3%。其次为没有意见，为 93 人，占 25.6%。其余依次为非常认同（32 人，占 8.8%）、较不认同（8 人，占 2.2%）以及非常不认同（4人，占 1.1%）。

从上述数据可知，展览参与者对于博彩业对会展的影响认可度相对较低，因为有 10% 的受访者表示不认可博彩业对于会展业发展的正面作用，而该比例在会议参与者中仅为 4.6%，在节庆参与者中仅为 3.3%。

二　展会参与者对博彩业正面影响感知的差异分析

（一）基于活动类型的博彩业与会展业积极互动的认知差异分析

方差分析结果如表 9 - 13 所示。从表中我们可以看出，不同活动的参与者对于博彩业与会展业积极互动的认知差异不是十分显著。除了参加会议的受访者的积极认知与参加展览的受访者存在显著差异，并且参加会议的受访者的积极认知程度要低于参加展览的受访者。

表 9 - 13　基于活动类型的博彩业与会展业积极互动的认知差异

因变量 Dependent Variable：博彩业与会展业积极互动的认知

(I) 活动类型	(J) 活动类型	MeanDifference （I J） （均值差异）	Std. Error （标准误）	Sig. （显著水平）	95% Confidence Interval （95% 的置信区间）	
					Lower Bound （下限）	Upper Bound （上限）
1	2	0.1498（＊）	0.05311	0.005	0.2540	0.0456
	3	0.0125	0.05578	0.823	0.1220	0.0969
	4	0.2211	0.54004	0.682	0.8385	1.2807
2	1	0.1498（＊）	0.05311	0.005	0.0456	0.2540
	3	0.1373（＊）	0.05492	0.013	0.0295	0.2450
	4	0.3709	0.53996	0.492	0.6885	1.4303
3	1	0.0125	0.05578	0.823	0.0969	0.1220

续表

(I) 活动类型	(J) 活动类型	MeanDifference (I J) (均值差异)	Std. Error (标准误)	Sig. (显著水平)	95% Confidence Interval (95% 的置信区间)	
					Lower Bound (下限)	Upper Bound (上限)
3	2	0.1373（＊）	0.05492	0.013	0.2450	0.0295
	4	0.2336	0.54023	0.665	0.8263	1.2935
4	1	0.2211	0.54004	0.682	1.2807	0.8385
	2	0.3709	0.53996	0.492	1.4303	0.6885
	3	0.2336	0.54023	0.665	1.2935	0.8263

Based on observed means.

* The mean difference is significant at the 0.05 level.

注：1 代表会议，2 代表展览，3 代表节庆。

（二）基于受访地点的博彩业与会展业积极互动的认知差异分析

方差结果显示如表 9 - 14。从表中我们可以看出，在显著水平为 0.05 的水平上，在不同地点的受访者对于博彩业与会展积极互动的认知方面的差异不是十分显著，唯有在十六浦酒店和澳门威斯汀的受访者对于博彩业与会展的积极互动认知方面存在显著差异，并且在十六浦酒店的受访者的认知程度要比威斯汀的受访者高。

表 9 - 14　　基于受访地点的博彩业与会展业积极互动的认知差异

Dependent Variable：博彩业与会展积极互动的认知

(I) 活动类型	(J) 活动类型	Mean Difference (I J) (均值差异)	Std. Error (标准误)	Sig. (显著水平)	95% Confidence Interval (95% 的置信区间)	
					Lower Bound (下限)	Upper Bound (上限)
1	2	0.0673	0.04837	0.164	0.0276	0.1622
	6	0.1986	0.12374	0.109	0.4414	0.0441
	7	0.3014（＊）	0.13974	0.031	0.0272	0.5755
2	1	0.0673	0.04837	0.164	0.1622	0.0276
	6	0.2660（＊）	0.12673	0.036	0.5146	0.0173

续表

(I) 活动类型	(J) 活动类型	Mean Difference （I J） （均值差异）	Std. Error （标准误）	Sig. （显著水平）	95% Confidence Interval （95% 的置信区间）	
					Lower Bound （下限）	Upper Bound （上限）
	7	0.2340	0.14239	0.101	0.0453	0.5134
6	1	0.1986	0.12374	0.109	0.0441	0.4414
	2	0.2660（＊）	0.12673	0.036	0.0173	0.5146
	7	0.5000（＊）	0.18234	0.006	0.1423	0.8577
7	1	0.3014（＊）	0.13974	0.031	0.5755	0.0272
	2	0.2340	0.14239	0.101	0.5134	0.0453
	6	0.5000（＊）	0.18234	0.006	0.8577	0.1423

Based on observed means.

＊　The mean difference is significant at the 0.05 level.

注：1 代表威尼斯人会展中心，2 代表澳门观光塔会展中心，6 代表澳门十六浦酒店，7 代表澳门威斯汀。

通过前述分析，笔者可以得到以下研究发现：

展会参与者往往对澳门展会的满意度较高，具体而言，在节事、展览以及会议部门中，展览参与者的不满意度相对偏高。同样的，有较多比例的展览参与者对于博彩业对会展的正面影响不认可。

从会展参与者对于澳门作为会展目的地满意度的感知差异来看。参加会议的受访者的满意度与参加展览、节庆的受访者的满意程度存在显著差异，并且其满意程度均低于参加其他活动的受访者的满意度。

参加会议的受访者的再次来澳门参展的意愿程度与参加展览、节庆的受访者的意愿程度方面存在显著差异，并且其意愿程度均低于展览以及节庆的受访者。

参与会议的受访者与参加展览、节庆的受访者在推荐意愿程度方面存在显著差异，并且其推荐意愿程度均低于展览与节庆的受访者。

参加会议的受访者对于博彩对会展的积极作用认知度与参加展览的受访者存在显著差异，并且参加会议的受访者的博彩积极作用认知程度要低于参加展览的受访者。

26—35 岁年龄段的受访者与 35 岁及以上年龄段的受访者的满意度存在显著差异，并均高于 35 岁以上年龄段受访者的满意度。

来自澳门的受访者与来自香港的受访者的满意度没有多大差异，但是与来自中国内地、台湾以及其他国家的受访者之间则存在显著差异，并且其满意程度均高于其他地区的受访者。来自香港的受访者的满意度也与来自中国、台湾以及其他国家的满意度之间存在显著差异，并且也高于这些地区受访者的满意度。

从学历层次我们可以看出，随着学历层次的增加受访者对于澳门的会展满意程度是呈递减趋势的。

领导及管理人员的满意程度与政府公务员、公司职员以及自营企业家之间存在显著差异，并且其满意程度均低于其他职业身份受访者。技术及专业人士的满意程度与政府公务员、公司职员以及自营企业家之间存在显著差异，并且均低于后三者的满意程度。

第 十 章

会展业与博彩业互动发展战略方向

第一节　产业互动发展的模式及条件

一　产业互动发展的三种形态与模式

产业互动是产业之间存在的以产业关联为基础，彼此之间相互作用和相互影响的一种社会协作关系。根据产业互动理论主体和模式的差异，可以把产业互动思想演进大致分为三个阶段：在工业化前期和中期出现的产业分立发展互动思想、在工业化中后期出现的产业耦合发展互动思想和在后工业化时期出现的产业融合互动思想。

（一）产业分立发展互动

工业革命的直接结果是加速了社会的分工，与此同时，技术的进步又使社会经济分化出了很多新兴的产业门类。通过回顾历史可见，产业不断地分裂和创新，独立式的发展成为工业革命后一段时期的产业发展特征。与此同时，随着分工的深化和产业的扩展，产业间的协作成为这一时期的一个突出问题，因此，不少产业之间会保持自己独立性的同时，开展有效的分工协作。

实际上，只要出现新的技术革新或新的产业形态，都会产生产业分立发展互动的情形。与人们生活结合较为紧密的如旅游相关服务方面，如旅游业可以分为食、住、行、游、购、娱等几个主要的行业部门，这些行业自身存在相对的独立性，而在旅游业发展过程中，又相互合作与补充，为旅游者提供良好的旅游体验。

由此可见，产业分立互动发展是产业发展较为初级的形态，由于分工需要而呈现出的互动发展模式，相对较为简单。

（二）产业耦合发展互动思想

第二种产业互动发展的模式被称为产业耦合发展模式。即产业之间的分工是以同一产品的不同生产环节为基础，这一现象在产业经济学中被称为"制造业服务化"。一般学者都认为，服务业是经济的黏合剂，是便于一切经济交易的产业，是刺激商品生产的推动力。耦合发展互动的模式是逐渐形成的，即在市场竞争的压力下，制造业企业为了加强自身核心竞争力，把自身价值链的一些支持活动，甚至是基本活动都外包出去。如在酒店行业中，传统酒店所追求的大而全的发展模式已经发生了很大的变化。传统酒店业中为了追求星级和档次，会为酒店单独配套许多服务部门，如美发室、干洗部、健身中心等。由于企业的运营精力有限，过多的部门和服务，反而降低了酒店在对客服务时的效率，增加了成本。为此，现代酒店业在发展中，更侧重于精简式，集约化发展。即将上述服务部门和业态外包出去，由专门的部门进行处理。耦合发展互动理论认为，耦合发展互动将促进生产性服务业自身发展，因而会间接促进相关产业的发展，从而提高社会劳动生产率。

（三）产业融合发展的模式

一些国家在进入信息化的阶段以后，产业发展出现了融合发展的新形式。所谓产业融合发展就是原来分立的两个或者多个产业通过产业互动，其原有的产业边界会逐渐模糊或者消失，最后衍生出新的产业的过程。与此相适应，产业互动思想演进出现了新阶段——产业融合互动思想。产业融合互动思想是当前研究的热点问题，理论本身还处于快速发展过程中。例如，信息技术革命也带来了许多新兴的产业部门和形态，这些形态从最初的独立发展，逐步延伸到与传统产业之间进行互动合作发展。OTA（Online Travel Agent）在线旅行社就是旅游电子商务行业的专业词语，其具体的代表有大家熟悉的携程网、去哪儿网、同程网、驴妈妈等。这些在线旅行社就与传统的酒店、景区、餐饮甚至旅行社进行整合与互动，实现新的资源融合与合作发展。现有学者普遍认为产业融合发展模式的根本在于技术变革。即产业融合发展是以技术变化为基础的产业发展进程。一些学者甚至就直接认为，产业融合就是技术融合或者数字融合。

从产业融合互动发展的阶段来看，其包括技术融合和产品融合两个内容，可以大致划分为三个具体阶段的动态化过程。其中第一阶段主要指两个从供给到需求都不相关的产业，通过外部因素（如新的技术发明、政策管制放松）的激发，变得具有一定的关联性。第二阶段则是指随着市场结构和企业行为的内在逻辑，产业发生融合不断深化。第三阶段的主要特点则是，两个产业从技术或产品市场的角度看具有相关性，并且市场发展趋于稳定。

通过上述可见，产业互动发展在不同的条件和社会、技术环境下，会采取不同的形式和模式出现。上述三种互动发展模式，也存在显著的层次关系，即融合发展相对而言，是较为深层次的互动发展形态，其所创造的价值和变革性也更为明显。

二 产业互动发展的动因与机制

从产业互动发展的动因和机制来看，产业互动可以大体分为以下类别：

第一，资源依托型互动。即产业之间发生关联的原因在于希望通过互动，利用一定的资源，包括获取生产资料或市场资源，如分享客源等。

第二，市场导向型互动。即不同产业间在市场拓展的过程中产生关联与互动，如在企业构建更大范围内的营销网络。而相关产业的扩散和互动发展就随营销网络的延伸来实现，该类动因导致的产业互动发展的特点是营销性和市场开拓性，而不是生产性。

第三，物流通道型互动。由于不同区域的对外联络性和开放程度不同，从而导致不同地区间的产业因共享物流通道和资源而产生互动的发展模式。如经济欠发达地区往往缺乏有效的物流通道，从而制约了经济发展。发达地区主要分布在沿海地区，交通便利，走向国际市场比较便捷。因此，上述区域之间的产业可能会因为物流资源和通道的共享等原因产生合作和互动发展。

第四，空间引导型互动。此类产业互动发展模式的主要特点是政策的导向性。利用欠发达地区产业发展的空间来集聚企业，形成相互配套协作的产业组织，特别是较好区位的地域空间，更具有吸引投资和产业转移的动力。

三　产业互动发展的环境营造

从产业互动发展的推动与促进角度来看，产业互动和融合的自发形成往往需要较长的时间，为此，在促进区域产业融合与升级的背景下，地方政府和管理者往往能够考虑营造出适宜的环境和氛围来推动产业之间的融合发展与互动。为此，需要从政府自身的管制理念、各种机制和资源要素配置体系等方面进行配合。

（一）产业互动发展应有良好的管制理念导向

一般而言，产业互动有利于区域产业结构调整、升级。推动产业整合与互动发展的区域要充分利用后发优势，避免在产业发展过程中走弯路，要更多考察与了解其他地区在产业融合方面的成功经验和失败教训。要根据环境友好、资源节约、产出高效、发挥人力资源优势等原则，完善和提升区域产业结构，增强区域经济实力。

（二）加强产业互动发展的环境建设

不仅是交通、通信、物流、能源供给等条件，更重要的是人文环境建设，体制机制创新，配套服务体系建设等。要避免出现产业发展"孤岛效应"。区域发展中要加强产业服务，同时，积极引导本土企业发展。只有本土企业的创新创业，才能有效地承接产业转移或主动地对接发达的产业体系和要素资源。同时，本土企业发展得好，更有利于提升区域产业的外界形象和认知。

（三）要注重产业互动推动机制的构建

从世界各国产业统筹互动发展的实践来看，政府在产业互融互动中扮演着极其重要的引导者和推动者角色，因此，政府要在制度建设与环境设计方面有所作为。

构建良好合理的合作共赢机制。产业互动发展需要依托利益机制来促使产业互动中的利益相关者自觉地按照政府的政策导向去实现产业融合互动。利益机制能充分激发各经济主体的能动作用。

鼓励各种产业互动的中介组织与其他组织机制的构建。政府应鼓励创办能够连接不同产业互动发展的各种中介组织，进一步完善以产业集聚区和产业集群发展区为主要形式的产业互动载体机制，增强产业发展的地理接近性和组织便利性。

为有需要的产业发展提供必要的资金支持机制。澳门本地企业中大部分都是中小企业，如果政府希望他们能够承接产业互动发展所带来的机会，则应该建立良性循环的资金支持机制。这样可以一方面增加产业互动的投资主体；另一方面，为发展中的瓶颈环节提供资金方面的保障和支持，以协助中小企业突破发展瓶颈。

提供完善的人才保障机制。当前，澳门产业升级与互动融合发展方向面临的一个较为严峻的挑战就是人力资源的缺口较大。为此，政府相关部门也应该从长远发展的战略高度考虑，构建一个完善的人力资源保障机制，从而为产业互动发展和机构升级提供最为基本的优秀人才之支撑。

第二节　澳门会展业与博彩业互动发展的环境分析

博彩业与会展业目前都是澳门社会经济发展的重要龙头产业，其中博彩业是澳门国民经济发展的核心动力与财政收入的主要来源，而会展业是澳门社会经济发展多元化与可持续发展的重要手段。然而，从澳门周边的国家和地区来看，博彩业以及会展业都已经成为区域经济发展的热点产业，各国都竞相开放以及开发会展及博彩资源，就连新加坡也将博彩业作为重要的旅游资源加以开发。可见，澳门的博彩业及会展业发展在面对的环境上有较多的相似之处。总体来看，澳门博彩业及会展业发展的环境特征可以归纳为以下三个方面：

一　周边地区激烈的竞争

无论是博彩业还是会展业，澳门均面对着较为激烈的来自周边国家和地区的竞争。从会展业发展来看，澳门会展业的发展起步相对较晚，加上紧邻香港以及中国工业最为发达的珠三角区域，周边地区无论是在经济规模还是在生产服务业方面均已经形成了一定的优势。特别是在会展方面，不少的品牌会展项目以及品牌会展场馆、企业均已经成形，如广州广交会，深圳高交会，东莞的鞋类、家具等展会以及香港的系列展会等。这些品牌展会和品牌企业对于后发的澳门会展企业及展会而言产生了较为明显的市场竞争。

而从博彩业的发展来看，尽管澳门目前的博彩业经济发展已经超过美国拉斯维加斯成为世界上真正意义上的赌城。就其发展历程及成功的原因来看，最为重要的还是受到中国中央政府的大力支持，和受惠于中国内地自由行政策所带来的巨大的客源。随着周边地区不断地加入开赌的行列，如海南开放竞技博彩、新加坡开放博彩业、台湾也在研究博彩开放问题等。上述区域如果陆续进入博彩行业，则必将摊薄现有的市场规模，对澳门博彩业的发展造成较为明显的影响。再加上国内对于澳门自由行政策采取较为严厉的管制以及逐步加强的境外购物征税政策的实施等，都将进一步对澳门博彩业的发展造成较为直接的影响。

二　发展要素资源的欠缺

澳门作为微型海岛经济体，其在发展过程中最为常见的瓶颈之一就是资源供给不足。其中，最具有挑战性的就是土地资源和人力资源的不足。近年来博彩业的开放引入了大量的国际投资，不少大型赌场和酒店都相继落成。但是，酒店及博彩行业中的人力资源供应成为较为棘手的问题。为此，引入更多的外劳以应对不断增长的行业人力资源需求缺口成为了一种必然。可是，人力资源的引入政策又会受到本地居民对于就业权诉求的挤压。因此，目前澳门社会经济发展中面临着较为严重的人力资源不足的困境。

而从其他行业，包括会展行业来看。由于澳门博彩业具有较高的回报和收入水平，因此，博彩业对于澳门社会的其他行业形成了"黑洞"效应，即相关经济资源包括土地以及人才等都向博彩业发展倾斜，造成了强者愈强的连锁反应。随着博彩业对人才的高薪聘请，其他行业包括会展业的一人难求局面更为显著。

三　产业形式创新的瓶颈

澳门博彩业的发展经过专营时期以及 2002 年后开放阶段的积累与沉淀，在产业形态方面已经发生了较为根本性的变化，从最为传统的单一博彩向多元化以及综合化的娱乐博彩转变。特别是随着国际跨国公司进驻澳门博彩业，高端购物、艺术表演等形式的休闲娱乐节目也在澳门快速成长起来。然而，这些发展模式未来应该如何进一步提升，以应对周边地区不断成长起来的新型的博彩城市？由于博彩业的发展主要依靠政策，在博彩项目发展方面，只要具备较强的资金实力就能够产生较为可观的吸引力。所以，近期才开放的博彩业市场反而可能后来居上，将最新的博彩产品技术与休闲娱乐设计应用于博彩业的发展。因此，澳门的博彩业以及会展业需要考虑如何借助创新来提升产业的综合竞争力以及持续发展能力。

结合前述相关研究，以及基于产业集群竞争力的相关理论，既然博彩业与会展业之间确实存在相互关联以及正向的协同关系，澳门就应该进一步加大推进博彩业与会展业的融合力度，促进澳门博彩及会展产业集群的发展，从而提升两个产业的竞争力并最终形成区域品牌。在推进博彩业与会展业互动方面，本研究根据现有的相关研究结果提出了相关思考的方向，同时，这些发展的战略方向还需要在下一阶段的深入研究中进行具体的探讨和对策分析。具体而言，在促进会展业与博彩业融合发展方面，应该注意以下发展方向：延伸博彩及会展产业链，加强人力资源开发；促成博彩与会展战略联盟，增强产业间的正协同效应；以市场需求创新非博彩项目，提升澳门商务会展形象；加强互动机制的构建，促进会展业各细分市场与博彩业的互动；推进区域会展业合作，创新拓展博彩业发展领域。

第三节 促进博彩与会展业互动发展的战略方向

一 延伸博彩及会展产业链，加强人力资源开发

在博彩业以及会展业的互动发展机制的研究中，本研究提出了实现博彩业与会展业互动发展的八大因子，包括基本要素、基础设施与环境、娱乐活动、相关支持性服务、人力资源因素、费用因素、正面旅游地形象评价和再次到访目的地。通过相关分析，在上述八个因子中，人力资源在专家访谈以及文献综述中提及，但在实际分析中是作用不显著的因子。为此，加强博彩业以及会展业在人力资源方面的互动将是未来发展的方向之一。

会展业与博彩业人力资源尽管在实际业务以及管理内容上各有侧重，但是，作为业务领域内有较多的相通及关联性的服务业，两者都是直接面对客户提供服务，因此，在管理及服务的理念方面具有较高的相似性。为此，可以将人力资源作为未来推进澳门博彩业与会展业互动发展的潜力因子进行培育，透过将博彩及会展产业链进行横向延伸，加强会展以及博彩业行业人力资源教育及培训的结合发展。大力开发及培养同时具有两种行业从业能力以及经验的复合型人力资源，从而让会展业及博彩业在产业的有形关联上多一个节点。

二　促成博彩与会展战略联盟，增强产业间的正协同效应

通过专家访谈和数据分析，本研究已经证明了目前澳门会展业以及博彩业在产业关联上初见成效。两个产业之间透过七种要素实现了初步互动，其主要的产业关联形式包括在商务旅客方面的市场客源关联、在会展场馆以及酒店等旅游接待服务方面的生产关联。着眼于未来进一步提升产业集群竞争力的发展目标，博彩业以及会展业之间需要在利益上建立高度相关的一致性，从而保证两者在经营与管理时决策的协同性。从现阶段来看，建立会展业与博彩业的发展战略联盟是可行的道路之一。为此，本研究建议博彩业以及会展业需要借鉴其他地区或城市在产业互动发展方面的经验，创造条件推动产业战略联盟的形成。

三　以市场需求创新非博彩项目，提升澳门商务会展形象

在会展参与者对澳门作为会展旅游目的地的满意度方面，不同群体之间的感知存在较大的差异，这也体现出了不同的商务客源市场在会展服务以及休闲旅游服务方面的不同需求。作为澳门休闲娱乐产品的主要供应者，博彩业应该注重与会展业界一道，深入了解会展活动参与者的需求及消费行为特征，并注重针对性的开发休闲娱乐产品以及非博彩娱乐项目，来提升访澳商务游客的满意度、好评度以及重复参展的意愿。例如在会展业的相关部门中，应该注重对于会议参与者的研究，了解影响其满意度的主要因素以及影响其重复来澳门参会的因素。尽量提升展览参与者在澳门的停留时间。以及增强赌场中对于表演、购物、美食的商务人士喜闻乐见的产品的持续更新与供给。透过产品的个性化开

发以及创新提升会展活动参与者对于澳门作为会展目的地的形象感知。

四　加强互动机制的构建，促进会展各细分市场与博彩业的互动

在互动发展过程中，明确的互动规则以及利益分配机制较为重要。为此，兹建议在未来的发展中，澳门能够针对不同的会展细分市场与博彩业间的关系，构建一套完善的会展业与博彩业的互动发展机制，从而实现两者的有效对接。

如对于会议市场与博彩业的互动，一方面要考虑博彩业为其在基础设施与环境、娱乐等方面进一步配套；另一方面，博彩业还应该注重在支持服务、人力资源、成本及费用、基本要素等方面强化与会展业之间的关联。会展业则要考虑通过何种管道提升会议参与者对博彩形象的正面评价。

对于展览市场，基础设施与环境已经为会展业发展提供了大力的支撑，未来需要考虑如何加强基本要素、娱乐活动、相关支持服务以及成本因素与博彩业发生关联及互动。在促进博彩业发展方面，则需要考虑如何提高参与展览活动人员的重游率及其对博彩业发展的正面作用。

对于节事活动市场，博彩业提供的丰富娱乐活动已经有了较为显著的作用。未来就需要在基本要素、基础设施与环境、相关支持服务以及人力资源和成本因素方面加以提升。从推进博彩业发展而言，需要考虑如何通过节事活动参与者的重游率来提升和促进博彩业的进一步发展。

五　推进区域会展业合作，创新拓展博彩业发展领域

除了注重自身的配套发展和完善外，澳门的会展及博彩业也要充分利用与周边地区的紧邻以及合作机遇等优势，透过区域合作的形式，将会展业与博彩业互动发展的优势加以提升，从而形成澳门会展业的特色品牌。如可以考虑借助博彩业的服务优势，打造澳门会展业的服务规范与管理模式，从而对外进行会展服务及管理的输出。此外，博彩业也可以借助澳门会展业对外拓展的优势，积极探索周边市场中新的发展领域，从而实现澳门博彩业在业务领域上的拓展。

下篇

产业互动发展之案例篇

第十一章

产业互动发展案例分析之区域篇

第一节 拉斯维加斯会展业及博彩业的发展案例

坐落于美国内华达州东南部沙漠腹地的拉斯维加斯，是一块被荒凉的沙漠和半沙漠地带包围的山谷地区，从自然条件看，这里雨量很少，夏热冬寒且多风沙，不具备城市发展的条件，然而一个国际化的大都市却在如此恶劣的环境中诞生了。2003 年拉斯维加斯居民增至 535395 人，2004 年客流量（Visitor volume）达到 3740 万人次。如今，拉斯维加斯已经成为美国经济增长最快的大都市之一，不仅是全美最大的赌场和重要会展中心，同时也是世界娱乐之都。这个沙漠中的小城汇集了世界上 16 家最豪华酒店中的 15 家，世界前十大度假村中的 9 家。

一　拉斯维加斯博彩业的发展历程回顾

（1）拉斯维加斯小镇的转机：20 世纪 30—40 年代

1905 年 1 月，由于采矿业的发展和大铁路的完工，拉斯维加斯作为一个铁路城镇而诞生。当时的小镇通过土地拍卖确定了现代拉斯维加斯城市的范围，包括斯图尔特、第五大道、美丽大道、主干道在内的地区。铁路和矿业是该时期经济的主要依赖，但土地贫瘠、缺水严重，极大地限制了拉斯维加斯的发展。

30 年代的两件大事对拉斯维加斯产生了里程碑式的影响。其一"胡佛水坝"（Hoover Dam）的修建。它的竣工不仅解决了拉斯维加斯的水、电供应问题，还为它带来了数百万的联邦资金和大量的工作机会；作为当时世界第一大水坝，它吸引了来自全国各地的游客前去参观、消费乃至定居，带动了旅游业的发展。1932年，游客就达到了10万人次；1934年，达26万人次。"在整个30年代，来拉斯维加斯参观水坝的游客人数每年都在增加。"大坝的修建还为这个沙漠小镇创造了一个新的郊区地带——博尔德市。充足的水源保障，是众多配备游泳池的酒店、地区草坪、高尔夫球场、喷泉、人工湖能够迅速增长的重要因素，为拉斯维加斯长久持续发展打下了基础。

其二是赌博合法化。1931年，在全美经济大萧条的背景下，内华达州遭遇了一场非常严重的旱情，矿业产量创下历史新低，牛肉价格低至3美分一磅。为了渡过经济难关、刺激经济和城市发展并解决印第安人生存问题，内华达州决定通过立法，将赌博合法化。1931年3月19日，内华达州议会通过了著名的"托宾法案"。法案规定，开设赌场的申请人必须是美国公民，需到各地警察局登记，并缴纳一定的税金：每部老虎机每月10美元，每张赌桌每月25美元；税金分成比例为：市或镇政府50%，州政府25%，县政府25%。许多赌场旅馆在赌博合法化后修建起来，胡佛大坝为其带来的充足客源，使它们获得了最初的发展。1932年，市区第一家豪华型旅馆——当时称得上拉斯维加斯最高建筑的三层楼的"阿飞"开业。虽然这些西部风格的旅馆并不是现代意义上的酒店，但是新生的娱乐经济已经开始为拉斯维加斯的城市发展注入新的活力。当时的市政府并未意识到这个法案将成就世界上最大的赌城。实际上在最初的10年里，内华达州博彩产业发展缓慢。第二次世界大战之前的拉斯维加斯，基本上只是联合太平洋铁路上的一个小小的补水站。

第二次世界大战的爆发给拉斯维加斯带来了新的机遇。这一时期的迅速发展得益于联邦政府的扶持。拉斯维加斯地处广阔的沙漠地带，通年适宜飞行，是国防工业以及军事设施的理想之地。美国政府在这里兴建了镁工厂、飞行基地（Nellis AFB）、原子武器试验场以及炮兵训练学校。充足的财源和急剧增长的城市人口也带来了拉斯维加斯的初步繁荣。大量士兵和工人及其家属的涌入，使拉斯维加斯市人口迅猛增长，新的城镇——亨德森市（City of Henderson）由此在镁厂附近建立起来。与之相应，拉斯维加斯的道路、房屋、地下水系统和其他城市基础设施不断得到改善。这为拉斯维加斯城市的发展打下了基础。

另外，大量的士兵、工人及其家属的涌入，也极大程度上充实了拉斯维加斯的赌场。对这些人来说，赌场不仅能为饱受战争折磨的疲惫的大众带来娱乐，有利于激励士兵发动小规模的进攻，还有利于战时债券的销售。拉斯维加斯博彩业在种种利好形势下，发展非常迅速。1941—1944 年，拉斯维加斯博彩产业收入增加了 56%，平均年增长 19%。拉斯维加斯城镇形象在成功转变，为娱乐经济的进一步发展提供了强有力的基础。

（2）赌场基础上的投资热潮和旅游博彩业的兴起："二战"后至70 年代

从 20 世纪 40 年代开始，拉斯维加斯的博彩业出现了两个发展趋势：其一是博彩业逐渐向拉斯维加斯金光大道（Las Vegas Strip）聚集；其二是赌场酒店（休闲酒店与赌场相结合）逐渐成为拉斯维加斯的主流。

之前，弗雷蒙德大街（Fremont Street）一直是拉斯维加斯的赌博中心，1941 年，加州旅馆业大亨托马斯·哈尔（Thomas Hull）打破了这种惯例。凭借敏锐的商业直觉，他没有选择市中心，而是在市外的高速公路旁边（即狭长地带 Las Vegas Strip），兴建了艾尔瑞秋休闲旅馆（El Rancho Vegas），融赌场与大型旅馆为一体，为顾客提供博彩、住宿、餐饮、娱乐和零售服务等所有需要。处于市政府限制之外的这一狭长地带，可避免政府干预和收税。"艾尔瑞秋"鼓舞了狭长地带的发展。

根据社会空间理论，工业生产的衰退将带来对房地产投资的高涨。第二次世界大战期间，美国政府大量投资带来的财富积聚以及战时高涨的工业生产的减缓衰退，使得这一现象在拉斯维加斯表现得非常突出。40 年代末至 50 年代，大型酒店式赌场"火烈鸟赌场饭店"（Flamingo Hotel）、"最后的边疆"（Hotel Last Frontier）、"霹雳鸟"（The Thunderbird）、"沙漠旅馆"（Desert Inn）、"撒哈拉酒店"（Sahara）和"金沙酒店"（Sands）先后在拉斯维加斯狭长地（Las Vegas Strip）开业，形成了拉斯维加斯地区首次投资热潮。到了 20 世纪 50 年代早期，原本无名无姓的拉斯维加斯通往洛杉矶的高速公路两旁，已经逐渐形成了休闲酒店赌场集群,"Las Vegas Strip"(拉斯维加斯金光大道)的称呼逐渐形成、普及并被一直沿用到今天。此后 1955 —1958 年,更多世界级的大赌场式旅馆相继修建,拉斯维加斯的狭长地带迎来了新的房地产投资热潮,"里维埃拉""沙丘""哈亚恩达""弗雷蒙德""热带雨林"等都是这一时期新建的旅馆,其中值得一提的是,1958 年开业的"星尘"(Stardust Hotel)拥有千余个房间,一举成为当时世界上最大的旅馆。这个时期,大量的私人房地产投资集中在狭长地带,政府投资已不再是城市发展的主导力量。

拉斯维加斯金光大道休闲赌场酒店的发展、壮大及最终成功,产生了极其深远的影响。它改变了拉斯维加斯博彩产业格局,使拉斯维加斯狭长地带博彩业超越拉斯维加斯市中心,成为博彩圣地;它也使休闲酒店赌场的赌场形式逐渐成为拉斯维加斯赌场的主流,而仅提供专门博彩活动的单一赌场形式,逐渐由主流变成非主流。旅游式赌场的兴起,极大地改变了拉斯维加斯传统赌博业的发展。赌博、旅游逐渐成为拉斯维加斯最大产业。

60 年代,Howard Hughes 率先掀开了拉城发展的新篇章:世界连锁饭店集团在拉斯维加斯掀起并购热潮,购买酒店及娱乐场,并纷纷兴建豪华旅馆,把公司化经营模式带入拉城,赌博逐渐变成了博彩,拉斯维加斯蜕变成结合博彩、娱乐、休闲度假、旅游等功能的繁华娱乐城。新的赌博法律的实施也为其带来了新的发展机遇,如 1967 年的《公司博彩业法案》和 1969 年的股份制改革。到 70 年代,大公司基本上完成对拉斯维加斯博彩业的兼并。管理上的转变为拉斯维加斯的旅游业增加了新的含义。一方面,有组织的社会犯罪被清理出去,合法投资注入拉城,博彩业的环境大为改善;另一方面,公司化经营取代个人经营,大公司的投资扩大了规模效益,酒店住房价格下降,而博彩业内容更加丰富多彩,增加了娱乐内容和方式,因而成为拉斯维加斯旅游业发展的新动力。

60 年代后期,大都市区居民增长迅速,1967 年 7 月,客流量达到26.9 万人。机场人数显示出旅游业的繁荣:1966 年是 230 万人,而短短一年后,就上升到了 270 万人,其他商业指标也都上升了,之后每年都会出现新的纪录。60 年代的繁荣使得拉斯维加斯确立并巩固了其大城市的地位。旅游业发展的同时，内华达州的赌博税收收入也在逐年增长。1952年，内华达州2/3的税收收入由拉斯维加斯所在的克拉克县贡献。到了1970年时，拉斯维加斯所在的克拉克县，人口占内华达州总人口的55.9%，博彩收入占内华达州博彩总收入的64.9%。以克拉克县的拉斯维加斯为龙头的内华达州博彩业，已经逐渐成形。

（3）旅游博彩业态的转型及其国际化旅游胜地的形成：80年代至今

拉斯维加斯的旅游博彩业态的转型是在国内竞争环境和国际形势改变的双重压力中完成的。70年代美国制造业开始下滑，制造业城市的衰退与赌城的繁荣形成了鲜明的对比，所以新的赌博合法化的城市诞生了，1978年大西洋城的第一家国际酒店开始营业。随后22个州的印第安原居民区也设了赌场，这些严重影响到拉斯维加斯的客源。从发展之初，拉斯维加斯的旅游业就是以博彩业为基础的。内华达州立大学的统计数据显示，20世纪90年代初以前，拉斯维加斯大道区的博彩业收入在总收入中的占比一直维持在六成左右。而从1990年开始，拉斯维加斯狭长地带的年平均增长率由7.7%下降到了5.9%。狭长地带赌场投资的利润率也出现了下降的趋势，由1996年的16.2%下降到1997年的14.1%。与此同时，大量新开设的酒店由于争夺客源出现了价格战，导致了恶性竞争，使得那些规模小、年代较为久远的酒店成为价格战的牺牲品。

与此同时，赌博业也扩展到郊区，博尔特高速公路变成第二个狭长地带（Boulder Strip），在此修建了一批酒店，如："黄金海岸"（1986），"亚利桑那的查理"（1988），"丽豪"（1990），"硬石"（1995），"奥利"（1996）等。1989年"海市蜃楼度假大酒店"（Mirage Hotel）的开业掀起又一个新的建设热潮，不断地兼并使各个娱乐公司的规模得到了极大的提升，大企业纷纷将其股票上市，拉斯维加斯酒店和娱乐场经营、博彩产业发展日渐苗壮。狭长地带的新发展促进了拉斯维加斯的旅游业发展进入一个全新的时代。

史蒂夫·永利（Steven Wynn）大胆地将"享受"的理念引入酒店式赌场的经营中，颠覆了拉斯维加斯传统的"以赌场为主、以酒店为次"的商业模式，不断放大酒店的娱乐与享受功能。在他的带动下，拉斯维加斯也积极地开始了业态的转型。更多的超级酒店在狭长地带崛起，如："金字塔"、"金银岛"、"美高梅"、"百乐宫"以及"韦恩拉斯维加斯"等。这些酒店多是主题式环境，如巴黎大酒店的法国风情，金银岛的童话环境，创造出独特的气氛。丰富多彩的娱乐内容的引入使得这些超级酒店与拉斯维加斯传统的酒店区别开来。这些酒店不是"赌场＋饭店"的简单组合，而是集游戏、娱乐、观光、购物、饮食为一体的超级娱乐场所。拉城不再只是赌城，而是人们休闲度假的去处。

在80年代，拉斯维加斯赌场收入是酒店收入的主要来源，占总收入的六成；但自90年代起，赌场业务占总收入的比重已跌至不足五成，而一些有关享受的花费如饮食和购物等，升幅分别为三成及四成半。由此可见，赌场已不再是酒店式赌场的核心业务，而"酒店为重、赌场为次"的策略是大势所趋。

1993年，时任拉斯维加斯旅游局总裁的曼尼·科特兹倡导将拉斯维加斯建成一个全方位的旅游胜地，而不单单是家庭旅游胜地，他认为拉斯维加斯市的旅游业需要增加更丰富的内容，而不是将市场简单定位为赌博。随后，拉斯维加斯的旅游业增加出了许多新的内容与形式。适合儿童游乐的场所，令家长们有更多的时间去自主娱乐。零售业也异军突起，随着不计其数的大型购物中心的成立，使得拉斯维加斯成了一个"购物天堂"。与此同时，会展业的发展也进入一个新的阶段。主要会议中心的扩建从70年代以来一直在进行，新建的酒店内也配有完善的会议设施，来拉斯维加斯参会的人数也逐年增加，会展业成为拉斯维加斯一张靓丽的新名片。另外，还有像结婚服务业的特色行业。由于手续简便，无须等待，花费极少，每年都有大量的外地游客来拉斯维加斯登记结婚。每年颁发超过12万个结婚证，也使得拉斯维加斯拥有"世界结婚之城"的美誉。结婚服务业的发展增加了拉斯维加斯的客源，这一消费群体也受到了政府和各大赌场的重视。旅游业为拉斯维加斯带来了繁荣和发展，更多新的内容的加入使得拉斯维加斯的旅游业向着更广泛的方向发展，多元化趋势的显现使拉斯维加斯得以持续的发展，但是未来仍需要全方位地努力。

二　拉斯维加斯博彩业发展的特点

1. 从单一化到多元化

拉斯维加斯的旅游业是在博彩的基础上发展而来。在发展的过程中遇到了诸多问题，而最终拉斯维加斯选择了一条博彩基础上的旅游业多元化的道路。

表 11 - 1　　　近年来拉斯维加斯旅客平均消费支出概况　　（单位：美元）

项目	2003 年	2004 年	2005 年	2006 年	2007 年
餐饮	208.81	238.32	248.40	260.68	254.49
当地交通	48.93	64.62	60.46	68.70	62.66
购物	97.25	124.39	136.60	140.86	114.50
表演秀	42.26	47.21	49.43	50.81	47.87
市区观光	5.05	8.01	8.21	8.49	8.31
访客从事博弈活动比例	88%	87%	86%	87%	84%
赌金预算	490.87	544.93	626.50	651.94	555.64

资料来源：LVCVA（Las Vegas Convention and Visitors Author）.

从表 11 - 1 可知，虽然传统的吸引物（赌博）仍在旅游者需求中占据重要地位，但拉斯维加斯博彩旅游业多元化后的旅游吸引物已经多样化。旅游产品的多样化在扩大客源和增加旅客消费方面起到了重要作用。

2. 区域旅游景点一体化

拉斯维加斯这座从沙漠中崛起的城市，凭借着人们天马行空的想象力，创造了众多震撼世人的建筑奇观。虽然拉斯维加斯没有天然景观，但在拉城外面却极为丰富，通过联合城外宏伟的沙漠风光、胡佛大坝、世界七大奇景之一的大峡谷与美西最大的人工湖，拉斯维加斯充实了自己的博彩旅游多元文化的特点。

3. 布局有序合理，形成规模经济

拉斯维加斯的整体城市布局自成一格，规划合理有序，各区位有自

己的主体功能。其中，拉斯维加斯大道和弗拉明戈大道是拉斯维加斯的主要商业街，大部分的主题酒店、购物中心、酒吧和小型旅馆环绕于此，自成规模，塑造了商业街的无限魅力，吸引着上千游客前来观光游玩。不管日出日落，这里总是人潮涌动，庞大的客流量给每个商家带来了红火的生意，实现某种程度上的利益共享，从而形成了规模经济。这些商业的聚集，同所有的规模经济体一样，又同时引发了相互间的激烈竞争，从而不断激发各个投资者的创新热情。这是促进拉斯维加斯博彩旅游多元化的动力。

三　拉斯维加斯会展业的发展历程回顾

1. 拉斯维加斯会展业的发展

1957 年起到 60 年代中期，在州法律规定赌博收入由 17 个县平分的情况下，贡献了 87% 许可证收入的雷诺市和拉斯维加斯市，只得到了 2/17 的收入。为了扩大税基以便解决不断恶化的财政状况，拉斯维加斯市政府一直试图兼并不在控制范围内的狭长地带，但遭到了狭长地带人们的强烈反抗。除了内部的财政危机，拉斯维加斯市还面临着来自联邦政府的制裁、媒体的批评等外部危机，结果是附加了 10% 的联邦税。此外，还有来自加州和亚利桑那州这两个紧临州开放赌博业的威胁。

危机促生改变，拉斯维加斯政府清楚地认识到，单单靠博彩业无法完全支撑该市的旅游业，必须扩大旅游业的市场基础，会展业成为其目标基础之一。为了吸引更多的国家和社会团体，1959 年，一个独立的大型会议中心在拉斯维加斯开业。随着航空工业的发展、新的州际公路的完工，到拉斯维加斯举办会展越来越方便，飞机、公路为大部分与会者、旅游者来拉斯维加斯提供了便捷的途径。60 年代，新的麦卡伦机场建成，几大都市区各式酒店的房间数也增长了 2000 余间；主要会议中心的扩建从 70 年代以来一直在进行，新建的酒店内也配有完善的会议设施，来拉斯维加斯参会的人数也逐年增加，会展业成为拉斯维加斯一张靓丽的新名片。机场的扩建与旅馆房间数的增加把拉斯维加斯的会展业推进到一个新的阶段。1975 年，这里举办了 393 次会议，带来了 9190 万美元的收入，参会人员的到来增加了当地的旅馆和赌场的客源，带动了拉斯维加斯旅游业的发展。会展业的发展弥补了赌博业的不足，进一步充实了旅游业。

近几年会展产业蓬勃快速发展，成为美国四大展览中心城市之一（其他3个展览中心分别是亚特兰大、芝加哥、达拉斯）。全市建有大小展览场馆1000多个，其中3个主要展馆面积共达29.5万平方米，几乎整个城市的主要建筑就是个展览馆群，为全球展览业界所瞩目。在拉市，每年举办2000多场专业性会展，每年约有500多万厂商参展，并吸引世界各地数千万厂商和专业人士前来参观和洽谈贸易，每年会展收入逾80亿美元，已成为当前国际上最为著名的会展中心。

拉斯维加斯具备发展会展业的许多理想条件：其一，拉斯维加斯交通便利，距美国的国际港口城市旧金山和洛杉矶较近，高速公路约4小时即可到达；海运快捷；而且拉斯维加斯有两个国际机场，每天有数百个航班通往世界各地，旅客往返极为便捷。其高速公路网也很发达，可以安全、快捷、高效、大容量地解决参展和参观厂商的人流和物流问题。其二，该市近年来旅游和博彩业发展极为迅速，每年有数百万游客和商人前往，人气很旺，在国际上知名度很高，在那里办展，厂商乐于前往，合乎人心，顺乎商意。其三，拉斯维加斯办展的基础设施很好，理想的展览场地多，规模大，可以同时举办多个专业会展，而且高档宾馆也多。资讯、金融业等发达，饮食、娱乐、市内交通及住宿条件也很不错。其四，拉斯维加斯是美国发展中的新兴城市，经济富有活力，本地人口较少，失业率低，犯罪率也低，况且其周边全是空旷的沙漠，容易控制。其五，该市有丰富的土地资源，发展建筑空间余地大，适合建造大容量的展览馆所，停车场地也多，便于人流、车流的聚集和疏散。其六，该地有一批国际化的会展业人才和各种语言翻译人才，为发展会展业创造了良好的人文条件。

四　拉斯维加斯会展的特点

1. 以特色出效益，举办专、精、大的会展

拉市的展会具有鲜明的特点：专、精、大，形成了别具一格和与众不同的会展特色。"专"是拉市会展的特色之一。因为只有参展商品的高度专业化，才能使每场展览凸显很强的特色，也能使展品引领市场的

潮流。例如，每年的国际电子用品展、国际地砖地板展在 1 月举办；电气用品零件展、世界鞋业大展、室外装饰用品展和国际摄影市场展在 2 月举办；国际礼品杂货展、夜总会酒吧同业展和三年一次的国际工程机械展在 3 月举办；全国传播协会用品展在 4 月举办；国际五金工具展、草坪庭院用品展和 MAGIC 春季国际服饰展在 5 月举办；国际珠宝展在 6 月举办；MAGIC 秋季国际服饰展、国际乳制品熟食蛋糕展在 8 月举办；便利店商品展在 10 月举办；SEMA 国际汽车摩托车修配零件展、汽车特别配件展、国际钣金展和国际电脑资讯展在 11 月举办，种类繁多。每月都有较稳定的不同行业的专业展会，而且有许多国际最高水平的会展只在拉市举办，极具专业特色和吸引力。这不仅使参展商向全球买家展示自己的产品和服务理念，而且有利于及时了解业内的最新发展动态。

"精"是展品精致、厂商精干、布展精巧，是拉斯会展的特色之二。如每年春秋两季举办的 MAGIC 国际服饰展，是目前世界上规模最大、最有影响力、涉及面最广的时尚品牌服装专业交易会，由于其高度的专业化、国际化而闻名于世，每次都吸引近 110 个国家和地区的行业专家及十多万的各界人士参展，世界上许多著名服饰品牌都将此展会作为其长期的展示和销售平台，每年均派出精干的业务团队参展布展，独具匠心，将参展区布置得精巧别致，富有吸引力。正因为这一专业展会迎合了消费者日益追求时尚的心理，参展商把展位布置得十分时尚靓丽，不仅吸引了参观者及媒体的注意力，而且亮出了展品的特色。据统计，仅国际时尚品牌服饰展就有 81% 的参展者在此开阔了眼界，增长了专业知识，结交了国际上一流的服饰界朋友，拿到了大订单，扩大了销售范围。所以，布展精致精巧已成为争取贸易订单的重要手段，也已成为广大参展商的共识。

"大"是指展会的规模巨大，场面宏大，是拉市会展的特色之三。比如，2011 年 3 月举办的国际工程机械展，展出面积达 29.5 万平方米。每年 5 月的国际五金工具展和草坪庭院用品展的展出面积各 10 万平方米，11 月举办的 SEMA 国际汽车摩托车修配零件展的展出面积约 20 万平方米，如此场面宏大的专业展会，不仅为参展商提供了充足的展示平台，有效地保证了人员、物品的容量和流量，而且降低了组展方的成本支出，提高了经济效益。

2. 实行市场化运作，行业协会或企业办展

拉市每年举办 2000 多场专业展会完全实现市场化运作，组展单位大多是行业协会或财团，由他们负责租用场馆、策划、筹备、联系和协调等工作，没有一场是由政府部门举办的，也没有任何形式的政府经费补贴。任何企业想要参展，只要按预订手续、缴纳费用就可以得到展位，这样就保证了某些成长型小企业也有机会参加会展。这种自由竞争的会展市场，可以使组展方凭其自有实力和服务质量赢得信誉，充分发挥主观能动性，从而把会展业务做大做强。

3. 延伸会展服务，产生群体服务效益

拉斯会展的服务质量体现在人性化管理上。所有展厅都设有残疾人通道，便于残疾人参展。在展会期间，有各种语种的翻译人员供参展商临时雇用，这样就使参展商不用带随行翻译也能参展。展览大厅内设有中餐厅、西餐厅、咖啡吧和网吧，便于客户用餐、洽谈、上网或休闲。会展全程都设有服务中心，从招展、预约、登记、广告到各种有关会展的资讯资料、电子信息收集、整理、免费发放、不同语言文字的翻译、法律咨询乃至布展、撤展、清理场地等，各个环节、各项程序均有专职部门负责，分工明确，安排细致。

五　拉斯维加斯博彩业与会展业的发展关联性分析

分析拉斯维加斯会展业影响因素（如表 11 - 2 所示），不难发现拉斯维加斯博彩业为会展业的发展提供了必要的基本要素和多项增值要素。拉斯维加斯发达的博彩业和娱乐业使其成为全球最著名的旅游胜地，每年从全世界吸引了约 4000 万的游客，居美国各大城市之首，为会展带来大量的潜在顾客；博彩业的强大基础设施配套也为会展业的发展提供了坚实的服务基础，其融会展、餐饮、宾馆、娱乐、大卖场、旅游观光等不同的业态于一体的功能设计，方便了办展人员和参展人员的参展与消费，对全球组展商、参展商和普通消费者形成了持续的吸引力。例如，拉斯维加斯会展中心位于拉斯维加斯山谷的中心地带。由于博彩业的繁荣发展，会展中心可在步行距离内提供 1.8 万间客房，在 3 英里范围内提供 5 万间客房。会展中心距离市中心和拉斯维加斯大道仅

3 英里。市中心和拉斯维加斯大道的酒店可以提供 9 千多个客房供参加会展者住宿。会展中心距离麦卡伦国际机场和拉斯维加斯商业区也仅仅几分钟的路程。正是凭借这两点独特的增值要素，拉斯维加斯已经成为当前国际上最著名的会展中心城市之一。

表 11 - 2   拉斯维加斯会展业影响因素分析

要素类型	名称	具体内容
基本要素	基础设施	机场高速公路网络发达，能够安全、快捷、高效、大容量地解决参展和参观厂商的人流和物流问题。
	配套产业	高档的主题酒店以及大型城市综合体较多，资讯、金融业等较为发达，餐饮、娱乐以及购物场所众多，到访者的选择余地较大。
	办展人员与会展企业	会展企业和会展相关专业人才数量较为丰富
增值要素	城市资源	拉斯维加斯的城市展览场馆和场地较为多样，大小展览场所一千余个，规模较大，可以同时举办多个专业展。 与此同时，拉斯维加斯还是世界著名的博彩和娱乐之城，拥有众多的博彩以及娱乐项目，对于人们具有较高的吸引力。
	综合配套	按照拉斯维加斯的博彩业发展模式，通常会表现为：一个建筑物内拥有众多的功能，如会展、博彩、娱乐、餐饮、酒店、大卖场、旅游观光等，众多业态的集聚，成为最为理想的综合配套安排。
	品牌展会	拉斯维加斯已经成功打造了多个国际知名的展会品牌，如全世界规模最大的三个展会：工程建设机械博览会和国际消费电子展，国际动力传动展，以及全美广播电视展等都在拉斯维加斯举办。
	运作经验	拉斯维加斯在会展产业发展中还积累了丰富的运作经验，该地每年固定举办的大型专业性展会的数量都超过两千余个，因此，该城市在展会组织以及展会接待方面都拥有十分丰富的经验。

反观会展业对博彩的影响，起到了良性的推动效应。拉斯维加斯经济的全新定位是世界顶级的娱乐之都和会展之都。所以在会展发展方面提供了大量的环境支持，如内华达州制定了非常优惠的税收政策，且在营商环境方面提升了企业申请执照以及其他报批事项的办事效率。在城市建设方面，拉斯维加斯市政府在城市规划、扩宽道路、公用设施建设

等方面也投入了大量财力，城市的整体环境得到了较大改善。正是由于政府在环境方面的投入与支持，拉斯维加斯吸引了越来越多的投资者。除了高级赌场外，世界各地的建筑开发商还争相推出豪华酒店、百货公司、保健休闲中心、大型超市、办公楼等商业地产，从而进一步提升了拉斯维加斯的商业氛围与环境。在这样的发展条件下，内华达州的会展业极其发达，位居全球第一。每年到访拉斯维加斯的游客中有 15% 为商务客人。2008 年，到访拉斯维加斯的商务客人占到游客总数的 1/5。其经济支柱已经从博彩业向博彩周边产业转移，如酒店、会展、演出、娱乐、购物等。近年来，每年来到拉斯维加斯的 1000 多万游客要在这里消费 320 亿美元，其中投入博彩业的消费仅占 25%，约为 80 亿美元。可见，拉斯维加斯的会展业为博彩业提供了更多的支撑，并逐步发展成为城市经济发展的重要支撑力量。

仅以拉市的威尼斯大酒店为例。在拉市，在同一个建筑空间中，会展、餐饮、宾馆、娱乐、购物与旅游观光等不同行业融为一体，相互补充，相得益彰。从会展场馆的设计到经营业态，都包含着强烈的服务意识。威尼斯酒店占地面积约 3 万平方米，底层会展厅可容纳 1 万多个标准展位，并可方便大量人员和货物便捷地进出。在不举办会展时，底层又可以作为大型活动的停车场。二层分为两个部分，中间有宽敞的过道相通，一边设有两个中型会展厅，可以同时举办两个中型主题会展；另一边直接与宾馆融合，内有宽敞明亮的博彩娱乐大厅，为参展人员和游客提供名目繁多、服务周全的博彩和娱乐服务项目。三层为旅游观光区和大卖场，在蓝天白云组成的人造天空下是 3—5 米宽的人工威尼斯运河，"河旁"两边是各色精品商店、酒吧和琳琅满目的名牌商品，美不胜收，从而使该处成为著名的旅游观光及休闲购物的场所。四层以上全是高档宾馆客房和贵宾写字楼。以上多种浑然不同的业态同处于一个宏大的建筑空间内，既满足了高端客商的多方面需求，又减少了他们在原有展会模式下的时间浪费，因此虽然租住价格较贵，但客商络绎不绝。

总之，拉斯维加斯博彩业与会展业的互动发展呈现出"旅游先行/旅游先导"型联动发展模式。首先，"旅游先行"。拉斯维加斯的旅游业是在博彩业的基础上发展而来，其旅游业的发展因博彩的兴旺而拥有许多得天独厚的优势，会展产业是在旅游业发展到一定程度上发展起来的，这是目的地旅游会展业发展的一种自然演进规律。旅游业发展中通过对旅游资源的开发，对基础设施的大量投入，积极地营销活动，吸引游客光临，形成人气聚集，从而带动地区食、宿、行、游、购、娱的全面发展，再以其交通便利，服务优质，特别是游览娱乐活动的多样化选择吸引会展活动的光临。其次，"会展联动"。拉斯维加斯的博彩旅游活动占相对主导地位，但会展业在旅游业发展到一定程度后的叠加，对博彩业产生比较强的促进作用。会展元素的加入，会议和展览活动的举办，为拉斯维加斯带来大量商务会展客流，反过来良性推动了博彩旅游的进一步发展。2007 年，拉斯维加斯的非博彩业盈利达到 110 亿美元，远远超过了博彩业 90 亿美元的利润。赌城的市长古德曼表示，旅游和会展作为非博彩业的两大经济引擎，将会推动拉斯维加斯脱离"赌城经济模式"。拉斯维加斯这个以赌起家的城市，如今，赌博业不再是它的全部。由博彩业扩展裂变出的娱乐业、旅游业、会展业，像一块磁铁吸引着全世界人们的目光。

第二节　新加坡会展业及博彩业的发展案例

一　新加坡会展业的发展历程回顾

1. 探索中的新加坡会展旅游

新加坡是位于马来半岛最南端的一个热带岛国，土地面积 710 平方公里，人口近 507 万（截至 2011 年 7 月），是世界上人口最密集的国家之一。由于新加坡长期以来坚持自由经济政策，大力吸引外资，发展多样化经济，经济一直保持高速增长，20 世纪 90 年代，新加坡就已经成为亚洲"四小龙"之一。2009 年，新加坡国内生产总值达 1631 亿美元（位居全世界第 45 位），人均 3793 美元（位居全世界第 20 位）。目前，新加坡不仅发展成为著名的国际航运中心、国际金融中心、国际贸易中心以及国际旅游中心，同时也是全球著名的会展中心和最好的会议举办地，2008 年、2009 年连续两年被国际协会联盟（UIA）评选为世界第一大会议城市。包括会展、餐饮、酒店、零售、文化娱乐业及交通业等多个领域在内的旅游产业链已经成为新加坡国民经济的一个重要支柱，从业人员占当地劳动力总量的 7%，对 GDP 的直接及间接贡献率达 10%。新加坡每年举办约 6000 个商业会展项目，占全亚洲举办会展总数的近 1/4，占全亚洲会展业总收益的 40%。2010 年入境游客达到 1160 万人次，比 2009 年增长 20%，旅游收入达到 188 亿新元（约合 940 亿元人民币），创下了历史最高纪录。根据新加坡的旅游业发展蓝图，新加坡计划将 MICE 产业的收入增加至 105 亿新元，同时维持这个领域在总旅游业收入中所占的比例，到 2015 年每年吸引 1700 万人次游客，让旅游业收益增加两倍，每年达到 30 亿新元，并为旅游业创造 10 万个就业机会。

新加坡的旅游业起步于 20 世纪 60 年代，而其会展业则发端于 70 年代。1971 年，新加坡旅游促进局提出把"东方会议中心"作为旅游营销口号，试图获得会议的举办权，并让各国际组织协会了解和熟悉新加坡这个会议举办地。1971 年 1 月，在新加坡大会堂成功举办的"联邦政府首脑会议"让政府和人民相信，新加坡有能力举办大型会议。会展旅游的发展是与新加坡经济发展战略相适应的。20 世纪 70 年代的新加坡重点发展劳动技能，先进技术并提高出口量，政府致力于把国家发展成为提供专业服务和技术服务的中心。在这样的背景下，政府积极提高新加坡作为区域和国际会议中心的吸引力，并努力发展旅游吸引物、建造酒店等支持会展业。

促成新加坡下定决心发展会展旅游的是 1973 年的石油危机，危机导致了旅游入境人数增长幅度放缓，然而商务和会议旅游者所受的影响相对却小很多。这使得新加坡成为会展旅游城市的热情空前高涨，展开了雄心勃勃的促销活动，加强广告攻势，积极参与投标，争取赢得会议举办权。

为了加强促销力量并规范会议市场运营，1974 年 4 月，新加坡会议署成立，隶属新加坡旅游促进局。它的主要功能是帮助各协会参与会议投标，吸引会议组织者在新加坡举办会议并确保会议组织成功。为了有效宣传新加坡的场馆设施，会议署在国外做宣传促销时印制场馆指南、会议小册子等分发给潜在客户。同时，他们提出了"全球汇聚新加坡"作为会议促销的主题。在新加坡会展业的早期发展中，政府在场馆设施建设、政策制定和会议目的地营销方面都不遗余力地高度参与，把发展会展旅游引上正轨也是政府国家经济发展战略的一部分。从这种意义上来说，新加坡的会展旅游发展一直都是被精心计划、系统管理的。整个 20 世纪 70 年代政府都加紧步伐开展会议促销，每年举办会议的数量已从 1971 年的 75 个增加到 1980 年的 158 个。这十年间取得的成绩使新加坡成为取得亚洲会议中心地位的有力争夺者。会展业的兴起也带动了酒店等相关行业。20 世纪 60 年代末酒店大量兴建造成了 70 年代初的供应过剩。酒店陷入了激烈的价格战。随后的石油危机、全球性大衰退，美国、日本和欧洲的货币问题以及上涨的机票使新加坡酒店业直到 20 世纪 70 年代中期都持续疲软。为了振兴酒店业和旅游业，政府成立新加坡会议署，吸引和鼓励国际商务旅客进入新加坡的举措产生了积极的效果。20 世纪 70 年代末伴随着旅游者人数以每年增长 11.6% 的速度迅速回升，酒店产业又逐渐恢复信心开始新一轮的建造和扩张。

2. 亚洲第一会议城市的确立

在这一阶段，新加坡的会展业开始崭露头角。会展场馆设施大量兴建、营销从区域范围扩展到了全球范围、会议从数量和质量上都有显著提高，获得了国际上的高度认可。

20 世纪 80 年代，新加坡会展设施在政府的主导下又有了新的发展。新加坡的第一座多功能会议展览中心世贸中心 1981 年投入使用，举办了多场会展活动。它被认为是新加坡会展产业的龙头标志。

新加坡逐渐成为公认的会议目的地之后，世贸中心开始不能满足会议的所有需要。政府急需发展会议和其他基础配套设施，强调"亚洲会议之都"的形象。1985 年，滨海中心建成三个会议酒店，莱佛士城会议中心也在一年后建成。莱佛士城会议中心拥有当时全世界最高的酒店——史丹福酒店。会议中心的会议室可以容纳最多 3500 名与会代表，并配备了现代化的通信设施。由于设备设施的完善，新加坡旅游促进局的营销活动也更具说服力，他们凭借新扩建的会展场馆设施吸引到更大规模的国际协会组织来新加坡举办会议。新加坡会展的营销对象也早已从最初的亚洲市场扩大到了美洲、欧洲等国家和澳大利亚。

1983 年，新加坡第一次被 UAI 评为亚洲第一会议城市，这对一个城市国家来说是非常难得的荣誉。同时会展的营销主题改为了"相聚新加坡"并开展了全球性的推广活动。不同于以往由政府一手包办营销活动的做法，此次营销活动第一次由新加坡航空和其他一些酒店、旅行社等企业共同参与。政府和企业的共同努力使得新加坡成为领先的、物有所值的会展旅游目的地。新加坡举办会议的数量在 10 年间翻了个倍，从 1981 年的 246 个增加到 1990 年的 500 个，成绩斐然。

3. 会展业的成熟发展

这个阶段的会展旅游以积极进取的营销推广和基础设施的发展为重点，提高人们对新加坡作为会议目的地的认知。营销目标不仅在于会议数量，更在于会议的规模与影响力，营销战略中体现了产品理念的升级。展览和奖励旅游也列入了会议先行的新加坡会展发展日程中。新加坡日后的两大主要会展场馆在这一阶段落成。

（1）营销战略体现理念升级

与上一阶段类似，政府号召争取更大规模、更具权威性的会议举办权，本土的众多协会积极响应。1992 年，新加坡旅游促进局投入 1300 万新元，以"相聚新加坡 1995"为主题将新加坡作为亚洲最好的会议举办地进行推广。这场为期三年的推广活动目标在于让世界上的其他国家了解新加坡，从而增加在新加坡举行会议的数量。与此同时，新加坡会展旅游发展也进入了第 21 个年头。旅游促进局将新加坡的营销定位从"物有所值"变为一个"富有魅力又热情好客"的天生适合商业贸易的城市。新加坡从强调自身的经济性转为突出会展业积极热情的态度以及有利的商业环境，体现出由价格取胜到品质取胜的理念转变，也更显示出一种主动性。这一营销战略是政府根据变化的商业环境以及组织者对会议举办的要求而做出的调整。"相聚新加坡 1995"令新加坡获得了世界上最大的会议——国际扶轮社会议 1999 年的举办权，与会代表超过 25000 人。一个城市在一段时间内多出 25000 人对它的旅游业收入是大有裨益的，无疑它也将提升新加坡作为亚洲第一会议城市的知名度和美誉度。这次会议的中标归因于政府和私营部门的通力合作。可见，这两者都是会议旅游发展中不可或缺的元素。

然而这一时期，来自东南亚其他会展城市的竞争越发激烈。1996 年政府颁布的旅游总体规划《21 世纪旅游远景规划》要求会议旅游业者争取更多的会议主办权，政府也推出了新的行销口号"相聚新加坡"

这是《21世纪旅游远景规划》中"把世界带进新加坡，把新加坡带向世界"的一部分。

（2）展览与奖励旅游受到重视

1998年之前新加坡一直把会展业重点放在会议上，1998年它开始全面出击。继1992年"相聚新加坡1995"营销活动获得成功之后，新加坡旅游局乘胜追击，于1998年推行包含会议、奖励旅游、展览全方位的行销活动"全球汇聚2000"。这是一个投资600万新元、为期三年的全球行销和推广活动。推广活动包括诱人的折扣、对组织者的奖励以及对活动的各项支持服务等。活动的最终目标是要使新加坡成为"全球汇聚之地"及21世纪会展目的地的"第一选择"。

（3）会展场馆进一步建设

1995年8月新达新加坡国际展览中心（SICEC）建成开放，是亚太地区最大的会展中心之一，最大的无柱结构会议厅里可容纳12000个座位。这大大提高了新加坡会展接待容量。国际展览中心的建成无疑把新加坡推向了举办大型会议的前沿并进一步提升了它作为世界级会议城市的竞争力。此后，樟宜机场附近又兴建了新加坡博览中心，占地60000平方米。这一大型一体化场馆设施是为了顺应会议和展览结合的趋势，在亚洲仅次于日本。新加坡在远离市中心的区域建立场馆也是一次场馆地理位置的战略部署。

（4）两大综合度假地为会展旅游增添亮点

滨海湾金沙度假胜地预计2010年第二季度建成开放。它令新加坡的MICE接待面积又扩大了12000多平方米。度假胜地内设有一个8000多平方米的大厅，是亚洲最大的会议厅之一，可同时接待至少6600人；一个可容纳约2000个展位的展览厅，以及一个包含200多个会议室的会议中心。可接待45000多名与会代表。它将与滨海湾地区的其他会展设施，如新达新加坡国际展览中心等组成一体化的会议和展览集聚区。随着滨海湾金沙和其他会展设施的新发展，滨海湾有望成为在步行距离内集MICE设施、酒店住宿、休闲娱乐为一体的会展商业消费区域，这在亚洲将是独一无二的。

圣淘沙岛的另一座一体化的度假村——圣淘沙名胜世界，已于2010年1月部分开幕，内部包括一个赌场和一个环球影城。它是家庭休闲旅游度假地和奖励旅游目的地。圣淘沙名胜世界是由马来西亚云顶集团出资 50 亿美元打造的。度假区内的会议和奖励旅游设施分成三个部分，总共能容纳 12000 人。其中主会议厅设 1600 个剧院式座位，大会议厅设 7300 个剧院式座位，26 个小会议室共能容纳 3250 人。度假区内的设施独具特色，能为会展旅游提供新鲜有趣的个性化服务。从欢迎宴会到公司推广，从颁奖典礼到各种派对，从拍卖会到各种团队拓展活动，圣淘沙名胜世界都能提供合适的场地和服务。

滨海湾与圣淘沙两个综合度假胜地无疑提升了新加坡的旅游品质。旅游设施的集聚免去了旅游者往返于景点间的舟车劳顿，解决了商务旅游者行程紧张的问题。各种休闲娱乐设施合为一体，不仅为设计创意会展产品提供无限空间，也为商务人士的家属提供了好去处。这两个集聚区不仅能吸引更多商务人士在新加坡做会展活动，也将吸引其家属前来度假，并大大提高旅游者单位时间的消费量。

二 新加坡 MICE 产业发展的优势

大多数会展旅游专家们认为，可进入性、设施设备、服务、旅游地形象、旅游吸引力和气候条件等是衡量一个国家和地区发展 MICE 产业和成为最佳会展城市的重要因素，而新加坡在这些方面都具备一定的优势和得天独厚的条件。

1. 地理环境优越，气候宜人，交通便利

新加坡地处马六甲海峡的入口，被称为"亚洲的十字路口"，地理位置优越，风景优美，全年长夏无冬，气候宜人，年平均温度在 24℃至 34℃。新加坡是东南亚地区联系欧洲、美洲、大洋洲的航空中心，航线通达 54 个国家（地区）、127 个城市。作为亚洲最繁忙的 5 个机场之一，樟宜机场的年接待旅客数已经突破 3000 万人次。樟宜机场已连续多年被评为全世界最舒适的机场之一。优美的自然环境与得天独厚的地理位置给新加坡的海运、航运、商贸、旅游、办展和展品运输等带来了极大的便利，使新加坡成为最适宜举办国际会展和发展旅游业的城市之一。

2. 酒店、会展场馆等设施设备齐全，服务系统完善

发展会展经济，场馆建设和服务系统是首要条件之一。经过多年

的建设，新加坡举办会展的设施设备已经十分完备。目前，新加坡共拥有包括万豪、凯悦、希尔顿、洲际、香格里拉等18家国际一流酒店品牌的豪华国际饭店，这些饭店都拥有可容纳超过400位客人的多功能厅。此外，新加坡还用政府投资和吸引外资建设了一大批现代化大型会议展览场馆和设施，形成了新加坡国际博览中心、新加坡国际展览与会议中心（新达城）及莱佛士城会议中心三大会展中心。其中新加坡国际展览与会议中心（SICEC）是亚洲最大的展览馆，其会议大厅可容纳12000人参会，在其步行即可抵达的距离范围内还拥有一批高档饭店（约6000间客房），每年在这里举办的各种会议、展览等活动有1200多个。新加坡的会展场馆均拥有国际水准的视听、音响和灯光效果装置，并可提供多种语言的同步翻译系统和最新的视频会议系统。此外，正在建设的新加坡滨海湾金沙综合度假胜地预计将于2012年落成。滨海湾金沙由3幢国际酒店、3座大型娱乐场、1座大型购物商城、可容纳2000个展览摊位的展馆、亚洲最大的宴会厅（可容纳8000人参会）、大型会议厅（可容纳5万人参会）等世界顶级 MICE 设施组成。

新加坡除了强化会展硬件的科技含量，同时更注重软件方面的提升，不断完善会展服务系统，树立优质的服务品牌。如新加坡国际博览中心设有专门的创意工作小组，为会展客户提供设计宣传册、插页、海报、舞台和展位布置等各项服务，同时中心还运作着新加坡第二大食品供应公司，可直接为会议团体提供场馆内外用餐服务。

3. 旅游等现代服务业发达，旅游形象良好

新加坡自20世纪80年代将现代服务业确立为经济发展的重要引擎以来，已经取得了举世瞩目的成就，服务经济已成为新加坡经济的主体。新加坡是世界旅游业最发达的国家之一。新加坡在城市建设中，注重对东西方文化的传承和保护，对具有中西方文化特色的民居加以特别保护和修葺，将其开发成旅游景点。新加坡是一个多元民族国家，节日众多，如春节、中秋节、屠妖节、开斋节等。除了传统的节日外，新加坡还有许多国际性的现代节日，如3月的时尚节、4月的世界名厨峰会、6月的艺术节、7月的美食节等。新加坡注重将这些富有民族特色的文化节庆活动作为保存和展示历史文化的重要手段，并将其与开发旅

游、举办会展等活动有机融合，使之成为重要的旅游吸引物。新加坡虽然国土面积狭小，自然景观不足，但却因地制宜地开发人工旅游景点，拉动服务业的发展，带动大量的就业。如耗资 44 亿美元，集旅游、休闲、娱乐、购物等功能于一身的圣淘沙名胜世界，自投运以来，便吸引了大量国际游客。另外，新加坡的住宿、游乐、购物等基础设施完善，服务行业准则健全，服务水准高，差异化服务特色鲜明，再加上新加坡优美的自然和人文环境、良好的社会治安、文明的国民素质等，使新加坡成为世界上最受欢迎的国际旅游目的地之一。

4. 法律制度完善，政府廉洁高效

新加坡向来以清廉的肃政制度和高度的法制化建设而著称，法律制度的完善，政府的廉洁高效不仅为其文明社会环境的建立起到了关键的作用，也为新加坡会展、旅游等产业的发展起到了重要的推动作用。为推动旅游、会展等服务业的发展，政府逐步放开了对服务业的进入管制，同时为服务业发展设立专门的推进机构，明确监管人不能同时是推进者，以促进公平竞争，同时加强对服务业的监管，统一规则和标准，确保服务质量。在法制建设上，新加坡不仅注重立法，而且注重及时修法，根据形势的变化及现实的需求，政府会定期审视并及时修改不利于服务业发展的法规制度，为服务业的发展提供及时、高效的法制保障。

5. 多元文化共融，国际开放程度高

新加坡是一个移民国家，也是一个多元文化共融、协调发展的国家。新加坡居民中76%为华人，其次是马来人、印度人、巴基斯坦人、斯里兰卡人和西方人。许多不同国家、不同种族的人同时在新加坡居住生活，使新加坡的文化呈现出其特有的多元化特点，也使这个国家更加开放，文化融合性更强。这种和谐发展的多元文化为 MICE 等产业的发展提供了良好的氛围。另外，新加坡的英语普及率非常高，为新加坡成功举办各类国际性会议提供了便利。

三　新加坡 MICE 产业发展的特点

1. MICE 产业起步早，实施卓有成效的政府主导型战略

新加坡 MICE 产业起步早，20 世纪 70 年代中期，新加坡政府就看好会展产业巨大的发展前景，远见卓识地实施了政府主导型战略，成立

了相关机构，相继出台了多项措施扶持会展产业的发展。

1974年，新加坡贸易与工业部所属旅游局成立了展览会议署，其主要任务是协助、配合会展公司开展工作，向国际上介绍新加坡开展国际会展的优越条件，促销在新加坡举办的各种会展。1999年专门成立了一个国际旅游咨询理事会，为新加坡旅游业在服务和产品方面更好地适应21世纪发展趋势进行出谋划策。后来，新加坡还专门设立了商务会展奖励旅游司，统筹MICE各项事务的发展。2005年1月，新加坡政府发布了"旅游业2015年远景规划"，立志把新加坡打造成世界著名的会展城市、独特的休闲娱乐场所和医疗、教育等方面的亚洲服务中心。此外，新加坡贸易发展局、旅游局和主要的展览会议商联合组建新加坡会展有限公司，政府与业界建立更加密切的联盟关系，实现市场化运作，共同发展会展业。

在新加坡举办会展活动手续便捷，不需要实施申报审批制度。无论本地的或国外的展览公司，在新加坡举办展览会都不需要向政府部门登记，如果展览公司需要政府提供认证或帮助，才需要向政府提出申请和提交举办展览会的详细资料，包括统计报表等。

2. 强有力的政策支持和资金扶持

为了推动会展业的发展，新加坡政府对会展业提供一定的财力支持。不论是对去海外参展办展的新加坡企业，还是对外来办展的企业，新加坡政府都会有条件地给予赞助，一般是按一个展览会海外宣传费用的30%给予赞助。2008年，为了应对金融危机，新加坡政府专门为会展主办者特设援助资金，对筹办MICE项目者进行多达50%的额外资助，对到国外进行会展项目促销者进行70%的促销费用资助。为了提高旅游企业的经营管理水平，新加坡政府专门设立了旅游发展协助计划（TDAS），从财政上鼓励旅游企业实现产品和服务的升级。该计划提供8000万美元的基金，面向所有在新加坡注册的旅游相关企业，目的在于提高企业运营效率，开发旅游新产品和服务，以及促进员工培训，市场研究和业务拓展等方面。该计划主要扶持旅游产品发展和升级换代、大型旅游会展和节庆活动、旅游线路的优化组合和旅游经济团体联盟等企业和业务。新加坡政府还积极鼓励与旅游相关的企业在新加坡建立区域性或全球性的公司总部或办事处，并为这些企业或办事处提供各种税收奖励等优惠政策。2010 年，新加坡政府又专门拨款 20 亿新元作为旅游业发展基金，其中一部分基金将用于开发新景点，改善旅游基础设施，提升旅游业综合能力，并吸引更多、更大规模的商务活动。

3. 针对市场需求，创办展会品牌

新加坡只是弹丸之地，但却拥有数十家有着一定规模的会展公司，许多公司在会议、展览和大型活动的策划及管理方面积累了丰富的经验，如新加坡环球联系有限公司（HQ Link Pte Ltd）是新加坡本土最大的专业展览及会议主办机构，在亚太地区已主办超过 200 项国际展览、会议及研讨会；成立于 1980 年的新加坡会议与展览管理服务有限公司（CEMS）是一家从事会展的专业公司，项目遍布亚太及欧美许多国家；国际上最大的会展公司励展集团亚洲总部也设在新加坡，励展集团每年在新加坡举办的大型国际展览超过 440 个，每年主办的会展为来自全球的 10 多万家参展厂商创造商机。办展会需要创品牌，如果展会有了自己的品牌，就能吸引大量参展商来参加，便可形成良性循环，创造较好的经济效益。

新加坡的会展公司一般都有自己的市场调研部门或人员，针对市场需求确定会展项目，并形成了一大批长期客户。更为主要的是，新加坡的会展公司在激烈的市场竞争中都注重以服务取胜，注重提高展会的质量，形成自己独特的品牌。如励展集团每次展览后 3—6 个月都要进行一次调查，了解一下参展商通过展览形成了多少商业机会。

4. 推行灵活务实的营销策略

为了推动 MICE 的发展，新加坡采取了一系列灵活务实的营销策略。1998 年，新加坡旅游委员会与旅游会展行业一起开展了 Global Meet 计划和"再次造访"活动。该计划通过采取大量激励措施，促进会议组织者选择在新加坡开展相关活动，鼓励与会代表延长在新加坡的逗留时间，从而使 1998 年之后新加坡的会展旅游市场份额逐渐上升，宾馆的入住率逐步提高。2005—2007 年推出了"非常奖励新加坡"活动，如果游客在新加坡总逗留天数（旅客人数 × 停留天数）超过 150 天的，可免费提供一场欢迎表演仪式；如果总停留天数超过 400 天，可以从新加坡旅游委员会提供的活动经费补助和量身打造的主题活动中选择其一；如果是国际性董事会议，除了上述体验型或特别资助，还有

VIP 协助。

近年来，新加坡以中国内地和台湾作为目标市场加大了开拓力度，并专门设立了大中华区商务会展及奖励旅游市场专员，以进行细致的市场营销。2006 年还特别针对大中华区旅游市场制订了新加坡商务旅游专家计划，由熟知新加坡商业设施及服务的专家组织有会议和奖励旅游潜力的公司决策者共同参与考察团组。目前，中国已成为新加坡商务、会展及奖励旅游的主要客源国之一，中国、印度尼西亚、澳大利亚、马来西亚和印度为新加坡 2009 年五大主要游客来源地，占新加坡当年游客总量的 50% 以上。

2009 年上半年，新加坡旅游局推出了"2009 年新加坡国内外旅游振兴计划"，企业只要在 2010 年 2 月 28 日申请并于 2012 年 2 月 28 日之前完成举办会议、奖励及员工旅游，即可获得双倍赞助。2009 年下半年，针对参与 MICE 的商务游客，新加坡旅游局再加码推出"2009 个会见新加坡的理由"活动，为旅客量身定做包含新加坡摩天观景轮（Singapore Flyer）、鸡尾酒旅程买一送一、成人票第二张半价、专业健康检查及饭店食宿套装特惠等在内的超值旅游优惠的"新加坡商务'优'游证"。旅游局还充分利用网络媒体展开促销，在社交网站 Facebook 推出为期 3 个月的"免费遨游新加坡"的网上优惠，送出总值 50 万新元赴新加坡旅游的机票。

新加坡旅游局设有专门的奖励旅游部门，工作人员可以为奖励旅游的实施提供各种客观的信息、建议、帮助和协调，以确保各种活动的顺利进行。有关部门还可以根据客户的需要度身定制各种充满创意的活动，让每个公司的员工都能享受到具有自己公司特色的独一无二的奖励旅游体验。新加坡专业从事奖励旅游服务的目的地管理公司，能够承担从策划到组团旅行的所有业务，凭借其专业经验，为不同规模的公司提供新颖周到的奖励旅游服务。

5. 重视旅游和会展人才的引进和培养

由于本地人口资源有限，新加坡政府十分重视大量引进高学历、高技术的国际化人才。目前大约有 40 万名外籍职员及其家属生活在新加坡，这些人大多是高级经理层或专家，这些引进的人才为新加坡 MICE 产业的发展奠定了人才基础和发展动力。

　　新加坡酒店与旅游教育十分发达，酒店与旅游教育大多数分布在私立院校。其中新加坡酒店与旅游教育中心为亚洲最大的酒店管理学院，其毕业生在酒店和旅游行业表现不凡。新加坡旅游管理学院成立于1987年，目前是新加坡国内唯一的隶属新加坡全国旅行社协会独资拥有的附属机构。此外，新加坡管理发展学院（MDIS）、新加坡东亚管理学院（EASB）、新加坡PSB学院等院校都开设了旅游或者酒店专业。但新加坡旅游管理和会展经济管理本科以上的教育比较欠缺，只有几所院校提供旅游管理的文凭教育，附带开设一些MICE运行管理方面的课程，而专门开设会展经济管理的院校更少，造成新加坡纯会展专业的人才缺乏。不少公司因为新加坡本国缺乏会展业专业人员，而不得不引进国外的展览管理商。

　　新加坡优越的地理环境、宜人的气候、便利的交通、廉洁高效的政府管理、高度的开放程度、发达的市场经济以及良好的旅游形象，为MICE产业发展创造了得天独厚的条件，更由于新加坡政府的远见卓识，MICE产业发展起步较早，并积极推行了行之有效的政府主导型战略，如对MICE产业提供强有力的政策支持和资金扶持，打造世界一流的MICE设施，和行业联合推行一系列灵活务实的营销策略，针对市场需求，量身创办展会品牌和大力开拓会奖旅游市场等措施，使新加坡MICE产业发展迅速，获得了"国际会展之都"的美誉，成为亚太地区举办会展和进行商务、休闲旅游的首选地，新加坡发展MICE产业的经验和模式值得许多国家学习和借鉴。目前新加坡正越来越受到周边国家和地区的竞争与挑战，成熟的MICE目的地日本东京、中国香港等以及新兴的MICE目的地中国、泰国、菲律宾等地，都将新加坡作为其主要竞争对手或学习对象。只有更加重视产品和服务的创新，不断拓展新的市场，并注重MICE专门人才的培养，新加坡的MICE产业才会更具有新的活力，才能稳居"国际会展之都"的地位。

四　新加坡博彩业的发展历程回顾

1. 新加坡博彩发展历史

　　一直以来，新加坡给外界的印象是整洁、守法、舒适、安全、廉洁，这也是新加坡吸引投资者和外来人才的优势所在。1965年新加坡建国后，也明令禁止任何形式的赌博。鉴于新加坡公民有较强的赌博消费需求，非法赌博活动猖獗，1968 年，新加坡政府成立了新加坡博彩公司（Singapore Pool，2004 年 5 月 1 日并入新加坡财政部属下新加坡赛马博彩管理局）。新加坡博彩公司提供合法的多多、万字票、大彩、乐一乐和体育博彩等博彩项目，但不提供赌场赌博服务。20 世纪 70 年代，新加坡"国父"、总理李光耀首次公开拒绝了在新加坡设立赌场的构想。1985 年，新加坡面临严重的经济衰退，在圣淘沙开设赌场的提议再次被提起。以当时担任第一副总理的吴作栋为首的一批人对此提议坚决反对，最终提议未获得通过。2002 年，李显龙所领导的经济检讨委员会（Economic Review Committee，ERC）在寻求新的经济策略以刺激经济增长时，委员会里的旅游业工作小组（Tourism Working Group）向他建议考虑在新加坡开设一个"世界级的赌博设施"（world class-gaming facility），此时的李显龙同样坚持过去政府的立场，再度将此建议否决，并指出，在社会负面冲击与经济利益之间，前者才是政府考虑的重点。李显龙表示，设置赌场连带的问题可能包括洗钱、非法借贷和有组织犯罪。虽然政府可以尝试降低这些问题的影响，但是赌场对社会风气和价值观的负面影响，是长远而难以预料评估的。2002 年以后，关于赌场的相关讨论与建议，不断形成各种社会议题，相关提案也不断被提出。

2004 年，新加坡贸易及工业部（Ministry of Trade and Industry）再次提出开赌提议，不过这次的赌场提议与以前不同。这次贸易及工业部提出的建议是，"不只是兴建赌场，而是设立一个综合性娱乐中心，有剧院、家庭娱乐中心、餐馆、艺术和所有其他东西。赌场开幕后，我们将采取一连串严厉的措施，例如设立薪金限制，在某个收入水平标准以下的新加坡人，便不能进入赌场。政府不会让人轻易地赌到倾家荡产。"这一次新加坡政府没有贸然拒绝该提议，而是让贸易及工业部发出邀请，让世界顶级赌场运营商向贸工部提供综合娱乐场的"概念提案"（Concept Proposal）。对这些"概念提案"进行评价分析后，政府将在 2005 年给出开赌与否的最终答复。

2005 年 4 月 18 日，在研究了 19 份来自世界顶级赌场运营商提交的"概念提案"后，经过多次内阁会议磋商，新加坡总理李显龙正式宣布，新加坡将对赌场解禁，并将在圣淘沙、滨海湾两地各修建一处含赌场的综合娱乐场。至此，新加坡结束了长达40年的赌场禁令，也结束了持续一年多的赌场大讨论。

2. 新加坡博彩业的特点

（1）严格的监控制度

从世界范围来看，许多国家和地区的政府在开放赌禁的同时也对博彩负面影响采取了较严格的控制措施，如美国对赌场的放贷业务实施的管制，某些地区更规定赌场不得向赌徒进行贷款，以减少产生病态赌徒的数目。另外，在东南亚地区已开放赌禁准许合法设置赌场的国家如马来西亚、老挝与韩国等，对赌场的牌照及场所设置的数目、地点及本地居民准入等均经过细致的规范，尽可能把博彩活动对当地社会所产生的负面影响降到最低。综合来看，所有的风险都是有相应措施可以控制的，采取一定的措施可以防治的。

但李显龙也表示，政府无意把新加坡变成像中国澳门这样的赌城，也不会像马来西亚云顶赌场，允许当地人赌钱。新加坡要兴建的是综合度假胜地，赌场只占整个项目很小的一部分。并且，新加坡也提前做了充分的防范措施。首先，成立国家博彩委员会，鼓励合理赌博，反对非理性赌博，建立健全的预防、救治问题赌徒的机制。其次，为最大限度地防止本国公民赌博上瘾，政府对新加坡公民设立很高的进入赌场门槛，颁布赌场准入机制，对有博彩前科的人都会拒绝进入赌场。例如设立薪金限制，在某个收入水平标准以下的新加坡人，便不能进入赌场等。据有关机构透露，在2009年第一家综合娱乐场开业时，大约有29000名新加坡人将发现自己被拒绝进入赌场。最后，新加坡成立了赌场管理局，确保两家综合娱乐场不受犯罪分子染指，赌场管理局的职责包含确保赌场的赌博游戏诚实进行，管理赌场经营者，确保赌场不会危害青少年、容易受伤害的人士（如嗜赌者、贫穷者）及社会大众。尽量减轻因开赌而给国家形象带来的负面影响。解禁赌场的负面影响是可控的，这使新加坡政府打消了解禁赌场的最后一丝顾虑，在综合权衡下，它最终决定开赌。

（2）清晰的市场定位

新加坡博彩旅游产业亦具有广阔的客源市场，根据圣淘沙名胜世界企业通信部门介绍，公司瞄准的是拥有 27 亿人口、7 小时飞行范围以内的市场。目前新加坡主要客源为东南亚，游客的主要来源，首先是印度尼西亚，每年共有游客 170 多万人次赴新加坡旅游，其次是中国和马来西亚。澳门博彩产业占澳门本地生产总值的 88%，而新加坡博彩产业只占到国内生产总值的 1.35%。可见澳门将博彩作为本地的"龙头产业"，而新加坡博彩产业只是作为推动旅游业的元素之一，两者在定位上有根本差异。

（3）独特的经营模式

新加坡走的并非是传统博彩经营模式，而是现代综合旅游度假模式。博彩只是集会展、度假、休闲、娱乐于一体的综合旅游业的一环。这一环虽然必要，但并非占主要份额。在新加坡现有两个综合性度假城中，金沙度假城的赌场占地面积仅达 3%，圣陶沙为 5%。很明显，新加坡只想利用博彩业对高端旅游业带来强大的带动力量，发展重点不在博彩，而在于与之相关的其他配套旅游产业。博彩业只是新国政府吸引客源的巨大磁石，虽然其吸引力大，拉动 GDP 能力强，但在所占份额上并不主导综合旅游业，从而有助于新加坡在产业结构上增加自我主导性强的旅游产业，减少以往对外在经济体依赖过重的金融、服务、石化等产业份额。

五　新加坡会展业与博彩业的发展关联性分析

新加坡博彩业和会展业相互促进，共同发展。一方面，博彩业激发了经济活力，提升了城市形象，促进了会展业的发展。根据新加坡观光局估计，在 2015 年上述两处赌场度假村将可创造 13000 个就业机会，其中，度假村直接提供 10000 个职业空位，同时增设 35000 个酒店客房，由此可使新加坡的经济增长率每年增加 0.6%。若再加上由赌场计划的实现所带动的建筑业、地产业、旅游酒店业、零售业以及会展业的发展，将给新加坡带来百亿美元的商机，延展了产业链，产业结构也在经济发展中得到提升。博彩业的兴起，改变了新加坡"水至清则无鱼"的乏味形象，使新加坡变得生动、更宽容、更有趣。加上新加坡整洁、守法、舒适、安全、廉洁的社会形象，使得新加坡的旅游形象大大提升，开拓了更大的会展市场。另一方面，繁荣的会展业为博彩业带来更为广阔的客源。随着赌场的开业，博彩定位为新加坡休闲娱乐度假区的一部分，新加坡通过不同的设施、难忘的体验来吸引旅游者、高管、商务人员来度假村享受、参会，为博彩带来了广阔且稳定的客源。最后，健康稳定的经济环境，促进会展业发展的同时，也改善了当地居民和市场对博彩业的印象，使得新加坡会展在没有政府拨款和补贴的情况下承担商业风险非常有限。

第十二章

产业互动发展案例分析之产业篇

第一节　文化创意产业与旅游业互动发展

一　文化创意产业的概念及特征

文化原来指文艺方面的产物，19 世纪后扩大其所指，用来描述人类文明整体心智能力与精神的发展，更甚至包括了人类社会全部的生活。Kunzmann（2003）指出，狭隘的文化概念系包括五大艺术形式：美术与应用艺术、表演艺术；电影；摄影；建筑设计以及文学，较广泛者除了上述五项，另加上娱乐、休闲和运动的三种形式。

文化产业（industry）起源于英国，最早由法兰克福学派的学者 Adorno 与 Horkheimer 在 1947 年提出，主要在说明文化产业就是科学与技术的改良，透过改良可将文化产品大量生产。联合国教科文组织把文化产业定义为按照工业标准生产、再生产、储存以及分配文化产品和服务的一系列活动。

而文化创意产业在内涵上则公认为可以被区分成文化产品、文化服务与知识产权三项，其中文化产品指的是书本、杂志、多媒体产品、软件、唱片、电影、录影带、声光娱乐、工艺与时尚设计；文化服务则包括表演服务、出版新闻传播服务、视听服务、图书馆服务、档案、博物馆与其他服务；至于知识产权则包含专利、商标、著作权等人类创作。

文创发展较为发达的台湾地区，官方对于文创产业的界定包含三个不同层次；第一，精致艺术的创作和发表，例如表演艺术、视觉艺术、传统艺术和民俗等；第二，建立在文化艺术核心基础之上的应用艺术，例如流行音乐、服装设计、广告与平面设计、影像与广播制作、游戏软件设计等；第三，创意支持与周边创意产业，支持前述产业的相关部门，例如展览设施经营、策展、艺术经纪、出版、广告等。

二　文创产业与澳门发展的选择

文化产业作为一门新兴产业，具有行业跨度大、涉及问题多、与传统行业交叉重叠的复杂性。利用文化产业融合性好、辐射效应强的特性，为驱动澳门产业结构升级转型注入新的活力，避免经济结构进一步过度依赖旅游博彩业，为澳门经济可持续发展做好适当的风险管理，为社会创造更多元化的产业和就业选择。

所以，发展文化产业是特区政府既定推动经济适度多元的一项重要战略手段。2010 年，特区政府先后设立了"文化产业促进厅"及"文化产业委员会"，并制定了发展文化产业的政策框架，且以设计、视觉艺术、表演艺术、服装、出版、流行音乐、电影录像及动漫八大行业作为先行试点的重点推动对象。2013 年 10 月正式成立"文化产业基金"，为文化产业的长足发展给予财政支持。根据第 16/2013 号行政法规第三条，"文化产业"是指源自文化积累，运用创意及知识产权，生产具文化含量的商品并提供有关服务和体验，创造财富及就业机会，促进整体生活环境提升的经济活动。

澳门文化产业发展整体仍处于起步阶段，为方便日后针对性制定文化产业中各类别的具体发展策略和执行措施。澳门的文化产业按行业特征分为创意设计、文化展演、艺术收藏及数码媒体四个核心领域，涵盖数十个行业门类。

表 12 - 1　　　　　　　　　澳门文化产业主要行业分类

领域	行业门类
创意设计	品牌设计、文化创意产品（含纪念品）设计、时装设计、时尚饰品设计、平面设计、广告设计、展览设计、工业设计、室内设计、建筑设计等相关行业。
文化展演	戏曲、戏剧、音乐剧、歌剧、舞蹈、音乐等； 节庆及休闲文娱活动的策划服务； 文化艺术经济服务； 其他未列明的文化商务服务，如作曲、作词、模特儿、演员、艺术家等领域的经纪代理服务。

领域	行业门类
艺术收藏	绘画、书法、雕塑、摄影、古玩、园艺等创作、销售和拍卖的相关行业。
数码媒体	书籍、报刊和印刷品的出版与发行； 动画、漫画及其衍生产品的开发、出版与发行； 电视、电影、录像的制作与发行； 电子出版物的开发、出版与发行； 游戏软件的开发与维护； 机械玩偶、电动网游人物的创意设计、制作与市场化； 为网络及其他讯息科技载体提供内容的相关服务。

资料来源：澳门特别行政区文化产业发展政策框架（2013）。

澳门文化产业发展内需市场规模不足，一直是阻碍澳门文化产业发展的关键问题之一。然而，如果把市场目光扩展到每年约3000万人次的旅客量，则会发现这是一个极具吸引力的庞大市场。2002—2012年，澳门公开表演及会展场数翻了近3倍，观众人数增加超过4倍，达到近686万人次。2012年展览及其他活动数量虽然有所减少，但是观众人次仍然成倍增加。因此，在发展文化产业初期，适宜以文化旅游为载体，通过与旅游业融合发展，逐步积累品牌效应，从而带动与旅游业关联性较大的文化产业门类的发展。

表 12 - 2　　　　　　澳门公开表演及展览统计

项目	年份	2002	2007	2010	2011	2012
总数	场数	12411	11735	14575	14715	34756
	观众人次	1694825	2341910	3151360	3713827	6859488
舞蹈	场数	49	190	170	214	257
	观众人次	22236	98193	167918	165848	85553
音乐会	场数	192	323	312	445	493
	观众人次	98486	185101	179634	204281	324530
综合表演	场数	111	399	230	1304	733
	观众人次	289574	83828	181489	300273	1043855

续表

项目	年份	2002	2007	2010	2011	2012
戏剧	场数	205	181	228	565	738
	观众人次	61163	77796	93435	187006	197033
电影	场数	11186	9143	9166	9734	31243
	观众人次	289711	554304	631831	647549	1854029
展览	场数	123	110	479	901	462
	观众人次	824331	710698	1024201	1416795	2442807
其他	场数	545	1389	3990	1552	830
	观众人次	109324	631990	872852	792075	911681

注：2012 年资料包括会展及表演场地调查数据。

资料来源：澳门统计暨普查局（2012）。统计年鉴。

　　澳门文化创意产业发展面临着：人才少、市场小、资金匮乏等先天不足，政府的角色至关重要，除了学习吸引其他地区在文化创意产业方面的经验，制定因地制宜的扶助文化产业政策；鼓励院校、社区、机构积极培养本土创意人才，更重要的是培育全社会对文化艺术的认知水平，整合资源创造条件，致力于培养文艺人才；改善文化设施布局，拓展文化活动空间，营造重视、支持文化艺术发展的社会氛围，让澳门市民全民参与到文化创意产业发展中来。

三　文化创意产业与澳门旅游业之成功互动

（一）旅游业提供文化创意产业的展现平台

　　新时期的澳门博彩和旅游业，既讲求博彩内容的多元化与现代性，也十分注重博彩的环境与氛围。这就为文化创意产业提供了很好的资源载体和展现平台，突出表现在博彩场所（娱乐场）的建筑外观与内饰设计上。在建筑外观方面，随着 2002 年博彩业竞争机制的引入，附带博彩场所的建筑在具备博彩与食宿的基本功能外，一改过去个性并不鲜明的现代主义风格，代之以不同地域特征或文化背景的装饰符号和建筑拼贴，呈现出明显的后现代主义特质。唐朝的中式屋顶、葡萄牙风格的立面色彩、罗马式的柱廊、希腊的神像和威尼斯的水道等都成了博彩场所建筑设计的元素，从而营造出与众不同、带有浓厚消费文化色彩的个性。在内饰设计方面，新型的博彩场所在求古的基础上，更加强调现代科技手段及文明成果的运用。如永利娱乐场高 11 米的吉祥树展示，糅合了中国十二生肖与西方十二星座的雕塑的两种元素，共有 60 支主支、超过 2000 支分支，以及 98000 块由 24K 纯金及黄铜薄片组成的叶子，在七彩的影像与灯光照耀下，吉祥树随音乐节奏缓缓升起，营造出四季千变万化的景象。富贵龙展示则穿插其中，这只象征博彩好运的威猛金龙，双目闪烁耀眼、炯炯有神，盘绕着瑰丽盛放的莲花，腾云驾雾般从博彩建筑的中庭地底缓缓跃升至 9 米高空，尽显苍劲矫捷的气势；位于龙身中央的莲花悄然绽放，营造出水晶灯般的闪耀效果，璀璨夺目；加上龙鼻喷出的烟雾和灯光效果，令富贵龙更添慑人神韵，给每位来到娱乐场的观众带来极具文化创意的视听感受与震撼效果。

（二）旅游会展业扩大文化创意产业的市场空间

澳门人口虽然仅有 60 余万，但每年接待逾 3000 万旅客，旅游业是这个城市最重要的经济支柱。澳门的旅游资源离不开中西文化交融的城市面貌、不同风俗包容共存的人文环境以及独有的博彩娱乐服务，其中博彩业以多元化发展为特色，以娱乐度假及会议旅游等不同形式吸引了大量的国内外旅客，是旅游业不可或缺的一环。

2009 年为配合回归祖国 10 周年，澳门推出了博彩观光巴士路线、博彩驻场专业导游以及博彩景点文艺表演等庆回归系列推广活动，2010 年澳门拟举办的节日盛事更是多达四十余种。近年来，澳门更是推出了层出不穷的各式节事活动，这些极富创意的节事活动除了吸引到越来越多的游客外，还向外界传递了澳门作为世界旅游休闲中心所具备的独特气质与文化底蕴。

这些活动在客观上给文化创意产业的发展提供了广大受众，因为仅靠澳门本地观众难以创造出规模巨大的客源市场，而访澳旅游者中除了直接参与博彩业的相关活动外，很大一部分还有文化创意消费的需求。这一庞大消费群体的需求，是开拓文化创意产业市场空间的重要力量。

澳门 2015 年 12 月成功举办了具有创意的光影节，吸引了众多游客专程前来参观和欣赏，可谓文化创意产业与旅游业互动融合的好例子。

表 12 – 3　　　　　　　　　　澳门 2015 光影节节目表

光雕表演	时间：2015 年 12 月 6 日至 31 日	晚上 7 时至 10 时
《板樟·乐章》	地点：玫瑰堂	时间：每半小时展演 10 分钟
光之仙境	地点：大三巴	时间：每半小时展演 10 分钟
澳门遨游	地点：仁慈堂	时间：每半小时展演 5 分钟
妈阁紫烟	地点：妈阁庙	时间：每半小时展演 5 分钟
灯饰装置	时间：2015 年 12 月 6 日至 31 日	晚上 7 时至 10 时
星海天幕	地点：议事亭前地	
光影走廊	地点：仁慈堂	
晾衫街	地点：卢家大屋及大堂巷	
幸福之泉	地点：大堂前地	
星光蝶影	地点：岗顶前地	
彩虹台阶	地点：圣老楞佐教堂	
小精灵梦游仙境	地点：亚婆井前地	
蝴蝶仙子的新衣	地点：港务局大楼	
我来自外星	地点：妈阁庙前地	
互动游戏		
仁慈堂	晚上 7 时至 10 时	
单车竞赛	时间：2015 年 12 月 6 日至 20 日及 2015 年 12 月 26 日至 31 日 每半小时 20 分钟	
圣诞"驯"鹿记	时间：2015 年 12 月 21 日至 25 日　每半小时 20 分钟	
妈阁庙	晚上 7 时至 10 时	
星夜祈福	时间：2015 年 12 月 6 日至 31 日　每半小时 20 分钟	
岗顶前地	晚上 7 时至 10 时	
飞舞吧仙子！	时间：2015 年 12 月 6 日至 31 日　每半小时 20 分钟	
寻找小精灵		
寻找小精灵	时间：2015 年 12 月 6 日至 31 日　每日 24 小时 地点：大三巴牌坊、玫瑰堂、卢家大屋及大堂巷、大堂前地、仁慈堂、岗顶前地、圣老楞佐教堂、亚婆井前地、港务局大楼及妈阁庙	

（三）促进文化创意产业的价值提升

在文化创意产业价值链的最前端，是创作者无形的创意灵感和创意构思，通过进一步的创作转化为依附于相应载体得以表现的创意作品，再经一定规模的复制、生产成为创意产品或服务，在市场上进行传播与交换，并最终作为创意商品为消费者使用或体验。澳门博彩业不仅每年给政府带来近百亿澳门元的财政税收，带动了其他相关行业的发展，更重要的是有效促进了文化创意产业的价值链增值。"赌城"的旅游形象对澳门经济有直接的贡献与作用，除了有助于加快旅游公共基础设施的建设与规模，促进城市建设的发展外，赌客的旅游消费还带动了澳门酒店业、饮食业、珠宝金饰业、古玩业、旅运业、夜总会、舞厅、浴室、电子游戏场及当铺行业等相关文化创意产业的繁荣与发展。博彩娱乐公司每年为促进博彩业举行的大型旅游节庆活动，所带来的社会效应与经济效应亦十分明显。例如，被喻为世界上最佳街道赛事的格兰披治大赛车活动，不仅扩大了澳门博彩旅游业的影响，而且为澳门博彩旅游业带来大量的参赛选手和游客；赛车活动的准备和举办，对文化创意产业的价值提升和综合发展也产生重要影响，从参赛制服、礼品购置到观众席搭建、赛道重铺，从电视转播、广告制作到交通运输、赛车保养，几乎所有相关的文化创意产业均从中受益。

四 文创产业丰富了澳门旅游博彩业的内涵和外延

博彩产业链是以博彩业中的优势企业为链核，以产品、技术、资本等为纽带，在博彩服务、饭店餐饮、旅游景区、旅游交通、旅游商店等行业之间形成的链条关系。博彩产业链是一条价值链，即博彩产品价值随着产业链的延伸会逐渐增加，因此，延伸博彩业的产业链条成为近年来澳门各博彩企业发展的重要目标。文化创意产业可以从两方面延伸博彩业的产业链条，一方面表现在横向上，文化创意产业融入博彩业各部门之中，作为博彩业成长的"投入要素"和"增值资本"，为博彩业增加附加值，促使博彩业与相关产业的互动互融，构造博彩产业链的良性循环；另一方面表现在纵向上，文化创意产业可与博彩产业链上、中、下游各个环节进行渗透与融合，使博彩产业链向上游的研发和下游的品牌销售渠道延伸。澳门博彩场所一般都兼有酒店和餐饮等业务，为顾客提供多元化的体验。从商业模式变革上看，美资赌场正致力于将综合娱乐与收入多元化的文化创意新理念带到澳门，以改写当地赌场博彩业收入一业独大的局面。例如，2015 年 5 月 27 日，银河娱乐旗下"百老汇"开幕，公司副主席吕耀东称，澳门赌业面临近十年来最严峻的环境，不能单靠博彩收入来支持，"百老汇"这个新项目以增加非博彩元素为主，比如加入大型歌舞表演等，期待未来非博彩项目的收入会有双位数字的增长。

而 2015 年新近开业的新濠影汇总投资高达 32 亿美元，定位为好莱坞电影主题的综合性娱乐休闲度假村。在新濠影汇建筑群正中，将建成高 130 米的"影汇之星"，这也是亚洲最高的摩天轮，以及澳门新地标。在该度假村中，非博彩元素的比例进一步提升，新濠影汇提供的精彩娱乐设施包括：

"影汇之星"立于新濠影汇的外墙，这 130 米高的摩天轮将会是亚洲最高的摩天轮。"影汇之星"连接新濠影汇的两栋酒店大楼，分别为"明星汇"及"巨星汇"，让旅客体验豪华住宿及"红地毯"星级服务。两栋酒店大楼共提供约 1600 间客房，每间客房的装潢设计均弥漫装饰艺术风格。

与 DC 漫画合作推出的"蝙蝠侠夜神飞驰"是首个蝙蝠侠电影专利的数码动感游戏，引领冒险者进入虚拟实境，跟随蝙蝠侠穿梭葛咸城，亲历蝙蝠侠黑夜冒险之旅，并把故事中的头号罪犯——绳之以法。

专为小朋友而设的家庭娱乐中心是一个趣味无穷的冒险乐园。小朋友可以在这里与家喻户晓的华纳兄弟及 DC 漫画中的角色人物一起畅玩，包括与《乐一通》（Looney Tunes）内的一众角色一起弹跳、与《猫和老鼠》（Tom and Jerry）内的 Tom 及 Jerry 一起玩耍、与蝙蝠侠及超人一起攀爬、与神奇女侠及闪电侠一起驾驶高卡车。该家庭娱乐中心更设有华纳兄弟史上首个结合 DC 漫画、《乐一通》及《汉纳巴伯拉》（Hanna-Barbera）的"Dark Ride"动感游戏。此外，旅客亦可在这个家庭娱乐中心享受各种购物和美食乐趣，还可以参加动画制作学堂、观看经典及全新动画节目，甚至在度身定造的私人派对场地举行生日会。

"魔幻间"的魔术大师将引领旅客体验惊世魔术之旅。这个由全球最伟大魔术师之一法兰兹·哈拉瑞（Franz Harary）精心设计、策划及主持的"魔幻间"将上演连串震撼的魔术表演，包括法兰兹·哈拉瑞的得奖魔术会演 Mega Magic，把惊心动魄的魔幻旅程带到亚洲新一代魔影艺术之都。

"新濠影汇综艺馆"是一个设有 5000 个座位的多用途综艺馆，可供举行演唱会、戏剧及顶尖体育活动。该综艺馆由全球最大体育活动及娱乐企业之一的 Comcast-Spectacor 旗下之 Global Spectrum 所管理。

"8 号转播厅"是设备完善的电视直播室，可让旅客亲身体验亚洲著名电视节目的拍摄情况。

"帕查夜总会"乃全球享负盛名的夜店品牌，足迹遍布伊维萨岛、纽约、杜拜、布宜诺斯艾利斯及悉尼等主要城市，将率先把充满伊维萨岛风格的夜生活带进澳门，令澳门的夜生活火热升温。

从博彩企业的收入结构看，美资企业来自餐饮、零售等博彩以外的收入比例明显较高，显示其综合娱乐的特色更为突出。2007 年，集会展、零售概念于一身的澳门威尼斯人非博彩收入占总收入的比例为 9.31%，以名店、休闲为特色的美高梅金殿超濠和永利度假村则分别为 6.17%、6.00%。在它们的带动下，本土的澳门博彩股份有限公司也由单纯注重博彩向博彩与综合娱乐并重转变，其非博彩收入已由 2002 年的 1000 万澳门元增至 2007 年的 6100 万澳门元。此外，文创元素也为澳门博彩娱乐的参与者提供富于变化的休闲氛围与环境，提升了传统博彩业的参与体验品质。

第二节　会展业与其他产业的互动发展

一　会展业与旅游业的互动发展

会展与旅游都具有较强的经济效益性、产业关联性和社会推动性，两者都被视为第三产业中的优势行业。同时，国内会展与旅游的发展经验表明，这两者之间存在着较强的相关性，是一种相互促进的互动发展关系。

（一）会展与旅游的相关分析

会展和旅游是综合性十分强的产业部门，两者都涉及食、住、行、游、购、娱等方面。虽然侧重点有所不同，但是不可否认，会展和旅游所涉及的行业有较大的重复性，具有较强的关联性。

首先，会展与旅游是一种相辅相成的关系，这主要表现在会展地点的选择和会展活动的组织等方面。从会展地点的选择来看，一般会议和展览的举办地都是旅游资源富集，旅游接待服务设施完善的地区。如"中国第一展"——广交会的主办地广州和 2001 年 APEC 会议的举办地上海，以及举办过多次国际性会展的北京，无一不是国内的著名旅游城市。因为只有著名的旅游地才能更好地吸引参展商和观展者，也只有旅游业发达的地区才能为展会提供优质的接待和服务。

会展活动的组织更与旅游有着紧密关联。无论是展前的营销宣传，还是展中的接待和展后的旅游娱乐都必须在旅游部门的配合下才能顺利进行。与此同时，旅游业效益的实现，市场竞争力的提升也需要依靠会展活动的开展和城市知名度的扩展。

其次，会展与旅游是一种动态发展的关系，这种动态发展的关系表现在旅游与会展发展的时间序列和发展的层次上。从会展与旅游的发展序列上来看，旅游相对于会展来说属于基础性产业部门，往往较会展业发展得要早，只有当旅游业发展到一定程度，会展的产生才具备前提条件。而会展业的产生和发展将促使旅游业在原有基础上获得进一步发展。这种发展的序列首尾相接，形成一个环状向上的螺旋链，使会展和旅游不断地发展，在这样不断上升的过程中，旅游和会展的层次也在不断提升。无论是旅游和会展的硬件、软件设施，还是区域影响力都得到持续性的增强。

再次，会展与旅游是一种积聚效应的关系，从某种意义上来看，会展和旅游都属于"注意力经济"的范畴，也就是说有越多的人关注会展和旅游其发展态势就越好。会展和旅游之间恰好形成一个相互积聚注意力的效用机制，知名会展可以吸引众多的相关者来了解展会的举办地，而著名的旅游地也会为人们参展或观展的决策增添砝码。因此，会展与旅游之间的这种人气积聚的关系是十分明显的。

最后，会展与旅游业是一种良性互动的关系，主要表现在会展与旅游发展的相互促进上。会展的发展要求有相应水准的旅游服务设施与之配套。比如，许多国际性会展场馆附近需要有一定数量的四星或五星级的酒店来为参展商提供食宿服务。这样的需求就促使旅游业硬件和软件的改善和更新。另外，会展还有利于带动城市功能的提升，增强城市的知名度，这些都为旅游业的进一步发展提供了有利的外部环境。而旅游的发展将使该地成为人流、物流、信息流的聚集地，良好的积聚优势同时也会促使会展业的快速发展。

从上述分析不难看出，会展与旅游业之间的这种紧密关联的良性互动发展关系——是由会展和旅游客观存在的行业特性所决定的，是会展与旅游互动发展的内在前提。

（二）会展与旅游互动发展的功能

会展与旅游对于社会经济的发展都具有十分重要的意义，两者实现了互动发展后，其功能可以得到不断提升，并且可使社会资源得到进一步优化：

1. 整合功能。会展与旅游互动发展的整合功能主要是指对社会经济资源的整合。由于会展和旅游业的发展能够调用大部分的社会经济资源，并且这些行业具有追求高质量、高效率、国际化的特征。因此，在两者的互动发展过程中，通过市场运作和优胜劣汰机制，可以将社会上的优势经济资源不断加以整合，从而提高社会经济的运行效率。

2. 连带功能。连带功能是旅游业和会展业两者兼具的特征，也是两者均被人们看好的主要原因。据统计数据表明，旅游业的产业关联系数是 1:5，而会展业的关联系数甚至可以高达 1:6。可以说，这两大行业对于社会经济发展的影响是巨大的。当两者产业的规模和功能不断增强，必然能产生更为广泛的关联作用，全面带动社会资源运行。

3. 推广功能。会展业被誉为"城市的窗口"，是人们了解城市的一个最佳途径，也是向外推广城市形象的一个主要手段。一般地，会展的主题名称总是与其主办地紧密联系的，如昆明世博会、广交会，这些名牌展会走向世界的背后，正是城市形象在世界范围内不断扩展的过程。同样的，旅游是人们追求物质文化享受的过程，伴随旅游全程的必然是对旅游目的地的身心体验。

应该说，会展与旅游的互动发展将会吸引更多的旅游者到展会举办地观展、游览。这种有益的互动能使城市形象获得极大的推广，为城市经济的发展和功能的提升提供巨大的空间。

4. 展示功能。会展和旅游互动发展的另一优化功能就是展示功能。会展和旅游均能为当地的社会、经济、文化提供充分展示自我的舞台。一般而言，会展的专业性较强，往往是从某一专业角度来展示当地的风采，而旅游则是从一般意义上来展示当地的独特景观和风土人情。所以，两者的互动发展实际上为当地提供了一个全方位展示自我的平台。

5. 枢纽功能。会展与旅游的互动发展将使两者的吸引力得到持续提升，随着参与旅游和会展的人越来越多，会展作为信息交流场所的功能也日益实现。会展活动将成为人员、信息流动的枢纽。

通过上述分析可知，会展与旅游之间有着千丝万缕的内在联系，这为两者的互动发展提供了依据。此外，从会展与旅游的功能优化上来看，两者更应该实行互动式的发展战略。只有实行了两者的密切互动，其优势才能互相补充并发扬光大。为了真正实现两者的互动发展，我们必须首先了解互动发展的支撑要素。

（四）会展与旅游的互动发展模式

从目前中外会展与旅游的互动发展过程来看，两者的互动存在一定的规律可循，已经在其联动关系上，空间的扩张发展上以及两者互动的具体运作上产生了一定的模式，认识到这些互动模式对于今后我国会展与旅游业的发展具有十分重要的意义。毕竟，会展业在我国还是一个新兴行业。该行业的特征，运行规律还有待在发展中掌握，而其与旅游的互动发展则是一个全新的问题。他国的发展经验无疑对我国旅游与会展的发展有较强的借鉴意义。

1. 会展与旅游联动关系模式。会展与旅游之间千丝万缕的联系，就决定了两者之间的联动是十分复杂的系统。它涉及的主体有会展专业机构、旅游企业、会展与旅游的行业主管部门、参展人员和旅游者等。该联动模式可以促销和相互提供配套设施与服务，最终实现共同的利益。该模式的运行过程如下：

首先，会展专业机构在上级主管部门的规划下，对本年度的展会活动予以总体安排，同时将工作安排传递给旅游业的主管部门。旅游主管部门则根据展会的时间与活动的内容组织相关的旅游企业为其提供完善的配套服务。

其次，在会展的营销阶段，为了实现规模化，旅游业也投入大量资金针对特定的会展旅游市场进行目标客源市场营销，努力为展会和旅游业赢得尽可能多的观众。

最后，在会展期间，旅游企业为参展人员提供食、住、行、游、购、娱等一系列的专业服务，在丰富了参展人员工作之余的生活外，旅游企业还获得了可观的收入和一批稳固的客源。旅游业的整体形象得到全面的提升和持续的发展，这样良好的发展势头又反过来有利于会展企业招徕参展商和观展者。可以形成会展与旅游发展的双赢局面。

2. 会展与旅游空间发展模式。会展与旅游在空间上的互动式发展模式主要体现在网络的扩张和海外市场的扩展上。随着会展与旅游互动发展的日益频繁，其社会影响力也逐渐强大起来。为了实现会展旅游在空间上的扩张，两者必须在其网络的空间分布和海外市场的扩展上共同努力。

在会展与旅游的网络空间分布上，通过两者对市场情况的统计分析，可以找出具有较大发展潜力的地区作为其业务网络的核心枢纽，在这些地区设立分支机构并以这些分支机构为中心逐渐向四周扩大影响力，会展企业的网络扩展主要是通过新会展场馆的建设来进行，而旅游企业则主要是设立投入较小的市场拓展部门，从而获得当地及周边地区的客源。在会展与旅游的海外市场扩展上，由于海外市场较国内市场存在较高的进入门槛，这个门槛不仅表现在资金上，而且还表现在技术上，因此，对于海外市场的扩展，会展与旅游主要是通过优势互补，实现资源、资金、技术的融合，然后利用这些优势力量在海外市场上不断渗透扩张。

3. 会展与旅游具体运作模式。会展与旅游的互动发展中，其具体的运作模式主要表现为管理的统一化，服务的优质化以及机构的多元化。所谓管理的统一化是指在会展发达国家中，对会展的行业管理与旅游的行业管理逐渐合二为一，许多国家的会展管理机构都设在旅游局之下，如新加坡就在旅游局下设立了新加坡会议局，这样设置管理机构的国家还有日本、韩国等国。这样统一的管理机构能够从具体的操作细节上对会展与旅游的发展加以协调，促进两者更为有效的互动。

服务的优质化是指随着旅游与会展的互相促进。两行业中的服务重要性逐渐为人们所认识，于是会展企业在投资于场馆等硬件设施之余，开始重新审视其提供的服务，并从旅游业中不断地学习标准化的服务技能和规程。这样又迫使旅游业进一步实现服务创新和自我超越，对服务的强化管理，最终将导致旅游业服务水平的不断上升。

会展与旅游在互动发展过程中，企业之间会发生一定程度的融合，因而产生一些新型的企业。同时企业的组织形式也会不断变化，这样的互动发展，最后必然产生多元化的企业组织结构。

（五）会展与旅游实现互动的措施

1. 建立统一有效的协调机制。会展业与旅游业的互动发展处于试验阶段，因而两者在发展中必然存在许多不和谐的地方。在国外，这些问题的解决经过了较长时间，可以吸取国外会展与旅游互动发展中的教训，在发展的初级阶段就设立一个协调部门，负责两个行业之间的合作与纠纷协调，促进旅游业和会展业向更为紧密的合作方向发展。

2. 开展内容广泛的营销推广。要实现会展与旅游的互动发展，就应在人们的观念中先将这两者紧密联系在一起。开展内容广泛的市场营销和推广就不失为一个良好的举措。会展企业和场馆在社会中具有不同的角色和职能，例如在城市建设中，会展场馆是一道独特的风景和建筑类旅游资源，同时也是一些大型旅游活动的理想举办场地。因此，我们在进行市场营销和推广时，不应该仅仅限于本行业的内容。

3. 提供系统完善的配套服务。会展与旅游业要进行充分的合作，发挥自身的优势，努力为对方提供完善的配套服务。例如，旅游业就可全程参与会展的营销和参展商的入境、接待、住宿、饮食、交通、旅游、娱乐及出境等服务环节。同样，会展企业可为旅游活动提供先进的设施及充足的场地。在这种情形下更需要两者紧密配合，通过合作来实现配套的完善系统服务，促进会展与旅游的互动发展。

4. 挖掘场馆富裕的设施资源。会展与旅游实现互动发展的一个重要目的就是充分利用社会资源。有展会活动期间，会展场馆使用效率特别高。而一旦展会结束，会展场馆也似乎完成了自己的使命，不再开放或出租给当地的摊贩来临时使用。这样表面上似乎充分利用了闲置的场馆资源，实际上既没有获得多大收益还降低了会展场馆的档次，真正得不偿失。因此，会展场馆应与旅游企业进行探讨，如何提高会展场馆的利用率，通过深入挖掘会展场馆内丰富的设施资源，使会展和旅游业均能获得常年性的收益。

（五）澳门会展业与旅游业的互动

全球著名的会展城市在旅游资源、产业基础、商贸服务以及商品集散市场等方面各具优势，有些会展城市在某一方面尤为突出，如会展名城拉斯维加斯、迪拜等均是世界闻名的旅游胜地；有的会展城市则兼而有之，如会展之都北京、香港等，既有旅游业的支持，亦有产业支撑，更是商贸平台。澳门显然属于前者，因此，推动旅游及会展业之间的互动发展，对澳门打造世界旅游休闲中心，实现经济多元有重要意义，与此同时，更应清晰澳门会展业的定位，探讨专业化发展道路。

旅游会展良性互动，旅游及会展均为第三产业中的优势行业，两者之间具有相关性，可相辅相成。首先，旅游资源及会展资源之间有共通之处，如基建、交通、物流、酒店、餐饮、接待人才等硬件设施及软件配套。澳门地方小、资源有限，产业间的资源共享及良性互动尤为重要，以有限的资源创造更大的产业效益及社会价值，对澳门而言意义深远。

其次，旅游品牌与会展品牌可互为带动、互利发展，旅游品牌可为会展业发展提升软实力，增强吸引力，而会展品牌能为旅游业带来高端客源，拉动消费，优化游客结构，提升竞争力。世界一流的休闲娱乐设施、历史文化底蕴深厚的世遗旅游景点等旅游资源，可为澳门打造区域会展名城增添优势，而大型会展可吸引来自世界各地的客商，利于拓展多元化的国际客源。在旅游与会展的互动方面，澳门可借鉴杜拜及拉斯维加斯的成功经验。

第三，两者均具有积聚效应，当这两股凝聚人气及商机的力量有机结合时，则可发挥"1+1＞2"的联动效应，因此，不少旅游城市均将拓展会奖旅游作为拉动经济发展的新动力。会奖旅游是会展和旅游有机结合的一种旅游产品形式。澳门作为旅游城市，发展会奖旅游具有优势，应可将其培养成为新的经济增长点。加强会展业专业化旅游及会展之间并非简单的包容及共荣关系，亦有相互独立的一面，应正确认识两者在本质上的差异性，方可更好地发展各自特质，并同时保持良性互动。

近年来，澳门的旅游产品及娱乐项目不断丰富，不少旅游景点及大型酒店中兼有会展元素，如旅游塔、澳门威尼斯人度假村酒店等，体现旅游及会展之间的兼容性。开拓多元化的旅游资源，亦是澳门推动会展业的重要举措之一。但澳门会展业发展至今，已不再是旅游业的附属部分，而是一个具有独立发展能力，并日渐成熟的新兴行业。现阶段，澳门旅游及会展的共融发展势头良好，未来需进一步加强会展业的独立性、专业化及综合性。

从进一步优化会展硬件建设到目前为止，澳门的会展硬件仍多为附属设施，尚无以政府为主导的、独立的会展场地。世界著名会展城市，乃至内地新兴会展城市，均以建设独立、专业的会展场地作为重要的硬件基础，澳门业界亦有呼声，建议由特区政府投资兴建会展中心，提升澳门会展专业化形象，增加国际大型知名展会项目来澳办展的信心。以香港会议展览中心为例，其由香港政府及香港贸易发展局共同持有，除了作大型会议及展览用途之外，还有两间五星级酒店、办公大楼和豪华公寓各一幢；展馆并建有高架行人天桥连接邻近的湾仔旅游商业区，带动各区之间的联动效应。新加坡博览中心是政府重点投资项目，是亚洲最大的展览馆之一，拥有会议厅、展览馆、先进的翻译、通信和传播设备，以及停车场、出租车站等专业设施，还建有大型名优商场、不同档次种类的餐馆、出租写字楼等，实行多元化经营，收入可观。

会展是复合型产业，对整体经济具有拉动效应，政府推动会展产业发展，可谓一举多得，同样，若定位准确，切合当地经济发展实情，投建综合式的会展场馆除了可提供专属场所，有助于培养专业化的办展模式，亦可带动周边行业，尤其是旅游业的多元化发展，产生理想的乘数效应。

二　会展与中医药产业的互动发展

位于珠海市横琴新区的"粤澳合作中医药科技产业园"作为粤澳合作产业园区首个落户项目，各项建设正积极开展，在园区内投建的"商业孵化中心"定于2014年7月3日正式揭牌。园区面向澳门中医药中小企业、健康产业及相关配套产业，会展广告业、物流业及其他意向投资企业开放。其中，会展业不断为园区内的中医药企业提供形象宣传推广、会议洽商、成果展示等配套服务，并有望成为中医药产业化进程的重要环节之一。

近年来，澳门特区政府大力推动会展、中医药等产业，以促进经济适度多元化发展，而会展、中医药两大产业更可在横琴新区的平台上实现互动共赢。

首先，可以以会议展览活动的形式，为园区内的中医药科研机构及企业发布最新行业发展资讯、展示科研成果、交流经验及进行商业对接等。有学者认为，受中医传统思维模式影响，大中华地区中医药行业普遍缺乏宣传概念，令中医药的普及和国际推广受到一定制约。而举办会议及展览活动则是让中医药知识、研究成果及中成药产品能够推而广之的最直接及有效的方式之一。

2010 年国家科技部批准澳门大学、澳门科技大学成立中医药质量研究国家重点实验室。在第十八届澳门国际贸易投资展览会（MIF）期间，两所大学签署合作备忘录，计划为中医药产业园在研发、孵化、测试、认证、标准化和质量控制等领域提供技术及人才支持。未来将有更多澳门及海内外企业进驻园区，预料不久的将来可透过园区培育出更多科研成果及新产品。在此基础上，可透过举行成果报告会、专家研讨会等学术性质的会议，对中医药科研成果进行宣传推广，弘扬中医药精神、提升其国际影响力；亦可透过举办产品发布会、商业洽谈会等商业性质的会议，必要时可同期举办中小型展览展示相关中医药产品及服务，以此助推中医药产业化进程。与此同时，可充分发挥园区展示厅功能，将研究成果和产业资讯等持续于展示厅内展现。

其次，开发会奖旅游项目，吸引大中华地区以至国际性中医药机构及企业将澳门及横琴作为会奖旅游目的地。作为全国首个中医药现代化的国家级基地，粤澳合作中医药科技产业园内更有中医药质量研究国家重点实验室等科研机构作为支撑，这一硬件设施及软件技术的结合，对中医药业界具备一定吸引力，若再配合澳门旧城区特色及世界遗产景点、一流的休闲娱乐设施，以及横琴的海岛生态、世界级主题公园等多姿多彩的旅游资源，相信有足够条件培育与中医药相关的会奖旅游项目。内容可包括观摩中医药产业园，举办讲座、会议及展览活动等环节。观摩产业园过程中，可善用园区展示厅的会议空间举办中小型见面会和交流会，搭建园区及海内外机构/企业之间的沟通桥梁；举办大型年会、研讨会或包含中小型展览的论坛等活动。这不仅能带动中医药会奖旅游的发展，更有利于珠澳两地会展业的互动合作。

最后，粤澳共同培育以中医药为主题的品牌会展，而专业会议结合中小型展览的模式可率先考虑。未来，随着产业园区建设日渐完善，各研究成果及新产品陆续面市，中医药产业化发展将不断向前推进，这亦为品牌会展的培育提供了良好基础。相信透过粤澳两地的共同努力，中医药及会展业的互动发展将迎来崭新机遇。

参考文献

Ash, M. , & Simon, C. (2006) . Measuring the economic impacts of convention centers and event tourism: a discussion of the key issues. *Journal of Convention & Event Tourism*, 8 (4), 81 – 100.

Baloglu, S. , & Love, C. (2005) . Association meeting planners' perceptions and intentions for five major US convention cities: the structured and unstructured images. *Tourism Management*, 26 (5), 743 – 752.

Braun, B. M. , & Rungeling, B. (1992) . The relative economic impact of convention and tourist visitors on a regional economy: A case study. *International Journal of Hospitality Management*, 11 (1), 65 – 71.

Braun, B. M. (1992) . The economic contribution of conventions: the case of Orlando, Florida. *Journal of Travel Research*, 30 (3), 32 – 37.

Burgar, B. , & Mules, T. (1992) . Economic impact of sporting events. *Annals of Tourism Research*, 19, 700 – 710.

Cabot, A. N. , & Hannum, R. C. (2001) . Gaming regulation and mathematics: A marriage of necessity. *John Marshall Law Review*, 35, 333.

Chen, C. F. (2006) . Applying the analytical hierarchy process (AHP) approach to convention site selection. *Journal of Travel Research*, 45 (2), 167.

Chou, M. D. , & Lee, K. T. (1996) . Parameterizations for the absorption of solar radiation by water vapor and ozone. *Journal of the atmospheric sciences*, 53 (8), 1203 – 1208.

Collins, D. , & Lapsley, H. (2003) . The social costs and benefits of gambling: An introduction to the economic issues. *Journal of Gambling Studies*, 19 (2), 123 – 148.

Crouch, G. I. , & Louviere, J. J. (2004). The determinants of convention site selection: A logistic choice model from experimental data. *Journal of Travel Research*, 43 (2), 118.

Eadington, W. R. , & Cornelius, J. A. (Eds.). (1997). *Gambling: public policies and the social sciences*. University of Nevada Press.

Eadington, W. R. , & Cornelius, J. A. (Eds.). (1999). *The business of gaming: economic and management issues*. University of Nevada Press.

Edelstein, L. , & Benini, C. (1994). Meeting market report. *Meeting and Convention*, (Aug.), 60 – 82.

Engelstoft, S. , Jensen - Butler, C. , Smith, I. , & Winther, L. (2006). Industrial clusters in Denmark: Theory and empirical evidence. *Papers in Regional Science*, 85 (1), 73 – 98.

Feser, E. J. (2001). A flexible test for agglomeration economies in two US manufacturing industries. *Regional Science and Urban Economics*, 31 (1), 1 – 19.

Fletcher, J. E. (1989). Input-output analysis and tourism impact studies. *Annals of Tourism Research*. 16 (4), 514 – 529.

Fortin, P. A. , & Ritchie, J. (1977). An empirical study of association decision processes in convention site selection. *Journal of Travel Research*, 15 (4), 13.

Franke, R. , & Kalmbach, P. (2005). Structural change in the manufacturing sector and its impact on business-related services: an input-output study for Germany. *Structural Change and Economic Dynamics*, 16 (4), 467 – 488.

Frechtling, D. C. , & Horváth, E. (1999). Estimating the multiplier effects of tourism expenditures on a local economy through a regional input-output model. *Journal of Travel Research*, 37 (4), 324.

Go, F. , & Zhang, W. (1997). Applying importance-performance analysis to Beijing as an international meeting destination. *Journal of Travel Re-*

search, 35 (4), 42.

Goodman, R. (1995). Legalized gambling: Public policy and economic development issues. *Economic Development Review*, 13 (4), 55 – 57.

Hewes, A. J. (1993). Minnesota' s Restaurants, Hotels & Resorts Are 'Losers' In Gambling Explosion, Survey Results Reveal. *News Release from the Minnesota Restaurant, Hotel and Resort Associations*, 5, 39.

Hsu, C. H. (2014). *Legalized casino gaming in the United States: The e- conomic and social impact*. Routledge.

Hu, C., & Hiemstra, S. J. (1996). Hybrid conjoint analysis as a re- search technique to measure meeting planners' preferences in hotel selec- tion. *Journal of Travel Research*, 35 (2), 62.

Kim, S. S., Chon, K., & Chung, K. Y. (2003). Convention industry in south korea: An economic impact analysis. *Tourism Management*, 24 (5), 533 – 541.

Kindt, J. W. (1995). Legalized gambling activities as subsidized by tax- payers. *Ark. L. Rev.*, 48, 889.

Kippenberg, E. (2005). Sectoral linkages of foreign direct investment firms to the Czech economy. *Research in International Business and Fi- nance*, 19 (2), 251 – 265.

Knorringa, P., & Meyer-Stamer, J. (2007). Local development, global value chains and latecomer development.

Lee, M. J., & Back, K . J. (2005). A review of economic value drivers in convention and meeting management research. *International Journal of Contemporary Hospitality Management*, 17 (5), 409 – 420.

Lucas, A. F., & Brewer, K. P. (2001). Managing the slot operations of a hotel casino in the las vegas locals' market. *Journal of Hospitality & Tourism Research*, 25 (3), 289.

Meyer-Stamer, J., & Haar, J. (Eds.). (2008). *Small Firms, Global Markets: Competitive Challenges in the New Economy*. Palgrave Macmillan.

Oppermann, M. (1996). Convention destination images: Analysis of asso- ciation meeting planners' perceptions. *Tourism Management*, 17 (3), 175

－182.

Oppermann, M. , & Kye – Sung, C. （1997）. Convention participation decision-making process. *Annals of Tourism Research*, 24 （1）, 178 －191.

Padmore, T. , & Gibson, H. （1998）. Moding systems of innovation: II. A framework for industrial cluster analysis in regions. *Research Policy*, 26 （6）, 625 –641.

Peneder, M. （2003）. Industrial structure and aggregate growth. *Structural Change and Economic Dynamics*, 14 （4）, 427 –448.

Vitousek, P. M. , & Lubchenco, J. （1995）. Limits to sustainable use of resources: from local effects to global change. *Defining and Measuring Sustainability, The Biogeophysical Foundations. Washington, DC, United Nations University and The World Bank*, 57 – 64.

Porter, M. E. （1996）. Competitive advantage, agglomeration economies, and regional policy. *International regional science review*, 19 （1 – 2）, 85 – 90.

Porter, M. E. （2000）. Location, competition, and economic development: Local clusters in a global economy. *Economic Development Quarterly*, 14 （1）, 15 – 34.

Qu, H. , Li, L. , & Kei Tat Chu, G. （2000）. The comparative analysis of Hong Kong as an international conference destination in Southeast Asia. *Tourism Management*, 21 （6）, 643 – 648.

Timothy, J. , & Robert, J. J. （2001）. A framework for assessing direct economic impacts of tourist events: distinguishing origins, destinations, and causes of expenditures. *Journal of Travel Research*, 40 （8）, 92 – 100.

Turco, D. M. , & Riley, R. W. （1996）. Choice factors and alternative activities for river boat gamblers. *Journal of Travel Research*, 34 （3）, 24.

Yamamura, E. （2008）. The effects of inequality, fragmentation, and social capital on collective action in a homogeneous society: Analyzing responses to the 2005 Japan Census. *The Journal of Socio-Economics*, 37 (5), 2054 - 2058.

Zhang, H. Q., Leung, V., & Qu, H. (2007). A refined model of factors affecting convention participation decision-making. *Tourism Management*, 28 (4), 1123 - 1127.

卞显红 (2006)。长江三角洲城市旅游资源城际差异与丰度分析。江苏论坛, 1, 109 - 112。

苏东水 (2010)。产业经济学 (Vol. 3)。北京：高等教育出版社。

蔡荣生、王勇 (2009)。国内外发展文化创意产业的政策研究。中国软科学, (8), 77 - 84。

陈锋仪 (2008)。政府主导型会展模式研究。人文地理, (1), 124 - 128。

陈剑锋 (2010)。基于产业集群的城市群演化理论分析与研究框架构建。科技进步与对策, 27 (1), 81 - 83。

陈章喜 (2012)。澳门博彩业与会展业：效应比较及产业走向。暨南学报 (哲学社会科学版), 6, 013。

仇其能 (2006)。关于中国会展产业链及运作模式的研究。上海社会科学院硕士论文, 上海。

戴斌、束菊萍 (2005)。旅游产业关联：分析框架与北京的实证研究。北京第二外国语学院学报, (5), 7 - 15。

董良博、田伟明 (2009)。心理学在会展营销中的应用。科技促进发展, (5), 58 - 60。

丰志培、刘志迎 (2005)。产业关联理论的历史演变及评述。温州大学学报：社会科学版, 18 (1), 51 - 56。

高静、朱海森、陈娟 (2003)。关于会展业的发展条件及其动力体系的初步探讨。旅游科学, 1, 24 - 27。

过聚荣 (2006)。会展导论。上海：上海交通大学出版社。

贺丹 (2012)。基于生态经济的产业结构优化研究。武汉理工大学, 14 - 24。

胡大立 (2006)。产业关联, 产业协同与集群竞争优势的关联机理。管理学报, 3 (006), 709 - 713。

胡平（2007）。会展管理概论。上海：华东师范大学出版社。

胡平（2009）。基于钻石理论的会展业竞争力评价及其提升对策研究——以上海为例。旅游论坛，（1），114－119。

胡平、杨杰（2006）。会展业经济拉动效应的实证研究。旅游学刊，（11），23－25。

胡晓鹏（2009）。产业共生：理论界定及其内在机理。中国工业经济，（9），118－128。

黄秋波（2009）。杭州会展业和主要相关产业带动影响的定量分析。商场现代化，（3），264－265。

李华敏、吕建中、孙灵（2007）。会展旅游发展条件评价体系研究。旅游学刊，22（002），63－66。

李杰（2007）。对会展产业带动系数的理性分析。经济纵横，（10），41－43。

李旭、马耀峰（2008）。国外会展旅游研究综述。旅游学刊，23（3），85－89。

李雁玲（2010）。澳门产业结构与就业结构变动研究：暨南大学出版社。

李瑶亭（2009）。国内外会展业理论研究综述。经济论坛，467（19），18－19。

梁文（2008）。中国展览产业的秩序建设与维护。中国会展，15，53－55。

梁文慧、NADKARNI, S.（2006）。澳门作为会议观光城市的现状和前景。旅游科学，20（006），46－51。

林翔、李菊霞（2001）。我国发展会展旅游业的前景及策略初探。人文地理，16（3），49－50。

刘大可（2004）。中国会展业理论现状与政策。北京：中国商务出版社。

刘大可、王起静（2004），会展经济学。北京：中国商务出版社。

刘汉良（1995）。统计学教程。上海：上海财经大学出版社。

刘华容、曹休宁（2009）。产业集群中集群企业的合作创新问题研究。科技进步与对策，26（023），97－100。

刘萍、李云鹤（2010）。基于 AHP 的城市会展经济综合实力评价研究。哈尔滨理工大学学报，15（2），115 - 119。

刘荣春、赵维（2005）。我国会展经济发展中的若干问题思考。经济问题，（007），17 - 19。

刘松平、梁文（2004）。会展市场营销。北京：中国商务出版社。

刘小敏（2013）。区域产业结构优化理论研究综述。中国市场，（3），75 - 80。

郭小东、刘长生（2009）。澳门博彩业的经济带动能力及其产业政策取向分析。国际经贸探索，8，21 - 26。

陆蓓（2011）。中国旅游产业融合研究。杭州：浙江大学。

罗秋菊、陶伟（2004）。会展与城市经济社会发展关系研究——以中国出口商品交易会（广交会）为例。北京第二外国语学院学报，（3），30 - 37。

吕政、刘勇、王钦（2006）。中国生产性服务业发展的战略选择——基于产业互动的研究视角。中国工业经济，（8），5 - 12。

马勇、肖轶楠（2004）。会展概论。北京：中国商务出版社。

马勇（2002）。中国会展经济发展解读。经济地理，22（003），295 - 296。

毛艳华（2009）。澳门经济适度多元化：内涵，路径与政策。中山大学学报：社会科学版，49（5），149 - 157。

孟凡胜、宋国宇、井维雪（2012）。会展业发展的影响因素及对城市经济影响的实证研究。技术经济，31（4），32 - 36。

孟淑娟（2010）。会展产业链盈利模式分析。经济研究导刊，（11），58 - 59。

欧翠珍（2007）。会展风险的经济学分析。江苏商论，（2），37 - 39。

欧阳宇飞（2009）。会展模式的比较：基于资源分配效率的视角。商场现代化，（6），135 - 137。

裴向军、陈英（2009）。现代会展业与产业集群的协同发展。浙江经济，（10），71 - 73。

戚聿东（2008）。中国产业经济学的回顾与展望。from http：//www.bjpopss.gov.cn/bjpssweb/n29174c52.aspx

饶品样（2010）。共生理论视角下的旅游产业集群形成与演进研究。西北大学。

任丽君（2007）。对会展业产业带动系数的理性分析。经营与管理，（11），45－46。

任丽君（2008）。会展理论研究综述与前沿问题探讨。商业研究，369（01），50－53。

阮建中（2010）。刍议澳门旅游产业集群发展。澳门经济学会，55－63。

芮明杰（2012）。产业经济学（Vol.2）。上海：上海财经大学出版社。

沈中印（2006）。论大旅游视野下的产业互动与整合。商场现代化，（12X），183－184。

石艳（2012）。产业融合视角下的旅游产业与文化产业互动发展研究。山东财政学院学报，（2），109－114。

史国祥（2009）。会展导论。天津：南开大学出版社。

史忠良（2000）。产业经济学。北京：经济管理出版社。

宋国宇（2011）。中国绿色食品产业发展中"结构制约"的实证研究。技术经济，（4），36－41。

孙明贵（2008）。会展经济学。北京：机械工业出版社。

王保伦、王蕊（2006），会展旅游产业链的本质分析，北京第二外国语学院学报，（005），76－80。

王朝辉（2011）。产业融合拓展旅游发展空间的路径与策略。旅游学刊，26（6），6－7。

王程凯（2006）。会展业评价指标体系与上海会展业前景研究。同济大学硕士论文，上海市。

王春雷（2002）。中国会展旅游发展的优化模式构建。旅游学刊，（2），44－48。

王春雷（2008）。第四次浪潮——中国会展业的选择和明天。北京：中国旅游出版社。

王鹏（2010）。澳门博彩业与文化创意产业的融合互动研究。旅游学刊，（6），57－65。

王瑛（2006）。中国会展旅游业发展研究。中国海洋大学硕士论文，青岛市。

王颖（2008）。上海世博会对长三角地区现代服务业集群的影响研究。
　　上海经济研究，（5），15－17。

王珍珍、鲍星华（2012）。产业共生理论发展现状及应用研究。华东经
　　济管理（10），131－136。

相阵迎、徐红罡（2008）。国内旅游产业集群研究的争议评述。旅游科
　　学，21（6），6－11。

谢雨萍（2002）。中国优秀旅游城市会展旅游之定位篇。地域研究与开
　　发，（4），78。

邢华（2009）。文化创意产业价值链整合及其发展路径探析。经济管
　　理，2，37－41。

徐峰、朱建新（2004）。当代国际会展经济发展的趋势与促建我国会展
　　经济发展的对策。生产力研究，2，20－23。

亚当·斯密（2003）。国富论。长沙：中南大学出版社。

杨公朴、干春晖（2005）。产业经济学。上海：复旦大学出版社。

杨宏东、王培才（2009）。休闲产业与其他产业的共生关系研究，山西
　　经济管理干部学院学报，17（2），17－19。

杨娇（2008）。旅游产业与文化创意产业融合的研究。全国商情：经济
　　理论研究（11），101－103。

杨颖（2008）。产业融合：旅游业发展趋势的新视角。旅游科学，22
　　（4），6－10。

姚小涛、席酉民、张静（2002）。企业契约理论的局限性与企业边界的
　　重新界定。南开管理评论，5（5），36－38。

尹伯成（1999）。西方经济学。上海：上海人民出版社。

余向平（2006）。会展业的产业带动效应及其经济学分析。商业研究，
　　350（18），173－175。

余向平（2008）。会展产业链的结构及其产业延展效应。商业研究，
　　（8），33－38。

俞华、朱利文（2005）。会展学原理。北京：机械工业出版社。

张海燕、王忠云（2010）。旅游产业与文化产业融合发展研究。资源开
　　发与市场，（4），322－326。

张梦（2006）。以产业集群提升区域旅游业竞争力。财经科学，（6），186-190。

张帅（2013）。澳门会展业发展及对策研究。北京：首都经济贸易大学。

张伟（2006）。中国会展业现状与展望——73届UFI年会上的讲话。中国会展，（10），49-25。

张学高、扶涛（2009）。我国会展产业的发展及带动效应分析。现代商业，（9），22-23。

张玉明（2009）。金融危机下我国商贸性展览会的突围路线。经济理论与实践，（4），78-80。

赵宁（2005）。上海市会展形象的定位与构筑研究。上海：上海师范大学。

周常春（2005）。城市会展业直接经济影响的对比研究。思想战线，（5），90-91。

周晓庆（2010）。产业结构优化研究。西北大学。

朱明芳（2001）。会展业对深圳旅游业发展战略的影响。桂林高等专科学校学报，（1），9-11。

深度访谈问卷部分(1)
——会展经济影响机制访谈

澳门会展业的经济影响机制研究
访谈问题纸

尊敬的受访者:

　　您好! 这是一份关于澳门会展业对经济影响研究的访谈问卷,主要目的是想透过访谈了解您对会展业对经济的影响及其机制的看法,从而进一步研究探讨澳门会展业对经济影响机制。您的宝贵意见对本次调研有莫大的帮助,恳切地希望您能完成问卷。凡所得的资料,仅供学术研究和统计分析之用,绝不用于任何商业目的,敬请安心填写,并感谢您的支持!

　　顺颂

台安!

澳门城市大学国际旅游与管理学院

1. 您认为会展业的发展对澳门经济是否产生显著的影响?

2. 您认为应如何较为全面地理解会展业对澳门经济的影响？

3. 从会展产业的主体来看，参展商、专业观众、会展配套的服务商对于当地经济会产生何种影响？大体影响的过程和机制如何？

4. 从会展产业影响的时间范围来看，会展业的发展对于澳门经济现时及未来有何影响？大体影响的过程和机制如何？

5. 在具体分析上述会展业发展对经济的影响时，您认为通过何种方式测量或观察比较合适？

6. 在对会展业的经济影响评估方面，您是否有其他的意见或建议？

二 专家基本信息

1. 您目前公司或机构所在地为：
2. 您接触会展相关工作的年资为：＿＿＿＿＿＿年
3. 您目前的工作与会展行业间关系属于下列哪种（请选择）：
　　□会展行业（专业会展承办商、场馆）
　　□会展配套服务商（物流、交通、展台搭建）
　　□参展商或专业观众
　　□会展行业协会
　　□政府相关部门
　　□会展教育培训
　　□会展学术科研
　　□其他（请注明＿＿＿＿＿＿）

4. 您对澳门会展业发展的了解程度（按 1—10 分打分，1 分为完全不了解，10 分为非常了解）：

5. 您对澳门社会经济的了解程度（按 1—10 分打分，1 分为完全不了解，10 分为非常了解）：

再次感谢您的支持，请惠赐名片！

深度访谈问卷部分（2）
——会展与博彩互动发展机制访谈

**澳门会展业与博彩业互动发展机制研究
访谈问题纸**

尊敬的受访者：

　　您好！这是一份关于澳门会展业与博彩业互动发展机制研究的访谈问卷，主要目的是想透过访谈了解您对会展业与博彩业的相关关联以及互动发展的看法，从而进一步研究探讨澳门如何推动会展业与博彩业的互动发展。您的宝贵意见对本次调研有莫大的帮助，恳切地希望您能完成问卷。凡所得的资料，仅供学术研究和统计分析之用，绝不用于任何商业目的，敬请安心填写，并感谢您的支持！

　　顺颂

台安！

澳门城市大学国际旅游与管理学院

　　1. 您如何理解会展业及博彩业发展所需要素？您如何看待博彩业以及会展业对于对方发展所需核心要素的作用。

2. 您如何理解博彩业与会展业之间的相互关联性。

3. 就您的理解，澳门会展业在发展过程中有哪些显著的优势？

4. 您认为澳门作为世界知名的博彩娱乐城市，其博彩形象对于会展业的发展有何作用？

5. 博彩业的发展对于会展业的服务质量方面有何影响和作用？

6. 就您所知，来澳参加会展活动的游客及商务人士，在澳门期间的消费行为如何？尤其是在娱乐场范围内的相关消费。

二 专家基本信息

1. 您目前公司或机构所在地为：
2. 您接触会展/博彩相关工作的年资为：_____年
3. 您目前的工作与行业间关系属于下列哪种（请选择）：
   □会展行业（专业会展承办商、场馆）
   □会展配套服务商（物流、交通、展台搭建）
   □博彩行业
   □相关行业协会
   □政府相关部门
   □教育培训
   □学术科研
   □其他（请注明_____）

4. 您对澳门会展、博彩业发展的了解程度（按 1—10 分打分，1 分为完全不了解，10 分为非常了解）：_____分。

5. 您对澳门社会经济的了解程度（按 1—10 分打分，1 分为完全不了解，10 分为非常了解）：_____分。

再次感谢您的支持，请惠赐名片！

附件二

调查问卷部分（1）
——会展经济影响的调查问卷

澳门会展业的经济影响机制研究
调查问卷

尊敬的受访者：

您好！这是一份关于澳门会展业对经济影响研究的调查问卷，主要目的是想透过问卷了解您对会展业对经济的影响认可度及对本次展会对经济影响的感知，从而进一步探讨澳门会展业对经济影响机制。您的宝贵意见对本次调研有莫大的帮助，恳切地希望您能完成问卷。凡所得的资料，仅供学术研究和统计分析之用，绝不用于任何商业目的，敬请安心填写，并感谢您的支持！

顺颂

台安！

澳门城市大学国际旅游与管理学院

您为：　□参展商　　□专业观众　　□一般观众

第一部分　认可度评价（1非常不认可，2不认可，3无意见，4认可，5非常认可）

	您认为，	会展业对一般经济环境影响存在于哪些方面					本次展会对澳门经济环境影响存在于哪些方面				
Q1	增进了经济活力	1	2	3	4	5	1	2	3	4	5
Q2	促进了经济增长	1	2	3	4	5	1	2	3	4	5
Q3	优化了经济贸易环境	1	2	3	4	5	1	2	3	4	5
Q4	增加了政府税收	1	2	3	4	5	1	2	3	4	5
Q5	提高了劳动就业率	1	2	3	4	5	1	2	3	4	5
Q6	提高了居民收入	1	2	3	4	5	1	2	3	4	5
Q7	维持了物价合理性	1	2	3	4	5	1	2	3	4	5
Q8	带来更多消费	1	2	3	4	5	1	2	3	4	5
Q9	增加投资	1	2	3	4	5	1	2	3	4	5
Q10	增加与其他地区经济的关联性	1	2	3	4	5	1	2	3	4	5
Q11	提高了不动产（房产）价值	1	2	3	4	5	1	2	3	4	5
Q12	促进了产业结构的调整	1	2	3	4	5	1	2	3	4	5
Q13	培植新型产业	1	2	3	4	5	1	2	3	4	5
Q14	促进会展业及辅助产业的发展	1	2	3	4	5	1	2	3	4	5
Q15	促进旅游业及辅助产业的发展	1	2	3	4	5	1	2	3	4	5
Q16	促进与展览主题相关产业的发展	1	2	3	4	5	1	2	3	4	5
Q17	对经济有积极影响	1	2	3	4	5	1	2	3	4	5

Q18. 此次展会促进了您所处行业在澳门的发展

□非常不认可　　　□不认可　　　□无意见

□认可　　　□非常认可

第二部分　受访者参展情况及参展期间消费情况调查

Q1. 您此次参展（观展）：

□专门参与此次展会　　　□偶然参与其中

□临时决定参与　　　□其他

Q2. 在澳门停留期间产生的费用承担方为：

□个人支付　　　□所在公司支付

□展会组织方承担　　　□其他邀请方承担

□其他

Q3. 您此次展会入住的酒店为：＿＿＿＿＿＿＿酒店

Q4. 您在展会期间，停留天数为：

□不过夜 □1 晚

□2 晚 □3 晚

□4 晚 □5 晚及以上

Q5. 您在展会期间，平均每天用于住宿的支出金额约为：_____澳门币 或 □不清楚

Q6. 您在展会期间，平均每天用于餐饮的支出金额约为：_____澳门币 或 □不清楚

Q7. 您在展会期间，平均每天用于本地交通的支出金额约为：_____澳门币 或 □不清楚

Q8. 离澳出境方式为：□水路 □陆路 □航空，支出金额为：_____澳门币（无填 0）。

Q9. 您在展会期间，娱乐（不包括博彩消费）支出金额约为：_____澳门币。

Q10. 您在展会期间是否有可能参与博彩娱乐：□是，预计花费：_____澳门币；　□否

Q11. 您在展会期间，用于购物的支出金额约为：_____澳门币。

Q12. 除了以上消费项目，其他消费花费约：_____澳门币（无填 0）。

第三部分　受访者个人信息

Q1. 您的性别：　□男　□女

Q2. 您目前所属之年龄段：

□16—24 岁 □25—34 岁 □35—44 岁

□45—54 岁 □55—64 岁 □65 岁以上

Q3. 您的教育程度：

□初中及以下 □高中 □专科

□大学本科 □研究生及以上

Q4. 您来澳目的：

□度假 □探亲访友

□参加国际或区域性会议/展览

□商务公干 □博彩 □其他

Q5. 您此次同行人员有＿＿＿＿人（无填 0）。

Q6. 您的工作属于下列何种行业：

□制造业　　　　　　□水电及气体生产供应业

□建筑业　　　　　　□批发及零售业

□酒店及饮食业　　　□运输、仓储及通信业

□金融业　　　　　　□不动产及工商服务业

□文化艺术产业　　　□文娱博彩及其他服务业

□教育及科研　　　　□IT 行业

□进出口贸易　　　　□非牟利组织

□政府部门

□其他（请注明）＿＿＿＿＿＿＿。

Q7. 您目前的职位性质是：

□一线操作人员　　　□技术人员

□基层管理人员　　　□中层管理人员

□高层管理人员　　　□其他＿＿＿＿＿＿。

Q8. 您来自：

□中国澳门（请转 Q10）　　□中国内地

□中国香港　　　　　□中国台湾

□日本　　　　　　　□东南亚

□美洲　　　　　　　□欧洲

□大洋洲　　　　　　□其他＿＿＿＿＿＿。

Q9. 您是否首次来澳门：

□是　　　　　　　　□否（平均每年来澳次数为：＿＿＿＿次）。

Q10. 平均每年参展次数为：＿＿＿＿次。

调查问卷部分（2）
——针对会展参与者的互动机制调查问卷

澳门博彩与会展业互动发展机制研究
会展活动参与者调查问卷

问卷编号：

尊敬的受访者：

您好！本研究正开展有关澳门博彩业与会展业互动发展的学术研究。作为该研究的重要组成部分，非常荣幸地邀请您拨冗填写以下问卷。您的宝贵意见对本次调研有莫大的帮助，恳切地希望您能协助完成问卷。该问卷中所有调查数据仅供学术研究和统计分析之用，绝不涉及个人隐私或用于任何商业目的，敬请安心填写，并感谢您的支持！

敬颂

台安！

澳门城市大学国际旅游与学院

调查员填写部分：

1. 调查对象参与的活动类型：

□会议　　　　　　　□展览　　　　　　　□节庆

□奖励旅游　　　　　□其他（请注明）＿＿＿＿＿＿＿

2. 调查的地点类型：

　　□威尼斯人会展中心　□澳门观光塔会展中心

　　□渔人码头会展中心　□澳门文化中心

　　□澳门综艺馆

　　□其他酒店及会展场地（请注明）＿＿＿＿＿＿

第一部分　参展的动机与影响因素

请评价下列要素在您来澳门参加展会活动决策中的重要性。其中"5"表示"十分同意"，"4"代表"同意"，"3"表示不清楚或保持中立，"2"代表"不同意"，"1"代表"非常不同意"。

序号	您来澳门参展的原因包括：	十分同意	同意	中立	不同意	非常不同意
X1	澳门的世界知名"赌城"形象	5	4	3	2	1
X2	澳门是游客众多的地方	5	4	3	2	1
X3	澳门的博彩业开放使其日渐国际化	5	4	3	2	1
X4	澳门出入境较为自由	5	4	3	2	1
X5	澳门的犯罪率较低	5	4	3	2	1
X6	澳门有发达和自由的金融汇兑服务	5	4	3	2	1
X7	澳门特区政府对于会展活动有较大程度的资助	5	4	3	2	1
X8	澳门博彩业的发达程度使我认为其会展从业人员的素质有保证	5	4	3	2	1
X9	我是乘坐赌场提供的免费巴士前往会展场所	5	4	3	2	1
X10	我认为乘坐赌场免费巴士能为我节省费用	5	4	3	2	1
X11	我认为赌场的免费巴士很便捷	5	4	3	2	1
X12	赌场酒店中的会展场地拥有更好的设备设施	5	4	3	2	1
X13	赌场酒店中的会展场地能提供更优质的服务	5	4	3	2	1
X14	赌场酒店中的会展场地价格更加便宜	5	4	3	2	1
X15	赌场酒店中的会展场地能提供高档舒适的住宿服务	5	4	3	2	1
X16	赌场酒店中的会展场地能提供多元化的餐饮服务	5	4	3	2	1
X17	赌场酒店中有较多的非博彩娱乐设施及服务	5	4	3	2	1
X18	澳门会展场地能够提供一站式的综合服务	5	4	3	2	1
X19	我更愿意参加在赌场酒店会展中心举办的展览	5	4	3	2	1

序号	您来澳门参展的原因包括：	十分同意	同意	中立	不同意	非常不同意
X20	我更愿意在赌场酒店的餐厅进餐	5	4	3	2	1
X21	我愿意入住赌场酒店	5	4	3	2	1
X22	相较澳门的自然景观，博彩娱乐项目对我更有吸引力	5	4	3	2	1
X23	博彩娱乐项目让我觉得在澳门举办的会展较之其他地方更加有吸引力	5	4	3	2	1
X24	我会尝试博彩行为	5	4	3	2	1
X25	我曾经在澳门尝试过博彩行为	5	4	3	2	1
X26	我觉得澳门会展场地租金整体水平较便宜	5	4	3	2	1
X27	我会前往赌场酒店的购物中心购物	5	4	3	2	1
X28	我觉得博彩业有利于会展业的发展	5	4	3	2	1
X29	我会向别人正面宣传澳门的博彩娱乐活动	5	4	3	2	1
X30	我会向别人正面宣传澳门的赌场酒店	5	4	3	2	1
X31	我会对赌场酒店的会展场地的服务人员作正面评价	5	4	3	2	1
X32	我下次会来赌场酒店中的会展场地参展	5	4	3	2	1

第二部分　对澳门作为会展举办地的认知

1. 您此次来澳门参加展会活动，总体上是否感到满意？

   □非常满意　　　　　□较为满意　　　　　□没有意见

   □较不满意　　　　　□非常不满意

2. 对于在澳门举办与贵公司业务相关的展会，您未来是否还会前来参与？

   □一定会　　　　　　□可能会　　　　　　□不清楚/看情况

   □可能不会　　　　　□一定不会

3. 您是否认为澳门是举办会展活动的理想目的地？

   □非常认同　　　　　□较为认同　　　　　□没有意见

   □较不认同　　　　　□非常不认同（请说明原因）＿＿＿＿＿＿＿

4. 您是否会向您的同事及朋友推荐澳门的会展业？

   □一定会　　　　　　□可能会　　　　　　□不清楚/看情况

   □可能不会　　　　　□一定不会

5. 您是否认为澳门发达的博彩业对会展发展有较为积极的意义？
　　□非常认同　　　　　　□较为认同　　　　　　□没有意见
　　□较不认同　　　　　　□非常不认同（请说明原因）_____

6. 您认为澳门在发展会展业方面还有哪些瓶颈因素需要改进？

第三部分　展会期间的消费行为特点调查

1. 展会结束后，您此次在澳门停留的时间可能为：
　　□展会结束当天离开　□停留一晚　　　　　□停留两晚
　　□停留三晚　　　　　□停留四晚及以上
　　□其他（请注明）_____

2. 您在逗留澳门期间，会优先选择下列哪些休闲项目及活动？（请选出排名靠前的三项，并将其填在后面空格处）
　　a. 到酒吧放松　　　b. 观看各类表演　　c. 参与节庆活动
　　d. 参与博彩娱乐　　e. 参观文化遗产　　f. 品尝葡国美食
　　g. 参与体育健身　　h. 购物消费　　　　i. 其他（请注明）：
　　①_____　②_____　③_____

3. 您是否对澳门赌场中的博彩娱乐项目感兴趣？
　　□非常感兴趣　　　　　□较为感兴趣　　　　□没有意见
　　□较没有兴趣　　　　　□完全无兴趣

4. 您是否对澳门赌场中的购物场所感兴趣？
　　□非常感兴趣　　　　　□较为感兴趣　　　　□没有意见
　　□较没有兴趣　　　　　□完全无兴趣

5. 您是否对澳门赌场中的表演活动感兴趣？
　　□非常感兴趣　　　　　□较为感兴趣　　　　□没有意见
　　□较没有兴趣　　　　　□完全无兴趣

6. 您是否对澳门赌场中的餐饮项目感兴趣？
　　□非常感兴趣　　　　　□较为感兴趣　　　　□没有意见
　　□较没有兴趣　　　　　□完全无兴趣

7. 如果您为同行的参展同事提供澳门观光的建议，您会优先推荐：
　　□赌场　　　　　　　　□世界文化遗产　　□葡国美食
　　□名店购物　　　　　　□其他（请注明）_____

第四部分：个人资料

1. 您的性别：□男　□女

2. 您所属的年龄段为：

□18—25 岁　　　□26—35 岁　　　□36—45 岁

□46—55 岁　　　□56—65 岁　　　□66 岁及以上

3. 您的日常居住地为：

□澳门　　　　　□香港　　　　　□中国内地

□台湾　　　　　□其他国家（请注明）＿＿＿＿＿＿

4. 您此次来澳门参加展会活动的身份是：

□参展商代表　　□专业观众代表　　□主办方代表

□普通观众　　　□游客　　　　　　□公务顺便到访

□其他（请注明）＿＿＿＿＿＿

5. 您目前的学历层次为：

□小学毕业及以下　□初中毕业　　　□高中毕业

□大专及大学本科　□硕士及以上

6. 您目前的职业身份是：

□领导及管理人员　□技术及专业人士（如医生、教师、律师等）

□政府公务员　　　□公司职员

□自营企业家　　　□其他（请注明）＿＿＿＿＿＿

7. 您目前工作涉及的行业及领域为：

□制造业　　　　　□建筑业　　　　□IT 行业

□旅游及博彩业　　□会展业　　　　□商业

□教育及科研　　　□物流运输业　　□金融业

□进出口贸易　　　□其他（请注明）＿＿＿＿＿＿

8. 您每月的收入约为？（澳门币）

□1000—5000　　　□5001—10000　　□10001—15000

□15001—20000　　□20001—25000　□25001—30000

□30001 以上　　　□其他（请注明）＿＿＿＿＿＿

9. 您此次是第＿＿＿次（请填写）来澳门。

如您是第 1 次来澳门，您是否认为中国内地有必要限制国内居民到澳门自由行旅游？

☐非常有必要 ☐较有必要 ☐不清楚/说不好

☐较无必要 ☐完全无必要

10. 在过去一年中,您参加展会活动的次数为:

☐未参加任何展会活动 ☐1—3 次 ☐4—6 次

☐7—9 次 ☐10—12 次 ☐13 次及以上

☐其他(请注明)＿＿＿＿＿＿＿＿＿＿＿

11. 您在过去的一年中,来澳门参加展会活动的次数约为(包括此次来澳):

☐1 次 ☐2—3 次 ☐4—6 次

☐7 次及以上 ☐其他(请注明)＿＿＿＿＿＿＿＿＿＿

感谢您的支持!

调查时间:＿＿＿＿＿＿＿＿＿ 调查员:＿＿＿＿＿＿＿＿＿

附 录 一

澳门会展业的经济影响机制研究
访谈专项报告

澳门会展业的经济影响机制研究访谈专项报告

一　访谈背景及目的

近年访澳旅客数字稳步增长，据澳门统计暨普查局的数据显示，2012 年 11 月入境旅客有 2374110 人次，其中，中国内地旅客有 1503158 人次，较 2011 年同期增加 2.9%，酒店、休闲娱乐等相关设施不断完善。现代化会议展览场馆及设施的相继落成及投入运作，标志会议展览行业在澳门的蓬勃发展。此外，澳门具备举办大型会议展览的丰富经验，澳门国际贸易投资展览会（MIF）、澳门国际环保合作发展论坛及展览（MIECF）等国际性经贸活动定期在澳门举行。

为了更好地全面地了解和掌握会展业对经济的影响，此项研究邀请了澳门各界的会展业专家，探讨各方面的影响与机制，尝试构建一套适合澳门本地的会展经济影响指数的测评模型。本研究之专家访谈主要目的在于为会展经济影响机制模型之构建及调查提供依据和支持。为此，本研究特意从 2012 年 11 月 15 日开始邀请澳门的会展相关行业的代表进行深度访谈，从而为会展与博彩之间的互动关系提供信息。此次深度访谈主要涉及澳门私营会展公司、本地会展协会、政府部门和学术机构均有相关联性的相关部门代表，具体的访谈对象构成如表 1 所示。

表 1　　　　　　　　　　深度访谈专家的来源构成

政府部门代表	会展业代表	学术代表	本地会展协会
澳门特区政府经济局会展业及产业发展厅	澳门信德旅游	澳门旅游学院	澳门展贸协会
澳门贸易投资促进局推广活动厅	艾尖公关策划有限公司		澳门会议展览业协会
澳门旅游局			

通过上述内容可见，本研究的深度访谈邀请了澳门会展相关领域的知名代表、政府部门代表以及学者代表，因此各行业的代表性使得本次深度访谈的可信度大大提高。

二　访谈设计

访谈的问题设计考虑到以下的问题：第一，希望在访谈中获取到会展与博彩之互动关系，从而得到其核心元素并为日后的互动机制研究提供相关的资料。第二，透过访谈了解会展的发展状态与专家人士对会展的观点，为此，问卷中的问题设计主要分为以下几个部分，受访的会展专家需对以下的问题作出专业性的分析：

（1）会展业对澳门经济的影响；

（2）如何理解会展对澳门经济的影响；

（3）会展产业对澳门的经济机制影响；

（4）会展业对澳门经济有何影响；

（5）何种方式测量或观察会展产业比较合适；

（6）对会展业的意见或建议。

三　主要结论

1. 多元化的会展活动推动会展区域合作，对澳门的经济有正面影响。

会展业对澳门的经济有相当的影响力。澳门贸易投资促进局推广活动厅认为，会展业是澳门特区政府近年重点培育的新兴产业之一。会展业在实现澳门经济适度多元的目标方面，起到重要的促进作用。一方面，会展业通过汇集来自多个不同地区不同行业的企业家在澳门开展经贸活动，带来海内外地区的贸易投资机遇，推动澳门经贸合作服务平台功能的完善。另一方面，多元化的会展活动能够吸引世界上的企业家、投资者、商务旅客等高消费群体来澳，为澳门零售、餐饮、酒店等相关产业创造更大的市场空间。

澳门经济局会展业及产业发展厅会展专家认为，会展对澳门的经济有正面影响。参考统计暨普查局 2012 年第二季会议及展览的统计，按受访展览主办机构的数据显示，2012 年上半年的展览收入为 MOP 2514 万元，与 2011 年同期金额持平；反观受访参展商数据显示，2012 年上半年参展收入为 MOP 1998.8 万元，为去年同期的 3 倍，反映参展商收入升幅强劲。此外，会展活动不仅可为活动组织者、场地提供者、参展商及各类会展服务的业界带来经济收益，同时亦有效地带动多个相关行业的综合发展，有助于吸引大量的高端商务旅客，为当地的旅游、交通、运输、餐饮、住宿、翻译、广告、消费零售等行业带来巨大的间接收益，产生强大的拉动作用。

2013 年年度施政报告指出，近年会展业得到持续稳定的发展，现已成为推动澳门经济增长的新兴行业，并有效带动多个相关行业的综合发展。以"澳门国际环保合作发展论坛及展览"（MIECF）为例，活动汇聚了国际环保组织代表、来自多个地区的企业家、投资者、专家学者等来澳；研发、生产和销售等环节呈现到展览场馆中，这不仅促进了产业的合作和交流外，还带动了澳门环保产业及其相关行业的发展。

国家商务部与澳门特区政府签署的《关于加强会展业合作协议》，将有利于两地会展业实现优势互补，共同发展。为两地会展业间未来展开更加广阔和深入的合作打下了良好的基础。由商务部与澳门特区政府经济财政司主办的"第三届中国餐饮业博览会"吸引了 25 个国家和地区的国际知名企业参加，数千种餐饮品牌参展，对内地企业走向国际化、专业化、品牌化起到积极的促进作用。会展业作为经济适度多元化的重要组成部分，会展业的发展还有利于澳门经济适度多元化的加快，对实现世界旅游休闲中心的定位起到积极的促进作用。此外，澳门特区政府积极引进内地和国际大型会议展览活动来澳门举办，也是丰富澳门的展会活动内容，提升整体的会议服务发展能力和水平。同时，利用澳门与葡语密切联系的优势，发挥国际化水平，协助企业开拓葡语国家市场，寻找经贸商机。

"国际基础设施投资与建设高峰论坛"在澳门举行，就是澳门成功引进会展活动的成功例子之一，这有利于澳门会展业人才发展，共同打造区域会展品牌。通过有关论坛的举办，不仅为国家业界搭建良好的沟通交流平台，促进有关方面的互利合作，同时更好地发挥以及强化澳门作为区域商务平台，进一步内地与澳门、内地与其他国家与地区的交流合作。"2012第二届中国（澳门）国际汽车博览会""2012第二届中国（澳门）国际游艇进出口博览会""2012澳门公务机展""TOP MAR-QUES"等展览活动，分别聚集高端客为主要参展和观展对象的展会，不仅吸引了足够数量的国际知名品牌、企业远道来澳参展，也吸引了一众内地高端消费群体，通过澳门这个区域性展会服务平台，分享到就近、便利和快捷的国际化、专业化高端服务。

在学术部门方面，澳门旅游学院认为澳门特区政府正积极推动澳门发展成为区域性的会展中心，澳门会展活动处于持续增长阶段。其中，比较具代表性和影响性的有澳门国际贸易投资展览会、中国—葡语国家经贸合作论坛等。由澳门特区政府在加强区域合作中提出的"远交近融、互补合作、共同发展"的思路，为澳门会展业的发展创造了极大的空间。CEPA实施又为澳门的产业优化、经济结构调整和多元化创造了有利条件，再加上澳门构建区域服务中心的定位，将使澳门与葡语系国家、粤西地区以及世界华商之间的服务平台作用得到充分发挥，"这是澳门会展业难得的机遇。"

但澳门私营会展公司却有不同的意见。澳门信德旅游认为一向以博彩业为龙头、服务业为主体的澳门，会展业现仍在发展阶段。澳门经济在特区成立后稳步增长，以及多个大型会展设施相继落成，使会展业发展进一步加快，但仍属于起步阶段。这体现在：本澳会展场地面积增加，也具备举办国际性大型会展活动的经验。活动数目逐年上升，近年来举行的会展活动初步估算约500个。从业人员持续增长，会展公司之雇员人数逐步增至逾1400人，而搭建、公关等相关服务提供商的队伍亦不断壮大。然而，无论从本身的发展历程，或是相对于与邻近具有多年发展基础的地区来看，澳门的会展业在不少方面还有待完善，行业仍处于起步阶段。

2. 会展与各式各样的行业密切关联，产业关联促进了经济增长，同时也促进澳门产业结构多元化发展。

澳门贸易投资促进局推广活动厅表示，会展业既是经贸服务平台、经济适度多元化的主要内容，也与"世界旅游休闲中心"紧密相关。各种形式的会展活动均可为多个行业带来机遇。其经济效益能辐射至酒店、餐饮、零售、装潢等行业，有利于推动澳门经济适度多元发展。会展业经济收益的乘数效应是七至十倍，近来澳门举办的几项高端服务展览，吸引了不少商务高端旅客，优化来澳旅客的基本结构，与本澳经济发展大方向配对，即发展成区域商贸服务平台、世界旅游休闲中心。近年来，已有一大批会展相关企业在成长中，现时直接参与会展或相关企业已逾三百家，包括组织、场地承建、货运、设计、广告、旅游及顾问咨询等会展业人员近年亦不断成长，由 2001 年不到 200 人，到现在已超过 2000 人，当中更有会展管理国际课程、会展经理等高层培训，亦有设计、搭建等。显示会展业为澳门企业创造一定的就业机会。

澳门贸易投资促进局推广活动厅进一步谈到，构建商贸服务平台和打造"世界旅游休闲中心"是澳门的发展方向，透过展会汇聚海内外的专家和投资者来澳，让澳门企业进一步了解相关行业，从而有利推动其他相关产业在澳门的发展。近年一些大型会展品牌项目也在澳门举行。2011 年，在澳举办的会展活动共 1045 项，与会人次超过 120 万，较 1999 年的 206 项增加 5 倍。今年上半年，在澳举行的会议及展览共 505 项。随着特区政府各项扶持、优惠措施的实施以及国际级会展设施的落成，多个大型的国际性、区域性会展品牌项目如"亚洲国际博彩博览会"（G2E Asia）、"国际基础设施投资与建设高峰论坛""中国餐饮业博览会"等在澳门举行，2012 中国（深圳）国际文化产业博览交易会于 2015 年 10 月举行的"澳门国际贸易投资展览会"（MIF）期间，在澳门设立分会场，反映澳门会议展览业正稳步发展的同时，为澳门经济增长带来的效益逐步显现。

澳门经济局提出为促进澳门产业结构多元化发展，特区政府一直扶持新兴产业的成长，而会展业已成为推动澳门经济增长，以及实现澳门建设世界旅游休闲中心的重要一环。特区政府透过设立会展业专责机构、有效实施并完善"会展活动激励计划"、继续引进外地品牌展会来澳举办及培育澳门会展品牌，积极培育会展人才等措施，推动澳门会展业的健康发展。

澳门私营会展公司代表认为会展业作为构建平台和经济多元化的"助推器"，具有两方面的作用力：一是带动上、下游相关行业（如酒店、物流、零售业），也就是同一产业群的发展，即不少人提及的拉动效应。二是促进其他新兴产业群（如环保、文化创意产业）的发展。就以最近在澳门举行的一些国际性展览会为例（如"澳门国际环保合作发展论坛及展览"），展会把环保产业的上、下游产业链包括：研发、生产和销售等环节呈现到展览场馆中，这不仅促进了产业的合作和交流，也能带动与环保产业本身及其相关行业的发展，并且汇聚了国际环保组织代表、来自多个地区的企业家、投资者、专家学者等来澳，进一步推进了澳门环保产业的发展。又如珠宝展举行带动相关设计、加工、采购等行业的发展，从而有利于澳门经济适度多元化的实现。因此，会展业不仅可发展成为澳门经济的新增长点，同时也可作为经贸合作服务平台的支撑，并在促进澳门经济适度多元化方面发挥着两方面的"助推器"作用。

澳门经济局会展业及产业发展厅认为随着澳门会展业的不断发展，基础设施亦逐步完善。现时澳门会展场地面积已超过 14 万平方米，各式各样的场地可配合不同类型活动在澳举行；由于会展业所涵盖的服务较多，其中包括：会展统筹、场地搭建、公关服务、宣传推广等，为本地劳动市场提供不同种类就业机会，对本澳整体经济发展呈正面的作用。此外，会展业对澳门经济的影响是多方面的，包括：有助于促进产业适度多元、拉动澳门经济增长、增加就业机会、完善澳门经济发展的硬件及软件的基础设施等。

澳门私营会展公司代表认为，会展业不仅本身是发展迅速的新兴产业，也是澳门经济适度多元发展的一个体现。而且，其配合到澳门的发展方向（受资源缺乏、市场规模有限等客观条件所限，澳门需要通过构建"平台"和经济适度多元以实现可持续发展）。所以，本澳会展业发展具有特殊的意义。

澳门旅游学院认为在澳门的经济体系中，澳门的会展业自回归以来快速发展，会展场馆等基础设施的建设不断加强，对投资、就业、经济增长的促进作用进一步显现，同时对旅游、住宿餐饮、批发零售等行业产生了积极的带动效应。发展澳门会展产业，对推动澳门经济的适度多元化、培育澳门经济发展的新增长点，具有不可忽视的战略意义与理论价值。

3. 会展产业对澳门的经济影响，表现在促进各关联产业发展、贸易投资合作、本地经济增长等方面，且具有明显的拉动和乘数效应。

对于会展产业对澳门的经济机制，相关的受访者列出了以下的意见。澳门贸易投资促进局推广活动厅认为，会展所具有的特点使其与企业家、投资者、参展商、产业链服务供货商以及参会之专业人士等具有密切的关联。所以展览会在促进人流、物流、资金流以及创造就业、汇聚商机上，更具有相当明显的拉动和乘数效应。通过聚集来自更多不同行业的企业在澳开展经贸活动，增进彼此交流合作，同时为海内外地区的贸易投资创造条件。"第十七届澳门国际贸易投资展览会"（MIF）有 1800 个展位，全部是由本地 100 多个企业参与落实，说明澳门企业基本可以从策划、管理等举办大型展会。经过多年的发展，本澳多个大型会展活动国际化程度不断提高，参展商和专业观众数目持续增长，促进双向性贸易投资互动，推动企业多方面的合作。

澳门经济局会展业及产业发展厅提出如要理解会展产业对经济的影响过程和机制，需要从直接经济影响、间接经济影响及乘数效应经济影响三方面进行评估。直接经济影响是指会展业自身的行业的增长对地区生产总值带来的增长。有关数据将反映会展业在澳门经济增长中的规模；会展业对产业链上的其他行业带来的增加值效应，是会展业的间接经济影响。会展经济是集商贸、交通、运输、酒店、餐饮、零售、旅游等为一体的经济消费链；因此，会展业的发展不仅自身得到增长，还将带动相关行业的增长。最后，乘数效应经济影响包括两部分：一是投资乘数效应，会展的投资是指因为举办会展而需要的基础设施建设，包括会展场地、交通基建等固定资产投资活动；二是消费乘数效应，会展业的消费是指由举办定期或不定期的会展而给当地带来的消费。例如参展商的参展费用、展外费用和观展的费用，包括住宿、餐饮、交通、购物、娱乐等各方面的消费都将为澳门带来经济收入。然而，要准确计算会展业对经济带来的拉动效应或乘数比率，必须要建立一套详细的数据库及调查机制，特别是针对来访客商在本澳进行的各项消费或服务需求之统计，才可以统计及推算出会展业对当地经济及相关行业所带来的贡献。

澳门旅游学院认为澳门会展活动的举办，增加了对人力资源的需求，形成了就业乘数。会展业作为一个独立的产业，是吸纳人流、物流、信息流的有效手段，与国民经济中的一些重要部门，如旅游、交通、运输、广告、保险等服务业有着密切的关系，通过带动这些产业的发展，创造新的就业机会，促进国民经济的发展。

4. 全面地科学化评估会展业对澳门经济的影响，需要有效完善的会展产业及相关产业统计数据来支撑。

澳门经济局认为，为全面地科学化评估会展业对澳门经济的影响，需要完善的统计数据做支撑，并参考会展先进国家/地区的经验，结合澳门的实际情况，建立一套合理的测量及评估模式，从而对澳门会展业的经济影响做出科学化评估。

澳门贸易投资促进局推广活动厅认为，透过政府相关部门对整个会展业的统计，掌握有关会议展览数目、参与人次、筹办服务公司数目、从业人员数、会展业总收益等数据和分析，并综合由澳门会展业界、商/协会提供行业情况的信息，并对有关数据进行整理，亦有助于客观地分析会展业对经济发展所发挥的作用。现时，本地一些展会如"澳门国际贸易投资展览会"（MIF）、"第三届中国餐饮业博览会"、澳门国际品牌连锁加盟展（MFE）及"2012第二届中国（澳门）国际汽车博览会"等委托大专院校及专门机构进行问卷调查，所得到的数据有助于进一步了解和评估展会带来的成效。

澳门旅游学院认为会展经济发达地区，相关产业的统计资料都十分健全，如德国、香港等地都联合行业协会以及政府和研究机构开展会展业的基础信息统计与分析。目前，由于澳门的会展经济处于发展阶段，各项经济指标和资料的统计还不完善。通过项目的研究过程能系统性地搜集和获取关于澳门会展经济运行的全面基础资料。此外，会展经济具有强大的产业关联性以及乘数效应。通过研究构建出能够明确衡量会展经济对澳门本地社会经济发展影响力的理论模型或景气指数。并通过在时间上的连续研究，深入解析会展经济对澳门经济发展的影响机制。最后，经过研究分析，希望能够通过对会展经济发展现状的分析找出提升澳门会展经济实力和效益的途径，并为后续的会展经济发展政策以及发展决策提供理论依据和指导。

5. 专家学者对本澳会展业的意见或建议

澳门经济局认为可考虑由专家团队，把外地在会展经济影响评估的调查方法或研究模型，对澳门情况进行分析，也鼓励本澳和外地的机构对澳门会展业发展作调研。

澳门旅游学院认为：第一，应该把会展专业毕业生训练成有理论又兼具操作能力的人才资产。第二，建议澳门政府在会展业的发展期间多支持及培植可持续发展的澳门会展品牌，并鼓励聘用澳门专才。第三，全面的会展统计数据库之建立将会让业界有所参考。以史为鉴，澳门会展业能更正确地计划未来。第四，澳门政府应协助教育本地居民认识会展，并做好整个城市的会展接待及宣扬工作。

附 录 二

澳门博彩与会展业互动发展机制
研究深度访谈专项报告

澳门博彩与会展业互动发展机制研究
专家深度访谈专项报告

博彩业是澳门经济发展的核心与龙头，而会展业同时也被澳门特区政府列为未来发展的支柱产业之一。两个产业在澳门实现了有机的结合与发展。为了能够更好指导博彩业与会展业的融合与互动，本研究试图从两个角度来探讨博彩及会展业界人士对于对方产业的认知以及相互关系的认知。为此，本研究特意从2012年9月开始邀请澳门的博彩与会展相关行业的代表进行了深度访谈，从而为博彩与会展业的互动发展机制研究提供初步的信息。

此次深度访谈主要涉及博彩业、会展业以及博彩与会展业均有关联性的相关部门代表，具体的访谈对象构成如表1所示：

表1　　　　　　　　深度访谈专家的来源构成

博彩领域代表	会展领域代表	相关领域代表
博彩监察协调局	澳门会议展览业协会	澳门旅游局
澳门博彩企业员工协会	澳门展贸协会	澳门经济局
澳门理工学院博彩研究暨教学中心	澳门投资贸易促进局	
澳门博彩研究学会	上海师范大学旅游学院	
	教育部工商管理教学指导委员会	
	台湾立德大学旅游与会展专业	

通过上述内容可见，本研究的深度访谈，基本上邀请到了澳门、中国内地以及台湾等地在会展、博彩以及相关领域内较为知名的业界代表、政府部门代表以及学者代表进行访谈。各行业的代表性使得本次深度访谈的可信度大大提升。

一　访谈的基本思路与设计

在访谈的问题设计时考虑的两个主要问题是：第一，需要透过访谈中获取的信息来抽取博彩业以及会展业发展的核心元素，从而为后期的互动机制研究创造条件。第二，透过访谈了解会展业与博彩业之间目前的互动状态以及业界人士的观点。为此，问卷的设计大体上涉及六个方面的内容，即：

1. 了解受访者对于会展业及博彩业发展所需要素的观念，并询问其如何看待博彩业以及会展业对于对方发展所需核心要素的促进作用。

2. 从业界人士的角度探讨博彩业与会展业之间的相互关联性。

3. 向业界人士询问澳门会展业在发展过程中有哪些显著的优势，从而试探在相关优势中，专业人士对于博彩业的提及频率。一般提及频率越高则相关重要性就越强。

4. 进一步深入探讨澳门作为世界知名的赌城，其赌城的形象对于会展业的发展有何作用。

5. 从服务质量的角度询问相关业界代表，博彩业的发展对于会展业的服务质量方面有何影响和作用。

6. 从来澳参加会展活动的游客行为角度来了解会展人士在博彩业方面的消费情况。

上述六个方面的内容能够协助研究者大体了解到专业人士代表在两个产业之间的关系，博彩业的形象及发展对于会展业的发展和服务质量的影响。

二　受访者对于会展业及博彩业发展所需条件的认知

（一）博彩业发展所需条件——以政策、配套服务为主

对于博彩业发展所需的条件，相关受访人士列举了如下的要素：如中国宽松的自由行政策、优质的顾客服务、吸引游客的旅游景点、公平

的政府政策、足够的人力资源、良好的社会治安、健康的竞争环境、廉洁的营商环境等，这些都是发展博彩事业的重要条件和核心要素。同时，也有受访者将博彩业发展所需条件归纳为两类：一是有力的政策支持，即从中央政府到澳门政府，对澳门发展博彩业的合法性、正当性，给予明确的、持之以恒的法律和公共政策方面的支持。二是博彩业自身要具有很强的旅游吸引力。要实现吸引力的提升，则需要有门类齐全的周边产业以为拱卫，这些周边产业包括酒店、餐饮、会展、零售、表演等。

可见，就业界人士的观点，博彩业较为集中的产业发展要素可大体分为四类，包括各级政府对于博彩业发展的推动政策、以相关产业配合而形成的综合性的博彩旅游竞争力、良好的营商环境以及发展资源，如人力资源等。

（二）会展业发展所需条件——涉及面较广、需要多角度全方位的支持

对于会展行业发展所需的条件，博彩相关部门的代表认为政府政策、为会展活动提供支持的硬件设施、稳定的商务客源以及为商务人士提供完善的服务等是会展业得到健康快速发展的前提。

如博彩监察局的代表认为，会展业的发展需要在硬件设施、地点、客源以及投资等方面进行配合，如需要有较大规模的硬件投资，同时发展会展业的区域空间也需要具有较大的规模才有一定吸引力。而澳门博彩业的发展正好吸引了诸多的投资者到澳门来进行相应的投资，提升了澳门会展业发展的基础设施水平，也带动了经济的发展。

而澳门博彩企业员工协会的代表则表示，会展业的发展所需核心要素包括有一定的政府优惠政策的支持。同时，需要有较为稳定的商务客源及与会展商务活动相关之各类项目和措施。

而从会展专业人士的角度来看，会展业发展所需要素涵盖了从宏观到微观，从城市环境到细节服务等多个环节。

如澳门会议及展览业协会代表就认为会展业发展的核心要素包括以下方面：第一，城市的整体形象和吸引力，即对于参展商和买家的吸引力。第二，拥有较为独特的会展项目及服务策划。第三，城市的交通较为便利。第四，拥有功能完善且现代化的会展专业场地。第五，拥有素

质良好的会展管理及服务人员。第六，要能够提供较为齐全的会展服务配套，以及会展活动之外丰富的延伸服务。

教育部工商管理教学指导委员会的代表则认为，会展业发展的核心要素可以被归纳为六大内容，分别是：（1）较为繁荣的宏观经济形势，即经济的增长速度以及持续能力，这是会展业发展的大环境。（2）较为稳定的政治环境，社会较为稳定。因为稳定的社会及政治环境能够给人较高的安全感。（3）会展业的发展核心要素可能还要包括较为发达的旅游业，只有拥有较为充分的旅游资源以及服务才能够为商务游客提供其所需的各项服务。（4）较为便捷的交通设施。（5）较高的服务质量与水平，为商务旅客提供满意的体验。（6）会展业的发展还需要有实力较为雄厚的产业支撑，如澳门的博彩业、东莞的制造业、香港的金融业等。

上海师范大学的教授则首先介绍了目前在会展业发展所需条件方面的主要观点，即从国内外会展业发展的历程来看，创意、运营、品牌和团队被称为会展业发展的四大核心要素（北京市统计局，2006）。此外，还有人将会展业作为新兴的现代服务业，其中，人才和智力资源是会展业发展的核心要素（萧攸，2006）。同时也有学者认为区位、资源、环境及政策是发展会展业的四大要素（程冬民，2008）。受访教授则表示，从其角度来看，会展业发展需要下列七大核心要素：第一，区位要素，即地理位置要素。好的地理位置会在气候、交通、经济、文化等领域内占据先机，因此，会展业的发展先决条件是区位要素。第二，资源要素，这里的会展业发展所需资源包括旅游、交通、通讯、会展、接待业、人力等与会展管理与营运有关的所有资源。第三，环境要素，会展业发展所需环境是较为综合的，包括社会、政治、经济和文化环境等在内，发达的经济以及稳定的社会是会展业发展的良好环境。第四，政策要素，即中央和地方政府对于会展业发展的扶助支持政策。第五，产业要素，包括会展产业自身的各类生产及服务要素、会展配套产业和会展支援性产业。第六，科技要素，包括各类科技创新和科技产业。第七，会展业的发展和提升还需要有更多的智力资源的支持，因此，会展人才培养及研究要素同样也是会展业发展过程中不可缺少的核心要素。

展贸协会的受访代表认为澳门本身没有太多的可利用资源，过去澳

门的博彩业从专营走向公开竞标经营实属无奈之举。如果从会展业发展
的核心要素来看，实际上会展业不需要太多的核心要素，其本身就是一
个平台而已。现时澳门有90%的业务均为服务业，从提升城市品牌的
角度出发，会展业的发展主要目的在于推动多元化和改变城市形象并为
贸易交流提供平台，所以不需要太多的核心要素。

而来自台湾立德大学旅游与会展专业的受访者则表示，会展业发展
所需的条件和要素包括数量众多的内容，主要的如基础设施、设备的完
整性；对外及对内交通条件的便利性；餐旅服务业的质量与效率；相当
数量与高质量的住宿空间；政府政策的支持；居民和社会资源的支持与
配合；公会、协会、学会、学校的资源；人力资源的质量；城市营销与
经济发展的结合；出入境管制与金融汇率的配合；会展城市的发展定位
与策略等。

在与会展及博彩业均有关联性的部门方面，澳门特区政府投资暨贸
易促进局的代表认为会展业的发展最为重要的是需要一个良好的中介平
台以及信息发布平台，同时，也要有配套的娱乐服务设施等。

旅游局的代表则表示会展业的发展需要一系列的要素，如多元化语
言的团队，具备承办会展活动经验的目的地管理公司、专业会展组织者
以及会议观光局等。会展场地也同样是不可缺少的一个部分。对于会展
项目的专业化优质管理能力是保证会展业能够顺利发展的技术条件。而
为了能够维持持续的竞争力，会展业还需要有能力了解商务人士的需求
并不断提升硬件设施以满足其需要。

透过相关访谈可见，会展业是一个关联性十分广泛的行业，其发展
需要许多行业的共同支持才能实现。

三 博彩业与会展业之间的相互作用关系

（一）会展业能够增强博彩业多元化的内涵及为其带来更多客源

而受访者均肯定了会展业的发展对于博彩业发展的重要推动作用。
如会展业的发展使得博彩业的形象得到较大的改进，有利于政府政策的
转变。同时，会展业也会带来较多新的产业形态，有助于进一步提升博
彩业的多元吸引力。也有博彩业受访者表示其实会展业与博彩业在上述
发展所需条件方面具有较强的统一性。

澳门博彩研究学会的受访者表示会展业作为澳门经济发展的龙头产业之一，其发展定位主要为辅助澳门旅游业发展的产业，能够对澳门经济的多元化发展做出一定的贡献。

澳门理工学院博彩教学与研究中心的代表则认为，由于澳门会展业发展的条件尚不成熟，特别是发展所需的市场条件还不具备，因此，澳门会展业尚未形成特色，缺乏竞争力。因此，对于澳门博彩业的发展影响不甚显著。

由此可见，从博彩业界代表看来，博彩业与会展业在发展基础方面具有较强的共性或相互促进性。

（二）博彩业为会展业发展提供硬件设施和所需经济环境及经济资源支持

透过访谈，会展专业人士对于博彩业与会展业发展之间的关系进行了说明。

如澳门会议展览业协会的代表认为博彩业的发展提升了城市交通以及服务水平，推动了上述核心要素的逐步完善，因此对于会展业发展具有重要的推动意义。

教育部工商教学指导委员会的代表也认为博彩业的发展可以为会展业提供优质的服务、发达的旅游和繁荣的经济等发展会展业所需的核心要素。以澳门为例，博彩业推动澳门经济快速崛起，吸引了全球的目光，同时也带来许多商机，为会展业发展提供了硬件设施及完善的配套服务。

上海师范大学的受访代表认为博彩业的发展能提供或改变会展发展所需核心要素中的部分内容。如资源要素中的人文旅游资源、交通和通信资源、接待设施、服务资源和人力资源；环境要素中的地区经济环境，产业要素中的会展配套产业和科技水平要素，但不能提供区位要素、政策要素、会展研究要素以及环境要素中的文化、社会、政治及大经济环境、资源要素中的会展设施，产业要素中的会展产业和会展支援性产业。可见，其对于博彩业对会展业发展的影响进行了更进一步的细分。

台湾立德管理学院的代表认为博彩业的发展和会展的结合可达到：基础设施与设备的提升、餐旅服务质量提升、高质量的住宿空间、城市营销意象的形成、城市与经济发展的结合、会展城市的定位等，另有关人力资源的提升等则须进一步考虑会展产业发展所需要的高阶人力、协调人力、危机处理人力、外语能力等，进行与训练机构或学校再整合。

澳门特别行政区政府贸易暨投资促进局代表博彩业的发展对于澳门会展业的发展起到了较为直接的推动作用。如博彩业的发展能提升该城市的国际知名度。并且，就目前实际情况来看，澳门大多数的会展场所是由博彩经营商所提供。

澳门特别行政区政府旅游局受访代表则表示，博彩业的发展为会展业提供了其所需的核心要素，但是，两者的发展基础和目标之间还是存在一定的差异性。

博彩监察局的受访者也表示澳门发展博彩业，大力吸引了国际企业如著名酒店及娱乐场公司来澳门进行投资，带动了大型建设，提升了澳门的经济实力和繁荣程度。故此，博彩业的发展能够吸引参展商及会议筹备机构来澳门办展及办会。

（三）博彩及会展业间存在相互依存相互促进的关系

从受访者的意见回馈来看，对于博彩业及会展业间的相互关系，大部分的受访者都认为有较为密切的联系，该联系主要体现为相互依存与支持。如澳门博彩研究学会的代表认为博彩业与会展业之间是存在某种程度的联系，但是由于目前会展业尚在发展中，规模不算大，会展业对博彩业的直接影响也不会很大。当然来参加会展的人都很有可能是到赌场参观的。他们一般都不会豪赌。

澳门博彩企业员工协会的代表则表示两个行业间没有必然的关联。但是客观上的确存在少部分客源较为相似。因此，两个产业之间会互相发展，有一定的互助性，并且两个产业的互动能够对澳门服务业整体服务素质提升有帮助。

澳门理工学院的代表则认为两者是拥有共同的利益，因为会展业与博彩业都会给一地带来更多的游客，而游客是很容易转化为赌客的。

博彩监察局的受访者则表示会展与博彩业之间有较为密切的关联。具体而言，两者之间会互相带旺。例如参展商除会议外，亦会于空闲时间到景点参观，到娱乐场博彩及购买手信、服饰、电子产品。而澳门的博彩业发展旺盛，亦会吸引参展商及会议筹备机构等选择澳门举行及参加会议。

澳门会议展览业协会的代表则认为博彩业与会展业有一定的关联性，表现为互补和相互促进。博彩业为参加会展的人员提供了展会后的余兴节目，增加了参展的动因。而对于博彩业则增加了人流量和营业额。

教育部工商教学指导委员会的代表也表示，参考拉斯维加斯国际博彩业的发展经验可见，博彩业和会展业之间相互依存，相互影响，存在着较强的关联性。具体而言，一方面会展为博彩业发展提供良好的基础设施服务，另一方面博彩业也为会展发展带来大量的潜在顾客，同时，两者之间可以进行资金的流动。

上海师范大学的专家也认为如果单纯从产业活动内容、性质和特点来讲，博彩业和会展业是两个不同的产业，但是两者之间存在不少的关联性。首先，这两个产业的客源市场都是旅游市场的重要组成部分，博彩业吸引的是休闲旅游市场，会展业吸引的是商务旅游市场，这两个细分市场有其差异性，需求有其不同点，但也有其共同点，两者具有交融性，并可互为转化。其次，两个产业活动的主体具有交融性，会展旅游者和博彩旅游者互相交融，活动的场所为博彩业的博彩酒店（Casino Hotel），它同时也可能是会议酒店（Convention Hotel）或会展场馆（MICE Venues）。博彩酒店内设施也可作为会展活动的举办和接待设施以举办会展活动和接待会展活动参与者。第三，两个产业的发展需要许多共同的条件，如都需要良好的社会经济环境，基础设施、交通通信、人力资源、配套产业、住宿餐饮，所以必须有共同的配套产业为其支撑，如发展博彩业所需要的住宿、餐饮、金融、保险、房地产业、交通和通信产业也是发展会展业所需要的配套产业。由此可见，两个产业可以良性互动、互相支撑、互相促进、共同繁荣。

澳门展贸协会的代表在该问题上提出了较为新颖的观点，对于博彩业与会展业之间是否有关联性，受访者指出，两者之间有一定的联系，实际上是一个替代升级的关系。这一点从美国拉斯维加斯的发展中也可以看到。澳门经济经过近年来的发展，已经达到了一定的程度，城市的名片——博彩业给人以一定的罪恶感。为此，城市需要借助会展业来更换城市名片。因此，如果说博彩与会展之间的联系，那就是政府可以借助会展业快速更改城市的名片。

澳门贸易暨投资促进局的代表也认为博彩业与会展业之间有关联，其关联具体表现在如下几个方面：第一，博彩业与会展业的经营商往往相同；第二，会展业对于客商的吸引力的一部分来自于博彩经营公司所提供的娱乐设施以及服务。近年来，一些非博彩项目得到发展。但是，这些非博彩项目的引入主要也集中在从事博彩经营的企业；第三，对于内地很多企业及参展商而言，博彩是一个很有利的吸引元素，能够形成产业集聚；第四，同时经营博彩业与会展业的企业与单纯只经营博彩或会展的企业经营模式会有所区别。

澳门旅游局的受访者则认为随着澳门博彩业的发展，澳门会展与博彩业间的关联性日渐紧密，但是这种关联性实际上体现出了澳门旅游业迈向多元化发展的重要趋势，两者之间是相互依存的关系。如博彩业中的多种美食、购物等服务是会展商务旅游人士所希望看到的，而会展业与博彩业的融合又大大丰富了澳门旅游多元化的内涵。

结合上述访谈所获信息，本研究发现，受访者无论是从会展业的角度还是从博彩业发展的角度，都对两者间的关联性做出了较高的评价。从具体的访谈内容来看，博彩业发展所需的核心要素主要以政策和旅游相关的配套服务为主。会展业的发展则需要更多的核心元素，借用上海师范大学专家的意见，可以大体上归纳为区位、资源、环境、政策、产业、科技以及智力资源等七大方面。从博彩业与会展业的相互关系来看，可以体现出以下特点：

1. 会展业与博彩业间具备较强的关联性

会展业与博彩业从运营基础以及在澳门社会经济发展中的功能来看，具有相互关联性是必然的趋势。一方面，两者的客源以及所需要素有共同之处，特别在客源提供以及设施的提供方面，两者之间具有千丝万缕的联系。另一方面，两者的结合符合澳门正着力打造国际旅游休闲目的地的战略目标。因此，可以说会展业与博彩业之间的关联性属于一种相互依存、相互发展的战略合作关系。

2. 会展业较博彩业需要更多的服务及配套

通过访谈了解到，受访者普遍对于博彩业发展所需核心要素的认识较为集中，而对于会展业发展所需核心要素则相对内涵广泛。因此，会展业的发展需要更多的核心要素作为支持。

3. 博彩业从宏观环境及设施方面提供支持

在博彩业对会展业的影响上，受访人士大多都是认为博彩业能够从宏观经济环境方面为会展业发展提供支持，如博彩业繁荣小区经济、吸引投资、创造更多的商机，而且博彩业能够为会展业发展提供较为充足的场地及设施等。

4. 会展业则从城市形象和活动内容方面配套发展

反观会展业对于博彩业发展的影响，受访者则将其作用力致力于带来更多的潜在客源、改善城市的形象，能够为旅游者提供更多的服务和活动内容等。如节庆活动的举办将大大提升博彩城市的娱乐活动类型，利于提升博彩业发展的竞争力。

四 澳门会展业发展的优势及赌城形象的影响

（一）澳门会展业发展的优势

透过受访者对于会展业发展优势的理解中可以间接看到博彩业在其中所体现的重要性。在受访者中博彩企业员工协会代表认为澳门发展会展业的主要优势在于具有较高的世界知名度，当较高的知名度加上政府配合宣传能够较好的吸引商务人士来澳举办及参加会展商贸活动。

博彩监察协调局的受访者表示，澳门在会展业发展方面，拥有两大优势。其一为地理优势，即邻近潜力极高之中国内地市场；其二为博彩业发展优势，由于博彩业发展较为旺盛，令一系列的配套更为完善，如酒店住宿，餐饮以及会展场地等。

澳门会议展览业协会代表则表示，澳门在会展业发展方面存在以下优势：在博彩业的支持下，澳门会展场地可提供一站式全面服务；而展会活动后的余兴节目选择也相对较多；发达的博彩业对于东西方客商均具吸引力；参展参会的成本相对临近的香港较低，性价比高；而澳门政府重视程度较高，同时澳门社会对会展业发展的期望也较高。

中国教育部工商管理教学指导委员会代表也指出，澳门在发展会展业方面的优势主要体现在以下三个方面，即第一，政策保障，澳门政府出台相关政策和措施，大力发展会展业；第二，经济支撑，企业投资和澳门博彩业的发展都为会展业提供了大量的资金支撑；第三，旅游支持，澳门发达的旅游业不仅为其会展业提供了大量的客流量，同时也提供了较为完备的配套基础设施。此外，还有开发的国际化环境也为澳门会展业增加了不少竞争力。

上海师范大学受访专家则将澳门发展会展业的优势归纳为以下六点：稳定的社会环境优势、中央和澳门特区政府的政策支持优势、良好的会展与接待设施优势、不断提高的服务素质和水平优势、得天独厚的和葡语国家与地区的联系优势、港珠澳会展经济带的形成和发展优势。

澳门展贸协会的代表则认为，澳门拥有会展业发展的最大优势就在于博彩业的巨额税收为政府支持会展业带来了便利。政府可以借助博彩业的收益全力支持会展业。澳门酒店客房从 2900 间发展到未来的 30000 间，其主要的功劳应该算在博彩业身上。为此，澳门政府应该进一步免除酒店以及会展业的税收，并对航空业予以一定的补贴，从而进一步增强澳门会展业的竞争力。临近地区的香港在许多方面都强过澳门，然而澳门最为重要的是有政府的大力财政支持，这个优势使得澳门会展业发展有坚实的基础。

台湾立德管理学院的受访者表示，澳门发展会展业拥有以下优势条件：博彩业发展的坚实基础、知名度高的世界文化遗产与独有的生活文化模式、便捷而重要的交通枢纽、赌场提供的高质量会展场所与多样化的住宿空间、大量的观光旅游人次、高质量与高知名度的大学与训练机构（人力资源的培育）、渐具国际化的环境等。

澳门特别行政区贸易暨投资促进局的代表将澳门会展业发展的优势归纳为以下六个方面：第一，个性化平台的搭建，如与葡语国家的经贸合作平台；第二，较高的国际知名度，澳门在中西文化交流中所占的重要地位以及由此所建立的国际知名度；第三，经济的快速发展，最近几年澳门经济蓬勃发展，2013 年前三季度的统计数字显示，澳门 GDP 的增长按年实质增幅已经达到了 10.5%，显示了澳门经济发展的良好势头；第四，配套服务设施齐备，国际知名连锁酒店设施的存在为会展业的发展奠定了良好的基础；第五，政府的全力支持，特区政府不遗余力地支持澳门会展业的发展，以期实现澳门产业多元化发展；第六，澳门的地理位置也是在澳门发展会展业的另一大优势。

澳门旅游局的代表也表示，在会展业发展的优势上，较具有特色的旅游资源、较为稳定的政治和社会环境、中西方文化的汇集、贸易平台的构建、博彩娱乐业的繁荣与发展以及便捷的交通环境都为澳门会展业发展提供了支持。

由此可见，对于澳门会展业发展的优势，可以将其归纳为商旅服务的完善程度、经济的快速发展、独特的平台优势、政府的支持、较高的知名度、相对较为低廉的价格、独特的文化及社会生活、旅游及娱乐资源，广阔的中国内地市场支持等。结合上面受访者的分析，对上述优势出现的频率进行了统计，得到表2。

表2　　　　　　　　澳门会展业发展的优势要点出现频率表

优势要点	出现频率
商旅服务的完善程度	7
政府的支持	6
旅游及娱乐资源	5
独特的平台优势	3
较高的知名度	3
相对较为低廉的价格	3
广阔的中国内地市场支持	3
独特的文化及社会生活	2
经济的快速发展	1

透过上表可知，商旅服务的完善、政府的支持以及旅游及娱乐资源的丰富程度是排名前三位的会展业发展优势。其中，除了政府的支持是中央以及特区政府所提供的支持外，其余两项优势都与澳门发达的博彩业分不开。可见，在澳门会展业发展的优势中，博彩业的推动是较为重要的环节。

（二）澳门赌城形象对于会展业发展的影响

在赌城形象对于会展业发展的影响方面。博彩企业员工协会的代表认为赌城形象对澳门会展业的影响趋于正面，因世界多关注博彩业的发展带来的正面影响，如经济增长，高就业率，服务素质提升及未来丰富的旅游发展计划等。

　　澳门博彩监察局的受访者则表示，在赌城形象的影响方面，外国跟中国的思路有较大的差异。外国人对赌城、博彩均视为与娱乐相关，能够形成较为正面的认知。但中国人则易沉迷于博彩，相对而言有点负面影响。澳门现在推行负责任博彩，力争树立健康形象，其主要目的就是减少博彩带来的负面影响，希望淡化"澳门只有博彩"的形象。并在未来希望澳门能像拉斯维加斯那样非博彩收益比博彩收益大。虽然不同国家对"赌城"定义不一，但总括来说，此形象仍有较高的吸引力。因澳门是国际知名的"赌城"，因此，其酒店设备以及会展硬件设施等，均比邻近之香港要好。

　　澳门会议展览业协会的代表在赌城形象对会展业发展的影响方面，认为应该根据参展商和买家的来源来分析此影响，不可一概而论。如对于内地或者对于参赌行为有限制的国家或者地区，影响是趋于负面的，并且是长期的。从内地严格审批赴澳门的公务人员证件可以看出此点。这限制了来自内地的参加展会人员的总量，从而使得"内地因素"的展会的发展艰难。而对于无限制参赌行为的会展人员来源地，影响是正面的。澳门的赌城形象增加了客商参展或者参会的动因。这是在其他地区举办同类展览不具备的优势。

　　中国教育部工商管理教学指导委员会的代表也表示，澳门的"赌城"形象对参展商前来澳门参展有利也有弊。一方面澳门的博彩业为会展业发展提供了基本的娱乐需求，丰富了参展商的娱乐生活，同时优质的服务也为澳门会展起到了很好的宣传作用。当然"赌城"形象也有一些弊端，不利于澳门形成稳定的社会治安和良好的社会风气。但是通过多次考察澳门的情况，认为其形象仍然是利大于弊的。

　　上海师范大学受访者代表则以美国拉斯维加斯为例，谈了其对于赌城形象在会展业发展中的影响及看法。美国拉斯维加斯近年来旅游和博彩业发展极为迅速，每年有数百万游客和商人前往，人气很旺，在国际上知名度很高，在那里办展，厂商乐于前往，合乎人心，顺乎商意；拉斯维加斯运用其独特的娱乐资源作为其招展的主要筹码和区别于其他展览城市的吸引力。这是因为参展商参展对于参展企业来说实际上是一种商务活动，对于参展工作人员来说是一种公务活动，而目前世界上将商务或公务旅游和休闲旅游相结合是旅游业发展的一种趋势。展前展后、会前会后的旅游可以省去参展参会人员特意来澳旅游的费用和时间，所以，"赌城"形象能增加澳门展会对潜在参展商及参会者的吸引力。从这个角度来讲，澳门作为全球知名的"赌城"形象对参展商前来澳门参展有积极的影响，该影响趋于正面。但对会展举办单位，尤其是中国内地政府部门和事业单位，往往会担心澳门的"赌城"形象会产生消极的社会影响，因而对在澳门举办会展活动会心存余悸。最后导致选择他处作为会展活动举办地。所以从这个角度来讲，澳门赌城形象对国内会展举办者的影响又是趋于负面的。当然，如能将澳门的"赌城"形象改变成"休闲之都"的形象，就会对澳门会展业的发展产生更正面更积极的影响。

澳门展贸协会的受访者认为这个问题是一个较为主观的问题，与一个国家和地区的经济发展、文明程度有较大的关系。一般博彩可以分为消遣性文明博彩和病态博彩两大类。对于经济发达国家和西方国家的人群来说，博彩并不是黑暗的，而是一种文明的娱乐手段而已。然而，对于经济不甚发达，文化有差异的社会而言，博彩可能是一个充满罪恶和邪欲的产业。相信随着经济发展条件的改善以及社会文化的不断进步，澳门的赌城形象对于会展业的影响会日益趋向正面。现时的情况是，很多人来参加商贸活动也不敢告诉别人说是澳门，否则怕别人误会在澳门赌博。同时，博彩经营者也会根据时代发展的需要，开展文明化经营，将非博彩旅游项目作为开发的重点，大力发展诸如文化创意产业、国际休闲旅游城市等。在发展过程中，也应该注意，澳门与拉斯维加斯不同，博彩不可能与会展平分秋色。

来自台湾立德管理学院的受访者表示澳门的赌城形象对于会展业发展具有正面影响。由于其符合会展所需的城市意象、营销、与地方独有的吸引力，若能在今后的发展中有效控制赌与犯罪之间可能存在的互动隐忧，将对澳门会展业发展带来较为正面的效益。

澳门旅游局的受访者也认为，赌城形象对于会展业发展的影响大体分为正面及负面两部分。其中赌城所带来的设施便利性、活动以及娱乐休闲活动的多样性等都是澳门近年来博彩业发展所带来的优势。

澳门贸易暨投资促进局的受访者认为澳门作为全球知名的"赌城"，对前来澳门的参展商既有负面也有正面的影响。其负面影响主要是因为在很多人的意识观念中，博彩亦即赌博，赌博总是与一些负面印象捆绑和联系在一起。而其正面效应也是很明显，如经营场所、经营资源的提供以及经营模式的借鉴等。

由此可见，对于澳门较为出众的"赌城"形象，受访者的观点较为一致，即赌城的形象对于会展业发展影响分为正负两方面。其中负面的影响具有一定的区域性，即对中国国内市场而言，会因为对"赌"的理解而产生畏惧感。同时，澳门还应减少赌城所引发的治安以及犯罪等问题。对于其他国家和地区，尤其是未限制来澳旅游的国家和地区而言，澳门独特的赌城形象反而会成为一个显著的优势，加上其能够提供完善的配套设施，更增添了澳门作为会展目的地的竞争力。

五　澳门博彩业发展对于会展服务质量提升

由于博彩业在澳门具有先发优势，为此，还就博彩业对于会展业服务质量提升的影响询问了受访者。

澳门博彩研究学会的受访者表示会展业及博彩业都是旅游业相关的，涉及的管理及服务质量改善方法都大同小异，一般员工的入职要求都差不多。由于澳门博彩业发展相对较早，且吸引了国内外优秀的人才和管理方式，因此，对于后发的会展业服务质量和管理都会有一定的促进作用。

博彩企业员工协会的代表则认为随着澳门博彩业的日益国际化，博彩行业的不同客源及从业员来自世界各地，从而不断引入外来文化。外来专才为澳门的博彩业以及会展业的管理带来了新视野，同时也提升了服务质量及增强了语言技能等。

与此同时，澳门理工学院博彩教学与研究中心的受访者也表示，除了博彩业的管理及人才会提升会展业服务质量外，会展业的发展也会对博彩业的服务质量提升有一定的作用，如在一个旅游目的地中除了有博彩娱乐设施外，还有会议展览设施会让人觉得这个旅游地配套齐全，产生共鸣效应。

澳门博彩监察协调局的受访者则认为博彩业对于会展业服务质量的直接影响不是特别明显，因为两个行业还有一定的差异。但澳门会展业的发展有赖于博彩企业投放资金，如兴建大规模会展设施等。其实政府于博彩企业签订博彩承批合同时，均在他们合约上列明，不可单一发展赌博业，要有其他行业辅助。如金沙之持有人于拉斯维加斯有丰富之会展经验，了解国际展会运作的标准，故被选为承批企业之一。这些因素均有助会展业发展与服务质量提升。

　　澳门会议展览业协会的受访者认为澳门博彩业的经营模式与发展经验可以为会展业服务质量提升提供借鉴。博彩行业的竞争使各企业在硬件设施、服务水平和市场营销等方面有了很大的进步，与国际水平接近。在顾客方面感受到服务质量的提升。这对于会展行业产生了很大的借鉴作用。会展行业的市场应该面对国际市场，提高服务水平。只有在获得国际市场认可的情况下，才可能使会展行业的规模和水平提高，并向产业化的方向发展。

　　中国教育部工商管理教学指导委员会的代表则认为澳门博彩业的发展对会展行业的管理及服务质量是有积极影响的。首先澳门博彩业优良的服务和管理可以为会展业提供经验借鉴，其次对会展业树立优质的服务和管理品牌起到了宣传和推动作用。同时有助于服务市场细分，提供稳定及多元的服务，以吸引更多外地旅客。

　　上海师范大学的受访者对于该问题从七个方面进行了分析，认为澳门博彩业的发展对于会展业的发展和服务质量提升具有以下七个方面的作用机理：第一，将吸引更多国外投资者来澳投资，进一步改善澳门会展设施和会展接待设施。第二，进一步推动澳门基础设施（包括市内交通、国际机场、水运码头、通讯等）的完善，为澳门会展业的发展创造更好的条件。第三，增加澳门特区政府的收入，使澳门特区政府有条件有能力来制定扶助和支持会展业发展和国际营销的政策。第四，推动旅游接待人员素质和服务水平的提升，必将为会展活动提供更为完善的服务。第五，拉斯维加斯会展业的独特魅力在于其进行了业态创新，即在同一建筑空间中融会展业、餐饮业、住宿业、娱乐业、零售业、旅游观光业等不同的行业业态于一体，使之相互补充，相得益彰，从而减少了会展场馆的空置浪费，大大提高了会展业的综合效率和经济效益。澳门博彩业引进了拉斯维加斯的这种创新业态，同一宏大的建筑空间，融吃、住、展、表演、娱乐、旅游、购物、观光等多种功能为一体，实行一站式服务，将所有的活动放在一个屋檐下进行（All Under One

Roof)，将能最大限度地利用资源，减少人们在展会期间疲于奔命的辛苦劳累，有效地缓解展会期间的交通压力和高档宾馆爆满的住宿紧张压力。更好地满足高端商业客户的多方面需求，为会展活动参与者提供更大的方便。第六，带动会展业所需配套产业的发展，如带动房地产业、金融业、餐饮业、住宿业、交通业、物流业和保险业的发展。第七，博彩业的国际营销队伍也可提升澳门会展业的国际营销力量并推动其发展。

澳门展贸协会的代表认为博彩业对于澳门会展业发展以及服务质量提升的作用主要还是体现在博彩业为培育会展人力资源，提供场地和设施，以及充足的资金支持等。

台湾立德管理学院教授认为博彩业对于会展业的正面促进包括人力质素的提升、国际服务质量的提升、五星级观光旅馆数量与房数、具有高品质的会议与展览空间的增加、金融的自由度、出入境管制的便利等。

澳门贸易暨投资促进局代表对于博彩业促进会展业服务质量提升方面没有进一步的意见，因为会展主办方负责展会的服务，与博彩业没有直接关系。

澳门旅游局的代表则认为大量国际资金进入澳门博彩业使得澳门的博彩业以及款待服务业的服务质量得以提升，而这些服务也是会展业发展所必需的要素。

透过上述分析可见，澳门博彩业的发展对于会展业的服务质量提升而言，正面作用是较为显著的。其作用机制主要体现在博彩业引入外来管理文化、博彩企业投放资金促进人力质素的提升、部分来澳的博彩企业分享其丰富之会展经验、博彩业的业态创新推动会展业进步、博彩业的营销网络提升澳门会展业的国际营销力量等。因此，几乎所有的受访者都认为博彩业确实能够推进会展业服务质量的提升。

六　来澳商务游客的消费行为特征

透过上述分析可知，会展对于博彩业的促进之一就是增加了潜在的客源，因此，商务旅客的消费行为从一定程度上可以体现会展对博彩的推进作用。在商务旅客的消费行为模式方面，博彩研究学会的代表认为，来澳门从事博彩相关活动的游客是非常参差的，包罗万象，什么人都有，中场客越来越多的是来自中国内地。他们的身份或职业构成是很难估计的，原因是娱乐场的会员卡数据一般都不会搜集这方面的信息。娱乐场的会员消费行为都是机密及敏感的。大致来说，赢了大钱的赌客，会消费阔绰很多，因此很多名牌店都会在赌场开设门市。

而博彩企业员工协会的代表则结合自己的体验表示，来澳门的商务旅游者在展会结束之后较经常从事的娱乐活动包括景点观赏、赌场博彩以及到著名餐厅用膳。

博彩监察协调局的代表则表示，根据自己的了解很多来澳门的商务旅客会在展会工作之余较多的到赌场玩，这些人可能在赌场从事博彩活动，亦可能纯粹参观，而博彩的投注亦视乎不同国家文化。其次为到餐厅享受美食。第三为购物以及买手信等。

澳门会议展览业协会的代表表示，访澳商务旅客在工作之余较常从事的娱乐活动包括博彩、美食以及游览。

中国教育部的代表则表示，根据多次对澳门娱乐业的考察得出，来澳的参展商或与会者在工作之余，一般会选择游览世界遗产特色景点如妈阁庙、大三巴牌坊等；澳门素有"东方蒙地卡罗"之称，可适当参与澳门的博彩娱乐；体验澳门集葡萄牙、非洲、东南亚和中国烹调特色于一身的美食文化。

上海师范大学的受访代表根据其自身的了解，认为来澳的参展商或与会者在工作之余，会选择博彩、游览、购物、品尝美食、探亲访友、观看演出、观看赛马等休闲活动。尤其是游览、购物和博彩这三个活动为主要的休闲娱乐活动类型。

澳门展贸协会的代表认为由于会展是商务人士的聚会，因此，在洽谈生意之余还要有足够的娱乐活动。对于来澳的参展商及与会者而言，其参加的主要活动第一位的是休闲，第二位的是夜生活，第三位的可能是购物。目前针对许多商务人士澳门已经形成了较为成熟的高端商品购物环境，已经开始出现购物团。

台湾立德管理学院的受访者认为世界遗产文化之旅、博彩体验、葡萄牙地景与饮食文化是访澳商务旅客较为常见的休闲娱乐方式。

澳门旅游局的代表则更为具体地指出，访澳商务旅客较为频繁地从事的旅游休闲活动包括高尔夫球运动、旅游观光塔的高空漫步、澳门美食体验以及赌场中的经典表演，如太阳剧团以及水舞间等。

　　澳门贸易暨投资促进局的代表认为，访澳商务旅客的休闲活动主要有购物、观光以及餐饮，同时还会有观看表演，尤其是大型表演。而单纯的博彩项目参与度不会太高，吸引力也不会很大，因为很多参展商的出游经验非常丰富，博彩项目的吸引力已经大大下降。另一方面，行程安排得紧凑也是博彩项目吸引力不足的一个重要原因。

　　由此可见，除了澳门旅游局以及贸易暨投资促进局的代表认为博彩可能不是访澳商务旅客较为常见的休闲方式外，其他受访者都将博彩体验作为了商务旅客在工作之余休闲的主要方式之一，只不过投注额不一定会很大，可能是以体验为主。从访谈结果来看，受访者对于会展为博彩业提供潜在客源还是较为认同的。